二十一世纪普通高等院校实用规划教材 经济管理系列

电子商务概论
(第 3 版)

姜红波 主 编

韩洁平 陈葵花 陈周燕 副主编

清华大学出版社
北 京

内 容 简 介

本书系统地介绍了电子商务的整体架构、基础知识及相关应用，列举了大量的电子商务案例。在教学过程中，教师可以通过对案例的分析，引导学生对电子商务学习中存在的问题进行探究，找到相应的解决方法，从而培养学生研究问题及解决问题的能力。

全书共分 11 章，主要包括电子商务概述、电子商务技术基础、电子商务模式、网络营销、电子支付与网上银行、电子商务安全、电子商务与现代物流、跨境电子商务、移动电子商务、智能电子商务与数据挖掘、电子商务法等内容。

本书可以作为高等院校电子商务专业及信息管理、市场营销、国际贸易等非电子商务专业本科生的教材，也可作为广大电子商务爱好者和大专院校相关专业师生的参考书。

图书在版编目(CIP)数据

电子商务概论/姜红波主编. —3 版. —北京：清华大学出版社，2019（2022.8重印）

(二十一世纪普通高等院校实用规划教材　经济管理系列)

ISBN 978-7-302-53217-0

Ⅰ. ①电…　Ⅱ. ①姜…　Ⅲ. ①电子商务—高等学校—教材　Ⅳ. ①F713.36

中国版本图书馆 CIP 数据核字(2019)第 124883 号

责任编辑：陈冬梅
封面设计：刘孝琼
责任校对：李玉茹
责任印制：杨　艳
出版发行：清华大学出版社
　　　　　网　　　址：http://www.tup.com.cn, http://www.wqbook.com
　　　　　地　　　址：北京清华大学学研大厦 A 座　　　邮　　编：100084
　　　　　社　总　机：010-83470000　　　　　　　　邮　　购：010-62786544
　　　　　投稿与读者服务：010-62776969, c-service@tup.tsinghua.edu.cn
　　　　　质量反馈：010-62772015, zhiliang@tup.tsinghua.edu.cn
　　　　　课件下载：http://www.tup.com.cn, 010-62791865
印 装 者：三河市铭诚印务有限公司
经　　销：全国新华书店
开　　本：185mm×260mm　　　印　张：19.75　　　字　数：478 千字
版　　次：2009 年 2 月第 1 版　2019 年 7 月第 3 版　　印　次：2022 年 8 月第 7 次印刷
定　　价：49.80 元

产品编号：079743-01

前　言

电子商务(Electronic Commerce)是指利用简单、快捷、低成本的电子通信方式，买卖双方不谋面地进行各种商贸活动。电子商务的出现，除了商业自身的发展需求外，更是计算机网络技术、信息技术发展为社会所带来的革命。电子商务已成为 21 世纪人们的主要商务模式和用来推动社会、经济、生活和文化进步的重要动力和工具。全球性的电子商务正在逐步渗透到生活的方方面面，对人们的日常生活、工作方式、商业关系和政府作用等方面产生了深远的影响。

自 2002 年以来，我们课题组的成员一直承担着"电子商务概论"这门课程的教学工作，结合教学过程中的一些经验及电子商务发展的特点，于 2009 年 2 月出版了本书的第 1 版。在后几年的教学过程中，任课教师提出了一些修改意见，并结合目前电子商务新的发展特点，进行本书第 2 版的编写，增加了智能电子商务与数据挖掘等相关知识。随着电子商务在各个领域的纵深发展，课题组的成员结合电子商务的发展对教材的内容进行了增删修订，增加了跨境电子商务的内容，形成了本书第 3 版的框架格局。

全书共分 11 章，各章的主要内容如下：第一章电子商务概述，介绍了电子商务的产生、发展、对当今社会的影响及基本概念，是全书的概述和引言；第二章电子商务技术基础，介绍了计算机网络技术、电子数据交换技术、物联网技术、网络建设技术等电子商务系统所应用的技术基础；第三章电子商务模式，对 B2B、B2C、C2C 等电子商务模式的特点及应用进行了详细的说明；第四章网络营销，从网络营销的概念和特点入手，介绍了网络营销与传统营销的区别、网络营销管理及企业网络营销站点的建设；第五章电子支付与网上银行，重点介绍了电子支付方式、网络银行、移动支付及第三方支付的业务模式；第六章电子商务安全，从电子商务不安全的因素入手，介绍了提高电子商务系统安全的技术及其应用方法；第七章电子商务与现代物流，介绍了现代物流的相关概念、电子商务下物流的模式及技术；第八章跨境电子商务，从介绍跨境电子商务的概念和模式入手，介绍了跨境出口电商与跨境进口电商的主要模式、搜索引擎营销的内涵及主要搜索引擎的特点，同时还说明了跨境物流主要模式以及跨境电商第三方支付的特点；第九章移动电子商务，从移动电子商务的应用出发，详细介绍了移动电子商务的概念、移动电子商务的技术基础、移动电子商务在不同行业中的应用，同时，还说明了移动电子商务的安全保障；第十章智能电子商务与数据挖掘，在介绍商务智能、数据挖掘、Web 数据挖掘相关技术的基础上，重点介绍了数据挖掘在电子商务中的应用以及企业的具体实践；第十一章电子商务法，从电子商务法产生的必要性入手，介绍了电子商务法的概念、特点、立法概况，并重点介绍了电子合同、电子签名、电子认证、电子支付、网络知识产权以及电子商务税收的法律制度。

在编写体例上，本书突出案例引导、分析的作用，每一章中均有引例，几乎每一节都有案例介绍，从电子商务实际发生的案例入手，通过对案例的分析，引导学生对电子商务的规律、过程等理论进行探究，从而加强学生分析问题、解决问题的能力，以培养学生电子商务的实际应用水平，从而达到较好的教学效果。

本书的编写分工为：主编姜红波负责编写全书的大纲和框架以及第一章至第六章的组织、审稿和全书总纂定稿；副主编韩洁平、陈葵花、陈周燕负责第七章至第十一章的组织、审稿。各章主要参编人员如下：第一章由姜红波、卢萍编写，第二章由韩洁平、杨宇林编写，第三章由邵其赶编写，第四章由刘芸、林红焱编写，第五章由韩洁平、张宪丽编写，第六章由蔡志文编写，第七章由邵婷编写，第八章由戴晓敏、姜红波编写，第九章由林新华编写，第十章由纪慧生编写，第十一章由陈葵花编写。本书是厦门理工学院教材建设基金资助项目。

本书汇集了广大专家、学者的观点和知识，在此向有关专家、学者表示衷心的感谢。同时，在本书的编写过程中，各位老师克服了教学任务繁重、时间紧的困难，及时完成任务，在此表示感谢。另外，由于笔者的水平有限和这门新学科的特殊性——内容新、涉及领域广，书中难免有不尽如人意之处，甚至是错漏，敬请诸位专家、读者批评指正，以利于今后的修改和订正。

编　者

目　　录

电子商务概论(第3版)

第一章 电子商务概述

【学习目标】

● 了解电子商务产生和发展的过程，认识电子商务在国内外的发展现状。
● 掌握电子商务的定义，认识电子商务的主要功能。
● 理解电子商务的分类和特征。
● 掌握电子商务系统的概念模型及系统架构。
● 认识电子商务对当今社会的影响。
● 认识电子商务人才结构，确定自己的发展方向。

【案例 1-1】

易工程——系统集成行业工业互联网服务平台

近年来，随着用户、技术基础的不断完善以及国家政策的大力支持，B2B 电商进入 3.0 时代——B2B 电商纷纷通过系列供应链服务打通产业链上下游，深入挖掘供应链价值，实现从"交易闭环"向"交付闭环"转变。在 3.0 时代，B2B 电商平台以仓储、物流、加工、金融信贷为切入点为客户提供供应链增值服务，深入挖掘供应链价值，增强客户黏性，供应链的作用逐渐凸显出来。

易工程——系统集成行业工业互联网服务平台(http://www.yigongcheng.com/)致力于打造系统集成行业的首个大数据和区块链应用平台，依托强大的资源整合能力和专业的技术团队，为行业用户提供省心、省力、省钱的专业服务，实现"让天下没有难做的工程"的企业愿景。目前，厦门市本地狄耐克、才茂、一路、科华、科拓、立林等一大批高端制造企业已正式通过行业交易平台进行原材料供应管理与采购管理。以美亚柏科为例，在使用行业交易平台服务后供应商资源提升了近 20%，采购成本有效降低了近 30%，并为华为、海康、戴尔、大华等近 800 个品牌厂家及高层级代理提供了供应链管理服务。平台自 2016 年 3 月软件上线运营，当年实现营收近 6000 万元并在首年营利；2017 年实现营收 2.2 亿元，纳税总额 168 万元，毛利润 1073 万元，并于 2017 年 5 月获千万级 pre-A 轮投资，公司估值达亿元。

1. 平台主要功能

B2B 交易平台包括产品需求、交易的数据采集分析、交易的平台管理，以及交易后的物流、安装、后续的运维、改造升级。依托平台形成覆盖整个供应链的服务体系。供应链金融平台依托自身技术实力采用大数据分析、数据挖掘、基于人工智能的语义分析技术，打造了行业大数据平台。

2. 创新服务

1) 基于行业大数据的供应链金融服务

易工程平台搜集并积累了 22 万家近 5TB 的行业基础数据。数据内容主要包含企业资质、荣誉、人员等 7 大模块、57 项维度。其通过市级及以上政府采购网发布的中标公告搜集了近三年来承接政府财政项目的系统集成企业的中标情况与系统集成行业高端制造型企业的销售情况。同时，通过信用联盟的建设，易工程平台汇聚了全行业所有的采购商失信信息，为行业信用体系建设打下了扎实的基础。借助行业大数据，易工程平台向供应链上下游企业提供方便快捷的供应链金融服务，通过公开信息抓取与平台交易信息积累构建了TG级别行业大数据库，通过与银行共建监管账户实现应收账款质押，通过区块链技术实现了供应链上应收账款的确权，通过银行、信托、保理、小贷等多种资金渠道解决了融资问题。通过与银行总行层面合作，易工程平台建立了用于监管核心企业应收账款回款的监管账户。用户只需使用监管账户与买方签订合同，即可实现应收账款质押。监管账户的开发解决了传统供应链金融中必须依赖核心企业确权的难题，借助监管账户的回款质押解决回款控制问题，结合行业大数据判断贸易背景真实性，实现政府项目中标人的无抵押担保快速融资。

2) 基于区块链技术构建信用评价服务

基于区块链技术建立可信任的易工程信任开放平台，打通交易各环节的信息孤岛，提高供应链整体竞争力。利用区块链分布账本不可篡改的特点，提高数据可信度、降低融资风险。区块链技术的应用解决了应收账款确权的难题，所有通过平台交易的信息及贸易背景都保存在区块链上，且无法篡改。资金方验证应收账款真实性时只需轻点鼠标计算现有数据包的哈希值与链上哈希值，即可验证贸易背景数据的真伪。

3) 基于SaaS的行业交易服务

为解决高端制造行业与科技创新企业供应链特有的贸易壁垒高、价格不透明、高端制造类企业采购成本高、传统系统集成行业销售链条长、代理层级多、终端消费者的采购需求与产品设计要求无法及时传递给系统集成生产厂家，造成供应链中物流、资金、信息流的滞后与损耗等问题，易工程开发了基于SaaS的行业交易平台，并与企业ERP、OA直接对接，通过发标-竞价的形式，在原有供应资源的基础上引入更多优质的供应资源，有效地降低了供应链企业的采购成本，并提高了采购质量。行业交易平台通过对接终端消费群体与生产厂家，引入物流企业共同推出易工超邮物流服务，使消费群体的采购需求与产品设计要求直达生产厂家，减少了厂家库存，降低了物流周转次数，提升了行业供应链管理效率。行业交易平台通过上述措施，实现了对行业供应链中物流、商流、信息流的管理，并借助基于行业大数据的供应链金融服务实现了对行业资金流的管理，真正意义上实现闭环。

3. 专家评价

易工程平台通过免费SaaS服务、ERP直连的竞价采购系统、爬虫技术与区块链技术，构建了行业企业大数据挖掘与数据存证的闭环。其借助数据开展了一系列诸如帮助小微企业融资、保障政府项目开展等有益的服务，在创造经济价值的同时也创造了显著的社会价值。易工程平台具有三个创新点：平台竞价服务、找渠道服务、供应链金融服务。它采用的是云计算服务中的"软件即服务"(SaaS)，为行业用户提供了优质快速的服务。易工程平台的"易竞价"服务、"找渠道"服务、"金融信用"服务，是建立在云计算平台上的，基于行业大数据的分析处理为核心所提供的互联网平台服务。这些服务都是围绕"信用"大数据，以企业的多维度运行数据，准确勾勒出企业的信用度。通过掌握信用大数据这个核心技术，以往行业中的一些痛点都能迎刃而解。

(资料来源：易工程平台网 www.yigongcheng.com)

第一节 电子商务的产生和发展

当今世界网络、通信和信息技术快速发展，互联网在全球迅速普及，使得现代商业具有不断增长的供货能力、不断增长的客户需求和不断增长的全球竞争三大特征，使得任何一个商业组织都必须改变自己的组织结构和运行方式来适应这种全球性的发展和变化。随着信息技术在国际贸易和商业领域的广泛应用，利用计算机技术、网络通信技术和互联网实现商务活动的国际化、信息化和无纸化，已成为各国商务发展的趋势。

电子商务正是为了适应这种以全球为市场的变化而出现和发展起来的。电子商务提出了一种全新的商业机会、需求、规则和挑战，它代表了未来信息产业的发展方向，已经并将继续对全球经济和社会的发展产生深刻的影响。

一、电子商务的产生

纵观电子商务的产生及发展的历史，电子商务的产生可以分为三个阶段，即基于电子通信工具的初期电子商务、基于 20 世纪 80 年代中期的电子数据交换电子商务和始于 90 年代初期的基于互联网的电子商务。

1. 基于电子通信工具的初期电子商务

其实，并非计算机技术及网络技术产生之后才产生了电子商务。早在 1839 年，当电报刚出现的时候，人们就开始运用电子手段进行商务活动，当买卖双方贸易过程中的意见交换、贸易文件等开始以电报码形式在电线中传输的时候，就有了电子商务的萌芽。

电报是最早的电子商务工具，是用电信号传递文字、照片、图表等的一种通信方式。随着社会的发展，传统的用户电报在速率和效率上已不能满足日益增长的文件往来的需要，特别是办公自动化的发展，因此产生了智能用户电报(Teletex)。智能用户电报是在具有某些智能处理功能的用户终端之间，经公用电信网，以标准化速率自动传送和交换文本的一种电信业务。

电话是一种广泛使用的电子商务工具。通过电话可以为商品和服务做广告，可以在购买商品和服务的同时进行支付(与信用卡一起使用)；经过选择的服务甚至可以通过电话进行销售，然后通过电话支付(与信用卡一起使用)。电话的设备较便宜，其用户界面较好。电话所需的带宽很窄，较窄的带宽就可以满足数据交换的要求。然而，在许多情况下，电话仅是为书面的交易合同或者为产品实际送交做准备。电话的通信一直局限于两人之间的声音交流，但现在，用可视电话进行可视商务对话已经成为现实。

传真提供了一种快速进行商务通信和文件传输的方式。传真与传统的信函服务相比，其主要优势在于传输文件的速度更快。尽管传真可以做广告、购物或进行支付，但传真缺乏传送声音和复杂图形的能力，也不能实现相互通信，传送时还需要另一个传真机或电话。尽管传真机较贵，但传真的费用、网络进入、需求带宽以及用户界面的友好方式与电话相同。这些特点使传真在通信和商务活动中显得非常重要，但在个体的消费者中用得较少。

随着电视机进入越来越多的家庭，电视广告和电视直销在商务活动中越来越重要。但是，消费者还必须通过电话认购。换句话说，电视是一种"单通道"的通信方式，消费者不能积极地寻求出售的货物或者与卖家谈判交易条件。除此之外，在电视节目中插播广告的成本相当高。

由电报、电话、传真和电视带来的商业交易在过去的几十年间日益受到重视，由于它们各有优缺点，所以人们互为补充地使用电报、电话、传真、电视于商务活动之中。今天，这些传统的电子通信工具仍然在商务活动中发挥着重要作用。

2. 基于电子数据交换的电子商务

电子数据交换(Electronic Data Interchange，EDI)在 20 世纪 60 年代末期产生于美国，当时的贸易商们在使用计算机处理各类商务文件的时候发现，由人工输入到一台计算机中的数据 70%是来源于另一台计算机输出的文件，由于过多的人为因素，影响了数据的准确性和工作效率的提高。于是人们开始尝试在贸易伙伴之间的计算机上使数据能够自动交换，EDI 应运而生。

EDI 是将业务文件按一个公认的标准从一台计算机传输到另一台计算机中的电子传输方法。由于 EDI 大大减少了纸张票据，因此，人们也形象地称之为"无纸贸易"或"无纸交易"。使用这种方法，首先将商业或行政事务处理中的报文数据按照一个公认的标准，形成结构化的事务处理的报文数据格式，进而将这些结构化的报文数据经由网络，从计算机传输到计算机。EDI 是商务往来的重要工具，EDI 系统就是电子商务系统。

进入 20 世纪 90 年代以后，美国 EDI 的应用不断加快，1990—1994 年应用 EDI 的公司逐年大幅度增加，平均每年增长达 23%。到 1998 年年初，美国应用 EDI 的企业已超过 5 万家。近几年，由于互联网上电子商务应用的其他方式的不断发展，美国应用 EDI 的企业数增长明显趋缓，使用 EDI 的用户也开始应用互联网 E-Mail 和 Web-EDI 等新形式。因此，无论电子商务怎样发展，在 B2B 的电子商务中，EDI 无疑是最主要的一种方式。因为 EDI 在应用上出现了使用的标准，而且有了较长时期的应用实践和广泛使用的范围，这些是它能够存在的基础。

我国是在 1990 年正式引入 EDI 概念的；1991 年 8 月在国务院电子信息系统推广应用办公室主持下，成立了"中国促进 EDI 应用协作小组"；同年 9 月，中国申请加入了亚洲 UN/EDIFACT(AS/EB)，并宣布中国 UN/EDIFACT(CEC)成立；于 1992 年 5 月拟定了《中国 EDI 发展战略与总体规划建议》(草案)。

我国 EDI 的应用主要是以行业试点应用为基本，如 "海关 EDI 通关工程""中化 EDI 财务系统""中国外运海运/空运管理 EDI 系统""配额许可证管理 EDI 系统"等。尔后，在广东、上海、青岛、大连等城市先后成立了 EDI 中心，提供相应的 EDI 服务。

3. 基于互联网的电子商务

由于使用 VAN 的费用很高，仅大型企业才会使用，因此限制了基于 EDI 电子商务应用范围的扩大。互联网是一个连接无数个计算机、遍及全球范围的广域网和局域网的互联网络。互联网将分布于世界各地的信息网络、网络站点、数据资源和用户有机地连为一个整体，在全球范围内实现了信息资源共享，通信方便快捷。互联网因具有覆盖面广、费用低廉、可实现多媒体功能等特点，大大促进了企业尤其是中小企业电子商务的发展。

1991 年美国政府宣布互联网向社会公开开放，企业可以在网上开发商务系统，一直被排斥在互联网之外的商业贸易活动正式进入这个领域。1993 年万维网(World Wide Web)在互联网上出现，它因具有支持多媒体的技术特性，促进了电子商务的规模发展。

1994 年，美国加州组成商用实验网(Commerce Net)，用以加速发展互联网上的电子商务，确保网上交易与电子支付等的安全。同时美国网景公司(Netscape)成立，该公司开发并推出安全套接层(SSL)协议，用以弥补互联网上的主要协议 TCP/IP 在安全性能上的缺陷，支持 B2B 模式的电子商务。

1996 年 2 月，Visa 和 MasterCard 两大信用卡组织制定了在互联网上进行安全电子交易的 SET 协议。SET 协议适用于 B2C 的安全支付方式，围绕消费者、商家、银行和其他方相互关系的确认，以保证网上支付安全。

从 1997 年 1 月 1 日起，美国联邦政府的所有对外采购均采用电子商务方式，这一举措被认为是"将美国电子商务推上了高速列车"。

互联网的出现为电子商务的发展提供了技术基础，尤其是多媒体技术和虚拟现实技术的发展，使企业可以通过互联网迅速、高效地传递商品信息并进行业务处理，促进了电子商务的产生和发展。

二、世界电子商务的发展阶段

作为在网络应用技术与传统商务资源相结合的背景下应运而生的一种动态商务活动，电子商务从出现至今经历了以下 4 个阶段。

1. 高速初始发展阶段(1995—1999 年)

20 世纪末，基于计算机技术与通信技术相结合的网络环境出现，通过互联网从事商务活动，成为经济活动中的热点。基于对发展前景的美好预期，电子商务得到了长足发展。大量的风险投资涌入电子商务领域，不断有企业宣布拓展电子商务领域，新的电子商务网站不断大量涌现。著名咨询公司 CMP Research 在 1998 年年初所做的一项调查显示，大约有 1/3 的美国企业宣称将会在一年内实施电子商务；而在已经实施了电子商务的企业中，有 64%期望能在一年内收回投资。据另一项调查显示，美国 1997 年 1 月至 6 月间申请商业域名(.com)的公司从 17 万多增加到近 42 万个。到 1997 年年底，这一数字又翻了一番。可见，电子商务的竞争达到了白热化程度。在当年电子商务的爆炸式发展中，资本市场的投资起到了推波助澜的作用。从 20 世纪 90 年代开始，在 IT 业快速发展的推动下，美国股市连续上涨 10 年，创造了经济奇迹。各种资金蜂拥进入以网络为核心的 IT 领域，电子商务经历了其发展初期的爆炸式发展阶段。

2. 调整蓄势阶段(2000—2002 年)

2000 年年初，在投资者的疯狂追捧下，NASDAQ 接近了 5000 点大关。然而就在这个时候，IT 业经过十多年的高速发展之后积累的问题开始暴露，电子商务也未能例外。尽管一些电子商务网站的营业收入已经做得很大，但支出更大，一直不能实现盈利。此外，随着规模的扩大，物流、管理等方面的问题开始凸显，如何继续保持高速发展成为问题。

从 2000 年中期开始，和整个 IT 业一道，电子商务开始调整。股市泡沫开始破灭，NASDAQ 指数在一年的时间内就从 5000 点跌至 2000 点以下。随着资金的撤离，许多依赖资本市场资金投入的网站陷入了困境,不少网站开始清盘倒闭。据不完全统计,超过 1/3 的网站销声匿迹。电子商务经历了其发展过程中的"寒冬"。

3. 复苏稳步发展阶段(2003—2006 年)

2002 年年底至今,电子商务步入复苏和稳步发展阶段,经过电子商务发展"寒冬"的严峻考验,生存下来的电子商务网站开始懂得电子商务网站的经营必须要有务实的精神(就是首先要在经营上找到经济的赢利点)。有了这些宝贵经验和经营实践,务实的经营理念使这些经营性的网站一反长期亏损局面而出现了赢利。人们看到了希望,电子商务网站的经营实现了突破,开始出现了又一个春天。电子商务毕竟是具有强大生命力的新生事物,短暂的调整改变不了其上升趋势。在惨烈的调整之后,电子商务从 2002 年年底开始复苏,其标志是不断有电子商务企业开始宣布实现赢利。

据当时的联合国贸易与发展会议(UNCTAD)公布的《电子商务与发展报告》,到 2004 年年底,全球互联网用户人数已经达到 8.75 亿,比上年同期增长了 22.7%。2002 年网上商品和服务的销售额(B2C)已经达到 23 亿美元,比上年同期增长了 50%。到 2003 年,这个数字增长到 39 亿美元。

4. 纵深发展阶段(2007 年至今)

这个阶段最明显的特征是,电子商务已经不仅仅是互联网企业的天下,随着数不清的传统企业和资金流入电子商务领域,使得电子商务世界变得异彩纷呈。传统企业大力推进电子商务的应用,通过电子商务手段拓展市场、降低成本、创新服务。Web 2.0 技术的应用,不仅使用户被动地接受信息,还可以主动地创造信息。

目前,电子商务出现了许多新的发展趋势,如与政府的管理和采购行为相结合的电子政务服务、与个人手机通信相结合的移动商务模式、与娱乐和消遣相结合的网上游戏经营等都得到了很好的发展,出现了网络团购、社交电子商务等创新形式。

三、中国电子商务的发展阶段

电商的出现,加速了互联网对我们普通百姓生活的深刻改变,尤其是消费方面。因此,我们在谈互联网的时候,很多时候谈的就是电商。如今,随着阿里、京东、唯品会、洋码头等各个种类、各种形态电商平台的诞生以及逐渐形成自己的气候,电商迎来了转型升级的新阶段。各种全新概念的引入,各种微创新的出现,都标志着一个后电商时代的到来。根据中国电子商务研究中心发布的《2017 年(上)中国电子商务市场数据监测报告》,认为中国电商发展分为以下三个阶段。

1. 电商 1.0:流量电商时代

在一次蚂蚁金服举办的关于 O2O 培训课堂上,来自阿里的讲师回答了一个观众的问题。那位观众说自己开了一个做得不怎么好的淘宝店,有什么办法能够提升效能。当确认没有达到皇冠级别时,讲师果断建议这位朋友关了网店,因为已经没有多少机会了。

早期通过淘宝开店,许多店家享受了不少红利,但随着流量成本的升高,在没有一定品牌知名度和低成本流量导入的前提下,一个从零开始的店铺根本无法实现草根的逆袭,流量电商时代进入了末期。

电商 1.0 时代的典型特征是流量电商。电商的交易更多是靠流量的转化，并结合电子化平台的助力，实现了高效的商品流转，最终在互联网早期流量红利当头的时代，造就了阿里淘宝的传奇。

流量电商大概经历了两个阶段。

第一阶段：综合平台。

这一阶段诞生了 C2C 的淘宝平台、B2C 的京东平台和天猫平台。随着淘宝(大综合)、京东(家电综合切入的全品类)两大综合平台龙头地位的确定，要发展其他综合平台已经很困难了，因此流量电商进入了第二阶段。

第二阶段：垂直细分平台。

在此阶段，诞生了特卖为主的唯品会、女性用品为主的梦芭莎等，从综合平台到细分平台，流量电商在不断地进化。

同时，从另外一个维度，流量电商也经历了几个比较特殊的阶段。如微商阶段，利用社交工具流量进行的电商。随着对外开放程度的提高及消费者需求的升级，跨境电商作为流量电商的一个海外逆向形态，也在不断地发展。

2. 电商 2.0：社区电商时代

所谓社区电商，主要是指基于社区用户群体和场景(线上和线下)而形成的电商形态。虽然它也有流量电商的特征，但是其核心逻辑更多是由人群和场景等具体标签而形成，而非简单的流量堆砌。其主要包括三种类型。

(1) 社区社群电商。

这一类型通过满足社区社群的电商需求，而实现平台的商业价值。如"考拉社区"，是以每个小区居民形成的社群为基础，为其提供电商交易和社区服务的综合电商交易平台。

(2) 社区场景电商。

它基于工作和生活的社区场景，解决具体区域范围内用户的电商需求。例如，"彩生活"是基于物业管理的延伸形成电商的。它先是负责写字楼的物业，再以此为入口解决整个写字楼里的用户的电商需求。

(3) 社区 O2O 电商。

它基于一个商业主体服务区域内用户的电商需求，进行电子化的商品销售并提供一定的服务。这里所说的社区，是一种线上线下结合的社区。比如"天虹超市"，在一个区域内有实体店，同时在网上也有购物平台，这样该区域里的用户便可以在网上下单，然后配送到家或亲自到实体店里拿货。

3. 电商 3.0：媒体电商时代

媒体电商一直以来都被人所提及，但真正实现媒体电商业务创新突破的案例出现的时间并不长。如果说流量电商是起点，社区电商是进化，那么媒体电商则是电商的真正意义上的升级。这已经不再是从 CPM 向 CPS 升级那么简单，更多是一种思维模式和方式方法的彻底升级。

媒体本质上就是一个价值观传播的工具，一个"洗脑"的工具，因此所谓媒体电商，本质上是进行价值观的输出，形成绝对的影响后，进行商品销售和服务提供的行为。媒体电商主要通过以下三种方式来实现商品销售的目的。

(1) 价值观营销方式。

典型的媒体电商就是罗振宇和他的"罗辑思维"。通过价值观的输出,形成共同的价值取向,再通过电商的形式实现其价值观传播效果的变现。"黎贝卡的异想世界"自媒体公众号,也是用媒体工具进行价值观、世界观、生活方式的传播,在深度影响之后,形成电商交易的需求并满足。

(2) 线上社区方式。

如"广州妈妈网",通过社区形式(社区论坛)形成媒体影响力和品牌公信力,最终转化为支持电商交易的动力,形成了事实上的媒体电商,即价值认同基础上的电商交易实现。

(3) 评测、导购方式。

如专注于智能产品导购的"智能帮",就是通过吸引优秀的、能够生产优质 UGC 内容的极客,产生大量的智能产品点评,形成对于用户智能产品的消费引导,最终通过消费佣金提成实现价值,成就了评测类、导购类具有媒体属性的媒体电商项目。

四、电子商务的发展现状

近年来,在全球经济保持平稳增长和互联网宽带技术迅速普及的背景下,世界主要国家和地区的电子商务市场保持了高速增长态势。随着中国互联网近期一系列具有里程碑意义的发展,中国和美国已经成为驱动全球互联网发展的双引擎。

(一)全球电子商务发展状况

1. 全球规模增长强劲

2017 年全球网络零售交易额达 2.304 万亿美元,较 2016 年增长 24.8%。2017 年全球零售总额约为 22.640 万亿美元,较 2016 年增长 5.8%,网络零售交易额占全球零售总额的比重由 2016 年的 8.6% 上升至 10.2%(见图 1-1)。

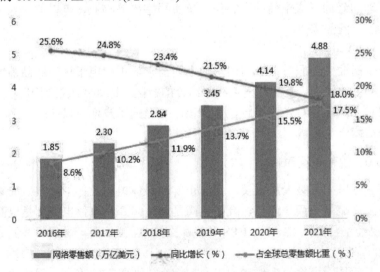

图 1-1 2016—2021 年全球网络零售交易额及预测(单位:万亿美元)

尽管全球网络零售交易额不断增长，但网络购物在全球的发展却不平衡。在网购人数上国家间差距较明显，在丹麦、德国和英国 80%的人有过网购经历，而在津巴布韦这一比例仅为 1%。在许多发展中国家和欠发达地区，网购消费者仅占人口的很小一部分，而在大多数发达国家，超过一半的人口在网上购买商品和服务。近年来，随着互联网和数字化技术在中国崛起，中国网购市场飞速发展，中国消费者已处在全球网购最前沿。

2. 消费者网购意愿增强

随着互联网与电子商务技术的快速发展，网购已成为人们日常生活的重要部分。不同国家和地区在网购消费意愿、在线购物品类、网购行为特点等方面都与其文化、风俗习惯、消费习惯、收入等密切相关。

不同地区的在线购物意愿冷热不均，韩国在线消费意愿最强，其次是英国、丹麦和中国。跨境购物在部分地区成为流行趋势，新加坡(89%)、澳大利亚(86%)和中国香港(85%)是跨境网购消费者占比最多的国家和地区，尤其是韩国、中国和印度，跨境网购市场潜力巨大。

人们在线购买的商品种类因地区不同而有所差异，但排名靠前的几项基本相同。从网购品类看，电子产品、时装、服务类产品、书籍和票务是最受网购消费者喜爱的商品，而家庭用品和日用百货则网购率较低。

另外，消费者使用移动设备网购的比率越来越高。33%的消费者使用移动设备作为完成交易的首选。网购产生忠诚度，品牌一旦进入在线购物清单，消费者多半会再次购买。消费者在电商渠道的单次花费通常比线下多。

3. 新兴市场开始崛起

经过 20 年的发展，电子商务在北美、西欧和东亚三大市场日趋成熟，竞争格局趋于稳定。而亚洲、拉丁美洲、中东、非洲等新兴市场开始兴起，成为驱动全球电商不断发展的新动力，特别是亚洲电商市场已成为当前角逐的焦点(见图 1-2)。

非洲：低水平增长	亚洲和大洋洲：多样化的市场	拉丁美洲：电子商务潜力有待挖掘
•互联网普及率仅为35.2%，非洲和中东地区占全球B2C电子商务规模仅为1.0%，线上渗透率仅为2.2%。 •非洲的电子商务发展水平落后，交通和物流等基础设施不足，法律法规尚不完善，整体购买力有限。	•拥有全球最大数量的网购用户，占全球B2C电子商务销售的28%，占国际小件小包邮寄的1/3。 •70%的亚太地区网民经常使用购物应用，领先于其他地区。	•近5年，线上销售额以年均两位数的速度增长，2017年网络零售额达445.5亿美元，网络买家占全球的10%。 •电子商务市场主要由巴西主导，占拉美地区B2C销售总额的38%，墨西哥和阿根廷分别占19%和8%。

图 1-2　新兴市场成全球电子商务增长主要动力

2017 年，中国电子商务持续快速发展，呈现出融合化、全球化、数字化及智能化的融合发展态势(见图 1-3)。中国稳居全球规模最大、最具活力的电子商务市场地位。2017 年，以无人门店、社区超市、生鲜超市等为代表的线下零售迅速成为重要的零售新业态。在市场需求不断转变、科技创新突破的背景下,零售业线上线下进一步融合交叉,大数据推动零售业务发展。

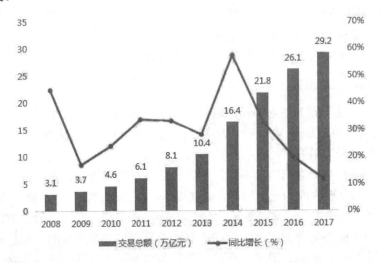

图 1-3 2008—2017 年中国电子商务交易总额及增长率(单位:万亿元,%)

扩展阅读 1 北美、欧洲、亚太和拉美的电子商务发展状况见右侧二维码。

(二)我国电子商务发展状况

在新一轮信息技术革命的驱动下,全球电子商务与传统经济进一步融合,呈现出多元化、无边界化、服务化、全球化的发展趋势。2018 年 9 月 8 日,2018 全球电子商务大会上权威发布了《中国电子商务发展报告 2017—2018》(以下简称《报告》)。《报告》体现电子商务在壮大数字经济、共建"一带一路"、助力乡村振兴、带动创新创业、促进新旧动能转换、培育经济发展新动能等方面都发挥了积极的作用,跨境电商更是成为我国外贸的新增长点。

1. 中国电子商务交易情况分析

据前瞻产业研究院发布的《中国电子商务行业市场前瞻与投资战略规划分析报告》统计数据显示,2008 年中国电子商务交易总额仅仅为 3.4 万亿元。2010 年中国电子商务交易总额超 4 万亿元。到了 2013 年中国电子商务交易总额突破 10 万亿元。截至 2017 年全国电子商务交易额达 29.16 万亿元,同比增长 11.7%。其中商品、服务类电商交易额 21.83 万亿元,同比增长 24.0%;合约类电商交易额 7.33 万亿元,同比下降 28.7%。2018 年中国电子商务交易额达 9.1 万亿元。至 2018 年年底,中国电子商务交易总额超 30 万亿元,达到了31.63 万亿元,2008—2018 年这十年期间增长了 10 倍(见图 1-4)。

2. 中国电子商务仍将继续保持高速增长的态势

2019 年 1 月 1 日,第十三届全国人大常委会第五次会议表决通过的《中华人民共和国电子商务法》开始施行。电商法的实施,以后消费者提前支付的购物押金就更加有了保障。

根据《中华人民共和国电子商务法》第二条，电子商务是指通过互联网等信息网络销售商品或者提供服务的经营活动。随着互联网的快速发展，电子商务行业发展迅猛，作为互联网和相关服务业中新业态，不仅创造了新的消费需求，同时也引发了新的投资新潮，开辟了就业增收新渠道，为大众创新提供了新空间。

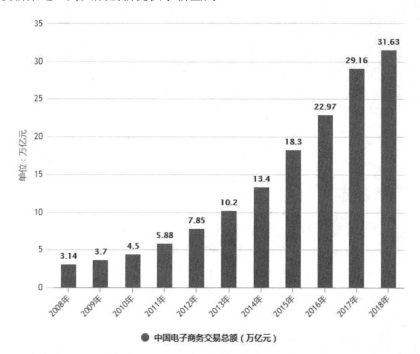

图1-4　2008—2018年中国电子商务交易额统计情况

随着网络购物市场线上线下的融合，行业稳定发展，预计2019年中国网络购物市场交易规模将达到9.4万亿元。同时大数据、人工智能、区块链等数字技术与电子商务加快融合，将构建更加丰富的交易场景；线上电子商务平台与线下传统产业、供应链配套资源加快融合，将构建更加协同的数字化生态；社交网络与电子商务运营加快融合，将构建更加稳定的用户关系；电子商务还将进一步促进内外贸市场融合，加快资源要素自由流动。数字化将全面推进零售业态创新，提升商品质量和用户体验，零售业竞争力逐步从经营商品向经营用户、经营场景转变。B2B电子商务将进一步促进工业制造及供应链数字化转型，成为推进工业互联网的重要突破口。国际合作方面也日益密切。全球电子商务将继续保持较快的发展速度，东南亚、非洲和拉美市场电子商务发展潜力较大。全球电子商务资源，如技术、数据、支付、物流等，将加速集聚共享和协同发展。

第二节　电子商务的概念

【案例1-2】

山东金乡县利用电子商务促进大蒜销售

近年来，山东省金乡县的蒜老板们纷纷向信息技术领域和海外市场发起冲击，全县60

万亩大蒜在信息技术和驻外销售网点的帮助下,不仅畅销国内各大超市,还远销世界150多个国家和地区,年创汇2亿多美元,成为全国县级农产品出口大县。

金乡县东运、宏昌、宏泰、华光、山阳、成功果蔬等十来个公司走出国门,在日本、阿联酋、加拿大、德国、俄罗斯、新加坡等国家和地区设立大蒜销售办事处,在全国各大城市及一些大的农产品市场设立了信息点和农产品直供点。

该县还建起了大蒜电子交易市场,蒜老板们只需操纵电脑,点点鼠标,国内外市场需求和价格信息就一目了然。买卖双方只需缴纳订金,就可事先锁定价格,通过网络向交易者提供结算、信息、仓储、质检、物流配送等综合服务,既减少了流通环节,又降低了交易成本。信息渠道和经销网络的不断延伸,帮助蒜商、蒜农们有效规避了市场风险,推动了该县农副产品价格的利好和稳定,有效增加了全县农民的收入。

(资料来源:大蒜交易网 http://www.cndasuan.com)

一、电子商务的定义

电子商务的产生和发展不仅改变了传统的交易模式,而且改变了商业伙伴之间建立的合作关系模式以及计算机应用平台的模式。电子商务是在20世纪90年代兴起于美国、欧洲等发达国家的一个新概念。1997年,IBM公司第一次使用了"电子商务"(Electronic Business,E-Business)一词,后来"电子商务"一词的使用慢慢普遍起来。电子商务包含两个方面的内容:一是电子方式,二是商贸活动。电子商务指的是利用简单、快捷、低成本的电子通信方式,买卖双方不见面地进行各种商贸活动。事实上,目前还没有一个较为全面、确切的定义。国际组织、各国政府及企业都是依据自己的理解和需要来给电子商务下定义的。

扩展阅读2 国际组织、各国政府和企业对电子商务的定义见右侧二维码。

电子商务是各种具有商业活动能力和需求的实体(生产企业、商贸企业、金融企业、政府机构、个人消费者等)为了跨越时空限制提高商务活动效率而采用计算机网络和各种数字化传媒技术等电子方式实现商品交易和服务交易的一种贸易形式。电子商务有狭义和广义之分。狭义的电子商务称作电子交易,主要是指利用Web提供的通信手段在网上进行的交易,包括电子商情、网络营销、网络贸易、电子银行等。广义的电子商务是包括电子交易在内的、利用Web进行的全面商业活动,如市场调查、财务核算、生产计划安排、客户联系、物资调配等,所有这些活动涉及企业内外。

一般而言,电子商务应包括以下几层含义。

(1) 采用多种电子方式,特别是通过互联网。

(2) 实现商品交易、服务交易(其中包含人力资源、资金、信息服务等)。

(3) 包含企业间及企业内部的商务活动(生产、经营、管理和财务等)。

(4) 涵盖交易的各个环节,如询价、报价、订货、售后服务等。

(5) 电子方式是形式,跨越时空、提高效率是主要目的。

二、电子商务的主要功能

电子商务通过互联网可提供在网上的交易和管理的全过程的服务，具有对企业和商品的广告宣传、交易的咨询洽谈、客户的网上订购和网上支付、电子账户、销售前后的服务传递、客户的意见征询、对交易过程的管理等各项功能。

1. 广告宣传

电子商务使企业可以通过自己的 Web 服务器、网络主页(Home Page)和电子邮件(E-mail)在全球范围内作广告宣传，在互联网上宣传企业形象和发布各种商品信息，客户用网络浏览器可以迅速找到所需的商品信息。与其他各种广告形式相比，在网上的广告成本最低廉，而给顾客的信息量却最丰富。

2. 咨询洽谈

电子商务使企业可借助非实时的电子邮件、新闻组(News Group)和实时的讨论组来了解市场和商品信息、洽谈交易事务；如有进一步的需求，还可用网上的白板会议(Whiteboard Conference)、电子公告板(BBS)来交流即时的信息。在网上的咨询和洽谈能超越人们面对面洽谈的限制，提供多种方便的异地交谈形式。

3. 网上订购

企业的网上订购系统通常都是在商品介绍页面提供十分友好的订购提示信息和订购交互表格，当客户填完订购单后，系统回复确认信息单表示订购信息已收悉。电子商务的客户订购信息采用加密的方式对客户和商家的商业信息进行保密。

4. 网上支付

网上支付是电子商务交易过程中的重要环节。客户和商家之间可采用信用卡、电子钱包、电子支票和电子现金等多种电子支付方式进行网上支付，采用电子支付方式可节省交易的费用。对于网上支付的安全问题现在已有实用的技术来保证其安全性。

5. 电子账户

网上支付是指由银行、信用卡公司及保险公司等金融单位提供包含电子账户管理在内的金融服务，客户的信用卡号或银行账号是电子账户的标志，它是客户所拥有金融资产的标识代码。电子账户通过客户认证、数字签名、数据加密等技术措施的应用保证电子账户操作的安全性。

6. 服务传递

电子商务通过服务传递系统将客户所订购的商品尽快地传递到已订货并付款的客户手中。对于有形的商品，服务传递系统可以通过网络对在本地或异地的仓库或配送中心进行物流的调配，并通过物流服务部门完成商品的传送；而无形的信息产品如软件、电子读物、信息服务等则立即从电子仓库中将商品通过网络直接传递到用户端。

7. 意见征询

企业的电子商务系统可以采用网页上的"选择""填空"等形式及时收集客户对商品和销售服务的反馈意见,这些反馈意见能提高线上、线下交易的售后服务水平,使企业获得改进产品、发现新市场的商业机会,使企业的市场运作形成一个良性的封闭回路。

8. 交易管理

电子商务的交易管理系统可以借助网络快速、准确地收集大量数据信息,利用计算机系统强大的处理能力,针对与网上交易活动相关的人、财、物、客户及本企业内部事务等各方面进行及时、科学、合理的协调和管理。

电子商务的上述功能,为网上交易提供了一个良好的交易服务和实施管理的环境,使电子商务的交易过程得以顺利和安全地完成,并可以使电子商务获得更广泛的应用。需要指出的是,这里所说的电子商务的功能只是电子商务的直接功能,其他一些派生功能如电子商务促进产业结构合理化功能等并没有阐述。

第三节 电子商务的分类与特征

【案例1-3】

江都推出"手机办税通" 提升服务便利民众

2011年年底,江都地税局联合中国电信江都分公司研发"手机办税通"业务平台,实现移动办税与网点办税业务同步,优化纳税服务,极大地提高了工作效率。纳税人登录该平台,则可通过短信与税收征管人员进行互动,办理绝大多数涉税事项,甚至完成工作预约,真正享受到全新的"一站式"移动办税服务。

1. 信息化办税保障江都地税完成各项指标

江都市地税局2011年共组织各项收入逾45亿元,全面完成各项目标任务,组织收入再创历史新高。这些成绩的取得,离不开该局对信息化成果的重视。早在2009年,江都市地税局就成功上线省级集成系统,整合办税资源,简化办税流程。

伴随着3G时代的到来、智能终端的迅速普及,该局的移动办公需求日益凸显。中国电信江都分公司基于自身优异的3G网络和强大的研发力量,针对性地开发了"手机办税通"业务平台,使得纳税人办税从此不受时间、地点的限制。2011年11月7日,江都地税局与中国电信江都分公司签署合作协议,正式宣布"手机办税通"系统开通上线。

2. 移动办税省时高效,提升税局形象

据了解,目前江都区税务管理者已全部配备"手机办税通"工作手机,共计办理210部,同时已有1027户纳税人使用该终端。"手机办税通"包含纳税人与税收征管人员的在线互动功能。依托"手机办税通"平台,江都地税局能够通过短信与纳税人进行互动,甚至完成工作预约,从而及时了解并掌握纳税人的服务需求,切实为纳税人排忧解难,最终减轻基层负担,降低行政成本,提升税收管理的信息化水平。

另外,平台的在线开具发票功能摆脱了电脑的限制,实现了没有电脑也可网络开具发票的功能，扩大了网络开票的应用范围，做到了真正的移动开票，促进了税收征管的规范化。

3. 申报缴税轻松快捷，受纳税人肯定

由于"手机办税通"的业务与实体网点基本实现同步，它的上线使绝大多数涉税事项的办理进入了电子自助时代。据了解，"手机办税通"平台主要分为两部分：面向地税干部的税务端和面向广大纳税人的纳税人端。在税务端方面，主要包括纳税人信息查询、申报入库情况查询、统计报表生成、政策法规检索、公告信息发布，以及与纳税人的工作预约。在纳税人方面，主要包括查询自身涉税信息、自动接转 12366 纳税服务热线、计算应纳税款、在线开具发票、验证发票真伪、掌上税校学习等。

(资料来源：中国电子政务网 http://www.e-gov.org.cn)

一、电子商务的分类

电子商务可以从不同的角度进行分类，如表 1-1 所示。

表 1-1　电子商务的分类

分类标准	电子商务
商业活动的运作方式	完全电子商务、非完全电子商务
开展电子交易的范围	本地电子商务、远程电子商务、全球电子商务
交易对象	有形商品、数字化商品(完全 EC)、网上服务
参与交易对象	B2B、B2C、B2G、C2C、C2G
应用平台	专用网(EDI)、互联网(Internet)、内联网(Intranet)、电话网(固定电话和移动电话)
交易阶段	交易前、交易中、交易后
成熟度	静态、动态
创新形式	团购电子商务、社交电子商务

(一)按商业活动的运作方式划分

1. 完全电子商务

完全电子商务是指完全可以通过电子商务的方式实现和完成完整交易的交易行为和过程，实现交易过程中信息流、资金流、物流、商流的高度集成。换句话说，完全电子商务是指商品或者服务的完整过程是在信息网络上实现的电子商务。这种电子商务能使双方超越地理空间的障碍进行电子交易，可以充分挖掘全球市场的潜力。例如，许多数字商品的网上交易都是完全电子商务。

2. 非完全电子商务

非完全电子商务是指不能完全在互联网上依靠电子商务来解决交易过程的所有问题，必须依赖于其他外部条件的配合才能完成全部交易过程。一般来说，只要信息流、资金流、物流、商流中的任何一流没有在网上实现，都可认为是非完全电子商务。例如，采取离线支付方式、实物物流系统的电子商务都可以认为是非完全电子商务。

(二)按开展电子交易的范围划分

1. 本地电子商务

本地电子商务是指利用公司内部、本城市或者本地区的信息网络实现的电子商务活动。本地电子商务交易的范围比较小，它是利用互联网、企业内部网或专网将下列相关系统联系在一起的网络系统：参加交易各方的电子商务信息系统，包括买方和卖方及其他各方的电子商务信息系统、银行金融机构电子信息系统、保险公司信息系统、商品检验信息系统、税务管理信息系统、货物运输信息系统、本地区 EDI 中心系统等。

2. 远程电子商务

远程电子商务是指电子商务在本国范围内进行的网上电子交易活动。其交易的地域范围较大，对软硬件和技术要求都比较高，要求在全国范围内实现商业电子化、自动化，实现金融电子化，而且交易各方需具备一定的电子商务知识、经济能力、技术能力和管理能力等。

3. 全球电子商务

全球电子商务是指在全世界范围内进行的电子交易活动，参加电子商务的交易各方通过网络进行贸易活动。它涉及有关交易各方的相关系统，如买卖方国家进出口公司系统、海关系统、银行金融系统、税务系统、保险系统等。由于全球电子商务业务内容繁杂，数据来往频繁，这就要求电子商务系统严格、准确、安全、可靠。全球电子商务客观上要求要有全球统一的电子商务规则、标准和商务协议，这是发展全球电子商务必须解决的问题。

(三)按电子商务交易对象划分

1. 有形商品交易电子商务

有形商品交易电子商务的交易对象是占有三维空间的实体类商品，这类商品的交易过程中所包含的信息流和资金流可以完全实现网上传输，卖方通过网络发布商品广告、供货信息及咨询信息，买方通过网络选择欲购商品并向卖方发送订单，买卖双方在网上签订购货合同后可以在网上完成货款支付。但交易的有形商品必须由卖方通过某种运输方式送达买方指定的地点。电子商务中的商品配送特点有：范围大，送货点分散，批量小，送货及时。对商家来说，这些特点由于引起销售成本大大增加，有可能导致其在商务面前驻足不前。有形商品交易电子商务由于三流(信息流、资金流、物流)不能完全在网上传输，因而可称为非完全电子商务。

2. 数字化商品交易电子商务

数字化商品交易是指交易对象是软件、电影、音乐、电子读物等可以数字化的商品。数字化商品网上交易与有形商品网上交易的区别在于：前者可以通过网络将商品直接送到购买者手中。也就是说，数字化商品电子商务完全可以在网络上实现，因而这类电子商务属于完全电子商务。

3. 服务商品交易电子商务

服务商品交易电子商务是指电子商务的交易对象是服务商品。服务商品电子商务提供的也是无形商品，但和数字商品电子商务不同的是，有的服务商品电子商务流程中也有实物部分，也可能有物流过程。例如，邮政电子商务等。

(四)按参与交易对象的不同分类划分

1. 企业与企业之间的电子商务

企业与企业之间的电子商务(Business to Business，B to B 或 B2B)是企业与企业之间通过专用网或互联网进行数据信息的交换、传递，开展贸易活动的电子商务形式。通过这种商务形式可以将有业务联系的公司之间通过电子商务将关键的商务处理过程连接起来，形成在网上的虚拟企业圈。例如，企业利用计算机网络向其供应商进行采购，或利用计算机网络进行付款等。这类电子商务，特别是企业通过私营或增值计算机网络(Value Added Network，VAN)采用 EDI(电子数据交换)方式所进行的商务活动，已经存在多年。这种电子商务系统具有很强的实时商务处理能力，使公司能以一种可靠、安全、简便、快捷的方式进行企业间的商务联系活动和达成交易。

2. 企业与消费者之间的电子商务

企业与消费者之间的电子商务(Business to Customer，B to C 或 B2C)是人们最熟悉的一种电子商务类型，这类电子商务主要是借助于互联网所开展的在线式销售活动。大量的网上商店利用互联网提供的双向交互通信，完成在网上进行购物的过程。最近几年随着互联网的发展，这类电子商务的发展异军突起。例如，在互联网上目前已出现许多大型超级市场，所出售的产品一应俱全，从食品、饮料到电脑、汽车等，几乎包括了所有的消费品。由于这种模式可节省客户和企业双方的时间和空间，从而可大大提高交易效率，节省各类不必要的开支，因而得到了人们的认同，获得了迅速发展。

3. 企业与政府方面的电子商务

企业与政府之间的电子商务(Business to Government，B to G 或 B2G)包括政府采购、税收、商检、社会保障、管理条例发布等。一方面政府作为消费者，可以通过互联网发布自己的采购清单，公开、透明、高效、廉洁地完成所需物品的采购；另一方面，政府可以通过电子商务方式充分、及时地对企业实施宏观调控、指导规范、监督管理等职能。借助于网络及其他信息技术，政府职能部门能更及时全面地获取所需信息，作出正确决策，做到快速反应，能迅速、直接地将政策法规及调控信息传达到企业，从而起到管理与服务的作用。在电子商务中，政府还有一个重要作用，就是对电子商务的推动、管理和规范作用。

4. 消费者与消费者之间的电子商务

互联网为个人经商提供了便利，任何人都可以"过把瘾"，各种个人拍卖网站层出不穷，形式类似于"跳蚤市场"。其中最成功、影响最大的应该算是"电子港湾"(eBay)。它是美国加州一位年轻人奥米迪尔在 1995 年创办的，是互联网上最热门的网站之一。我们把这类网站称为消费者与消费者之间的电子商务(Customer to Customer，C to C 或 C2C)。

5. 消费者与政府之间的电子商务

消费者与政府之间的电子商务(Customer to Government，C to G 或 C2G)指的是政府对个人的电子商务和业务活动。这类电子商务活动目前还不多，但应用前景广阔。居民的登记、统计和户籍管理以及征收个人所得税和其他契税、发放养老金、失业救济和其他社会福利是政府部门与社会公众个人日常关系的主要内容，随着我国社会保障体制的逐步完善和税制改革，政府和个人之间的直接经济往来会越来越多。

(五)按电子商务应用平台划分

1. 利用专用网的电子商务

利用专用网的电子商务就是利用 EDI 网络进行电子交易。EDI 是按照一个公认的标准和协议，将商务活动中涉及的文件标准化和格式化，通过计算机网络，在贸易伙伴的计算机网络系统之间进行数据交换和自动处理。EDI 主要应用于企业与企业、企业与批发商、批发商与零售商之间的批发业务。EDI 电子商务在 20 世纪 90 年代已得到较大的发展，技术上也较为成熟，但是因为开展 EDI 对企业的管理、资金和技术要求较高，因此至今尚未普及。

2. 基于互联网的电子商务

基于互联网的电子商务是指利用连通全球的互联网开展的电子商务活动，它以计算机、通信、多媒体、数据库技术为基础，通过互联网络，在网上实现营销、购物服务。消费者可以不受时间、空间、厂商的限制，广泛浏览，充分比较，模拟使用，力求以最低的价格获得最满意的商品和服务。在互联网上可以进行各种形式的电子商务业务，所涉及的领域广泛，全世界各个企业和个人都可以参与。基于互联网的电子商务正以飞快的速度发展，其前景十分诱人，是目前电子商务的主要形式。

3. 内联网电子商务

内联网电子商务是指在一个大型企业的内部或一个行业内开展的电子商务活动，能够形成一个商务活动链。Intranet 商务是利用企业内部网络开展的商务活动。Intranet 只有企业内部的人员可以使用，信息存取只限于企业内部。内联网电子商务的应用，一方面可以节省许多文件的往来时间，方便沟通管理并降低管理成本；另一方面可通过网络与客户提供双向沟通，适时提供颇具特色的产品与服务，并且提升服务品质，可以大大提高工作效率和降低业务的成本。

4. 电话网电子商务

电话网电子商务是指通过电话网络进行的电子商务活动。电话网是早期的电子商务工具。电话网现在可分为固定电话网和移动电话网(即移动电子商务)，特别是移动电子商务是近两年产生的电子商务的一个新的分支。移动电子商务利用移动网络的无线连通性，允许各种非 PC 设备(如手机、PDA、车载计算机、便携式计算机)在电子商务服务器上检索数据，开展交易。目前，移动电子商务已成为电子商务的新亮点。

(六)按电子商务交易阶段划分

1. 交易前电子商务

交易前电子商务主要是指买卖双方和参加交易的各方在签订贸易合同前的准备活动。具体包括三个方面的内容：首先，买方根据自己要买的商品准备购货款，制订购货计划，进行货源市场调查和市场分析，反复进行市场查询，了解各个卖方国家的贸易政策，反复修改购货计划和进货计划，确定和审批购货计划。再按计划确定购买商品的种类、数量、规格、价格、购货地点和交易方式等，尤其要利用互联网和各种电子商务网络寻找自己满意的商品和商家。其次，卖方根据自己所销售的商品召开商品新闻发布会，制作广告进行宣传，全面进行市场调查和市场分析，制定各种销售策略和销售方式，了解各个买方国家的贸易政策，利用互联网和各种电子商务网络发布商品广告，寻找贸易伙伴和交易机会，扩大贸易范围和商品所占市场的份额。其他参加交易的各方如中介方、银行金融机构、信用卡公司、海关系统、商检系统、保险公司、税务系统、运输公司也都为进行电子商务交易做好相应的准备。最后，买卖双方就所有交易细节进行谈判，将双方磋商的结果以文件的形式确定下来，即以书面文件形式和电子文件形式签订贸易合同。电子商务的特点是可以签订电子商务贸易合同，交易双方可以利用现代电子通信设备和通信方法，经过认真谈判和磋商后，将双方在交易中的权利、所承担的义务，对所购买商品的种类、数量、价格、交货地点、交货期、交易方式和运输方式、违约和索赔等合同条款，全部以电子交易合同作出全面详细的规定。合同双方可以利用电子数据信息进行签约，也可以通过数字签名等方式签约。

2. 交易中电子商务

交易中电子商务主要是指买卖双方签订合同后到合同开始履行之前办理各种手续的过程。交易中要涉及有关各方，即可能涉及中介方、银行金融机构、信用卡公司、海关系统、商检系统、保险公司、税务系统、运输公司等，买卖双方要利用 EDI 与有关各方进行各种电子票据和电子单证的交换，直到办理完可以将所购商品从卖方按合同规定开始向买方发货的一切手续为止。

3. 交易后电子商务

交易后电子商务是指从买卖双方办完所有手续之后开始，卖方要备货、组货，同时进行报关、保险、取证、发信用证等，卖方将所售商品交付给运输公司包装、起运、发货，买卖双方可以通过电子商务服务器跟踪发出的货物，银行和金融机构也按照合同规定处理双方收付款、进行结算，出具相应的银行单据等，直到买方收到自己所购商品，才完成了整个交易过程。索赔是在买卖双方交易过程中出现违约时，需要进行违约处理的工作，受损方要向违约方索赔。

(七)按电子商务的成熟度划分

1. 静态电子商务

静态电子商务是指在电子商务的开始阶段，企业通过在互联网上展示公司的产品及相关信息、建立与客户的沟通而进行的商务活动，从而提高企业对客户的服务能力，协调与伙伴的关系。这种电子商务体现在客户可以随时在商业网站上浏览、寻找和搜集静态的商务信息。静态电子商务所使用的技术以超文本标记语言(Hypertext Mark-up Language，HTML)和图片为主，后来发展到使用多媒体的技术，如 Macromedia、Flash 等。

2. 动态电子商务

动态电子商务是集 Web 服务、交易系统和业务流程管理于一体的电子商务系统，它着重于处理后端的商务交易，这些交互大部分介于计算机系统、商务应用程序和软件组件之间，实现商务实体间的无缝、动态集成；实现程序与程序间的直接交互，具有动态特性，可以实时、动态地集成、部署和实施，有利于新合作伙伴的发现。动态电子商务可简化企业间的连接和交易处理过程，实现企业动态系统的集成。

动态电子商务可实现企业商务流程、客户和厂商系统的动态延伸和连接，为企业业务处理及连通提供全新模式和更多机遇，可灵活、动态地创建企业间的交互。动态电子商务具有动态业务处理机制，由应用程序自动地发起 Web 交易，快速地搜索互联网上不同企业的相关应用并进行比较，然后作出能满足客户需求的最佳选择，并能利用已购买的解决方案降低新产品的开发成本，缩短实施时间。

动态电子商务能够将现有企业应用程序转换为 Web 服务，为合作伙伴和客户提供开放的解决方案，实现异构兼容，快捷地在企业内部网、外部网和互联网间实现应用集成。在动态电子商务模式中，企业能有效地管理企业内部各部门之间以及企业与各商业合作伙伴之间的交互，充分利用外部技术和服务等资源，在瞬息万变的市场竞争中赢得优势。为此，越来越多的企业希望建立动态电子商务系统，以提升企业的竞争实力。但到目前为止，有一半以上的企业还是停留在静态电子商务应用阶段。动态电子商务的基础和核心是近年来兴起的 Web 服务(Web Services)技术，企业可以通过将各种电子商务的 Web 服务进行组合和集成，以创建动态电子商务应用。

扩展阅读 3　创新形式社交电子商务见右侧二维码。

二、电子商务的特征

电子商务在全球各地通过计算机网络进行并完成各种商务活动、交易活动、金融活动和相关的综合服务活动。它与传统的商务活动有着较大的区别，具体表现为以下特性。

1. 虚拟性

电子商务的贸易双方，从贸易磋商、签订合同到支付等无须当面进行，均通过计算机网络完成，整个交易完全虚拟化。对卖方来说，可以到网络管理机构申请域名，制作自己的主页，组织产品信息上传主页。而买方则可以通过虚拟现实、网上聊天等新技术将自己的需求信息反馈给卖方。通过信息的相互交换，最终签订电子合同，完成交易并进行电子支付。整个交易都在虚拟的环境中进行。

2. 全球性

全球性是指电子商务在互联网络环境下，把整个世界变成了"地球村"，经济活动也扩展到全球范围内进行，把空间因素和地理距离的制约降到了最低限度，不再受国家地域的限制。互联网是一个开放的全球计算机网络，几乎遍布世界的每一个角落。在此基础上的电子商务，使得人们只要接通电话线，利用网络工具就可以方便地与贸易伙伴传递商业信息和文件，突破了地理空间的界限，将自己的商品与服务送到世界各地。电子商务塑造了一个真正意义上的全球市场，打破了传统市场在时间、空间和流通上都存在的各种障碍。同时，电子商务的全球化也给企业带来了机遇和挑战。在激烈的国际竞争中，要求企业重新审视自己的发展战略，必须意识到互联网的国际性和对经济发展的重要作用，以全球经营的战略目光迎接挑战、把握机会。

3. 商务性

电子商务最基本的特性是商务性，即提供买卖交易的服务、手段和机会，通过万维网客户可以进行商品查询、价格比较、下订单、付款等过程来完成商品的购买；供应商可以记录客户的每次访问、销售、购买形式和购货动态等信息，对商品交易的过程进行处理，并通过统计相应的数据分析客户购买心理，从而确定市场划分及营销策略。

4. 广泛性

电子商务是一种新型的交易方式，无论是跨国公司还是中小企业，都可以通过电子商务方式找到新的市场和赢利机会，消费者也可以在电子商务中获得价格上的实惠，还可以通过自由的网络拍卖网站使自己成为一个商家而获得利益。政府与企业间的各项事务也可以和电子商务充分结合起来，开展网上政府采购、网上税收、电子报关、网上年审、网上银行等业务。电子商务的影响远远超出了商务本身，它对社会的生产和管理、人们的生活和就业、政府职能、教育文化都带来了巨大的影响。电子商务将人类真正带入了信息社会。

5. 低成本性

企业运营成本包括采购、生产和市场营销成本。首先，通过网络收集信息可以大大减少公司的采购步骤。其次，企业生产成本的降低可以通过减少库存、缩短产品周期体现出来。最后，电子商务可以大大降低企业的营销费用，网上营销使企业可以直接和供应商、用户进行交流，消费者则可以直接从生产厂家以更低的价格买到放心的产品。

6. 高效性

由于互联网将贸易中的商业报文标准化，使商业报文能在世界各地短时间内完成传递和接受计算机自动处理，同时原料采购、产品生产、需求与销售、银行汇兑、货物托运等环节均无须工作人员干预即可在最短的时间内完成。在传统的商务中，用信件、电话和传真传递信息必须有人的参与，每个环节必须花不少的时间，有时由于人员合作及工作时间的问题会延误传输时间，失去最佳的商机。电子商务克服了传统商务中存在的费用高、易出错、处理速度慢等缺点，极大地缩短了交易时间，使得整个交易过程非常快捷与方便。

7. 互动性

互联网本身的双向沟通特性，使得电子商务的交易模式由传统的单向传播(指消费者被动地接受企业的产品或服务)变为互动沟通。一方面，企业可以利用这一特性为每位访客制定专门的网站服务，使每位访问者都会有不同的经历，让客户觉得与交易对方由陌生人变成了贴心的老朋友；另一方面，用户可以按自己的兴趣或要求主动搜索网站，因而不能对顾客群进行有效细分的企业将直接被顾客淘汰。

8. 集成性

电子商务能通过互联网协调新老技术，使用户能行之有效地利用他们已有的资源和技术，更加有效地完成他们的任务；它能规范事务处理的工作流程，将人工操作和电子信息处理集成为一个不可分割的整体。

9. 安全性

电子商务是一个开放的平台，安全是非常重要的因素。对于客户而言，无论网上的物品如何具有吸引力，如果他们对交易安全性缺乏把握，那么根本就不敢在网上进行买卖。企业和企业间的交易更是如此。在电子商务中，安全性是必须考虑的核心问题。欺骗、窃听、病毒和非法入侵都在威胁着电子商务，因此要求网络能提供一种端到端的安全解决方案，包括加密机制、签名机制、分布式安全管理、存取控制、防火墙、安全万维网服务器、防病毒保护等。为了帮助企业创建和实现这些方案，国际上多家公司联合开展了安全电子交易的技术标准和方案研究，并发表了 SET(安全电子交易)和 SSL(安全套接层)等协议标准，使企业能建立一种安全的电子商务环境。随着技术的发展，电子商务的安全性也会相应得以增强，并作为电子商务的核心技术。

10. 协调性

商务活动是一个协调的过程，它需要雇员和客户、生产方、供货方以及商务伙伴间的协调。为了提高效率，许多组织都提供了交互式的协议，电子商务活动可以在这些协议的基础上进行。传统的电子商务解决方案能加强公司内部的相互作用，电子邮件就是其中一种，但那只是协调员工合作的一小部分功能。利用万维网将供货方与客户相连，并通过一个供货渠道加以处理，这样公司就节省了时间，消除了纸张文件带来的麻烦并提高了效率。电子商务是迅捷简便的、具有友好界面的用户信息反馈工具，决策者们能够通过它获得高价值的商业情报、辨别隐藏的商业关系和把握未来的趋势，因而，他们可以作出更有创造性、更具战略性的决策。

11. 服务性

在电子商务环境中，人们不再受地域的限制，客户能够非常方便地完成过去较为繁杂的商务活动。因此，在电子商务条件下，企业的服务质量成为商务活动取得成功的一个关键因素。

12. 可扩展性

电子商务是一天 24 小时、每星期运行 7 天的商务活动，为了电子商务能正常运作，系统的软、硬件必须能够迅速扩展，要确保其可扩展性，并且可扩展的系统是稳定的系统。随着计算机和网络技术的快速发展，作为其应用的电子商务无论在规模上还是形式上都有了巨大的发展，不断切合技术特征的电子商务交易方式有力地推动着经济的发展，包括从简单的信息传输到构建数字化交易平台，从初始的 E-mail 身份认证到数字签名。电子商务交易形式的高速发展使得相应的法律法规更加完善、更加配套，以适应电子商务的发展。

第四节 电子商务系统

一、电子商务的概念模型

电子商务的概念模型是对现实世界中电子商务活动的一般抽象描述，它由电子商务实体、电子交易市场、交易事务以及物流、资金流、信息流、商流等基本要素组成，如图 1-5 所示。

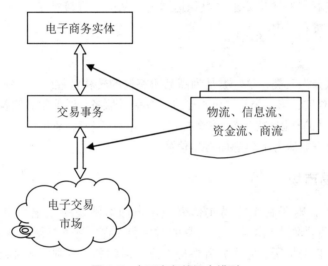

图 1-5 电子商务的概念模型

(一)电子商务实体

在电子商务概念模型中，电子商务实体是指能够从事电子商务的客观对象，如消费者、企业、网上银行、认证中心、政府机构、物流中心和中介机构等。

1. 消费者

消费者是电子商务交易过程中占主导地位的主体，是经济活动不可缺少的重要一环，在电子商务中其角色定位明确，也比较容易理解。

2. 企业

企业是电子商务最主要的推动者和受益者。

3. 网上银行

网上银行在互联网上实现传统银行的业务，为用户提供 24 小时的实时服务；与信用卡公司合作，发放电子钱包，提供网上支付手段，为电子商务交易中的用户和商家服务。

4. 认证中心

认证中心(Certificated Authority，CA)是受法律承认的权威机构，负责发放和管理电子证书，使网上交易的各方能互相确认身份。电子证书是一个包含证书持有人、个人信息、公开密钥、证书序号、有效期、发证单位的电子签名等内容的数字文件。

5. 政府机构

在电子商务环境中，政府应该发挥何种作用，各国政府的态度不尽相同。对于我国来说，政府在电子商务中扮演着双重角色，既是宏观政策的制定者和调控者，又是商业采购的积极参与者。

6. 物流中心

物流中心接受商家的送货要求，组织运送无法从网上直接得到的商品，跟踪产品的流向，将商品送到消费者手中。

7. 中介机构

中介机构可以分为三类：第一类是为商品所有权的转移过程(即支付机制)服务的，像一些金融机构，如支付宝；第二类是提供电子商务软硬件服务、通信服务的各种厂商，像 IBM、HP、Microsoft 这样的软硬件和解决方案提供商；第三类是像 Yahoo、Alta Vista、Infoseek 这样的提供信息及搜索服务的信息服务增值商。

(二)电子交易市场

在电子商务中，对于每个交易实体来说，所面对的是一个电子交易市场(Electronic Market，EM)，它必须通过 EM 来选择交易的对象和内容。电子交易市场是指电子商务实体从事商品和服务交换的场所，它由各种各样的商务活动参与者利用各种接入设备(计算机、个人数字助理等)和网络连成一个统一的整体。它是在互联网通信技术和其他电子化通信技术的基础上，通过一系列的动态 Web 应用程序和其他应用程序将交易的双方集中在一起的虚拟交易环境。EM 中众多的交易主体可以通过 EM 提供的电子化交易信息和交易工具建立起点对点和一对多的交易通道。负责 EM 的建立、维护、运行等工作的中介服务机构被称为 EM 运营商。阿里巴巴就是国内的一家电子交易运营商。

(三)交易事务

交易事务是指电子商务实体之间所从事的具体的商务活动的内容，如询价、报价、转账支付、广告宣传和商品运输等。

(四)电子商务中的"四流"

1. 物流

物流主要是指商品和服务的配送及传输渠道，对于大多数商品和服务来说，物流可能仍然经由传统的经销渠道，然而对有些商品和服务来说，可以直接以网络传输的方式进行配送，如各种电子出版物、信息咨询服务、有价信息等。

2. 资金流

资金流主要是指资金的转移过程，包括付款、转账、兑换等过程。它始于消费者，终于商家账户，中间可能经过银行等金融部门。

3. 信息流

信息流是服务于商流和物流所进行的信息活动的总称，既包括商品信息的提供、促销营销、技术支持、售后服务等内容，也包括诸如询价单、报价单、付款通知单、转账通知单等商业贸易单证，还包括交易方的支付能力、支付信誉、中介信誉等。

4. 商流

商流是指商品在购、销之间进行交易和商品所有权转移的运动过程。它具体是指商品交易的一系列活动，包括交易前的商品宣传、用户选择及双方的谈判磋商，交易中的规则确认(合同)及订货、发货过程，交易后的服务行为等，往往涉及商检、税务、海关和运输等各行业。

电子商务中的任何一笔交易都包含四种基本的"流"，即物流、资金流、信息流、商流。资金流、信息流、商流的处理可以通过计算机和网络通信设备来实现，而物流作为电子商务四种"流"中最为特殊的一种，是指物质实体(商品和服务)的流动。它们之间的关系如图1-6所示。

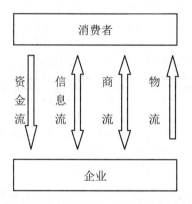

图1-6　"四流"之间的关系

从流动方向看，信息流、商流在商家和消费者之间传递和交互，是双向的；而资金流和物流的流向是单向的、相逆的。

在商品价值形态的转移过程中以信息流为依据，通过资金流实现商品的价值，通过物流实现商品的使用价值，从而完成整个电子商务的交易活动。

物流是基础，信息流及资金流是桥梁，但信息流处于中心地位，直接影响并控制着商品流通中各个环节的运作效率。物流是资金流的前提与条件，资金流是物流的价值担保，并为适应物流的变化而不断进行调整。商流是交易的核心，是电子商务的最终目的。

> **小资料：**也有学者将电子商务描述为"5F + 2S + 1P"，5F 即信息流、资金流、物流、信用流和人员流，2S 即提供网上支付和物流配送服务，1P 即通过电子商务网络建设进行信息发布、传输和交流。

二、电子商务系统框架

为了说明电子商务的各类应用环境，拉维和安德鲁两位著名学者提出了一般的电子商务框架结构，如图1-7所示。该系统从宏观角度系统地描述了要实现电子商务体系的各应用层面和众多支持条件，可以帮助我们更好地理解电子商务。

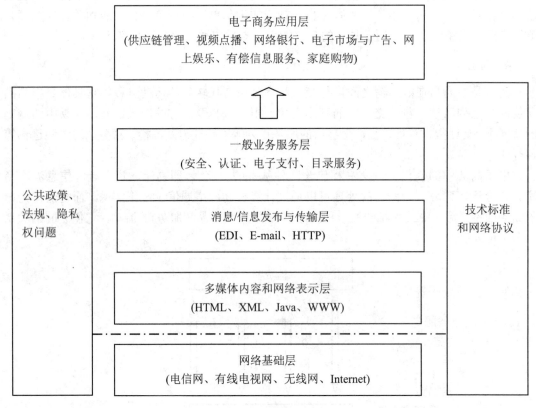

图1-7 电子商务框架

电子商务系统框架可以分为五个层次和两个支柱。五个层次自下而上分别为网络基础层、多媒体内容和网络表示层、消息/信息发布与传输层、一般业务服务层以及电子商务应用层，这五个层次依次代表电子商务设施的各级技术及应用层次。两个支柱分别是安全技术标准和国家宏观政策、法规等社会人文环境，这是电子商务顺利应用的坚实基础。电子商务的各类应用是建立在两大支柱和五个相互支持的层次基础之上的。

1. 网络基础层

网络基础层是电子商务的硬件基础设施，是信息传输系统，包括远程通信网、有线电视网、无线通信网和互联网。远程通信网包括电话、电报，无线通信网包括移动通信和卫星网，互联网是计算机网络。目前，这些网络基本上是独立的，研究部门正在研究将这些网络连接在一起，到那时传输线路的拥挤将会彻底改变。

这些不同的网络都提供了电子商务信息传输线路，但是，当前大部分的电子商务应用还是基于互联网。互联网上包括的主要硬件有：基于计算机的电话设备、集线器(Hub)、数字交换机、路由器(Router)、调制解调器、电缆调制解调器(Cable Modem)等。

经营计算机网络服务的是互联网网络接入服务供应商(IAP)和内容服务供应商(ICP)，它们统称为网络服务供应商(ISP)。IAP 只向用户提供拨号入网服务，它的规模一般较小，向用户提供的服务有限，一般没有自己的骨干网络和信息源，用户仅将其作为一个上网的接入点看待。ICP 能为用户提供全方位的服务，可以提供专线、拨号上网，提供各类信息服务和培训等，拥有自己的特色信息源。它是 ISP 今后发展的主要方向，也是发展电子商务的重要力量。

2. 多媒体内容和网络表示层

多媒体内容和网络表示层解决电子商务系统内部信息的发布问题。HTML 作为互联网中主要的信息内容制作的工具，可以容纳文字、图形、动画、音效等多媒体内容，并将其组织得便于检索和富有表现力。应用 Java 语言可以更方便地使之适用于各种网络、设备、操作系统及界面等。最常用的信息发布应用就是 WWW，用 HTML 或 Java 将多媒体内容发布在 Web 服务器上，然后通过一些传输协议将发布的信息传送给接收者。

3. 消息/信息发布与传输层

消息/信息发布与传输层解决电子商务系统外部信息的传输问题。信息的发布和传输形式并不是唯一的，不同的场合、不同的要求需要采用不同的方式。互联网上的信息传播工具提供了两种主要的交流方式：一种是非格式化的数据交流，如电子邮件；另一种是格式化的数据交流，如电子数据交换。目前，大量的互联网使用者在各种终端和操作系统下通过 HTTP 使用统一资源定位器(URL)查找所需要的信息。

4. 一般业务服务层

一般业务服务层用于实现标准的网上商务活动，为方便交易可提供通用的业务服务，这些业务服务是所有企业、个人在网上进行贸易时都会用到的服务。它主要包括：保证商业信息安全传输的方法、买卖双方合法性的认证、电子支付工具与商品目录服务、电子支付工具的开发、保证商业信息安全传送的方法、认证买卖双方的合法性方法等。为保证商务活动的持续进行，必须保证交易安全有效地进行，目前的做法是采用信息加密技术(非对称密钥加密、对称密钥加密等)、安全认证技术(数字签名、数字证书、CA 认证等)和安全交易协议(SET、SSL 等)来提供端到端的安全保障。

以上四个层次构成了电子商务的基础设施环境。

5. 公共政策、法规、隐私权问题

公共政策包括围绕电子商务的税收制度、信息定价(信息定价围绕谁花钱来进行信息高速公路建设)、信息访问的收费、信息传输成本、隐私问题等需要政府制定的政策。其中，税收制度如何制定是一个至关重要的问题。例如，对于咨询信息、电子书籍、软件等无形商品是否征税，如何征税；对于汽车、服装等有形商品如何通过海关，如何征税；税收制度是否应与国际惯例接轨，如何接轨；WTO 是否应把电子商务部分纳入其中。这些问题不妥善解决，就会阻碍电子商务的发展。

法规维系着商务活动的正常运作，违规活动必须受到法律的制裁。网上商务活动有其

独特性，买卖双方很可能存在地域的差别，他们之间的纠纷如何解决？如果没有一个成熟的、统一的法律系统进行仲裁，纠纷就不可能解决。那么，这个法律系统究竟应该如何制定？应遵循什么样的原则？其效力如何保证？如何保证授权商品交易的顺利进行？如何有效遏止侵权商品或仿冒产品的销售？如何有力打击侵权行为？这些都是制定电子商务法规时应该考虑的问题。法规制定得成功与否直接关系到电子商务活动能否顺利开展。保障隐私权是指在电子商务交易过程中，对交易各方各种信息的有效保护。

6. 文档、安全、网络协议的技术标准

安全问题可以说是电子商务的中心问题。如何保障电子商务活动的安全，一直是电子商务能否正常开展的核心问题。作为一个安全的电子商务系统，首先必须具有一个安全、可靠的通信网络，以保证交易信息安全、迅速地传递；其次必须保证数据库服务器的绝对安全，防止网络黑客闯入盗取信息。目前，电子签名和认证是网上比较成熟的安全手段。同时，人们还制定了一些安全标准，如安全套接层协议(Secure Sockets Layer，SSL)、安全HTTP协议(Secure-HTTP)、安全电子交易(Secure Electronic Transaction，SET)等。

技术标准定义了用户接口、通信协议、信息发布标准、安全协议等技术细节，它是信息发布、传递的基础，是网络信息一致性的保证。就整个网络环境来说，技术标准对于保证各种硬件设备和应用软件的兼容性和通用性是十分重要的。目前，许多企业和厂商、国际组织都意识到技术标准的重要性，正致力于联合起来开发统一的国际技术标准，比如EDI标准、TCP/IP协议等。

以上两个支柱构成了电子商务必备的外部支撑条件。

7. 电子商务应用层

上面所介绍的四个基础设施和两个支柱构成了电子商务运行的环境平台，在此基础上可以开展网上招标、在线购物、在线营销、博客营销、网上银行、有偿信息服务等电子商务活动。

第五节　电子商务对当今社会的影响

【案例1-4】

外卖O2O何以能够不动声色地改变人们的生活？

回顾2015年，这一年确实给我们带来了不少改变。尤其是和人们衣食住行分不开的餐饮O2O，彻底改变了人们的生活方式。而未来，餐饮O2O仍将以不可阻挡之势不断壮大。

那么，餐饮O2O到底有多强大呢？让我们从一组数据来看一下。关于餐饮O2O，央视给出了不少报道。其中2015年国内从线上到线下的餐饮O2O模式，其市场规模已经突破1300亿元。由此可见，餐饮市场何其庞大。不仅如此，这个市场还将随着互联网的不断深化继续扩大。

俗语有云：民以食为天。如今，越来越多的用户开始接受互联网带来的便利，进行网上订餐。此外，随之而出的团购、外卖等互联网餐饮模式也在不断地刺激消费者，满足消费者所需，让越来越多的用户接受互联网餐饮模式。然而，作为时下最受欢迎的餐饮O2O

行业，因何得到广大消费者的认可，成为消费者的主流呢？

1. 超高的便利性，使其无可替代

对于很多消费者来说，选择餐饮O2O的主要原因就是便利。以百度外卖为例，智能物流调度系统，通过百度外卖的算法，能够根据用户的喜好和商户特点，对二者进行个性化匹配，从而大大缩短了用户等待外卖餐饮的时间。

2. 懒人心理，催生外卖经济繁荣

懒人心理是每一个人所具备的，正是由于这种心理才催生了外卖经济的繁荣发展。试想，你可以在任何时候坐在家里或者办公室内，只需动动手指就可以在网上选择自己喜欢吃的食物，且无须考虑距离问题。尤其是像寒冬、酷暑、下雨天，你完全可以享受在家里等待食物送上门的服务。

3. 个性化需求，使得外卖无可替代

未来，个性化需求将成为各行各业发展必不可少的因素，餐饮O2O也不例外。尤其是针对病人或者老人的个性化健康饮食配送等，更加会促进外卖配送的发展。一旦我们对于这种个性化配送有着强烈的需求，就无法离开外卖O2O平台。

4. 饮食安全，外卖O2O打造健康饮食

病从口入，安全饮食正是人们所关注的。而目前所有的外卖O2O平台，都在努力打造一个健康的饮食方式，比如杜绝无照无证的黑商家，所有入驻商家必须持有营业执照和卫生许可证，并随时对商家进行回访，详查商家卫生状况，确保消费者的食品安全问题。如此，安全饮食有保障，自然得到消费者的认可。

其实，外卖O2O影响的不仅是消费群体，还有商家。对于商家来说，外卖能够带来更多的订单，这也就意味着更多的利润。尤其是一些位置比较偏的商家，其大部分的餐饮订单均来自于外卖，可以说外卖是他们的主营方式。这些商家通过外卖平台，能够找到生存之道。同时，外卖平台还能够帮助商家培养一批忠实的消费者，使得商家可以根据外卖O2O平台的大数据分析，实现更加精准的营销，从而更精准地推送用户想吃的菜品。可谓是消费者与商家互利的事情，所以未来外卖O2O依然是影响我们生活的主流，并将不断扩大。

（资料来源：搜狐网 www.sohu.com）

电子商务不仅是一种技术变革，它还通过技术的辅助、引导和支持，对社会经济、政府、企业及个人的生活产生巨大的影响。

一、电子商务对社会经济的影响

电子商务对社会经济的影响表现在以下几个方面。

1. 促进全球经济发展

电子商务超越国界。许多电子商务公司，无论是做实实在在的商品贸易还是提供无形的有偿服务，都盯上了国际市场的巨大潜在发展空间。许多政府和国际组织纷纷鼓励电子商务公司积极参与国际贸易竞争，以促进本国经济的发展和就业。尽管这种国际贸易面临高的运输成本、语言障碍和货款支付与结算等方面的问题，但全球经济一体化进程的提速以及电子商务法规的日趋完善，还有电子商务模式的创新，将会逐步扫清这些障碍。像 eBay 这样迅速崛起的国际电子商务大公司就是最好的例证。

2. 促进知识经济发展

电子商务将改变传统的社会秩序和法律制度。电子商务活动的国际性特征，决定了人们会研究、整合和借鉴国际组织、各国和各地区成熟的立法经验，避免与国际通用规则相抵触。同时，电子商务所可能涉及的国家经济情报、企事业的商业利益、公民个人的隐私权利都直接或间接地反映和表现为国家利益，因此强调和保障国家经济安全十分重要。因此，在强调电子商务立法国际属性的同时，必须从国家经济安全的高度来审视和确定我国的电子商务立法，尊重技术自主知识产权，加强网络与电子商务核心软件及数据库的独立开发。

3. 促进新兴行业产生

电子商务将带来一个全新的金融业。由于在线电子支付是电子商务的关键环节，也是电子商务得以顺利发展的基础条件，随着电子商务在电子交易环节上的突破，网上银行、银行卡支付网络、银行电子支付系统以及网上技术服务、电子支票、电子现金等服务，将传统的金融业带入一个全新的领域。1995 年 10 月，全球第一家网上银行"安全第一网上银行"(Security First Network Bank)在美国诞生。这家银行没有建筑物、没有地址，营业厅就是首页画面，员工只有 10 人。与总资产超过 2000 亿美元的美国花旗银行相比，"安全第一网上银行"简直是微不足道，但与花旗银行不同的是，该银行所有交易都通过互联网进行。

网上金融机构的出现改变了传统的客户和金融机构雇员面对面的交易方式，距离不会再制约金融机构的业务发展。金融机构采用国际先进的科学技术开发新的金融产品，提供新的金融服务，从而拓展市场，形成金融机构业务发展的新增长点，推动金融机构的业务向更新、更高层次发展。金融服务的电子化和信息化大大加快了资金流动速度和信息透明度，使金融机构依赖资金周转时间和信息不对称来获取赢利的可能性越来越小。金融机构通过智能化信息处理系统，将经济及金融信息分析、资源投向决策、资金筹措调配、金融工具选择、交易结果反馈等环节有机结合起来，可明显地提高资金运用效率。

可以预见，互联网网上娱乐、休闲对人们会有越来越大的吸引力，因而提供这种新的娱乐、休闲方式是电子商务新兴的行业。

二、电子商务对政府的影响

政府承担着大量的社会、经济、文化的管理和服务的功能，尤其是在调节市场经济运行和防止市场失灵带来的不足方面有很大的作用。在电子商务时代，企业应用电子商务进行生产经营，消费者进行网上消费，这些都将对政府管理行为提出新的要求。电子政府或称网上政府，将随着电子商务的发展而成为一个重要的社会角色。

三、电子商务对企业的影响

电子商务对企业的影响主要表现在以下几个方面。

(一)电子商务改变了企业的生产方式

电子商务通过企业生产过程现代化、低库存生产和数字化定制生产三个方面改变了企业的生产方式。

1. 企业生产过程现代化

电子商务在企业生产过程中的应用，可在管理信息系统(MIS)的基础上采用计算机辅助设计与制造(CAD/CAM)，建立计算机集成制造系统(CIMS)；可在开发决策支持系统(DSS)的基础上，通过人机对话实施计划与控制，从物料资源规划(MRP)发展到制造资源规划和企业资源规划(ERP)。这些新的生产方式把信息技术和生产技术紧密地融为一体，使传统的生产方式升级换代。

2. 低库存生产

在实施电子商务后各个生产阶段可以通过网络相互联系，同时使传统的直线串行式生产变成网络经济下的并行式生产，在减少了许多不必要的等待时间的同时，也使即时式生产(Just In Time，JIT)成为可能，使库存降到最低限度。例如 IBM 个人系统集团从 1996 年开始就应用电子商务高级计划系统。通过该系统，生产商可以准确地依据销售商的需求来生产，这样就提高了库存周转率，使库存总量保持在很低的水平，从而把库存成本降到最低限度。

3. 数字化定制生产

电子商务的发展使数字化定制生产不仅变得必要，而且也成为可能。进入电子商务时代的消费需求变得越来越多样化、个性化，市场细分的彻底化使企业必须针对每位顾客的需求进行一对一的"微营销"。否则，顾客如果觉得某家公司提供的产品不够满意，他只要单击鼠标即可轻而易举地进入其他公司的站点。同时，电子商务使数字化定制生产变得简单可行。企业通过构建各种数据库，记录全部客户的各种数据，并可通过网络与顾客进行实时信息交流，掌握顾客的最新需求动向，在得到用户的需求信息后，即可准确、快速地把信息送到企业的设计、供应、生产、配送等各环节，各环节可及时、准确又有条不紊地对信息做出反应。数字化定制生产成功的范例是戴尔公司。戴尔公司每年生产数百万台个人计算机，每台都是根据客户的具体要求组装的。尽管客户的需求千差万别，但戴尔公司通过网络与客户建立了直接的联系，只生产客户签下了订单的计算机，不仅显著降低了生产经营成本，而且让客户更加满意。

(二)电子商务改变了企业的管理模式

在以往的企业组织结构中，上情下达、下情上呈由中层管理者起作用，而实施电子商务的企业由网络承担，这就为企业组织结构多元化发展创造了条件。电子商务减少了经济活动的中间层，缩短了相互作用和影响的时间差，加快了经济主体对市场的反应能力，使信息传递效率明显提高，市场竞争力显著增强。另外，由于网络办公与电脑会议的普及，公司的组织结构将成为一种象征性的虚拟，类似网络中的一个网站。而这种具有流动性特点的虚拟组织结构将更能适应信息时代的瞬息万变。

电子商务改变了上下游企业之间的成本结构，使上游企业或下游企业改变供销合同的机会成本提高，从而进一步密切了上下游企业之间的战略联盟。电子商务不仅给消费者和企业提供了更多的选择消费与开拓销售市场的机会，而且也提供了更加密切的信息交流场所，从而提高了企业把握市场和消费者了解市场的能力。电子商务促进了企业开发新产品和提供新型服务的能力，使企业可以迅速了解到消费者的偏好和购买习惯，同时可将消费者的需求及时反映到决策层，从而促进企业针对消费者的需求进行研究与开发活动。

(三)电子商务改变了企业的经营方式

电子商务是一种新的贸易服务方式，它以数字化网络和设备替代了传统的纸介质。这种方式突破了传统企业中以单向物流为主的运作格局，实现了以物流为依据、信息流为核心、商流为主体的全新运作方式。在这种新型运作方式下，企业的信息化水平将直接影响企业供销链的有效建立，进而影响企业的竞争力。这就需要企业对现有业务流程进行重组，加强信息化建设和管理水平，从而适应电子商务的发展需要。

以往的批零方式被网络代替，人们直接从网络上采购，传统的人员推销失去大部分市场，广告宣传也为适应新的传播媒体而改变。管理界对目标市场的选择和定位，将更加依赖于上网者的资料以及对网络的充分利用。企业的市场调研、产品组合和分销等一系列营销管理活动将因电子商务而发生改变。当前，网络营销正成为营销学的一个分支，它使顾客有了更多、更广泛的选择，同时帮助企业扫清向国际市场拓展业务的障碍。目前越来越多的企业开始运用网络与传统营销的组合方式进行管理，效果显著，营销费用明显降低，营销预算更加方便、准确。

(四)电子商务改变了企业的结算支付方式

企业可以通过网上银行系统实现电子付款，进行资金结算、转账、信贷等活动。目前主要的信用传输安全保障和认证问题还未得到全面解决，但是纸货币流被无纸电子流所代替而引发的结算革命是不可阻挡的发展趋势。企业应该顺应这种趋势，做好改变传统结算方式的准备。

扩展阅读4　电子商务对个人的影响见右侧二维码。

第六节　电子商务人才结构

扩展阅读5　案例：人才紧缺制约电商发展，未来10年有200万岗位需求，见右侧二维码。

电子商务是一门集商务技术、信息技术和管理技术于一体的新兴的交叉学科，是信息化社会的商务模式。电子商务的实施是一项系统工程，涉及信息技术、数据标准化建设和处理、网络互联、贸易过程等各个环节，无论是电子商务目标的确定、扩展，还是其组织结构的确定和规章制度的制定等都在相应的历史环境、科学技术、文化背景下由各方面(政府、行业协会、管理机构等)的人来共同完成，离开了电子商务的目标、组织、规划的制定者，或者缺乏这方面的管理技术人才是不可能实现电子商务的。电子商务系统是现代高科技的结晶，要保证系统软硬件安全可靠地运行，没有一批高技术人才是办不到的。电子商务的开展过程是商务管理、商务理论与现代信息技术的有机结合，因此，电子商务从业人员应该是掌握商务理论和现代信息技术应用的复合型人才。

电子商务专业以培养能够应用现代信息技术进行商贸活动的复合型人才为目标，不仅要求学生掌握基本的理论知识，更要求具有较强的动手能力和灵活的实际应用能力。一般来说，电子商务人才分为技术型、商务型及综合管理型，这三类人才基本的就业岗位可以进行如下细分。

一、技术型人才

技术型人才应着眼于电子商务技术的掌握，为电子商务应用提供技术支持。技术型人才的主要就业岗位如下。

(1) 电子商务美术设计(代表性岗位：网站美工人员)：主要从事平台颜色处理、文字处理、图像处理、视频处理等工作。

(2) 电子商务网站设计(代表性岗位：网站设计/开发人员)：主要从事电子商务网页设计、数据库建设、程序设计、站点管理与技术维护等工作。

(3) 电子商务平台设计(代表性岗位：系统管理/软件开发人员)：主要从事电子商务平台规划、网络编程、安全设计等工作。

二、商务型人才

商务型人才应着眼于电子商务的具体操作应用，利用电子商务进行商贸活动。商务型人才的主要就业岗位如下。

(1) 企业网络营销业务(代表性岗位：网络营销人员)：主要是利用网站为企业开拓网上业务、网络品牌管理、客户服务等工作。

(2) 网上国际贸易(代表性岗位：外贸电子商务人员)：主要利用网络平台开发国际市场，进行国际贸易。

(3) 新型网络服务商的内容服务(代表性岗位：网站运营人员/主管)：主要包括频道规划、信息管理、频道推广、客户管理等。

(4) 电子商务支持系统的推广(代表性岗位：网站推广人员)：负责销售电子商务系统和提供电子商务支持服务、客户管理等。

(5) 电子商务创业：借助电子商务这个平台，既可以利用虚拟市场提供产品和服务，又可以直接为虚拟市场提供服务。

三、综合管理型人才

综合管理型人才应着眼于电子商务的建设，利用电子商务改进企业经营管理。综合管理型人才的主要就业岗位如下。

(1) 电子商务平台综合管理(代表性岗位：电子商务项目经理)：这类人才要求既对计算机、网络和社会经济有深刻的认识，又要具备项目管理能力。

(2) 企业电子商务综合管理(代表性岗位：电子商务部门经理)：主要从事企业电子商务的整体规划、建设、运营和管理等工作。

思 考 题

1. 电子商务的发展经历了哪几个阶段？
2. 中国电子商务发展在世界处于什么地位？
3. 如何理解电子商务的概念？
4. 电子商务有哪些主要功能？
5. 什么是电子商务中的"四流"？
6. 简述电子商务系统的框架。
7. 举例说明电子商务改变了我们工作、学习的哪些方面。
8. 结合社会对电子商务人才的需求，谈谈自己将来的发展。

扩展练习 案例分析见右侧二维码。

第二章 电子商务技术基础

【学习目标】

- 掌握网站建设技术的基本内容，学会如何推广网站。
- 理解物联网的发展历程以及物联网技术体系。
- 理解云计算的部署模式与服务模式。
- 了解大数据的特征及其技术体系。

第一节 电子商务网站的建设及推广

【案例 2-1】

H5 技术：网络与新媒体的创新发展

随着网络与新媒体的高速发展，H5 标准在正式推出之后，借由微信等平台的巨大传播力，各种 H5 游戏和专题页面纷纷崭露头角，越来越多地出现在人们的视野中。

HTML5(简称 H5)是万维网的核心语言、标准通用标记语言下的一个应用超文本标记语言(HTML)的第五次重大修改。目前，H5 技术正处于不断发展的过程中，作为移动轻应用，它在未来具有无限可能，潜力巨大。

关于 H5 技术的发展，搜狐集团董事局主席兼 CEO 张朝阳曾表示，如今各类 APP 应用正日益丰富，与此同时，H5 技术也在崛起，将对 APP 形成有力竞争。

H5 之所以被人们广泛接纳，与其独特性密切相关。它拥有众多特点：①开发成本低，仅为 APP 成本的 1/5 甚至 1/10。②免适配，跨平台，对于平台的跨越，减轻了平台障碍，便于开发应用。③维护方面，不用像 APP 那样要经常升级，H5 可以实时更新，有问题立即响应。④互动性强，便于产品的快速迭代。移动互联网是一个"快鱼吃慢鱼"的时代，谁对用户的需求满足得更快，谁的试错成本更低，谁就拥有巨大的优势。⑤无安装门槛，更容易推广、爆发而且推广成本低。对于用户来说，H5 大大降低了用户的使用门槛，他们只需轻轻地一点即可满足需求。而且 H5 应用导流非常容易，超级 APP(如微信)、搜索引擎、应用市场、浏览器……到处都是 H5 的流量入口，而原生 APP 的流量入口只有应用市场，所以 H5 的推广成本更低。⑥开源生态系统发达。H5 前端是开放的正反馈循环生态系统，大量的开源库可以使用，开发应用变得更轻松、更敏捷，当然这也体现在快速迭代和成本下降上，不过更重要的是，这种开放的正反馈循环生态系统未来的生命力比原生生态系统更强劲。⑦开放的数据交换。开发者可以让手机搜索引擎很容易检索到自己的数据，也更容易通过跨应用协作来满足最终的用户需求。

如今，人们对 H5 的认知往往在 H5 界面上，H5 界面即利用 H5 技术进行设计的一些精美页面。H5 页面开始成为国民手机中的一支骑兵：无论是各类基于 H5 页面开发的小游戏，还是当前较为流行的邀请函、招聘广告，乃至人民网、网易、腾讯等网络开发的 H5 新闻页面，都试图通过这种触碰、滑动为第一接触方式的页面技术向用户推荐产品、传播信息。
当前，H5页面也成为各大商家和网络公关传播者普遍采取的表现形式。当下，比较流行的
H5页面制作软件有易企秀、MAKA、微页等。

随着手机硬件的升级、H5技术的发展以及微信等平台的开放，H5的跨平台、低成本、
快迭代等优势将会进一步凸显，而这对身处移动互联网大潮中的企业主、品牌设计师和开
发者来说，都将是一个最好的时代。

（资料来源：http:///www.cac.gov.cn/2016-02/06/c_1118005891.html）

一、电子商务网站的系统结构

电子商务网站系统设计的内容一般包括用户管理子系统、商品营销子系统、订单交易
子系统以及后台监督子系统四大重要部分，一般的系统设计如图2-1和图2-2所示。

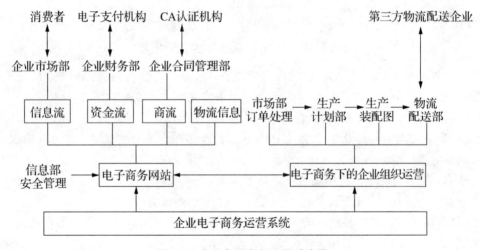

图2-1 企业电子商务运营系统图

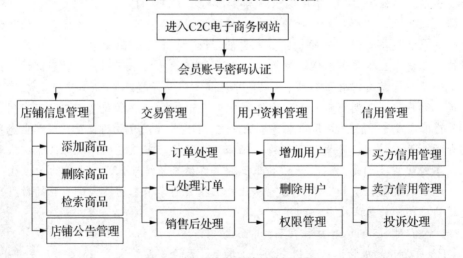

图2-2 电子商务网站系统设计图

(一)用户管理子系统设计

用户管理子系统主要是针对用户模块的管理，使顾客拥有特定的权限吸引更多的消费者浏览网站界面，去深度了解公司的产品。在用户模块需要设计用户登录系统、用户信息资料管理系统以及用户安全保障系统，通过该模块可以为用户提供会员登录平台，使用户在网站上独立管理个人资料和对产品的收藏等功能；公司需要保证用户信息的安全性，使客户放心管理自己的界面。成为公司的会员能够及时收到产品的优惠信息，并且一部分商品是专门针对会员用户进行的促销活动，这样就为公司的老用户提供更多优惠，同时也能够吸引其他消费者的关注，强化消费者对公司品牌服务的满意度和忠诚度。

(二)商品营销子系统设计

对于企业的电子商务网站设计，最重要的就是商品营销系统的设计，网站需要设计商品的分类介绍、详细功能展示、促销和畅销产品归类、新产品上架等模块。商家通过对产品详细分类和规划，使消费者能够充分了解商品信息，根据关键词搜索找到对应的心仪的产品，并且为消费者通过图片或者视频的形式展示产品的结构和质量，在保证真实可靠的前提下，为顾客提供方便购物的条件。同时，企业应该重视新产品和促销产品的宣传，合理设计在引人注目的网页位置上，都能够使新老用户增加对产品的了解和吸引，这样才能够促进产品的宣传和营销。因此，商品营销子系统是企业建立网站的根本目的，需要科学地规划商品信息和营销方式，为企业赢得更多的利润。

(三)订单交易子系统设计

订单交易系统包括售前、售中和售后三个部分，电子商务网站的售前板块一般是指产品宣传和推销；售中是指客服对产品的讲解以及对购买流程的介绍等；售后是指产品物流的跟踪、买家的回馈处理以及评价系统。订单交易能够显示交易的数量和交易的金额以及客户的评价，这些都是企业收集产品销售信息的来源，通过对这些数据的分析，能够了解产品带来的效益以及客户对产品的满意度，这正是由于线上购买和支付的方便性，使消费者习惯性地到购物网站上选取商品。企业应该充分利用人们的消费心理，有针对性地在网站上设计相应的功能，使交易率逐渐提高。

(四)后台监督子系统设计

公司的电子商务网站是用户和企业共同管理的网站，从用户的角度来看，用户可以在网站上注册会员和完善资料，独立管理自己的主页，给产品赋予合理的评价；从企业的角度来看，掌握整个网站的运营和管理，不仅仅需要保障产品交易信息和用户资料的安全性，同时也需要时刻监督网站运行出现的问题，及时地处理和解决。网站的后台监督系统也需要对诋毁商家和产品的行为进行监控，坚决抵制破坏网站和企业正常运行的问题出现，所以，利用监督平台可以及时处理潜在的危害，保证用户与商家在安全可靠的环境下进行合作和交易。因此，电子商务网站的监督系统必须长期运营，为网站的持续发展提供保证和支持。

二、电子商务网站的建设流程

一般来说，普通网站建设需要经过以下六个步骤：①申请域名；②选择主机位置；③选择主机；④选择操作系统；⑤制作网页；⑥调试和开通网站。

而电子商务网站在以上各个步骤进行细化的情况下还要更加复杂一些，因其中包含了在线交易等核心环节，需成立专门网站开发小组进行网站内容设计。其具体设计步骤如图 2-3 所示。

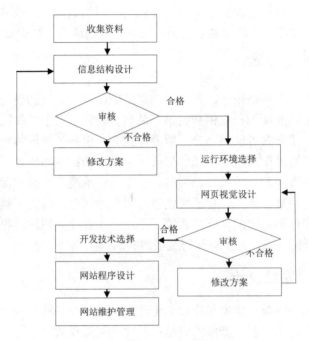

图2-3　网站内容的设计步骤

电子商务网站的基本建设流程也可划分为网站的规划与分析、网站开发、网站的测试和发布三个方面，每个方面又包含许多详细步骤，具体内容如图2-4所示。

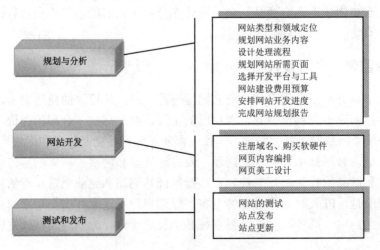

图2-4　商务网站的基本建设流程

三、电子商务网站的开发语言

(一)HTML

HTML 支持 Web 上所有文档格式化、可单击超级链接、图形图像、多媒体文档、表单等。HTML 是由很多标记组成的，每一个标记的语句以"<"开始并以"/>"结束，且每种标记都有很多属性。正确、灵活地使用标记的属性能制作出精美的主页。

(二)动态网页

要编写出动态网页，就需要另外四种技术——CGI、ASP、PHP 和 ASP.NET。

1. CGI

CGI 是 Common Gateway Interface(公用网关接口)的缩写，它是用于 Web 服务器和外部应用程序之间信息交互的标准接口。它的工作就是控制信息要求而且产生并传回所需的文件，提供同客户端 HTML 页面的接口。它的特点是运行速度快、兼容性好。

2. ASP

ASP 采用的脚本语言是 VBScript、JavaScript，它能把 HTML 语言、脚本语言、COM 组件等有机结合起来，由服务器解释执行，按用户要求提交给客户端，无须客户端的执行。ASP 使用的 ActiveX 技术基于自己的动态网页，具有很好的扩充能力。ASP 还可利用 ADO 方便地访问数据库，以此开发出基于 WWW 的应用系统。ASP 技术采用浏览器/Web 服务器/数据库服务器三层体系结构。

ASP 技术具有以下一些特点：①使用简单易懂的脚本语言，嵌入在 HTML 代码中；②无须编译或连接，即可在服务器端直接解释执行；③由于集成在 HTML 中，所以与浏览器无关，用户端只要使用常规的可执行 HTML 代码的浏览器，即可浏览用 ASP 设计的网页内容；④除使用 VBScript 或 JavaScript 语言来设计外，ASP 还可通过 Plug-in 的方式，使用由第三方提供的其他脚本语言，如 Perl、TCL 等；⑤可通过 Microsoft Windows 的 COM/DOCM 获得 ActiveX 规模的支持，通过 DCOM 和 Microsoft Transaction Server 获得结构支持。ActiveX 服务器构件具有很好的可扩充性，可使用 Visual Basic、Java、Visual C++ 等编程语言编写所需要的 ActiveX 构件。

3. PHP

PHP 独特的语法混合了 C、Java、Perl 以及 PHP 自创的语法。它可以比 CGI 或者 Perl 更快速地执行动态网页。用 PHP 制作的动态页面与其他编程语言相比，PHP 是将程序嵌入到 HTML 文档中去执行，执行效率比完全生成 HTML 标记的 CGI 要高许多；PHP 还可以执行编译后的代码，编译可以达到加密和优化代码运行，使代码运行得更快。PHP 具有非常强大的功能，所有的 CGI 功能 PHP 都能实现，而且支持几乎所有流行的数据库以及操作系统。最重要的是，PHP 可以用 C、C++进行程序的扩展。

4. ASP.NET

ASP.NET 是建立在公共语言运行库上的编程框架，可用于在服务器上生成功能强大的

Web 应用程序。ASP.NET 一般分为两种开发语言：VB.NET 和 C#。

与以前的 Web 开发模型相比，ASP.NET 具有数个重要的优点。

(1) 增强的性能。ASP.NET 是在服务器上运行的编译好的公共语言运行库代码。与被解释的前辈不同，ASP.NET 可利用早期绑定、实时编译、本机优化和盒外缓存服务。

(2) 世界级的工具支持。ASP.NET Framework 补充了 Visual Studio 集成开发环境中的大量工具箱和设计器。WYSIWYG(所见即所得)编辑、拖放服务器控件和自动部署只是这个强大的工具所提供功能中的少数几种。

(3) 威力和灵活性。由于 ASP.NET 基于公共语言运行库，因此 Web 应用程序开发人员可以利用整个平台的威力和灵活性。NET Framework 类库、消息处理和数据访问解决方案都可从 Web 无缝访问。ASP.NET 也与语言无关，所以可以选择最适合应用程序的语言，或跨多种语言分割应用程序。另外，公共语言运行库的交互性保证在迁移到 ASP.NET 时保留基于 COM 的开发中的现有投资。

(4) 简易性。ASP.NET 使得简单的窗体提交、客户端身份验证和站点配置等常见任务的执行变得更容易。例如，ASP.NET 页框架可生成将应用程序逻辑与表示代码清楚分开的用户界面，可在类似 Visual Basic 的简单窗体处理模型中处理事件。另外，公共语言运行库利用托管代码服务(如自动引用计数和垃圾回收)简化了开发。

(5) 可管理性。ASP.NET 采用基于文本的分层配置系统，简化了将设置应用于服务器环境和 Web 应用程序。由于配置信息是以纯文本形式存储的，因此可以在没有本地管理工具帮助的情况下应用新设置。此"零本地管理"哲学也扩展到了 ASP.NET Framework 应用程序的部署。只需将必要的文件复制到服务器，即可将 ASP.NET Framework 应用程序部署到服务器。即使是在部署或替换运行的编译代码时，也不需要重新启动服务器。

(6) 可缩放性和可用性。ASP.NET 在设计时考虑了可缩放性，增加了专门用于在聚集环境和多处理器环境中提高性能的功能。另外，进程受到 ASP.NET 运行库的密切监视和管理，以便当进程行为不正常时，就地创建新进程，帮助保持应用程序始终可用于处理请求。

(7) 自定义性和扩展性。ASP.NET 随附了一个设计周到的结构，它使开发人员可以在适当的级别"插入"代码。实际上，开发人员可以用自己编写的自定义组件扩展或替换 ASP.NET 运行库中的任何子组件。

(8) 安全性。借助内置的 Windows 身份验证和基于每个应用程序的配置，可以保证应用程序是安全的。

扩展阅读 1 电子网站推广见右侧二维码。

第二节　物联网技术

【案例 2-2】

"彩虹大战"连上物联网，共享单车带动创新潮

用户精准识别到可用单车，在手机 APP 上直接开锁，并在用完后将单车停放在"电子围栏"内……在整个过程中，共享单车平台对单车的状态进行实时监控，对随意停放、恶意破坏、据为己有等现象进行有效管理……这是共享单车"连上"物联网后擦出的管理创新"火花"。

共享单车"彩虹大战"升级成物联网"朋友圈"竞赛，摩拜单车拉来中移动、爱立信、高通、华为等企业为自家物联网平台站台，ofo则在与中国电信、华为发力物联网，并携手北斗星通、九天微星等将战线延伸到"太空"……在这场物联网生态战中，共享单车们试图为自己"折腾"出更美好未来的同时，电信运营商的窄带物联网(NB-IoT)和国产北斗导航系统也正成为受益者，或迎来规模化商用的爆发点。

1. "彩虹大战"遇到物联网

交通部公布的《关于鼓励和规范互联网租赁自行车发展的指导意见(征求意见稿)》提出："对不适宜停放的区域和路段，可制定负面清单实行禁停管理，设定停车点位、推广运用电子围栏等技术。"所谓"电子围栏"，即在政府提供的禁停区范围不覆盖物联网信号，用户无法完成关锁结算功能，以此避免乱停放等乱象。"电子围栏"解决方案的提出，意味着物联网技术将成为共享单车发展升级的重要信息基础设施。

事实上，2017年以来，热衷于价格战、补贴战、口水战等竞争手段的共享单车们早已步入下半场，开启了一场新的比拼物联网"朋友圈""生态圈"大战。5月23日，摩拜单车宣布与高通、中国移动研究院达成合作，共同启动中国首个eMTC/NB-IoT/GSM(LTE Cat M1/NB1和E-GPRS)多模外场测试。摩拜单车用户将能更精准地识别可用单车、加快智能锁开锁速度，并对单车状态持续监测、实时管理。此前，摩拜单车与爱立信、华为、中国移动等达成战略合作，推动共享单车物联网平台建设。5月19日，摩拜单车正式推出"摩拜+"开放平台战略，全面布局"生活圈""大数据""物联网"三大开放平台，吸引了中国联通、中国银联、招商银行、百度地图等企业加入。

此外，北斗导航也成为共享单车的"香饽饽"。在共享单车领域，摩拜单车已全面支持"北斗+GPS+格洛纳斯"三模卫星定位；ofo小黄车与北斗导航开展战略合作，推出了北斗智能锁；小蓝单车与上海企业合作，利用北斗地基增强系统实现了米级(精度范围1米)定位，即使在高架下、楼宇间、树荫下等信号遮挡处，共享单车的定位也不会出现"漂移"。

2. 多方共赢的市场大蛋糕

开放合作带来互惠共赢。共享单车物联网+的下半场玩法，正激发多个领域的创新热潮。

对于共享单车行业而言，物联网、导航、大数据等技术不仅提升单车的智慧管理水平，还将创造更多的商业空间。小蓝单车发布的新版本车型，在车把正中增加了一块7.5寸的显示屏，除了导航等基本功能外，还可在刹车等红灯等静止状态下，向用户展示视频、图片广告。根据用户的出行数据，未来还可能推送消费场所的吃喝玩乐信息。

对于国产的北斗导航产业而言，火爆全民的共享单车或进一步推动其民用化进程，促进中国商业航天领域的产业发展。专家预测，北斗系统有可能因为共享单车大战而实现弯道超车。据了解，从2017年下半年开始，中国北斗卫星将正式开始全球组网，拉开北斗系统面向全球服务的帷幕。

对于NB-IoT窄带物联网，共享单车或成为其首个商用化应用爆点，为三大电信运营商以及华为等设备商带来新的增长点。据预测，到2020年共享单车保有量中性估计在1500万辆以上，由此带来的窄带物联网等通信模块一次性需求将超过10亿元，而随着产品的更新换代,还将带来更大规模的市场需求。2017年是NB-IoT进入规模商用部署阶段的元年。目前,中国电信已建成全球首个覆盖最广的商用NB-IoT网络。

不过,除了硬件商之外,共享单车其他参与方的盈利模式仍需要上下求索。例如,借助于电信运营商提供的优惠物联卡资费,共享单车平台能够更好地实现车辆定位、解锁等功能。而对于运营商而言,NB-IoT商用打开了物联网世界的大门,未来能否形成成熟的商业模式,还需要进一步与产业链加快合作,探索商业利益的交叉点。

(资料来源: http://www.chinawuliu.com.cn/information/201706/01/321800.shtml)

一、物联网概述

(一)物联网的定义

顾名思义,"物联网"就是"物物相连的互联网",也就是说,"物联网技术"的核心和基础仍然是"互联网技术",是在互联网技术基础上延伸和扩展的一种网络技术;其用户端延伸和扩展到了任何物品和物品之间,进行信息交换和通信。因此,物联网的定义可以概括为通过射频识别(RFID)、红外感应器、全球定位系统、激光扫描器等信息传感设备,按约定的协议,把任何物品与互联网相连接,进行信息交换和通信,以实现对物品的智能化识别、定位、跟踪、监控和管理的一种网络。其目的是实现物与物、物与人、所有的物品与网络的连接,以方便识别、管理和控制。

(二)物联网中"物"的含义

这里的"物"要满足以下条件才能够被纳入"物联网"的范围:①相应信息的接收器;②数据传输通路;③一定的存储功能;④CPU;⑤相应的操作系统;⑥专门的应用程序;⑦数据发送器;⑧遵循物联网通信协议;⑨可被识别的唯一编号。

(三)物联网的特征

和传统的互联网相比,物联网有其鲜明的特征。

首先,它是各种感知技术的广泛应用。物联网上部署了海量的多种类型传感器,每个传感器都是一个信息源,不同类别的传感器所捕获的信息内容和信息格式不同。传感器获得的数据具有实时性,按一定的频率周期性地采集环境信息,不断更新数据。

其次,它是一种建立在互联网上的泛在网络。物联网技术的重要基础和核心仍旧是互联网,通过各种有线和无线网络与互联网融合,将物体的信息实时准确地传递出去。在物联网上的传感器定时采集的信息需要通过网络传输,由于其数量极其庞大,形成了海量信息。在传输过程中,为了保障数据的正确性和及时性,物联网必须适应各种异构网络和协议。

最后,物联网不仅提供了传感器的连接,其本身也具有智能处理的能力,能够对物体实施智能控制。物联网将传感器和智能处理相结合,利用云计算、模式识别等各种智能技术,扩充其应用领域。它从传感器获得的海量信息中分析、加工和处理出有意义的数据,以适应不同用户的不同需求,发现新的应用领域和应用模式。

(四)物联网的发展历程和背景

(1) 物联网的实践最早可以追溯到1990年施乐公司的网络可乐贩售机(Networked Coke Machine)。它可以说是物联网的前身,打开了物联网技术产生、发展及广泛应用的大门。

(2) 1999 年在美国召开的移动计算和网络国际会议首先提出了物联网(Internet of Things)这个概念,它是 1999 年 MIT Auto-ID 中心的阿什顿(Ashton)教授在研究 RFID 时最早提出来的,提出了结合物品编码、RFID 和互联网技术的解决方案。当时基于互联网、RFID 技术、EPC 标准,在计算机互联网的基础上,利用射频识别技术、无线数据通信技术等,构造了一个实现全球物品信息实时共享的实物互联网(简称物联网),这也是在 2003 年掀起第一轮华夏物联网热潮的基础。

(3) 2003 年,美国《技术评论》提出传感网络技术将是改变人们生活的十大技术之首。

(4) 2005 年 11 月 17 日,在突尼斯举行的信息社会世界峰会(WSIS)上,国际电信联盟(ITU)发布《ITU 互联网报告 2005:物联网》,引用了"物联网"的概念。物联网的定义和范围已经发生了变化,覆盖范围有了较大的拓展,不再只是指基于 RFID 技术的物联网。报告指出,无所不在的"物联网"通信时代即将来临,世界上所有的物体从轮胎到牙刷、从房屋到纸巾都可以通过因特网主动进行交换。射频识别技术(RFID)、传感器技术、纳米技术、智能嵌入技术将会更加广泛地应用。

(5) 2008 年以后,为了促进科技发展,寻找新的经济增长点,各国政府开始重视下一代的技术规划,将目光放在了物联网上。在中国,同年 11 月在北京大学举行的第二届中国移动政务研讨会"知识社会与创新 2.0"中提出移动技术、物联网技术的发展代表着新一代信息技术的形成,并带动了经济社会形态、创新形态的变革,推动了面向知识社会的以用户体验为核心的下一代创新(创新 2.0)形态的形成,创新与发展更加关注用户,注重以人为本,而创新 2.0 形态的形成又进一步推动新一代信息技术的健康发展。

(6) 2009 年 1 月 28 日,奥巴马就任美国总统后,与美国工商业领袖举行了一次"圆桌会议",作为仅有的两名代表之一,IBM 首席执行官彭明盛首次提出"智慧地球"这一概念,建议新政府投资新一代的智慧型基础设施。当年,美国将新能源和物联网列为振兴经济的两大重点。

(7) 2009 年 8 月,时任总理温家宝在视察中科院无锡物联网产业研究所时,对于物联网应用也提出了一些看法和要求。自温总理提出"感知中国"以来,物联网被正式列为国家五大新兴战略性产业之一,写入"政府工作报告"。物联网在中国受到了全社会极大的关注,其受关注程度是在美国、欧盟以及其他各国不可比拟的。物联网的概念已经是一个"中国制造"的概念,它的覆盖范围与时俱进,已经超越了 1999 年阿什顿教授和 2005 年 ITU 报告所指的范围,物联网已被贴上"中国式"标签。

(8) 截至 2010 年,发改委、工信部等部委正在会同有关部门,在新一代信息技术方面开展研究,以形成支持新一代信息技术的一些新政策措施,从而推动我国经济的发展。

(9) 2011 年的产业规模超过 2600 亿元。在市场应用方面,2011 年从整体来看,占据中国物联网市场主要份额的应用领域为智能工业、智能物流、智能交通、智能电网、智能医疗、智能农业和智能环保。其中智能工业占比最大,为 20.0%。

(10) 2012 年我国物联网产业市场规模达到 3650 亿元,比 2011 年增长 38.6%。从智能安防到智能电网，从二维码普及到智慧城市落地，作为被寄予厚望的新兴产业，物联网正四处开花，悄然影响着人们的生活。

(11) 2013年我国整体产业规模达到5000亿元，同比增长36.9%，其中传感器产业突破1200亿元，RFID产业突破300亿元。作为信息产业发展的第三次革命，物联网涉及的领域越来越广，其理念也日趋成熟，可寻址、可通信、可控制、泛在化与开放模式正逐渐成为物联网发展的演进目标。而对于"智慧城市"的建设而言，物联网将信息交换延伸到物与物的范畴，价值信息极丰富和无处不在的智能处理将成为城市管理者解决问题的重要手段。

(12) 2015年我国物联网产业规模超过7500亿元，年复合增长率超过25%，机器到机器应用的终端数量超过1亿。2016年物联网产业规模达到9300亿元，同比增长24%。

(13) "十三五"期间，随着万物互联时代开启，我国物联网产业规模也将保持高速发展势头，预测到2020年，我国物联网产业的整体规模将超过2万亿元。物联网作为信息通信行业的新兴应用，在万物互联大趋势下，市场规模将进一步扩大。近几年中国物联网行业市场规模情况如图2-5所示。

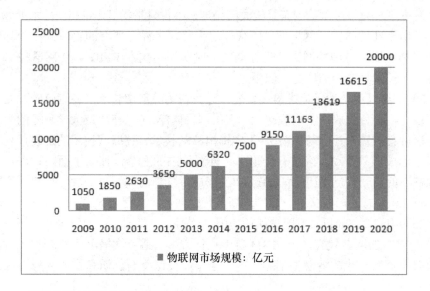

资料来源：根据公开资料整理所得。

图2-5　2009—2020年中国物联网行业的市场规模

二、物联网的技术体系

(一)物联网的技术构成

物联网是一种非常复杂、形式多样的系统技术应用，它的技术构成主要体现在感知层、传输层、支撑层和应用层四个层次上，如图2-6所示。

1. 感知层

感知层是指通过各种类型的传感器对物质属性、环境状态、行为态势等静、动态的信息进行大规模、分布式的信息获取与状态辨识，针对具体感知任务，采用协同处理的方式对多种类、多角度、多尺度的信息进行在线计算，并与网络中的其他单元共享资源进行交互与信息传输。该层主要采用的设备是装备了各种类型传感器(或执行器)的传感网节点和其他短距离组网设备。

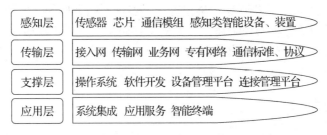

图2-6　物联网技术体系

2. 传输层

传输层的主要功能是通过现有互联网或移动通信网(全球移动通信系统、TD-SCDMA、无线接入网、无线局域网、卫星网等)基础网络设施，对来自感知层的信息进行接入和传输。在传输层，主要采用了与各种异构通信网络接入的设备，如接入互联网的网关、接入移动通信网的网关等。

3. 支撑层

支撑层在高性能计算技术的支撑下，将网络内大量或海量的信息资源通过计算分析整合成一个可以互联互通的大型智能网络，为上层服务管理和大规模行业应用建立起一个高效、可靠和可信的支撑技术平台。在支撑层，主要的系统支撑设备包括大型计算设备、海量网络存储设备等。

4. 应用层

应用层根据用户的需求，构建面向各类行业实际应用的管理平台和运行平台，并根据各种应用的特点集成相关的内容服务。在应用层，包括各类用户界面显示设备以及其他管理设备等。物联网各层次间既相对独立又紧密联系。为了实现整体系统的优化功能，以应用需求为导向的系统设计可以是千差万别的，并不是所有层次的技术都需要采用。

(二)物联网四大关键领域

物联网的四大关键领域如图2-7所示。

图2-7　物联网四大关键领域示意图

(1) RFID：该技术在物联网中主要起"使能"(Enable)作用，已处于实用阶段。

(2) 传感网：借助各种传感器，探测和集成包括温度、湿度、压力、速度等物质现象的网络。基于传感网的系统处于研究阶段的较多。

(3) M2M：侧重末端设备互连和集控管理，多种不同类型的通信技术可有机地结合在一起，如机器之间通信、机器控制通信、人机交互通信、移动互联通信。

(4) 两化融合：工业化和信息化是物联网产业主要的推动力，目前已部署的物联网系统这个领域占多数。

(三)RFID 技术

RFID(Radio Frequency Identification，射频识别)是 20 世纪 90 年代兴起的一种应用广泛的非接触识别技术。它通过射频信号自动识别目标对象并获取相关数据，识别工作无须人工干预，可工作于各种恶劣环境。RFID 的无线系统结构简单，只有两个基本器件，一个询问器(或阅读器)和很多应答器(或标签)，用于控制、检测和跟踪物体。RFID 主要包括产业化关键技术和应用关键技术两方面。

(四)M2M 技术

M2M(Machine-To-Machine)技术让机器、设备、应用处理过程与后台信息系统共享信息，并与操作者共享信息。目标是使所有机器设备都具备联网和通信能力，其核心理念就是网络一切(Network Everything)。

M2M 涉及五个重要的技术部分：机器、M2M 硬件、通信网络、中间件和应用。

1. 机器

实现 M2M 的第一步就是从机器/设备中获得数据，然后把它们通过网络发送出去。使机器"开口说话"(talk)，是指让机器具备信息感知、信息加工(计算能力)、无线通信能力。使机器具备"说话"能力的基本方法有两种：①生产设备的时候嵌入 M2M 硬件；②对已有机器进行改装，使其具备通信/联网能力。

2. M2M 硬件

M2M 硬件是使机器获得远程通信和联网能力的部件，主要进行信息的提取，从各种机器/设备那里获取数据，并传送到通信网络。现在的 M2M 硬件共分为五种：嵌入式硬件、可组装硬件、调制解调器(Modem)、传感器和识别标识(Location Tags)。

3. 通信网络

通信网络将信息传送到目的地，在整个 M2M 技术框架中处于核心地位，包括广域网(无线移动通信网络、卫星通信网络、Internet、公众电话网)、局域网(以太网、无线局域网、蓝牙)、个域网(ZigBee、传感器网络)。

4. 中间件

中间件包括 M2M 网关和数据收集/集成部件两部分。网关获取来自通信网络的数据，将数据传送给信息处理系统。其主要功能是完成不同通信协议之间的转换。

5. 应用

数据收集/集成部件是为了将数据变成有价值的信息，对原始数据进行不同的加工和处理，并将结果呈现给需要这些信息的观察者和决策者。随着移动网络的持续高速增长，4G、5G 等移动互联技术逐步成为主流。而向专业的行业领域和面向大众的消费领域的大规模需求为 M2M 创造了广阔的市场空间。

(五)嵌入式系统技术

嵌入式系统是执行专用功能并被内部计算机控制的设备或者系统。嵌入式系统是一种专用的计算机系统，它可以作为设备或是装置的一部分。通常，嵌入式系统是一个控制程序存储在 ROM 中的嵌入式处理器控制板，如全自动洗衣机、微波炉、DV、汽车等，都使用了嵌入式系统。

三、物联网技术在电子商务网站中的应用

物联网技术在电子商务网站中有着多方面的应用，如对电子商务企业经营管理、消费者购物等方面均有十分重要的推动作用。

1. 提升物流服务质量

物联网通过对包裹进行统一的 EPC 编码，并在包裹中嵌入 EPC 标签，在物流途中通过 RFID 技术读取 EPC 编码信息，并传输到网站处理中心供企业和消费者查询，实现对物流过程的实时监控。

2. 完善对产品质量的监控

物联网技术的应用，将有效地解决消费者对网络购物商品质量的疑问。从产品生产开始，就在产品中嵌入 EPC 标签，记录产品生产、流通的整个过程。这样，消费者在网上购物时，通过卖家提供的 EPC 标签就可以了解产品的所有相关信息，从而决定是否购买。它彻底解决了网上购物时商品信息仅凭卖家介绍的问题，让消费者买得踏实、放心。

3. 有效改善供应链管理

通过物联网技术，企业通过网站实现了对每一件产品的实时监控，并对产品在供应链各阶段的信息进行分析和预测，估计出未来的商务趋势和意外发生的概率，及时采取补救措施和预警，从而极大地提高企业的反应能力。

扩展阅读 2　　物联网发展中存在的问题以及发展战略见右侧二维码。

第三节 云 计 算

【案例 2-3】

云计算怎么又火了？

万达网络科技集团与美国 IBM 公司达成合作，借助 IBM 的云计算技术，进入公有云业务，为国内企业提供云计算服务。著名的 IBM 商业人工智能系统"沃森"(Watson)也将被引入中国，最先应用于服务的将是"沃森"的自然语言交互功能。

类似的业内举动还有不少。腾讯宣布全面提速腾讯云的全球化布局，2017 年将新增 5 大海外数据中心，目的是为走出去的中资企业和海外企业提供云服务；华为表示 2017 年将强力投资打造公有云平台；神州控股旗下神州信息也把云服务列为 2017 年企业重点发展的战略支撑；在较早时候，百度正式将其云计算服务定名为"百度云"。从这些业内排名靠前的企业不约而同的举动看，云计算又火起来了，甚至有人专门提出了云计算 2.0 时代的概念。

有这么一个比喻，提供云计算服务的公司就像自来水公司、电力公司或者银行，计算资源像水和电那样可随时获取，而企业和个人的数据信息可以像银行储蓄一样存在云计算的数据中心里。这个比喻虽然不完全准确，但形象反映了云计算作为基础资源服务和"神经中枢"的特点。其实，和这几年引人关注的人工智能相比，云计算也曾经这般火过。它在国内的兴起和热潮可以追溯到六七年前，在国外则更早，谷歌、IBM、亚马逊、微软等科技公司很早就涉及云计算领域和提供云计算的服务，现在已实实在在地实现了盈利。

从提供云计算服务的都是业内巨头这一点可以看出，云计算是 IT 产业水到渠成的产物，是由于计算量越来越大，数据越来越多、越来越动态、越来越实时所催生出来的。这也可以解释为什么阿里巴巴这样一家电子商务公司，现在将满足它自身需求所建设的数据中心、IT 业务的"阿里云"服务卖给其他中小企业乃至个人。与此同时，随着众多的企业拥抱"互联网+"，积极转型，对云服务的需求越来越强烈和普遍，云计算早已从概念变成了实际的应用。最简单的例子是，如果你想做个动画设计，本来需要多台专业的计算机，现在只需要购买一份或一个时段的云服务，就能解决存储、计算等需求。

值得注意的是，从最新的云计算布局和拓展来看，新的"云计算热"和大数据、人工智能密不可分。云计算是大数据和人工智能发展的基石，又在不断地"进化"：除了基础资源和节省成本能力外，它更加主动地提供更集约和更高效的计算方式，为"智能时代"提供核心驱动力量。

如果说百度、阿里和腾讯等互联网企业是由内而外地输送云计算服务能力，帮助其他企业结合自身业务用好"云"，那么像万达则是在已有广泛业务和产业资源的前提下，从外部"借来"云计算的技术和能力来打造云服务平台。一个是更懂互联网，一个是更懂实体业务，但两者都毫不犹豫地拥抱云计算，这说明了云计算火得有道理，在未来的产业发展中具有极其重要的支撑作用。

(资料来源：http://scitech.people.com.cn/n1/2017/0508/c1057-29259469.html)

一、云计算概述

(一)云计算的概念

云计算是一种按需付费为用户提供服务的计算模式，用户在云计算上共享处理能力、存储、带宽等资源以节省云提供商和用户的成本。云计算包含丰富的服务种类、技术以及应用，不同研究人员根据不同的视角分别给出侧重点有所区别的云计算的定义。

维基百科给出的云计算定义重点强调云计算的核心是"服务"，即云计算可以通过网络提供给用户各种形式的与 IT 相关的服务，服务实现的技术细节对于用户是完全透明的，用户可方便地调用云中的服务而无须做过多的前期准备。

加州伯克利分校的 Michael Armbrust 在云计算白皮书定义云计算为："基于因特网的各种应用型服务以及这些服务所依托的云数据中心的系统软件和硬件；云服务仅指软件即服务这一种模式，而数据中心拥有的软件和硬件被称为云。"

云安全联盟(Cloud Security Alliance，CSA)对云计算的定义为：云描述了对一组分布式服务、应用、信息以及由计算、网络、信息和存储资源池构成的基础设施的使用方式。

美国国家标准与技术研究院(NIST)给出了较为通用的云计算定义，其强调云计算是一种服务提供商与用户之间以最少的交互和管理开销为其提供共享资源池中各种资源的新型模式，各种资源可封装为软件、平台和基础设施三种不同模式的云服务，并且云计算模型包含五种基本特征和四种部署模式。NIST 定义的云计算模式如图 2-8 所示。

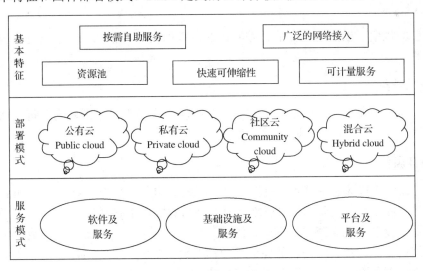

图 2-8 云计算模式可视模型(NIST)

(二)云计算的特点

云计算是计算机在网络上一种新型的计算模式，利用的是它强大的计算能力，来帮助人们解决实际中各种各样的问题，如可以提高生产效率、降低成本、节省能源、可持续发展，解决目前资源紧缺、技术共享问题等。目前被人们普遍接受的云计算特点总结如下。

1. 超大规模

"云"是一些可以自我维护和管理的虚拟计算资源,一般是指一些大型服务器集群。"云"能赋予用户前所未有的计算能力,并且具有相当的规模。Google 云计算已经拥有 100 多万台服务器,Amazon、IBM、微软、Yahoo 等的"云"均拥有几十万台服务器。客户私有云一般拥有数百上千台服务器。

2. 虚拟化

云计算支持用户随时随地地使用各种终端获取应用服务。用户请求的资源就来自"云",而不是固定的有形的实体。服务应用在某处"云"中运行,但用户无须了解,也不用担心应用运行的具体位置。只需要一台电脑或者一个智能终端,就可以通过网络服务来实现我们需要的一切,甚至包括超级计算这样的任务。

3. 高可靠性

"云"使用了数据多副本容错、计算节点同构可互换等措施来保障服务的高可靠性,使用云计算比使用本地计算机更可靠。

4. 通用性

云计算不针对特定的应用,在"云"的支撑下可以构造出千变万化的应用,同一个"云"可以同时支撑不同的应用运行。

5. 高可扩展性

"云"的规模可以是动态化的、差异化的,可以实时调整动态伸缩,满足应用和用户规模增长的需要。

6. 按需服务

"云"是一个庞大的资源池,用户可按需购买。实际上可以理解为云可以像话费、自来水、煤气、电那样按用户实际需求计费。

7. 极其廉价

由于"云"的特殊容错措施,可以采用极其廉价的节点来构成云,"云"可自动化集中式管理,从而使得大量企业无须自己承担日益高昂的数据中心管理成本,"云"的通用性使资源的利用率较之传统系统大幅提升,因此用户可以充分享受"云"的低成本优势,通常只要花费几百美元、几天时间就能完成以前需要数万美元、数月时间才能完成的任务,可赋予用户前所未有的计算能力。

(三)云计算的部署模式

构建云平台的基础设施硬件资源通常被称为云。根据构建云平台的不同模式,可将云计算的基本部署模式分为公有云、私有云、社区云以及混合云四种,每一种部署模式都可满足特定的应用需求,具体如下。

1. 公有云(public cloud)

服务提供商以合理的计费方法将云计算基础架构提供给公众使用。很多企业或个人在不需要购置基础架构的情况下以共享的方式使用公有云。公有云通常以较为低廉的价格为公众提供各种服务，可减少用户构建和维护云的成本。典型的公有云包括 Amazon Web Services Google AppEngine 和 Microsoft Azure。

2. 私有云(private cloud)

企业或其他组织的内部数据中心，其基础设施不向公众提供服务。私有云通常自己购买硬件资源搭建小型的云平台，私有云的资源只供内部授权用户使用，云平台的管理和维护可由第三方进行。有些企业和组织构建私有云是出于对数据安全性的考虑，构建私有云往往需要更多的预算成本。目前很多大型公司将所有数据、软件以及平台从 PC 和服务器移植到内部云平台，员工工作过程中的所有操作都是基于内部私有云进行的。通常所说的云计算不包括私有云。

3. 社区云(community cloud)

由若干组织共同构建的共享云系统。所属同一个社区的成员都可在社区云中获取相应的服务。社区云内的资源不能提供给公众使用，因此社区云可被看成更大范围的私有云。社区云也可由第三方进行构建和维护，从而为社区成员提供云服务，社区成员共同承担构建社区云的成本。

4. 混合云(hybrid cloud)

私有云按需购买公有云上的服务资源而形成的一种混合模式。当私有云的资源无法满足用户需求时，混合云可作为私有云向公有云的延伸。社区云作为更大范围的私有云也可向公有云申请服务形成混合云。混合云综合了以上各种云计算部署模式的优势，既可满足企业对于安全性方面的需求，又可借助公有云提供的低廉服务进一步控制构建云的成本。

基于以上四种基本的部署模式，具有互联操作标准接口和协议的云服务提供商之间可构建复杂的互联云平台架构，主要包括联盟云和跨云平台的体系结构。

联盟云是由不同的云服务提供商通过协议将不同云联合起来的模式，联盟云成员之间的剩余资源可相互交易，从而有效地利用他们的共同资源。联盟云这种模式可扩大成员的计算能力，不仅可有效缓解用户需求高峰期的资源限制，还可获得经济效益。

跨云平台的体系结构是以用户为中心为满足用户需求在不同云平台之间相互交互的模式。跨云平台根据用户的需求可以将不同服务提供商的各种服务聚合起来，这种模式聚合多个云服务提供商的服务向其他云服务提供商或终端用户提供组合服务。随着云计算中出现越来越多的任务请求，客户端可能会提交单个服务提供商无法满足的复杂请求，跨云平台的场景越来越多地应用于服务组合领域。

(四)云计算的服务模式

随着互联网技术的进步，云计算仍然在不断地演变与进化，其服务模式也在随之发生改变，但我们通常将云计算的服务模式分为三种：位于最底层的是物理基础设施，包括资源、计算、存储、数据等,通常称为基础设施即服务(IaaS)。在其中间提供了一个平台,可被用于开发新的应用,其类似于 PC 的操作系统,提供新的服务以及解决方案,这就是平台即服务(PaaS)。最顶层是软件即服务(SaaS),其不仅包含软件,也包括将信息、安全和数据作为服务来提供。下面将详细介绍这三个层次。

1. PaaS

PaaS 层是三层核心服务的中间层,既可以为上层应用给予容易、稳定的分布式编程框架,又需要考虑到底层的管理数据资源、源信息调度作业,屏蔽底层系统的复杂性。随着云计算的发展,PaaS 层需要存储与处理巨量的数据,以满足现在人们的需要。

(1) 海量数据存储与处理技术。

云计算涉及的数据信息是很大的,云计算环境中的数据托管既要考虑存储系统的 I/O 性能,又要保证文件系统的可靠性与可使用性。为了能够保证系统的稳定性和经济性,云计算主要是通过分布式的技术完成海量的数据存储。同时,云技术还有一个最大的优点就是可以通过自备份重要的数据,以提高用户数据的稳定性。这种配置方式的海量存储技术,要求性能高的服务器主机具有恢复和数据备份功能,造成了服务器资源的费用大大地增加。

(2) 数据处理技术与编程模型。

PaaS 平台不仅要实现巨大数据的托管,而且还要具有巨大数据管理的功能。由于 PaaS 平台需要分配很多硬件系统的资源,所以巨大数据的研发和处理要求其编程模型要支撑其规模延伸性,并且需要抽象处理过程,屏蔽底层细节并提高其效率。

2. IaaS

云计算的基础是 IaaS 层,它能为云计算的上层提供巨大的信息资源,并可以进行大量的数据研发;同时,在虚拟化技术的基础上,IaaS 层可以达到硬件资源的按需求分配,并满足用户特殊化的基本系统服务。综上分析,IaaS 层需要对两个问题进行分析:①构建低成本、高效率的数据中心;②对达到灵活、虚拟化技术、稳定的基础设备服务进行组织和构建。

云计算的重要组成部分是数据中心,其资源的准确性与稳定性对上层的云计算管理服务有着重要的影响。Google 等公司非常重视对其建立,截至 2016 年,计算节点数量更是达到 100000 个,Google 公司大约花费了上亿美元在数据中心的构建层。云计算数据中心与传统的企业数据中心是不相同的,主要有以下几个特点:①自动性。传统的网络数据核心需要员工进行监督和检查,而云计算数据中心的大规模性要求系统在发生异常情况时,可以自动进行监测和重新配置,能够快速地解决问题,不会影响到服务器的正常运作。②成本降低。为了提高企业的设施管理资金效益,就需要通过构建一致性标准管理方式,进而提高单位的利用效率。③深化云计算发展。为了节约构建费用及系统革新换代的成本,云计算在发展的过程中就使用了性价比高的设备,使云计算的发展不断地做精做深。

将各种设备的最大性能挖掘出来才能实现多个程序之间的资源共享和虚拟,是云计算的最大好处。在我国现阶段的网络运用中,应用程序需要特定的服务器支持,才能够运行,但是云计算就比较方便,即使是不同的服务器也能做到资源的共享。利用虚拟化的技术,可以将不同的服务器机构建成一个系统,从而能实现多个应用程序。这就是我们平常接触到的虚拟化技术,它主要包括虚拟网络技术及虚拟机技术两个方面。

3. SaaS

SaaS 层面向的对象是云计算应用客户，主要为其提供一些网络系统软件的服务。随着 Web 服务、HTML5、Ajax、Mashup 等技术的不断创新，SaaS 应用在近些年也得到了广泛的使用。典型的 SaaS 应用主要包含 Google Apps、Salesforce CRM 等。

Google Apps 包括 Google Docs、GMail 等一系列 SaaS 应用。Google 将传统的桌面使用系统转换到网络中，并对这些应用系统软件进行处理。用户通过用户终端可以方便地访问 Google Apps，因此可以使一些安装、下载或维护任何硬件或软件被省略。Google Apps 为每个系统提供了相对应的插入接口，使各系统可以进行任意组合。Google Apps 的用户既可以是服务供应商，也可以是个人用户。

Salesforce CRM 分配于 Force.com 云计算平台，能够为企业提供服务、销售以及云数值等一些管理服务；通过购买 CRM 软件的管理服务，企业可以实现系统的无形资产管理制度，从而能够为管理内部员工、客户需求、生产销售等方面提供要使用的技术。企业想要根据自身发展的实际情况定制工作流程，就可以通过 CRM 预定义的服务组件；在数据分散的情况下，CRM 可以划分不同的企业数据情况，对每个企业可以供给对应的应用程序副本。CRM 可依据企业的操作情况为企业灵敏布置相应的使用资源。此外，CRM 为移动智能终端研发了新型的使用软件，能够容纳多种方式的客户端设备进行访问，并逐渐实现泛在接入。

表 2-1 总结了三种服务之间在服务内容、服务对象、使用方式等方面的基本差别。虽然通常将云计算的服务模式分为以上三种，但实际上各个层次之间并没有明显的差别，从目前的使用情况来看，各个层次之间相互依存、相互提升，为云计算的发展提供了良好的技术基础。

表 2-1　IaaS、PaaS、SaaS 的基本差异

名称	服务内容	服务对象	使用方式	关键技术	系统实例
PaaS	提供应用程序部署与管理服务	程序开发者	使用者上传数据、程序代码	海量数据处理技术、资源管理与调度技术等	Google Apps Engine、Microsoft Azure、Hadoop
IaaS	提供基础设施部署服务	需要硬件资源的用户	使用者上传数据、程序代码、环境配置	数据中心管理技术、虚拟化技术等	Amazon EC2、Eucalyptus
SaaS	提供基于互联网的应用程序服务	企业和需要软件应用的用户	使用者上传数据	Web 服务技术、互联网应用开发技术	Google Apps、Salesforce CRM

二、云计算的关键技术

(一)虚拟化技术

云计算通过虚拟化技术将离散的硬件资源统一起来以创建共享动态平台，为用户提供 PaaS、SaaS、IaaS 服务。目前在云计算中普遍使用三种虚拟机技术为 VMware、Xen 和 Citrix。云计算平台主要采用集中控制方式管理多虚拟机资源，即通过集中控制器管理多个宿主机

节点，并利用节点的虚拟机监控器管理其上的虚拟机，从而实现云计算环境下多虚拟机的集中管理。针对集中管理存在的一些不足，如宿主机节点间缺乏协同交互机制、不能自主触发动态迁移等，刘进军等人提出了一种面向云计算的基于 P2P 结构的多虚拟机管理模型，实现了宿主机节点资源的负载均衡及按需使用。袁文成等人提出一种面向虚拟资源的云计算资源管理机制，通过资源划分策略、资源预留策略实现对虚拟资源的分配，确保用户对虚拟资源使用的有效性，并提出一种借入/借出调度策略来实现虚拟资源利用率的最大化。H. Andres Lagar-Cavilla、Joseph A.Whitney 等人提出了 Rapid Virtual Machine Cloning for Cloud Computing，即虚拟机克隆方法。该方法瞬间可产生多个虚拟机，将一个虚拟机快速克隆到云计算集群内不同的物理主机上，并使在不同的主机上运行的所有副本共享相同的初始状态；该方法可以根据计算的需要分配资源，从众多的物理机中创建一个大小合理的虚拟集群，由这个虚拟集群来完成相应的计算。虚拟机克隆使得云计算提供商能够快速有效地部署系统资源。

(二)安全性技术

在公共云计算环境中，用户不再拥有基础设施的硬件资源，软件都运行在"云"中，用户数据在云服务器端，可被复制多份用以容错，数据安全问题就成为公共云普及中重要的顾虑之一。数据的安全主要受到两个方面的威胁，即外部入侵威胁和内部恶意破坏威胁。目前，云计算安全关键技术主要研究虚拟安全技术、可信访问控制、密文检索与处理、数据存在与可使用性证明、数据隐私保护、云资源访问控制、可信云计算等。现有的安全措施能够保护物理硬件的安全，记录操作日志及对雇员的监控等，然而这些安全措施不能保证覆盖到所有安全漏洞及预警安全威胁的发生。

(三)数据存储技术

云计算中利用服务器集群，采用分布式冗余存储的方式来保证存储数据的可靠性。云存储是指通过集群应用、网格技术或分布式文件系统等功能，将网络中大量不同类型的存储设备通过应用软件集合起来协同工作，共同对外提供数据存储和业务访问功能的一个系统。

扩展阅读 3 云计算在电子商务领域的应用见右侧二维码。

第四节 大 数 据

【案例 2-4】

大数据如何有序地"变废为宝"？

近年来，数字经济已成为带动经济社会发展的重要动力。无论是利用数据赚钱也好，还是希望做"高大上"的公共服务、社会治理改善也罢，大家都面临一个法律上的问题：如何保护数据？数据的权益归谁所有？本文提出五个观点，供各方思考和讨论。

数据利用秩序有望成为未来社会的一大基础秩序。

1. 大数据需要处理

在大数据时代，任何数据均具有潜在的价值。过去，人们重复利用的数据资源主要是人类观察、思考、创作完成的成果，如文章、文件、论文、著作等。如今，人类可以利用各种机器运行轨迹、人类活动记录、自然界变化观测等信息。过去需要大量观察访谈、调查统计、测量等完成的数据采集，现在可以借助计算机系统、各种数据采集器快速完成，并通过大数据分析工具实现全样本、自动化处理和分析。过去，没有人在意自己的行为轨迹，也无法记录大量的事件和过程，它们可以说作为"垃圾"被自觉或不自觉地扔掉了。现在，数据技术使人类具有"变废为宝"的能力，大数据技术可以在浩瀚的数据海洋中淘到"宝贝"。

因此，数据正在成为人类可拥有和控制的资源。大数据正在提供新的研究范式，帮助世人重新认识宇宙、物质、生命和社会，并在此基础上带来科学技术、管理决策、社会发展的巨大变革。就此而言，数据利用秩序有望成为未来社会的一大基础秩序。

2. 传统的财产权体系并不适合

如果说所有权(排他支配权)是构筑物质资源利用秩序的法律工具，那么它是否可以移植到数据世界并用来建构数据的利用秩序呢？答案是否定的。所有权是对特定物的排他利用权利体系，而数据的非物质性导致其很难实现排他使用。因此，数据天然地不适合于所有权体系。

3. 在保持数据产品开放性和权益保护上维系平衡

数据从原生数据到有价值的数据产品需要投入，这不仅仅是劳动投入，而且还包括资本投入。只有当这些投入得到足够的回报时，才有人愿意从事数据的收集、处理和加工，将数据转化为产品或服务。这里面，解决数据产品制作者的激励问题，是数据赋权要解决的核心问题。

一般认为，即便是数据产品，也要保持社会公众对该产品的可接触或可学习的公共属性。由此，数据产品的制作者权利应当包括自己使用和许可他人使用的权利，或者利用数据提供服务的权利，同时有权制止他人出于商业目的而使用相关数据产品的权利。

这种基于对于数据分析加工劳动而取得的数据使用，属于一种新类型财产权，可以称之为数据使用权。区别于传统物权的是，它不是对数据的支配权；区别于传统知识产权的是，它并不要求独创性或创新性。这样，就可以给数据产品制作者实现其收集和加工数据的激励，促进数据产品的生产和流通，满足社会对数据产品的需要。

4. 数据来源方的利益要有保护

在大数据环境下，一切数据皆有源。当数据来源于个人或者是对个人的描述时，就进入了个人数据(个人信息)范畴。隐私保护是个人数据保护的重要组成部分。在这方面，国际社会关于个人数据使用的总体原则是合法原则、正当原则和必要原则，以不侵犯个人尊严或自由等基本权益，尤其是隐私利益为基本限制。同时，个人信息的收集和使用必须尊重个人权利，必须确保个人可干预(更正、删除等)。

除了来源于个人外，企业数据还需要获得其他企业和社会组织的数据。除非这些数据是处于可供他人自由获取的公开状态，否则取得这些数据就需要获得数据实际控制人的同意，而不能够随意抓取、窃取或采取其他非法手段获得。

大数据应用最关键的是取得尽可能多而全的数据，但这一过程必须合法合规，其中最为重要的是尊重和保护个人信息权益。由此，数据利用秩序归根结底是要建立数据来源方(原材料提供者)到收集加工制作方(制作者)再到数据使用方(消费者)的权利和义务配置秩序。在保护各方权益的前提下，尽量保持数据开放性和流通性，使数据得到社会化的利用，实现数据的真正价值。

5. 数据分享和利用要有激励

在数据可控制的情形下，要让人们把掌握的数据拿出来分享和利用就需有激励，必须创制数据社会化利用的良性机制和秩序。由于数据本身需要保持一定公共性，赋予任何主体对数据和数据产品的绝对支配权都背离发展理念，因而数据赋权需要坚持信息自由流动。

总之，数据总是处于不断脱离原来主体而流动的过程中。正是因为这样的流动，数据才能产生更多价值。但与此同时，脱离主体也意味着原主体丧失对数据的控制。因此，既保持数据的自由流动性，又维护每个主体在数据上的利益，是一个有待深入思考的法律难题。一个基本的原则可以明确：创制和维护数据利用秩序是大数据应用的前提，是大数据战略得以实施的根本问题。

(资料来源: http://scitech.people.com.cn/n1/2017/1019/c1007-29595835.html)

一、大数据概述

(一)大数据的定义

"大数据"至今没有公认的定义，2011年全球知名咨询公司麦肯锡在《大数据：创新、竞争和生产力的下一个前沿领域》报告中给出的定义是：大数据指的是大小超出常规的数据库工具获取、存储、管理和分析能力的数据集。同时强调，并不是说一定要超过特定 TB 级的数据集才能算是大数据。

国际数据公司(IDC)用四个维度的特征来定义大数据，即数据集的规模(Volume)、数据流动的速度(Velocity)、数据类型的多少(Variety)和数据价值的大小(Value)。

维基百科上对大数据的定义是："大数据指的是数据规模庞大和复杂到难以通过现有的数据库管理工具或者传统的数据处理应用程序进行处理的数据集合。"

以上的定义虽然不尽相同，但均突出了数据的"大"。从数据到大数据量再到最后的大数据，不仅仅体现在量上的变化，而且是数据质量的提升，大数据的技术、平台、数据分析方法等均与从前小数据时代不同，大数据的核心是从海量无序信息中获取有用信息。

(二)大数据的特性

1. 规模性(volume)

规模性或称数据体量巨大。目前，大数据的规模是一个不断变化的指标，单一数据集的规模范围从几十 TB 到数 PB 不等，各方研究者虽然对大数据量的统计和预测结果并不完

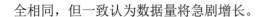

全相同，但一致认为数据量将急剧增长。

2. 多样性(variety)

多样性即数据类型多样：从生成类型上分为交易数据、交互数据、传感数据；从数据来源上分为社交媒体、传感器数据、系统数据；从数据格式上分为文本、图片、音频、视频、光谱等；从数据关系上分为结构化、半结构化、非结构化数据；从数据所有者方面分为公司数据、政府数据、社会数据等。

3. 高速性(velocity)

数据的增长速度快，以及要求数据访问、处理、交付等速度快。数据创建、处理和分析的速度持续加快，其原因是数据创建的实时性属性，以及需要将流数据结合到业务流程和决策过程中的要求。速度影响数据时延——从数据创建或获取到数据可以访问的时间差。目前，数据以传统系统不可能达到的速度在产生、获取、存储和分析。对于对时间敏感的流程(例如实时欺诈监测或多渠道"即时"营销)，某些类型的数据必须实时分析，以对业务产生价值。

4. 价值性(value)

大数据价值巨大。大数据能够通过规模效应将低价值密度的数据整合为高价值、作用巨大的信息资产。如美国社交网站 Facebook 有 10 亿用户，网站对这些用户信息进行分析后，广告商可根据结果精准投放广告。对广告商而言，10 亿用户的数据价值上千亿美元。据资料报道，2012 年，运用大数据的世界贸易额已达 60 亿美元。

5. 易变性(variability)

大数据具有多层结构。弗雷斯特研究公司(Forrester Research)分析师布赖恩·霍普金(Brian Hopkins)和鲍里斯·埃韦尔松(Boris Evelson)指出，大数据具有多层结构，这意味着大数据会呈现出多变的形式和类型。相较传统的业务数据，大数据存在不规则和模糊不清的特性，造成很难甚至无法使用传统的应用软件进行分析。

6. 准确性(veracity)

准确性或称真实性，包括可信性、真伪性、来源和信誉的有效性和可审计性等子特征。一方面，对于网络环境下如此大量的数据需要采取措施确保其真实性、客观性，这是大数据技术与业务发展的迫切需求；另一方面，通过大数据分析，真实地还原和预测事物的本来面目也是大数据未来发展的趋势。IBM 商业价值研究院在发布的《分析：大数据在现实世界中的应用》报告中指出，追求高数据质量是一项重要的大数据要求和挑战，但是，即使最优秀的数据清理方法也无法消除某些数据固有的不可预测性，例如天气、经济或者客户最终的购买决定。不确定性的确认和规划的需求是大数据的一个维度，这是随着高管需要更好地了解围绕他们身边的不确定性而引入的维度。

(三)大数据的发展历程

1. 萌芽期

20 世纪 90 年代兴起的复杂性科学，为人类提供了有机自然观，整体全局、关联、演化的复杂性思维方式和新的科学理论方法，也为大数据提供了理论基础，是大数据形成的萌芽阶段。1997 年 10 月，美国国家航空航天局(NASA)阿姆斯研究中心的迈克尔·考克斯(Michael Cox)和大卫·埃尔斯沃斯(David Ellsworth)在第八届美国电气和电子工程师协会(Institute of Electrical and Electronics Engineers，IEEE)关于可视化的会议论文中集中首次使用"大数据"概念，并界定了内涵。他们表示，日新月异的计算机技术迅猛生长，并带动了数据处理技术的革新，促使人类重新调整自身认识问题、解决问题的方法。1999 年 8 月，史蒂夫·布赖森(Steve Bryson)等在《美国计算机和协会通讯》上发表了以"大数据的科学可视化"为副标题的论文，首次在期刊中使用"大数据"这一术语。

这一阶段的"大数据"多是一种概念构想，并逐渐开始被一些研究者作为一个术语使用，常指"大量的数据或数据集"这样的字面含义，还没有涵盖到相关的收集、存储、分析、应用等技术方法与特征内涵。

2. 发展期

从 20 世纪末到 21 世纪初期是大数据的发展期，在这一阶段中大数据逐渐为学术界的研究者所关注。如经济学家弗朗西斯·X.迪博尔德(Francis X. Diebold)在 2000 年撰写《大数据，宏观经济度量与预测动态因素模型》来讨论大数据在经济分析方面的运用。英国 *Nature*(自然)、美国 *Science*(科学)等期刊分别出版了大数据专刊，从互联网技术、互联网经济学、超级计算、环境科学、生物医药等多个方面讨论了大数据处理面临的各种问题。在这一阶段中，大数据逐渐为理论界的研究者所关注，相关的定义、内涵、特性也得到了进一步的丰富。

3. 成熟期

2011 年至今，是大数据发展的成熟阶段。2011 年 5 月，麦肯锡全球研究院(MGI)发布了《大数据：下一个具有创新力、竞争力与生产力的前沿领域》报告，系统阐述了大数据概念，列举了大数据的核心技术，分析了大数据在不同行业的应用，提出了政府和企业决策者应对大数据发展的策略。2012 年，在瑞士达沃斯召开的世界经济论坛上，大数据成为主题之一。同时，会上发布的报告《大数据，大影响》宣称，数据已经成为一种新的经济资产类别，就像货币或黄金一样。2014 年之后，世界经济论坛以"大数据的回报与风险"为主题发布了《全球信息技术报告(第 13 版)》；美国发布了《大数据：抓住机遇、保存价值》；联合国启动"全球脉动"计划，并发布了《大数据促发展：挑战与机遇》；中国发布了《促进大数据发展行动纲要》；经济合作与发展组织(OECD)推出《使用大数据作决策》。越来越多的研究者对大数据的认识也从技术概念丰富到了信息资产与思维变革等多个维度，一些国家、社会组织、企业开始将大数据上升为重要战略。

二、大数据的技术体系

(一)Hadoop 核心技术及生态系统

1. Hadoop 核心技术

目前 Hadoop 的核心技术包括 Hadoop Common、Hadoop Distributed File System(HDFS)、

Hadoop Map Reduce 以及 Hadoop Yarn 四大模块，共同构成了 Hadoop 的基础架构。

（1）Common：Common 是 Hadoop 的基础模块，主要为生态系统中其他软件提供包括文件系统、RPC 以及串行化库等功能在内的支持，为云平台提供基本服务。

（2）HDFS：HDFS 是一个分布式文件系统，是 Hadoop 的存储核心，它可以被部署运行于大量的廉价服务器上，可以处理超大文件，它的设计是建立在"一次写入，多次读取的"思想之上。对于被上传到 HDFS 上的数据，系统会对其进行保存，分块概念的存在是 HDFS 可以存储大量文件的重要原因。HDFS 中有两个重要概念：Name Node 和 Data Node。Name Node 是中心服务器，负责管理文件系统命名空间以及客户端对文件的访问；Data Node 是 Hadoop 集群的主体，一般一个存储节点运行一个 Data Node 进程，Data Node 的作用是管理本节点上所存储的文件。

（3）Map Reduce：Map Reduce 是一个并行计算框架，是 Hadoop 的计算核心，它分割并行处理等底层问题进行封装，使得用户只需要考虑自身所关注的并行计算任务的实现逻辑，从而极大地简化了分布式程序的设计，在整个计算过程中，数据始终以<key,value>键值对的形式存在。它的核心是 Map 函数与 Reduce 函数。对于输入数据，首先进行数据分片，然后交给 Map 函数进行处理，处理之后的结果进行 Shuffle 合并，合并之后的结果交由 Reduce 函数处理，最终将结果输出到 HDFS 上。

（4）Yarn：Yarn 是针对 Hadoop 存在的 Job Tracker 单点瓶颈、编程框架不够灵活等问题提出的改进方案。通过将集群资源管理和作业管理分离开来，降低 Job Tracker 的负载。其中集群资源管理由 Resource Manager 负责，作业管理由 Application Master 负责，Container 负责为集群各个节点调度资源，与所有计算节点 Node Manager 共同构成新的数据计算框架。

2. Hadoop 生态系统

从 Hadoop 问世至今，其核心功能在不断完善的同时，也衍生出了以 Hadoop 核心技术为基础的新技术，共同构成了 Hadoop 生态系统，并在生态系统中发挥出不同作用。Hadoop 生态系统主要子项目如表 2-2 所示。

表 2-2　Hadoop 生态系统

生态系统子项目	项目功能
Hive	基于 Hadoop 文件系统的数据仓库
Hbase	基于 Hadoop 的面向列存储的数据库
Mahout	集成了经典的数据挖掘与机器学习算法的算法库
Pig	支持大规模数据分析的平台
Zoo Keeper	为 Hadoop 集群提供协调服务
Avro	将数据结构或对象转换成便于存储或传输的格式
Chukwa	针对 Hadoop 集群的分布式数据收集和分析系统

（二）Spark 核心技术及生态系统

1. Spark 核心技术

Spark 最主要的核心技术是 Resilient Distributed Datasets(RDD)，即弹性分布式数据集，

此外，还包括 Spark 有向无环图 DAG、Spark 部署模式以及 Spark 架构。

(1) RDD。RDD 是对分布式内存数据的一个抽象，对数据的所有操作最终会转换成对 RDD 的操作，即 RDD 是数据操作的基本单位。对于 RDD 的操作分为 Transformation(转换) 和 Action(执行)，其中 Transformation 又包括多种基本操作，例如 map、filter、flatmap、group By Key、reduce By Key、union 等操作，Action 操作包括 count、collect、reduce 等基本操作。Spark 对于两种操作采取不同的机制，对于所有的转换操作都是惰性操作，即从一个 RDD 通过转换操作生成另一个 RDD 的过程在 Spark 上并不会被马上执行，只有在 Action 操作触发时，转换操作才会被真正执行。

(2) DAG。在一个 Spark 应用当中，数据执行流程是以 RDD 组成的有向无环图 DAG 的形式存在。Spark 根据用户提交的应用逻辑，绘制 DAG 图，并且依据 RDD 之间的依赖关系，将 DAG 图划分成不同阶段(stage)，但是 DAG 绘制完成之后并不会被马上执行，只是起到一个标记数据集的作用。

(3) Spark 部署模式。当前 Spark 存在多种部署模式，包括 Local 模式、Standalone 模式、基于 Mesos 的模式以及基于 Yarn 的部署模式。其中基于 Yarn 的部署模式是当前最主流的部署模式，其核心思想是利用 Hadoop Yarn 实现集群资源的管理。

(4) Spark 架构。尽管 Spark 有不同的部署模式，但是其基本组成部分包括控制节点 Master 和作业控制进程 Driver，资源管理器 Cluster Manager，执行节点 Worker 和执行单元 Executor 以及客户端 Client，其中 Driver 进程位于 Master 主控节点上，一个 Worker 节点一般维护一个 Executor 进程。

2. Spark 生态系统

Spark 仅是一款高效的大数据计算框架，为了解决实际问题，还需要其他软件的支持。为了应对问题的多样化，Spark 的开发团队以 Spark 为基础开发出一套系统的数据分析软件栈(BDAS)，即 Spark 生态系统。目前 Spark 生态系统主要由 Spark SQL、Spark Streaming、Machine Learning(MLlib)以及 Graph X 四部分组成，分别针对不同实际问题，各项目的具体功能如表 2-3 所示。

表 2-3　Spark 生态系统

Spark 生态系统子项目	项目功能
Spark SQL	基于 Spark 平台的结构化数据处理工具，Spark SQL 简化了 SQL 查询与其他复杂数据分析算法的集成，向用户提供了统一的数据源访问，此外还支持标准的 JDBC 和 ODBC 连接
Spark Streaming	基于 Spark 平台的流式数据计算工具，具有特定的 API，极大方便了流式数据处理程序的开发
MLlib	基于 Spark 平台的分布式机器学习算法库，包含了一些常用的分类、聚类、推荐算法
Graph X	基于 Spark 平台并行图计算框架，它提供了针对图计算的一站式解决方案

三、大数据技术在电子商务网站中的应用

在大数据时代背景下，电子商务竞争可以看作大数据的竞争。由电子商务平台产生的信息往往具有真实性、确定性，而运用大数据技术能够进一步分析这些数据，从而制定出具有针对性、服务性的营销策略，促使电子商务能够取得更理想的经济效益。实践证明，科学、合理地运用数据，能够将电子商务的营业效率在原有基础上提升 60%。

1. 实现精准营销

对电子商务企业而言，在开展市场营销活动的过程中对大数据技术进行合理引进，能够对市场影响所需的人力、物力和财力成本进行降低。企业员工可以根据电子市场的现状以及企业的实际需求，有针对性地构建分布式的存储系统，通过大数据技术对市场营销所涉及的海量数据进行挖掘与分析，对不同平台中客户所呈现出的浏览习惯、个人喜好与其他相关信息贴上相应的标签，形成客户画像，为企业产品和服务的精准营销工作提供科学、系统的参考依据。

2. 提升购物体验

想要成功地吸引客户的注意力，在对大数据进行应用的过程中，电子商务企业的工作人员应当将关注的重点放在对相关平台网站进行构造方面。通过调查发现，大部分电子商务企业，出于对客户交易体验舒适程度进行提升的目的，通常会将大数据技术用于对客户的消费行为与习惯进行建模，然后以此为基础应用数据挖掘技术，完成对关键字的改进，从而达到对用户所输入关键字进行拓展的要求，这样做不仅可以提升对商品信息进行检索的速度与精确程度，还可以在检索过程中完成商品的分类，将商品信息应当具有的浏览效果加以呈现。以淘宝网为例，在对淘宝网页面所涵盖的广告进行排版和布局的过程中，工作人员通常会以客户对商品的浏览数量、访问比例以及人群分类作为参考因素，对广告的布局进行调整，只有这样才能实现对广告所具有投资回报率的有效增加。除此之外，对大数据技术进行合理应用，不仅能够对顾客所具有的个性化需求加以满足，还可以提升顾客在购物过程中的体验，从而提高顾客购物满意度。

3. 提升库存管理

对于零售行业而言，想要保证所确定指标效率的准确性，前提在于明确商品销量与库存之间的比例。应用大数据技术完成库存管理工作，可以提升工作人员对商品库存进行追踪的实时性与科学性，同时还可以通过对市场供求的变化趋势加以分析的方式，对市场的发展方向进行准确把握，从而保证所制订生产计划的合理性，最大限度地降低库存出现积压情况的概率，实现电子商务企业对资金进行周转能力的提升。

扩展阅读 4 大数据的现状和发展趋势见右侧二维码。

思 考 题

1. 试述 ASP.NET 的优点。
2. 试述感知层与应用层是如何服务的。
3. 说明 M2M 技术设计有哪几个重要的部分。
4. 试述云计算的基本特征。
5. 简述云计算的部署模式以及服务模式。
6. 试述 IaaS、PaaS、SaaS 的基本差异有哪些。
7. 试述大数据在电子商务中的作用。
8. 试述 Hadoop 生态系统的主要子项目。

第三章 电子商务模式

【学习目标】

- 了解商务模式的含义及网络环境下电子商务模式形成的必然性。
- 重点分析 B2B、B2C 与 C2C 电子商务运作模式。
- 了解其他类型的电子商务模式。

【案例 3-1】

看亚马逊、eBay、Bikeberry 如何妙用大数据优化产品组合和服务

如果你还认为从事电子商务需要大数据只是一种潮流，那你可就大错特错了！因为数据不仅能帮助商家深入了解消费者的行为、偏好、行业趋势的发展，甚至能帮助他们作出更准确的决策，包括在营运、市场营销、销售等各个方面。以下将针对大数据如何帮助电子商务商家优化产品组合、商品价格、广告投放、客户服务进行说明。

1. 优化产品组合

eBay 全球业务分析负责人 David Stephenson 就曾经表示，eBay 通过自家开发的客户数据库 Singularity，在网站上尝试提供不同的商品组合，测试出最容易刺激顾客冲动性购买的组合，同时通过数据分析，Singularity 也能协助评估网站访客是否比较喜欢在搜寻商品目录时，偏好点选图片较大的商品。

另外，这项技术也让 eBay 在提供主题式搜索时，可先根据重度使用者已发问过的相关问题，事前做好因应，帮助 eBay 卖家在进行设置拍卖底价、确认是否提供免费送货等问题时，都有较好的决策依据。

2. 优化商品价格

通过大数据，网络卖家可依据竞品的价格变化或消费者的需求随时调整自己的商品价格，保持竞争力。

以 Bikeberry.com 为例，该公司首先在网络上收集大量的消费者数据，包括浏览轨迹、登录网站的次数、过去的消费记录等，接着利用这些信息制定出五种购物优惠，包括免运费、九五折、九折、八五折，以及打七折的新品折扣。而每位在 Bikeberry.com 消费的顾客，都会因为他们过往的消费行为和喜好而获得不一样的消费折扣。

其结果是，Bikeberry 的销售额大幅增长 133%。而且，Bikeberry.com 还因为把最适当的折扣恰如其分地提供给最需要的消费者而省下不少营销预算。

3. 优化广告投放

通过大数据分析，品牌解决顾客对商品或服务的抱怨，将不再只是头痛医头、脚痛医脚，因为每一位顾客从第一次接触品牌到对品牌产生不满的完整过程，都能被列入记录，提供给客服人员参考应对。

4. 优化客户服务

以亚马逊为例，客服人员会在和顾客接触以前，通过分析长年的数据记录和追踪，快速掌握顾客的喜好、需求，而这也许会令部分顾客感到不安，认为自己的个人资料外泄，甚至还没开口，就被摸透，但亚马逊的做法是，他们会让顾客感觉到自己被了解，但却会适时在一旁倾听顾客当前的需求。

另外，也许大家都听过，一位瞒着家人怀孕的女高中生，因为 Target 大数据的精准分析而曝光怀孕的故事，但亚马逊并不打算这么做，他们会让顾客知道，他们收集了哪些数据、打算如何应用，并提供给顾客更多元的选择。

大数据也许不是新议题、新技术，又或万灵丹，但综合上述四点，其对电子商务不论是买家还是卖家，都产生了一定程度的帮助和影响。电商人，如果你现在正遭逢某个经营瓶颈或困境，何不就此试一试！

(资料来源：https://www.inside.com.tw/2017/09/17/bigdata-e-commerce)

第一节　电子商务模式的相关概念

扩展阅读 1　案例：C2B 风潮兴起：未来电子商务的真正模式？
见右侧二维码。

一、商务模式的概念

商务模式，又叫商业模式(business model)，是来源于企业管理领域的一个专业术语，是一系列有规划的活动，用以从市场上得到利润。商业模式是整个商业计划的核心。

商业计划(business plan)是说明企业商业模式的文件。电子商务商业模式(E-business business model)的目标在于使用和产生互联网及电子商务的商业效应。

二、传统商业模式与电子商业模式

传统商务与电子商务有何不同？多数企业在进一步了解电子商务内涵或是利用电子商务改善企业运作模式及拓展商务之前，往往尚不了解企业自身问题之所在。也就是说，企业往往在解决问题后，尚无法掌握问题核心所在。

大部分企业在传统的商业环境下所遭遇的主要问题包括下列三项。

1. 地理环境的区隔

地理环境的区隔造成拓展商业市场的限制，以及市场中出现同构型过高的顾客与供货商。企业受限于商业地理环境的限制，买主无法找到合宜的卖主，提供满意的产品与服务；相对地，供应商亦无法找到合适的顾客，导致整体经济资源的错置与浪费。在传统的商业环境中，买卖双方迫切需要一种发现对方或被对方发现的机制，因而增加商业交易的机会，然而受限于地理环境，市场中买卖双方往往不知对方的存在，而造成营销上市场及顾客群的隔离。

2. 企业间联系与互动的频繁

企业的许多作业流程缺乏效率是由于企业运用人力来管理企业间复杂的联系与互动关系，这种管理方式导致企业间的联系十分复杂与烦琐，且易产生错误。企业间商务交易的行为牵涉不同企业以及不同部门间包括订单、报价、原料购买、制造、储放运输、发票、会计作业等，细微错误的产生往往需要耗费大量人力与资源加以修改更正，营运效率因此大幅降低。

3. 充斥过多的产品库存

缺乏产品各项计划的能见度与透明度导致产品供应链中充斥着过多的库存品，主要原因是供应链间的成员无法了解其他成员的营运计划，导致无法在适当的时间点产生正确的产品组合与产量。

电子商务的发展与信息软件的应用，从根本上解决了上述传统商业经营所面临的问题。电子商务的使用增加了企业价值链间的透明度(transparency)，企业得以突破既有市场上的限制，利用不同的营销渠道寻找商业合作伙伴，将产品推展至以往无法触及的市场；同时企业亦得以利用网络的联结驱动企业间彼此的联系与合作，真正落实商业合作伙伴关系；另外，亦可借由电子商业软件大幅度增加产品供应链间的透明度与能见度(visibility)，进而降低生产成本，减少产品库存，并借由信息的交流，使得企业可随时掌握产品市场信息，了解顾客需求，以提高产业竞争力。

由于电子商务的使用增加了企业价值链间的透明度，企业供应链的管理不再局限于公司内部的成本降低，而扩展至公司原有的上下游厂商的相互合作。供应链管理使得厂商从原先企业内部静态的控管提升至动态的管理模式，由于局部化的管理模式与成本控制无法有效反映顾客的需要，因此取而代之的是以顾客价值为导向的整体供应链经营模式，为因应电子商务所带来之变革，企业必须不断地取得及分析既有与可能合作的上下游厂商、信息科技与公司组织架构，机动调整经营模式。

三、商业模式的八个元素

在快速变化的商业环境中，企业通过持续的变革和创新从而引入新的商务模式非常关键。其主要包含以下八个要素。

1. 价值主张

价值主张(value proposition) 是指公司通过其产品和服务所能向消费者提供的价值。价值主张确认了公司对消费者的实用意义。好的商务模式有以下特点：能为顾客提供独特价值，如更低的价格、交易的乐趣或更高的性价比以及更多的便利等，这些价值难以模仿以及对顾客行为的准确理解等。如图 3-1 所示，豆瓣网可为客户提供好的电影、书籍和音乐信息，并有基于共同偏好的、共同兴趣的以及共同地域的社区内容的分享。

2. 消费者目标群体

消费者目标群体(target customer segments)是指当企业选定了产品和服务时，需要选择合适的市场来消化其产品。特定的顾客提供合理的价值是企业商务模式中不可缺少的一部分，选定消费者群体的过程也被称为市场细分(market segmentation)。例如，宝马公司面对的客户群体主要是新兴的现代企业家、新职业精英、向上攀登的年轻人，代表能量和活力的成功人士；麦当劳产品经常创新，有针对家庭、儿童、恋人等不同人群的产品。

图 3-1　豆瓣网的社区共享

3. 分销渠道

分销渠道(distribution channels)是公司用来接触消费者的各种途径。阐述了公司如何开拓市场，它涉及公司的市场和分销策略。通常所说的批发、代理、零售及直销等销售模式就是指分销渠道的问题。

4. 收益来源

通常企业都有多种收益来源，即可以为顾客提供多种价值。一个设计完善的商务模式要充分考虑企业的每种收益来源、收益的定价等问题。如一个软件开发公司不仅能帮助客户开发系统，而且可以提供后续的服务，提供技术咨询和培训等业务。

5. 资源配置

一个企业的运营离不开资源配置(value configurations)，而如何利用有限的资源去实现企业价值的最大化是企业必须认真思考和执行的关键问题。任何一个有活力、有创新能力的企业都会向着实现资源的最合理配置和实现价值最大化的目标奋斗。

6. 核心能力

核心能力(core capabilities)是企业能够在激烈的竞争环境中生存和发展的强有力武器。相对于竞争对手而言，企业和个人如何有效地实施这些增值活动的优势，就是企业的核心竞争力，它往往决定了企业的竞争优势。企业的核心能力可体现在一个企业运营环境的各个方面，如设计、生产、专利、秘方、营销、服务、创新等各个环节。例如，耐克以设计运动鞋而名扬天下，可口可乐以配制的秘方而成为饮料行业的龙头，海尔以其持续的创新能力成为世界白色家电的知名品牌。

7. 合作伙伴网络

在经济全球化和信息化时代，企业参与竞争不能单打独斗，而要与外部上下游的合作伙伴建立相互依赖的战略关系，共同创造差异化的顾客模式，建立共赢的商务模式。

8. 企业内涵

企业的成功和发展仅仅依靠上述 7 条仍然不够，还需要锲而不舍、相互支持的团队，需要合理的企业组织结构，需要严谨的管理制度和体系，需要传承企业文化等。

四、电子商务模式的内容

电子商务环境对企业商务模式有何影响？传统的商务模式在电子商务环境下的企业中如何运作？它的内涵和外延是否适用于电子商务企业？这些是迫切需要解决的实践领域与理论研究的差距问题，解决这些问题有利于指导目前众多企业的电子商务实践。表 3-1 给出了电子商务环境对商务模式组件的影响。

表 3-1　电子商务模式的组件

商务模式要素	相关问题	电子商务环境下商务模式问题
价值主张	企业在产品、服务、价格或其他方面是否能给客户带来与竞争对手不一样的价值？	互联网使企业可为客户带来什么样的特色价值？能为顾客解决哪些在实体市场解决不了的问题？
客户群体	企业向哪几类客户提供价值？潜在客户如何开发？如何与老客户更好地沟通？	互联网可使企业获得何种类型的客户？互联网能够更彻底地细分市场吗？
分销渠道	产品的分销策略如何？通过零售还是批发？	互联网是否可更好地缩短分销渠道的长度？分销的效果、物流成本是否变低？
收益来源	收益从哪里来？何种类型的客户为企业向其提供的什么价值而付费？它的驱动因素是什么？	互联网带来了哪些新的收益来源？
资源配置	企业在为顾客提供价值时怎样配置资源？资源配置与价值实现的关系如何？	互联网的应用使资源配置的方式和效果是否发生变化？
核心能力	公司的能力如何体现？公司的核心竞争力在哪里？是否与竞争对手有明显的差别？	企业需要何种新的能力？互联网对企业现有的能力有何影响？
合作伙伴网络	企业依赖其供应商等合作伙伴的程度如何？企业与合作伙伴的关系如何？	互联网能否改进与合作伙伴的关系？是否可通过互联网找到更好更多的合作伙伴？
企业内涵	企业文化、企业的组织结构、企业的管理制度等是否完善？	网络能否使企业内涵建设发生变化？老板与员工的关系是否会因互联网发生变化？

目前，电子商务模式的研究还处于起步阶段，国内外许多学者众说纷纭，没有形成共识。总的来说，电子商务模式，就是指在网络环境中基于一定技术基础的商务运作方式和盈利模式。研究和分析电子商务模式的分类体系，有助于挖掘新的电子商务模式，为电子商务模式的创新提供途径，也有助于企业制定特定的电子商务策略和实施步骤。

五、电子商务模式的主要类型

经济活动的参与者可以分为政府(Government/G)、企业(Business/B)和消费者(Consumer/C)三种角色，相应的电子商务应用也有六种基本类型，即企业对企业(B2B)、企业对消费者(B2C)、消费者对消费者(C2C)、企业对政府(B2G)、消费者对政府(C2G)、政府对政府(G2G)。

(一)电子商务模式主要类型概述

1. 企业对企业

企业对企业(Business to Business)的电子商务指的是企业与企业之间依托互联网等现代信息技术手段进行的商务活动。例如，工商企业利用互联网等向供应商采购或利用网络付款等。企业对企业的电子商务是批发业务，也是电子商务的主流。商业机构之间的交易和商业机构之间的合作是社会商业活动的主要方面。

企业间的电子商务具体包括以下功能。

- 供应商管理：减少供应商或供应环节，减少订货成本及周转时间，用更少的人员完成更多的订货工作。
- 库存管理：缩短"订货－运输－付款"(Order-Ship-Bill)环节，从而降低存货，促进存货周转，消除存货不足和存货不当。
- 销售管理：网上订货、客户档案管理等。
- 信息传递、交易文档管理：安全及时地传递订单、发票等所有商务文件信息。
- 支付管理：网上电子货币支付。

2. 企业对消费者

企业对消费者(Business to Consumer)的电子商务指的是企业与消费者之间依托互联网等现代信息技术手段进行的商务活动。B2C 模式是一种电子化零售，主要采取在线销售形式，要以网络手段实现公众消费或向公众提供服务，并保证与其相关的付款方式的电子化。

3. 消费者对消费者

互联网中个人经商最成功、影响最大的应该算是"电子湾"，它是由美国加州的奥米迪尔在 1995 年创办，是 Internet 上最热门的网站之一，每周接待约 5000 多万人次访问。eBay 网上目录中开列几百种、几十万件交易。

4. 企业对政府

企业对政府(Business to Government)的电子商务指的是企业与政府机构之间依托互联网等现代信息技术手段进行的商务或业务活动。政府与企业之间的各项事务都可以涵盖其中，包括政府采购、税收、商检、政策条例发布等。

政府在电子商务方面有双重角色：既是电子商务的使用者，进行购买活动，属商业行为，又是电子商务的宏观管理者，对电子商务起着扶持和规范的作用。

5. 消费者对政府

消费者对政府(Consumer to Government)的电子商务指的是政府对个人的电子商务和业务活动。这类电子商务活动目前还不多，但应用前景广阔。随着我国社会保障体制的逐步完善和税制改革，政府和个人之间的直接经济往来会增加，这方面业务的电子化、网络化处理也可以提高政府部门的办事效率，增加国民福利。

6. 政府对政府

政府对政府(Government to Government)的电子商务是指上下级政府、不同地方政府、不同地方部门之间的政府活动。

(二)电子商务的服务层次

虽然电子商务的范围广，但是企业仍是电子商务运作的核心。我们可以根据企业电子商务的运作程度将其划分为三个层次，这种层次性反映了企业实施电子商务的不同发展阶段。

1. 初级层次

初级层次是指企业开始在传统商务活动中的一部分引入计算机网络信息处理与交换，部分代替企业内部或对外的传统信息存储和传递方式。

2. 中级层次

中级层次是指企业利用计算机网络的信息传递代替了某些合同成立的有效条件，或者构成履行商务合同的部分义务。

3. 高级层次

高级层次是电子商务发展的理想阶段，企业商务活动的全部程序被计算机网络的信息处理和信息传输所代替，最大限度地消除了人工干预。

第二节 B2B电子商务模式

【案例3-2】

谁说B2B已死？

你只看到我如今面临瓶颈，却不知道我有无限憧憬。你有你的媒体热炒，我有我的淡定低调。你嘲笑我年事已高，我暗叹你经验太少。电子商务，注定是一趟艰辛的旅程，路上少不了B2C、C2C以及OTO等小兄弟的追赶。但，那又怎样？哪怕商场如战场，也要让你的产品卖得漂亮。我是B2B，我为自己代言。

在热火朝天的电子商务舞台上，每隔几年就诞生一位主角。B2B曾经独领风骚数十年，现在却似乎要将聚光灯下的位置让给B2C、C2C或O2O了。

互动话题：B2B已死？你认同吗？

这样的担忧不是没有理由的。B2B与后三者的区别在于，它是企业与企业之间交易的桥梁，而后三者则让卖方在网络上直面终端消费者。在人们已经习惯了网上购物的今天，越过中间环节与消费者直接接触，是企业的一种很合理的想象。

然而，且慢！在轻率地得出"B2B已死"的结论之前，我们需要问这样几个问题。

问题一：你真的能通过网络将产品直接卖给消费者吗？

对于生产终端消费品的企业来说，这个问题可能很好回答，但如果你卖的是矿石或者电路板呢？如果在整条供应链上，你不处在直面消费者的最前端，那么在很长一段时间里，B2B仍将是最好的电子商务形式。

现在的产业分工越来越细，产业链条拉长，从原材料到最终商品之间，有各种不同的生产环节，不同行业间的企业很可能只生产最终产品的某一环节，也可以称作半成品。在这种生产模式下，B2B怎么可能消亡？

再设想一下，如果你生产的是大型挖掘机，或者是给国外企业代工呢？很多做大型机械的，线上根本无法交易；而中国存在的大量OEM企业，当然就更不能通过网络将产品直接卖给消费者了。

问题二：B2C、C2C或O2O很容易吗？

如果你真的能通过网络将产品销售给终端消费者，那么这个过程很容易吗？大家都纷纷朝着"C"而去，但"C"真的就能招之即来吗？卖家要付出多少努力才能吸引到这个至关重要的"C"呢？

B2B的交易最适合全球性的大范围销售，对于中国大量存在的外贸型企业来说，他们针对的是国外市场，订单要求大量地运输出去，如果转B2C，将面对零散的国外小额订单，他们是否有时间和精力来应对？企业的发展需要去追求利润，而全方位的C2C商品时代会增加企业发展的多种成本，而B2B的存在可以缓和企业消耗的问题，综合协调大的市场环境。即便是内贸型企业，直接跟终端消费者打交道也是件费时费力的事，哪怕是这种交流是通过网络进行的。不是所有的供应商都具备跟终端消费者直接进行交易的能力，供应商也很难满足不同客户的需求。

问题三：如何突破消费者的心理防线？

几乎每个在网上购物的消费者都有过这样的经历：网上的图片及文字看起来诱人无比，但收到的实物却堪比垃圾。在愤怒之下，有人开始远离网购。

尽管在B2B平台上，买家们也常常要面对货不对版的风险，但买家面对的风险相对较小，因为"相对于C2C来说，B2B较为规范"，另外，B2B企业也会对买家的行为进行规范。当时阿里巴巴等B2B平台曾清除了一批不诚信的买家，并对一些供应商进行限制。不管是B2B、B2C还是C2C等，都是供求关系的一种描述，消费者需求得到满足的方式应该是多种多样的。可见，B2B不会被取代，而电子商务的其他形式也会迅速发展，最终会有各自的市场份额。

在电子商务的各种形式并存的时代，B2B将如何自处？

B2B 要生存必定要具备优质的服务意识。企业在 B2B 平台上做会员，根本不是为了在线上成交，而是为了让别人发现自己，以便线下洽谈。电子商务未来的发展是产品信息化，而不是线下产品全面线上化，只有将线下产业的渠道与供应链及线上产品的信息化提升相结合，才是未来电子商务发展的趋势。

(资料来源：http://www.ceconline.com/internet_etrade/ma/8800066350/01)

一、B2B 电子商务模式的概念和特点

作为电子商务的重要商业模式之一，B2B 电子商务有其自身的特点和优势，对 B2B 电子商务的模式和分类研究已成为电子商务领域的热点之一。

国内 B2B 类电子商务网站代表有：阿里巴巴(传统型)、慧聪(传统型)、金银岛(纯电子商务模式)、买麦网(后起新秀，声称融合了阿里巴巴和慧聪的模式)。

阿里巴巴(http://www.alibaba.com.cn)是传统电子商务的创始者和领头羊，是目前国内甚至全球最大的专门从事 B2B 业务的服务运营商，已连续 5 年排名《福布斯》杂志全球最佳 B2B 网站，累计注册会员(非付费会员和付费会员)已逾 617 万人次。

(一)B2B 电子商务模式的概念

企业对企业电子商务也称为 eB2B(电子化 B2B)，或者仅仅称为 B2B，指的是通过互联网、外联网、内联网或者私有网络，以电子化方式在企业间进行的交易。这种交易可能是在企业及其供应链成员间进行的，也可能是在企业和任何其他企业间进行的。这里的企业可以指代任何组织，包括私人的或者公共的、营利性的或者非营利性的。

电子商务 B2B 的内涵是企业通过内部信息系统平台和外部网站将面向上游的供应商的采购业务和下游代理商的销售业务都有机地联系在一起，从而降低彼此之间的交易成本，提高满意度。实际上面向企业间交易的 B2B，无论在交易额还是交易领域的覆盖上，其规模比起 B2C 来说都更为可观，其对于电子商务发展的意义也更加深远。

企业与企业之间的电子商务将是电子商务业务的主体，约占电子商务总交易量的90%。从目前来看，电子商务在供货、库存、运输、信息流通等方面大大提高了企业的效率，电子商务最热心的推动者也是商家。企业和企业之间的交易通过引入电子商务能够产生大量效益。对于一个处于流通领域的商贸企业来说，由于它没有生产环节，电子商务活动几乎覆盖了整个企业的经营管理活动，是利用电子商务最多的企业。通过电子商务，商贸企业可以更及时、准确地获取消费者信息，从而准确订货，减少库存，并通过网络促进销售，以提高效率、降低成本，从而获取更大的利益。

(二)B2B 电子商务模式的特点

B2B 不仅仅是建立一个网上的买卖者群体，它也为企业之间的战略合作提供了基础。任何一家企业，不论它具有多强的技术实力或多好的经营战略，要想单独实现 B2B 是完全不可能的。单打独斗的时代已经过去了，企业间建立合作联盟逐渐成为发展趋势。网络使得信息通行无阻，企业之间可以通过网络在市场、产品或经营等方面建立互补互惠的合作，

形成水平或垂直形式的业务整合,以更大的规模、更强的实力、更经济的运作真正达到全球运筹管理的模式。

B2B 是企业实现电子商务、推动企业业务发展的一个最佳切入点,企业获得的最直接的利益就是降低成本和提高效率,从长远来看也能带来巨额的回报。与以前相比,企业总体战略中越来越重视与信息技术的结合。公司的 CEO 们认识到,必须有所作为,才能保持企业的竞争能力。信息技术对企业正日益变得生死攸关,新的信息技术投资能真正增强企业实力,而不仅局限于改善企业的日常运作。

与其他电子商业模式相比,B2B 电子商务具有以下特点。

(1) 交易次数少,交易金额大。B2B 一般涉及企业与客户、供应商之间的大宗货物交易,交易的次数较少,交易金额远大于 B2C 和 C2C。

(2) 交易对象广泛。交易对象可以是任何一种产品,可以是原材料,也可以是半成品或产成品。相对而言,B2C 和 C2C 的交易对象较集中在生活消费用品上。

(3) 交易操作规范。与其他电子商务模式相比较,B2B 电子商务的交易过程最复杂,从查询到谈判,尤其是结算,都要经历最严格和规范的流程,包括合同和 EDI 标准等。

扩展阅读 2 B2B 电子商务模式交易的优势见右侧二维码。

二、B2B 电子商务模式的分类

目前对于 B2B 电子商务可按市场类别、企业参与方式及盈利模式进行进一步的划分。

(一)按电子市场的类别划分

目前企业采用的 B2B 可以分为以下两种模式。

1. 面向制造业或面向商业的垂直 B2B

垂直 B2B 可以分为两个方向,即上游和下游。生产商或商业零售商可以与上游的供应商形成供货关系。比如戴尔电脑公司与上游的芯片和主板制造商就是通过这种方式进行合作。生产商与下游的经销商可以形成销货关系,比如 Cisco 与其分销商之间进行的交易。简单地说,这种模式下的 B2B 网站类似于在线商店,这类网站其实就是企业网站,即企业直接在网上开设的虚拟商店,通过这样的网站可以大力宣传自己的产品,用更快捷、更全面的手段让更多的客户了解自己的产品,从而促进交易。或者也可以是商家开设的网站,这些商家在自己的网站上宣传自己经营的商品,目的也是用更加直观便利的方法促进、扩大交易。

2. 面向中间交易市场的 B2B

这种交易模式是水平 B2B,它是将各个行业中相近的交易过程集中到一个场所,为企业的采购方和供应方提供一个交易的机会,如 Alibaba、B2b168、环球资源网等。这类网站既不是拥有产品的企业,也不是经营商品的商家,它只提供一个平台,在网上将销售商和采购商汇集在一起,采购商可以在其网上查到销售商的有关信息和销售商品的有关信息。

(二)按企业参与方式划分

1. 名录模式

名录模式主要是介绍各类公司的经营特点,推荐产品,宣传企业的业绩。其主要代表有 Thomas Register、Chemdex、SciQuest.com、中国黄页(Chinapages)。

2. 兼营模式

兼营模式是指既做 B2B,又做 B2C。比如华夏旅游网的 B2B——网上旅游交易会;华夏旅游网的 B2C——网上旅游超市;实华开的 B2B——国际贸易一条龙服务;实华开的 B2C——EC123 打折店。

3. 政府采购和公司采购

政府采购和公司采购的数量极其庞大。其主要的网站有 W.Grainger、Fastparts。

4. 供应链模式

《做数字商场的主人》一书的作者奥尔德里奇认为,零担货物的运输服务会增长。建立一个全国性的面包连锁店可以节省 1500 万美元,同时,控制技术安装到位,可以有大约 5000 万美元的货物免遭偷窃。其主要的网站有 EMS、伊速 e-speed、世联配送中心、阳光快递、红叶集团下属时空网、广东宝供物流。

5. 中介服务模式

(1) 信息中介模式。这种模式与名录模式类似。其实,名录模式也属于信息中介模式。其主要的网站有中联在线(CNUOL)、易创全球电子商务等。阿里巴巴已经拥有 176 个国家的 18 万用户、6 万余注册商家、20 万条库存信息。

(2) CA 中介服务。比如德达创新的 Datatrust 等。

(3) 网络服务模式。提供开展电子商务的技术支持,为落实商业计划提供整套的网络服务、网络服务自助餐。它包括百联网讯、你好万维网、绿色兵团、IBM、Oracle、Microsoft。

(4) 银行中介服务。它们提供相关的金融服务,包括境内的代收货款、承兑汇票、银行汇款等,境外的信用证、DA、DP、TT。其主要的银行包括招商银行、建设银行、中国银行。

6. 拍卖模式

拍卖模式主要的代表包括 iMark.com、Adauction.com 等。

7. 交换模式

交换模式的代表网站有 PaperExchange、e-steel 等。

(三)按赢利模式划分

按盈利模式划分,主要有电子市场、电子分销商、服务提供商以及信息中介四种类型。

1. 电子市场

电子市场有时称为交易中心，由于其潜在的市场规模，成为电子商务中最为成熟和最有前景的商业模式。一个电子市场就是一个数字化的市场形态，供应商和商业采购均可以在此进行交易。对于买方来说，利用电子市场可很方便地收集信息，检验供应商，收集价格，根据最新变化进行更新；而对于卖方来说，则能够从与买方的广泛接触中不断地优选，因为潜在的购买者越多，销售的成本越低，成交的机会和利润也就越高。从电子市场的整体来看，可以最大限度地减少识别潜在的供应商、客户和合作伙伴，以及在双方和多方开展交易所需要的成本和时间等。因此电子市场的出现，可以降低交易成本，简化交易手续，获得更多的交易机会。目前全球的电子市场主要出现了两种细分模式：综合型电子市场和垂直型电子市场。综合型电子市场又称为水平市场，主要针对较大范围的企业来进行销售产品和服务。在中国，阿里巴巴成为综合交易平台最为成功的企业之一，慧聪网、买麦网也是综合型电子市场的重要代表。而垂直型电子市场主要针对特定的行业，如钢铁、汽车、化学或者物流配送等，这些行业多为生产资料性行业，成交量大、专业性强，垂直电子市场迅速成为这些行业商业信息、物资信息的集成地。目前中国较为成熟的垂直型电子市场有中国纺织网、中国化工网等。

2. 电子分销商

电子分销商是直接向各个企业提供产品和服务的企业。电子分销商与电子市场的不同之处是：电子市场是将许多企业招徕到一起，使它们有机会与其他公司做生意；而电子分销市场则是由一家寻求为多个客户服务的企业所建立的。

3. 服务提供商

服务提供商是指向其他企业提供业务服务的企业，其主要通过整合各方资源，提供集中物流服务、公共服务、信用保障服务、支付服务、信息服务的一站式服务，将供应链运作整体解决方案提交给客户，并对客户决策产生影响。从本质上看，服务提供商就是为企业级采购、分销等供应链过程提供服务的。

4. 信息中介

信息中介是以收集消费者信息并将其出售给其他企业为目的的一种商业模式。目前的信息中介主要为面向供应商模式，中介将消费者信息收集给供应商，供应商利用这些信息向不同的消费者有针对性地提供产品、服务和促销活动。面向供应商的信息中介可分为两类：受众代理和商机制造者。受众代理是收集消费者的信息，并用来帮助广告商向最适合的受众做广告；商机制造者收集消费者信息，通过数据挖掘形成消费者的特征、偏好，然后指导供应商将符合消费者需求的产品和服务销售给消费者。信息中介的赢利主要靠信息出售费和数据挖掘后的咨询费用等。

四种 B2B 商业模式类型如表 3-2 所示。

表 3-2 B2B 商业模式类型

模式类型	特 点	举 例	赢利来源
电子市场	将买卖双方集合在一起,降低交易成本	Alibaba.com	交易费
电子分销商	直接为企业提供产品或者服务	Grainger.com	产品销售
服务提供商	通过网络向其他企业提供业务服务	Salesforce.com	交易费、租金等
信息中介	收集消费者信息并出售给其他企业	Doubleclick.com	信息出售费、咨询费等

第三节 B2C 电子商务模式

【案例 3-3】

体育场馆商业模式革命,互联网时代平台战略有什么意义?

封闭走向衰落,开放通往繁荣,这是亘古不变的真理,这一真理同样适用于体育产业。作为体育产业重要一环,体育场建造和运营同样需要跟上互联网时代的步伐。

早在公元前 15 世纪左右,古希腊就有了体育场的原始建筑。狭长的马蹄形建筑可能是世界上最古老的体育场,在底比斯、埃皮扎夫罗斯和奥林匹亚都曾出现过。

1896 年雅典第一届近代奥运会会场是在一个古代体育场的基础上改建的。英国为 1908 年第四届奥运会建造的体育场是第一个现代风格的体育场。1959 年,美国建成了世界上第一个分层看台的无柱体育场,即洛杉矶道哲体育场。

尽管时代在变,但大多数体育场在基本设计、功能和体验方面并没有发生太多变化,比赛仍是唯一焦点。

随着消费技术的变革,一个新的体育场模式正在出现,"体育场区"的概念正在重塑体育场周边商业业态。

在新模式中,体育场不再只是一个场馆这么简单,而是变成了技术和商业平台。这种转变颠覆了关于体育场体验的传统观念,需要体育场运营方、球队也随之转变思维方式,不仅要考虑座位、视线等要素,更要考虑互动体验,而后者才是核心。

德勤发布的研报认为,将现代体育场重新设想为一个技术和商业平台对体育产业而言影响深远。体育场馆与球迷之间的互联比以往任何时候都紧密,这种互联可以作为打造新交易、增加新业务、开拓新收入来源的基础。

在技术层面,应用平台思维意味着在设计体育场的基础设施时,要允许合作伙伴通过体育场系统生成的数据创建新的应用程序。

在商业层面,采取平台思维意味着要思考如何通过体育场新的体验来创造价值,不管是直接通过球队还是通过第三方。

德勤认为,作为平台,体育场的基础设施、资源和活动可以分为三层:技术基础设施层、赋能技术层和体验层,这三层一道能为用户打造新体验。

与传统体育场相比,现代体育场中遍布大量物理硬件、网络设备和操作软件,包括无线接入点和分布式天线系统,联网硬件/Beacon 技术,互联浸入式显示硬件,场馆企业资源规划系统、数据消化、处理、输出和可视化系统，零售点设备和其他商业引擎基础设施等。最重要的是系统融合解决方案将场馆技术与周边环境进行融合，包括广播系统、附近零售/餐饮、城市交通系统。这是德勤所说的三层中的技术基础设施层，它的安装和维护需要体育场所有者进行大笔投资。

强大的技术是现代体育场为球迷提供丰富体验的技术保证，但更大的价值创造潜力却来自于将体育场馆开放，让其他合作伙伴在体育场的技术和体育基础设施之上进行符合自己需求的开发，即所谓的赋能技术层。例如，开发应用程序接口(API)、身份管理工具、音频和视频内容、社交倾听/分析解决方案等。

球迷体验层是体育场平台的顶层，包括球迷在赛前、赛中和赛后使用的各种设备，进行的各种活动和商业交易等。体验层的构成包括：球队和球场移动设备应用程序、移动商业和支付解决方案、移动票务、球迷忠诚度和奖励机制、与社交媒体融合等。而体验层的构成内容是由体育场、球队、第三方以及相关合作伙伴所提供的。

作为平台，体育场的巨大潜力在于向开发人员、赞助商和用户开放体育场及其软硬件基础设施。开发人员、赞助商和用户开发的一系列第三方用户体验可以与体育场和球队提供的服务进行有益互补。

球队致力于提供最佳的比赛体验，但其不可能事事亲为，让开发人员接入到体育场基础设施，能让球队从他们的创意中获益。

(资料来源：http://www.iyiou.com/p/61679)

一、B2C电子商务的主要模式类型

企业开展电子商务，通过Internet向个人网络消费者直接销售产品和服务的经营模式，就是电子商务的 B2C，即网上零售。它通常由三部分组成：为顾客提供在线购物的商场网站；负责为顾客所购商品进行配送的配送系统；负责顾客身份确认及货款结算的银行和认证系统。

B2C 电子商务模式，是企业通过网络针对个体消费者，实现价值创造的商业模式，是目前电子商务发展最为成熟的商业模式之一。目前发展较为成熟的电子商务模式类型主要有门户网站、电子零售商、内容提供商、交易经纪人、社区服务商等。

1. 门户网站

门户网站是在一个网站上向用户提供强大的搜索工具，以及集成为一体的内容与服务提供者。网络发展的初期，网站数量比较少，特别是人们对网上信息的搜寻能力较低，搜寻成本较高的时候，门户网站为人们了解更多的网络信息提供了方便。而今天，网络经济不断发展，尤其是信息搜索技术不断提高，门户网站这种商业模式成了网络的重要终点网站，除保持强大的网络搜索功能以外，可向人们提供一系列的高度集成的信息内容与服务，如新闻、电子邮件、即时信息、购物、软件下载、视频流等。从广义来理解，门户网站是搜索的起点，向用户提供易用的个性化界面，帮助用户找到相关的信息。目前在中国，公认的三大门户网站是新浪网、搜狐网、网易网，它们是门户网站成功的范例。

在门户网站的发展中，逐步形成了水平型门户网站和垂直型门户网站两种类型。水平型门户网站将市场空间定位于互联网上的所有用户,中国的三大门户网站均为水平型门户网站。垂直型门户网站的市场空间定位于某个特定的主题和特定的细分市场。如美国的美国在线,为美国划船消费市场的门户网站,该市场吸引了想租船的美国人。在中国,如雅昌艺术自己拥有网站,将市场定位为大型艺术品,通过资讯、交流、交易等各个方面功能的整合,将艺术机构的传统形象及服务带入互联网世界,建立多赢的商业模式。该网站现已成为一家具有领导地位的艺术品市场增值资讯服务供应商,成为中国大陆及全球华人社群艺术类网站的第一名。门户网站的盈利主要依靠广告费、订约费以及交易费等。

2. 电子零售商

电子零售商是在线的零售店,其规模各异,内容也相当丰富,既有像当当网那样大型的网上购物商店,也有一些只有一个界面的本地小商店。

由于电子零售具有为消费者省时间、给消费者以方便、帮消费者省金钱、向消费者送信息等优点,因此,对于这种新的零售形式的诞生,无论国内还是国外,消费者都表现出相当的热情。

3. 内容提供商

内容提供商是通过信息中介商向最终消费者提供信息、数字产品、服务等内容,或直接给专门信息需求者提供定制信息的信息生产商。内容提供商通过网络发布信息内容,如数字化新闻、音乐、流媒体等。内容提供商将市场定位于信息内容的服务上,因此,成功的信息内容是内容提供商模式的关键因素。信息内容的定义很广泛,包含了知识产权的各种形式,即以有形媒体(如书本、光盘或者网页等)为载体的各种形式的人类表达。

内容提供商的赢利方式主要是收取内容订阅费、会员推荐费以及广告费用等。由于内容服务的竞争日趋激烈,一些内容服务商的网络内容并不收费,如一些报纸和杂志的在线版纷纷推出了免费的举措,它们主要通过网络广告或者借助网络平台进行企业合作促销、产品销售链接以及网友自助活动等获得收入。

4. 交易经纪人

交易经纪人是指通过电话或者电子邮件为消费者处理个人交易的网站。采用这种模式最多的是金融服务、旅游服务以及职业介绍服务等。

在中国的金融服务方面,招商银行、工商银行等推出的网上银行服务成为金融个人服务的新亮点;旅游服务方面,以携程网等为代表的旅游电子商务也纷纷通过电话或者邮件形式为旅游者提供便利;职业介绍服务方面,中华英才网、前程无忧等是网上职业经纪人的代表。

交易经纪人的盈利方式主要是收取佣金。例如,网上股票交易中,无论是按单一费率还是按与交易规模相关的浮动费率,每进行一次股票交易,交易经纪人都获得收入;旅游电子商务中,在线成交一次机票、景点门票及酒店客房的预订,旅游电子商务企业便按一定比例获得提成;职业介绍网站一般是预先向招聘企业收取招聘职位排名的服务费,然后向求职者收取会员注册费用等,再对招聘企业和求职者进行撮合、配对等服务。

5. 社区服务商

社区服务商是指那些创建数字化在线环境的网站,有相似兴趣、经历以及需求的人们可以在社区中交易、交流以及相互共享信息。

网络社区服务商的构想源于现实社区服务，但实际的社区服务通常受地域限制，未能很好地整合需求，从而无法实现个性化服务。网络社区服务商通过构建数字化的在线环境，将有相似需求的人联系在一起，甚至利用在线身份扮演一些虚幻的角色。社区服务商的关键价值在于建立一个快速、方便、一站式的网站，使得用户可在这里关注他们最感兴趣、最关心的事情。社区服务商的盈利模式较为多样化，包括收取信息订阅费，获得销售收入，收取交易费用、会员推荐费用以及广告费等。B2C 电子商务的模式类型如表 3-3 所示。

表 3-3　B2C 电子商务的模式类型

模式类型	特　点	举　例	赢利来源
门户网站	提供集成的综合性服务与内容，如搜索、新闻、购物、娱乐等	www.163.com www.sina.com www.sohu.com	广告费、订阅费、交易费等
电子零售商	提供在线的零售服务，是在线的零售商店	www.dangdang.com www.joyo.com	广告费、订阅费、交易费、产品销售等
内容提供商	以提供信息和娱乐服务为主，是网络中的传媒资讯提供商	www.cctv.com www.xinhuanet.com	广告费、订阅费、会员推荐费等
交易经纪人	在线的交易处理人，帮助客户完成在线交易	www.51job.com www.ctrip.com	交易费等
社区服务商	建立网上平台，集中有共同兴趣、爱好、需求的人交流、交易	www.ivillage.com	广告费、订阅费、会员推荐费等

二、B2C 电子商务企业类型

企业建立 B2C 电子商务模式能否成功的关键，要看网站所提供的内容是否超凡脱俗、有效方便，能否推动网上的虚拟商务活动，以达到极大地带动企业运作的效果。建立 B2C 模式的电子商务企业要注意树立品牌，减少存货，降低成本，利用定制营销，以及正确定价等。

1. 经营着离线商店的 B2C 零售企业

经营着离线商店的 B2C 零售企业有着实实在在的商店或商场，网上的零售只是作为企业开拓市场的一条渠道，它们并不依靠网上的销售生存。如美国的 Wal-Mart、中国的上海书城、上海联华超市、北京西单商场等。

2. 没有离线商店的虚拟 B2C 零售企业

没有离线商店的虚拟 B2C 零售企业是 Internet 商务的产物，网上销售是它们唯一的销售方式，它们靠网上销售生存。如美国的 Amazon 网上书店。在中国也有许多类似的网站，如当当网、卓越网等。

3. 商品企业制造商

商品的制造商采取网上直销的方式销售其产品，不仅给顾客带来了价格优势上的好处及商品客户化,而且减少了商品库存的积压。例如,戴尔计算机制造商是商品制造商网上销售最成功的例子。

4. 网络交易服务提供商

网络交易服务是指网络交易平台提供商为交易当事人提供缔结网络交易合同所必需的信息发布、信息传递、合同订立和存管等服务。网络交易服务提供商是指以营利为目的,从事网络交易平台运营和为网络交易主体提供交易服务的法人。这类企业专门为多家商品销售企业展开网上售货服务,如阿里巴巴等。

三、B2C 电子商务的收益模式

B2C 电子商务企业的经营模式主要有以下两种:经营无形产品和劳务的电子商务模式与经营实物商品的电子商务模式。这两种类型电子商务的收益模式如下。

(一)经营无形产品和劳务的电子商务收益模式

经营无形产品和劳务的电子商务收益模式又可分为以下五种。

1. 网上订阅模式

网上订阅模式指的是企业通过网站向消费者提供在网上直接浏览信息和订阅的电子商务模式。在线出版、在线服务、在线娱乐是这种模式的三种主要形式。网上订阅模式主要被商业在线机构用来销售报纸杂志、有线电视节目等。

2. 收取服务费模式

收取服务费模式主要是向网上商店或消费者收取服务费的收益模式。如付费广告、技术服务费等。网上购物的消费者,除了要按商品价格付费外,还要向网上商店支付一定的服务费。

以阿里巴巴旗下网站阿里妈妈为例,基本的盈利模式仍然是收取服务费。"中小网站自己在我们平台上卖广告位不收费,但靠我们销售团队去做则会收费。"阿里巴巴公司总经理吴泳铭说。他手里的销售团队正在主推一项名为"全国联播"的服务,这一服务来自广告平台上已经加入的 40 万个中小网站和 90 万个互联网广告位。这些广告位被打包并分组,广告主可以选择在全国大量的中小网站上同时展示广告,这和传统网络广告的做法很不同。百度通过搜索每天覆盖 6500 万人,而阿里妈妈每天可以覆盖 8000 万人,这就是价值所在。

阿里妈妈广告的付费方式分为两种:按时长计费和按单击计费。

3. 付费浏览模式

付费浏览模式指的是企业通过网站向消费者提供计次收费的信息浏览和信息下载的电子商务模式。

4. 广告支持模式

在线服务商免费向消费者提供在线信息服务,其营业收入完全靠网站上的广告来获得。这种模式是目前最成功的电子商务模式之一。

5. 网上赠予模式

网上赠予模式是指一些软件公司将测试版软件通过 Internet 向用户免费发送,用户自行下载试用,如果满意则有可能购买正式版本的软件。采用这种模式,软件公司不仅可以降低成本,还可以扩大测试群体,改善测试效果,提高市场占有率。

(二)经营实物商品的电子商务收益模式

实物商品指的是传统的有形商品,这种商品和劳务的交付不是通过计算机作为信息载体,而是通过传统的方式来实现。实际上,大多数企业的经营模式并不是单一的,而是将各种模式综合起来实施电子商务。

不同类型的 B2C 电子商务通过网络平台销售自己生产的产品或加盟厂商的产品。商品制造企业主要是通过这种模式扩大销售,从而获取更大的利润,如海尔电子商务网站。

(1) 销售衍生产品。销售与本行业相关的产品,如中国饭网出售食品相关报告、就餐完全手册;莎啦啦除销售鲜花外,还销售健康美食和数字产品。

(2) 产品租赁。提供租赁服务,如太阳玩具开展玩具租赁业务。

(3) 拍卖。拍卖产品收取中间费用,如汉唐收藏网为收藏者提供拍卖服务。

(4) 销售平台。接收客户的在线订单,收取交易中介费,如九州通医药网、书生之家。

(5) 特许加盟。运用该模式,一方面可以迅速扩大规模,另一方面可以收取一定的加盟费,如当当网、莎啦啦、E 康在线、三芬网等。

(6) 会员。收取注册会员的会费,大多数电子商务企业都把收取会员费作为一种主要的盈利模式。网络交易服务公司一般采用会员制,按不同的方式、服务的范围收取会员的会费。

(7) 上网服务。为行业内的企业提供相关服务,如中国服装网、中华服装信息网。

(8) 信息发布。发布供求信息、企业咨询等,如中国药网、中国服装网、亚商在线、中国玩具网等。

(9) 广告。为企业发布广告,目前广告收益几乎是所有电子商务企业的主要赢利来源。这种模式成功与否的关键是其网页能否吸引大量的广告,能否吸引广大消费者的注意。

(10) 咨询服务。为业内厂商提供咨询服务,收取服务费,如中国药网、中药通网站等。

扩展阅读 3 网上消费市场及购买行为特征见右侧二维码。

第四节　C2C 电子商务模式

【案例 3-4】

共享经济霸主——Airbnb 的成长黑客之路

原本只是用来应付租金的点子,最初仅是一张气垫床、一顿早餐的承诺,却在多年后成为一家估值 200 亿美元的公司。Airbnb 成长过程中历经各种高峰低谷,不只有过高速成长的愉悦，也有成长停滞的痛苦，两位创办人彻斯基(Brian Chesky)和杰比亚(Joe Gebbia)当时并不知道，这段"误打误撞"的过程，几年后会被称为 Growth Hacking 的典范之一。

在那个还没有人谈论 Growth Hacking，也没有人定义何谓 Growth Hacking 的年代，Airbnb 用了点小聪明，迎来了第一波成长——他们开发了串接竞争对手信息的 API，从竞争对手那里"挖墙脚"，这也是他们最出名的手法。

1. 串接 API，挖竞争对手的墙脚

当时 Airbnb 最大的竞争对手是 Craigslist。这种由供给和需求所构成的服务，用户数的多寡会影响屋主决定将招租信息发布到哪个平台。当然，发展成熟的 Craigslist 自然拥有较多房源，进而吸引更多消费者前来挑选房型与比价下单。面对这样的情况，Airbnb 的做法不是直接从 Craigslist 抢用户，而是选择"利己也利他"的做法。

Airbnb 开发了一项功能：用户在 Airbnb 上发布租屋信息后，就能在 Craigslist 出现相同的内容，"同时将信息从 Airbnb 发布到 Craigslist，可以帮您每月增加平均 500 美元的收入，只要点击这里一下"。用户看到这样的信息通常会不假思索地点击，毕竟只要一次动作可以同时拥有两个平台的曝光量，对用户来说极具吸引力。

事实上，Craigslist 当时并没有开放这样的 API，因此 Airbnb 的工程师便得"土法炼钢"，他们开发的程序必须解析并进一步修正 Craigslist 的程序代码，除了要让 Airbnb 的内容能原封不动地搬到 Craigslist 之外，还得额外做些加工，以一一对应 Craigslist 每个目录分类、区域选择等分类选单。

2. 借力使力，让对手免费帮自己宣传

这个功能成功地为 Airbnb 带来好处，有些原本习惯在 Craigslist 发布租屋信息的用户，开始直接在 Airbnb 上发布信息，因为能一次获得两个平台的曝光量，吸引许多人纷纷加入注册，成功地带起 Airbnb 的人气。一般的市场营销、业务推广人员，恐怕想不到用这样的方法让用户数量成长，毕竟这其中牵涉太多技术关卡。

除了串接 API 之外，Airbnb 还利用 Craigslist 的邮件通知系统替自己宣传。Airbnb 会自动检测发布在 Craigslist 的最新招租信息，接着便会在下方留言，这时 Craigslist 的系统便会寄送信件给屋主，通知他收到了什么留言内容，而来自 Airbnb 的留言当然是："建议你也到 Airbnb 发布吧！那个网站每个月有超过 300 万次的浏览数呢!"

有人认为这些技术手段有偷吃步嫌疑，且不太厚道，有些人则认为这些想法富含创意，因为它在某种程度上恰巧符合了 Growth Hacking 的精神：用有创意的技术手段去解决现有问题，达到成长目的。

3. 调整文案要求，利他比利己更有效

"用户推广计划"(Referral Program)是许多网站常用的推广方式，当用户邀请朋友注册后，就能得到一些回馈，例如折价券、免费储存空间、优惠码等报酬，这种手段只要运用得宜，便能有一传十、十传百的惊人成效，Dropbox 的用户推广计划即是一经典案例。Airbnb 初期也采用过类似的手法，不过成效并不佳，于是该公司便决定在 2013 年年底迎来一次大改版。

为了全面改造用户推广计划，Airbnb 研究了各项过往数据，试图了解每个推荐和被推荐用户的使用行为，也分析了来自 Facebook、Twitter 及其他网站的流量有什么样的特质，

再通过 A/B Test 比对分析，大幅调整了用户推广的接口、文案设计。

举例来说，他们发现在推荐内容中加入推荐者的照片，能增加双方之间互相送礼的感受，而不只是一个随意滥发的广告页面；而利他比利己的文案更吸引人，例如，"赠送你的好友 25 美元，让他去旅行"(Give Your Friends $25 to Travel.)的文案，会比"邀请你的朋友加入，即可获得 25 美元折扣"(Invite Your Friends, Get $25.)来得有成效。

经过一番大刀阔斧的更新，新的用户推广计划为 Airbnb 带来明显的成长，某些地区的订单量激增了 25%，而 Airbnb 也发现，通过新的用户推广计划所吸引来的用户，相较普通用户有着更高的留存率，他们也更愿意将 Airbnb 推荐给其他朋友。

除了上述两种广为人知的方式之外，Airbnb 也通过其他在线技术手段和线下推广方式，一路摸索着成长之道。如今，Airbnb 在全球已经拥有超过 200 万间房源，根据 Airbnb 的资料指出，在 2015 年的夏季旅游高峰期，全球有将近 1700 万用户入住 Airbnb 的房间，是过去五年的 353 倍。

Airbnb 的两位创办人，当时恐怕也想不到，一个由设计师应急所架设的招租网站，和那些天马行空甚至有点"不太入流"的成长方法，日后竟也能成为 Growth Hacking 的楷模吧！

(资料来源：https://www.bnext.com.tw/article/38813/bn-2016-03-02-173717-178)

一、C2C 电子商务模式的概念和发展

C2C 电子商务模式就是通过为买卖双方提供一个在线交易平台，使卖方可以主动提供商品上网拍卖，而买方可以自行选择商品进行购买和竞价。

C2C 最大的特点就是利用专业网站提供的大型电子商务平台，以免费或比较少的费用在网络平台上销售自己的商品。其主要特点就是可以给用户带来便宜的商品，无论是外企白领、大学生还是下岗女工都可以在家"营业"，网上开店不需要店铺租金，不受地域、时间的限制，却可以面对来自全国甚至全世界的客户。

二、C2C 电子商务的主要运作模式

(一)拍卖平台运作模式

目前 eBay(B2C、C2C)、淘宝(C2C)都为网上拍卖提供平台，它们利用多媒体手段提供产品资讯，供买方参考和竞价，最后卖家再根据买家信誉和出价拍出货品。而网站本身并不参与买卖，免除了烦琐的采购、销售和物流业务，只利用网络提供信息、传递服务，并向卖方收取中介费用。

电子拍卖是传统拍卖形式的在线实现。卖方可以借助网上拍卖平台运用多媒体技术来展示自己的商品，这样就可以免除传统拍卖中实物的移动；竞拍方也可以借助网络，足不出户进行网上竞拍。该方式的驱动者是传统的拍卖中间商和平台服务提供商(PSP)。

电子拍卖具有两大优势：价廉物美与即买即得。选购的物品多集中在手机、电脑和女性用品(服装、化妆品)。目前，电子拍卖的参与者主要还是消费者，企业参与的还比较少，所以主要还是 B2C 形式。已具雏形的如西祠胡同的网上二手交易市场，平均每天都有 700

条左右的拍卖信息。

(二)店铺平台运作模式

店铺平台运作模式是电子商务企业提供平台，方便个人在上面开店铺，以会员制的方式收费，也可通过广告或其他服务收取费用。这种平台也称作网上商城。

入驻网上商城开设网上商店不仅依托网上商城的基本功能和服务，而且顾客主要也来自该商城的访问者，因此，平台的选择非常重要。但用户在选择网上商城时往往存在一定的风险，尤其是初次在网上开店，由于经验不足以及对网上商城了解比较少等原因而带有很大的盲目性。有些网上商城没有基本的招商说明，收费标准也不明朗，只能通过电话咨询，这也为选择网上商城造成一定的困惑。

不同网上商城的功能、服务、操作方式和管理水平相差较大，理想的网上商城应具有以下基本特征。

(1) 良好的品牌形象、简单方便的申请手续、稳定的后台技术、快速周到的顾客服务、完善的支付体系、必要的配送服务以及售后服务保证等。

(2) 有尽可能高的访问量，具备完善的网店维护和管理、订单管理等基本功能，并且可以提供一些高级服务，如对网店的推广、网店访问流量分析等。

(3) 收费模式和费用水平也是重要的影响因素之一。

不同的人可能对网上销售有不同的特殊要求，选择适合本商店产品特性的网上商城需要花费不少精力，完成对网上商城的选择确认过程大概需要几个小时甚至几天的时间。不过，这些前期研究的时间投入是值得的，可以最大限度地减小盲目性，增加成功的可能性。

由于网上商店建设和经营具有一定的难度，需要经验的积累，因此在初次建立网上商店时，最好进行多方调研，选择适合自己产品特点和经营者个人爱好又具有较高访问量的网上商城。同时，在资源许可的情况下，不妨在几个网上商城同时开设网上商店。

三、C2C 电子商务的交易过程

C2C 网站的购物方式大同小异，一般网上购物流程如图 3-2 所示。

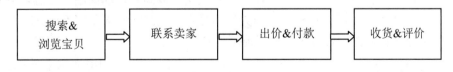

图 3-2 C2C 电子商务交易流程

(一)搜索

一般来说，搜索有以下几种方法。

1. 明确搜索词

只需要在搜索框中输入要搜索的宝贝店铺掌柜名称，然后按 Enter 键，或单击"搜索"按钮即可得到相关资料。

2. 用好分类

许多搜索框的后面都有下拉菜单,有宝贝的分类、限定的时间等选项,用鼠标轻轻一点,就不会混淆分类了。比如搜索"火柴盒",会发现有很多汽车模型,原来它们都是"火柴盒"牌的。当搜索时选择了"居家日用"分类,就会发现真正色彩斑斓的火柴盒在这里。

3. 妙用空格

在词语间加上空格,即可用多个词语搜索。

4. 精确搜索

使用双引号。比如搜索"佳能相机"(注:此处引号为英文的引号),则只会搜索出网页中有"佳能相机"这四个字连在一起的商品,而不会返回诸如"佳能 IXUSI5 专用数码相机包"之类的商品。

使用加减号。在两个词语间用加号,意味着准确搜索包含这两个词的内容;相反,使用减号,意味着避免搜索减号后面的那个词。

5. 不必担心大小写

淘宝的搜索功能不区分英文字母大小写。无论输入大写字母还是小写字母都可以得到相同的搜索结果。如输入 nike 或 NIKE,结果是一样的。

(二)联系卖家

在看到感兴趣的宝贝时,先和卖家取得联系,多了解宝贝的细节,询问是否有货等。多沟通能增进对卖家的了解,避免很多误会。

1. 发站内信件给卖家

站内信件是只有买家和卖家能看到的,相当于某些论坛里的短消息。买家可以询问卖家关于宝贝的细节、数量等问题,也可以试探地询问是否有折扣。

2. 给卖家留言

每件宝贝的下方都有一个空白框,在这里写上买家要问卖家的问题。注意,只有卖家回复后这条留言和答复才能显示出来。因为这里显示的信息所有人都能看到,因此建议买家不要在这里公开自己的手机号码、邮寄地址等私人信息。

3. 利用聊天工具

不同网站支持不同的聊天工具,淘宝是旺旺,拍拍是 QQ,可利用它们尽量直接找到卖家进行沟通。

(三)当买家和卖家达成共识后,确定购买

在买卖双方达成共识后,买家确认购买,其流程如图 3-3 所示。

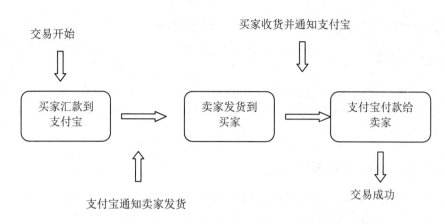

图 3-3　C2C 通过支付宝购买商品的流程

(四)收货与评价

当拿到商品之后，可以对卖家作确认收货以及对卖家的服务作出评价。如果对商品很不满意，那么可以申请退货或者换货。

第五节　其他电子商务模式

扩展阅读 4　案例：P2P：当网贷遇见"老赖"，见右侧二维码。

一、B2B2B 模式

《2007 中国中小企业信息化发展报告》指出，信用服务体系建设越来越得到重视。建设信用体系、营造信任环境是中小企业信息化的重要保障，主要有两种途径：一种是政府为中小企业提供公共信任服务(G2B 模式)，另一种是社会机构为中小企业提供信任平台服务(B2B2B 模式)。目前，全国各类征信机构有 100 多家，资信评级机构近 80 家，信用担保机构 2000 多家，其他专业信用服务机构有 500 多家。中国人民银行建立了企业信用信息基础数据库，并已实现全国银行间联网查询；国家工商管理总局建立了拥有近 600 万户企业基本信息的共享数据库；国家税务总局全面实施"金税"工程三期建设，目标是实现对纳税人进行综合管理和监控；全国整规办建立了"中国反商业欺诈网"，归集和公开市场主体的负面信息；最高人民法院积极建立全国法院执行案件信息管理系统。社会化信任环境、监督机制正在逐步形成。

二、O2O 电子商务模式

O2O 即 Online To Offline，即将线下商务的机会与互联网结合在了一起，让互联网成为线下交易的前台。这样线下服务就可以在线上揽客，消费者可以在线上来筛选服务，成交可以在线结算，从而很快达到规模。该模式最重要的特点是：推广效果可查，每笔交易可跟踪。国内首家社区电子商务开创者九社区是该模式的鼻祖。

(一)O2O 模式

O2O 可以简称为 On2Off，这样就可同其他商务术语一致，例如 B2C、B2B 和 C2C。随着互联网上本地化电子商务的发展，信息和实物之间、线上与线下之间的联系变得更加紧密。O2O 让电子商务网站进入了一个新的阶段。

(二)O2O 线上线下如何对接

O2O 绕不开的，或者说首先要解决的是，线上订购的商品或者服务如何到线下领取？专业的话语是线上和线下如何对接？这是 O2O 实现的一个核心问题。目前用得比较多的方式是上海翼码的电子凭证，比如淘宝聚划算等电商以及团购网站都采用了这一模式。即线上订购后，购买者可以收到一条包含二维码的短彩信，购买者可以凭借这条短彩信到服务网点经专业设备验证通过后，享受对应的服务。这一模式很好地解决了从线上到线下的验证问题，安全可靠，且可以在后台统计服务的使用情况，既方便了消费者，也方便了商家。

(三)O2O 模式的网站

目前采用 O2O 模式经营的网站已经有很多，团购网就是其中一类，如百先网、中团网、篱笆网、齐家网等大众商品团购网站，美团网、58 团购、窝窝团、拉手网等生活信息团购网站，另外还有一种为消费者提供信息和服务的网站，如赶集网、爱邦客等，最后就是后来兴起的房地产网，如搜房网、房道网、百度安居等。值得一提的是，在业内受到争议，且已在全国建立 20 余家实体店铺的青岛品牌索妃雅所推行的 ITM 网购与 O2O 模式有本质的不同，无论是经营理念、经营构架，还是经营方式截然不同于 O2O 模式。例如，O2O 更注重线上交易，而 ITM 模式则更偏重于线上预订。线下交易；O2O 模式的实际经营可适用于办公室等任何实体经营场所，而 ITM 模式则采用店铺式经营。

(四)O2O 模式商务关键

O2O 模式商务的关键是：在网上寻找消费者，然后将他们带到现实的商店中。它是支付模式和为店主创造客流量的一种结合(对消费者来说，也是一种"发现"机制)，实现了线下的购买。它本质上是可计量的，因为每一笔交易(或者是预约)都发生在网上。这种模式应该说更偏向于线下，更利于消费者，让消费者感觉消费得较踏实，比较具有代表性的网站是象屿集团下的象屿商城，线上会员和实体店会员体系一体，满足消费者的不同需求。

(五)O2O 和 B2C、C2C 及团购网的区别

B2C、C2C 是在线支付，购买的商品会塞到箱子里通过物流公司送到你手中；O2O 是在线支付，购买线下的商品、服务，再到线下去享受服务。O2O 是网上商城，团购是低折扣的临时性促销。如图 3-4 所示为 O2O 与 B2C/C2C 及团购之间的关系。

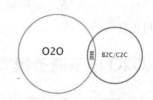

图 3-4　O2O 与 B2C/C2C 及团购之间的关系

三、消费者对企业(C2B)商业模式

消费者对企业(Consumer to Business, C2B)商业模式是企业对消费者(B2C)商业模式的变形。顾客对企业的电子商务模式，重点虽然还是在企业与顾客之间，但其进行的方向与传统的贩卖商品及服务行为不同。传统的购物行为，或称为"推"(push)式的贩卖方式，是由企业将其生产的产品卖(推)给消费者，企业有较多的自主权；而消费者对企业(C2B)的商业模式则是由消费者要企业生产符合消费者需求的产品，再由消费者购买，也就是购物行为由传统的"推"转为"拉"(pull)，消费者握有较多的自主权。简单地说，C2B 的模式可算是消费者导向的营销方式，美国的 Priceline.com 就属此类电子商务模式。Priceline.com 主要业务是让消费者自定义所需的机票、旅馆、日用品等的价位，再寻求相关的企业来满足消费者的需求。其提供一个方便有效的"交换机制"，让想要订机票和旅馆的消费者自行出价，由厂商提供可符合价格的"库存票"，一方面满足消费者需求，另一方面也让厂商有机会降低未利用率、库存。该公司成立一年内就吸引了约一百万个会员，目前正以每季增加 30 万会员的速度成长。

扩展阅读 5　共享经济见右侧二维码。

思 考 题

1. 登录相应网站进行操作。

(1) 访问淘宝网(http://www.taobao.com)，并注册会员身份参与网上买卖，了解网上购物和支付的流程。

(2) 浏览京东网上商城(http://www.jd.com)，了解其经营特色和业务流程，体验网上购物。

(3) 浏览阿里巴巴网站(http://china.alibaba.com)，了解其经营特色和业务流程。

以这三个网站为例，说出三种电子商务交易模式(CtoC\BtoC\BtoB)的区别和相互联系。

2. 主流的电子商务模式有哪些？请列举相关代表性网站。

3. 简述 B2C 电子商务中消费者购物的基本流程。

4. 简述共享经济模式的特点。

5. 简述旅行网站、外卖网站的收益模式。

6. 当前正面临第三次电子商务革命，对于电子商务模式的创新你是如何理解的？

7. 试分析共享单车的运营策略。

扩展练习　案例分析见右侧二维码。

第四章 网络营销

【学习目标】

● 了解网络营销的产生和发展，熟练掌握网络营销的含义与特点，理解基于互联网的网络营销与传统营销的联系与区别。

● 了解网络营销战略的意义，掌握制定网络营销战略规划的原则与方法。

● 理解网络营销的主要实施策略，熟练应用具体策略进行网络营销策划。

● 熟练掌握组建企业网络营销站点的方法，能针对不同企业开展营销网站策划。

【案例 4-1】

亚马逊公司的营销策略

现如今是网络时代，电子商务冲击了实体店，形成了强大的竞争，美国的亚马逊公司就是一家走在时代前列的电子商务公司，已成为全球商品品种最多的网上零售商和全球第二大互联网企业。

亚马逊成立于 1995 年，一开始只经营网络的书籍销售业务，现在扩及了范围相当广的其他产品，在公司名下，包括 AlexaInternet、A9、Lab126 和互联网电影数据库(Internet Movie Database，IMDB)等子公司。

亚马逊及其他销售商为客户提供数百万种独特的全新、翻新及二手商品，如图书、影视、音乐和游戏、数码下载、电子和电脑、家居园艺用品、玩具、婴幼儿用品、食品、服饰、鞋类和珠宝、健康和个人护理用品、体育及户外用品、汽车及工业产品等。

亚马逊的营销活动在其网页中体现得最为充分。亚马逊在营销方面的投资也令人瞩目：亚马逊每收入 1 美元就要拿出 24 美分投入到营销中，而传统的零售商店则仅花 4 美分就够了。

亚马逊致力于成为全球最"以客户为中心"的公司。目前已成为全球商品种类最多的网上零售商。它采用了折扣价格策略，即企业为了刺激消费者增加购买，在商品原价格的基础上给予一定的回扣。它通过扩大销量来弥补折扣费用和增加利润。亚马逊对大多数商品都给予了相当数量的回扣。

在亚马逊的网页中，除了人员推销外，其余的促销形式——广告、公共关系和营业推广部分都有体现。

亚马逊经常会免去一些客户的运费，尤其是客户在大学校园或是达到一定金额的订单。

亚马逊中国有自己的配送中心，支持的付款方式多样，购买商品满 99 元即可享受免费配送服务。

此外，亚马逊在节流的同时也积极寻找新的利润增长点，比如为其他商户在网上出售新旧商品和与众多商家合作，向亚马逊的客户出售这些商家的品牌产品，从中收取佣金。使亚马逊的客户可以一站式地购买众多商家的品牌、商品以及原有的书籍、音像制品和其他产品，既向客户提供了更多的商品，又以其多样化选择和商品信息吸引众多消费者前来购物，同时自己又不增加额外的库存风险，可谓一举多得。这些有效的开源节流措施是亚马逊低价促销成功的重要保证。

(资料来源：http://www.todayonhistory.com/lishi/201603/34062.html)

第一节 传统营销与网络营销

【案例4-2】

购物狂欢节：2018"双十一"天猫成交额高达2135亿元

截至2018年11月11日24点整，天猫"双十一"全球购物狂欢节经过一天的狂欢，终于落下帷幕，数据显示在活动当天，天猫成交额高达2135亿元(约307亿美元)。除了成交额，2018年天猫"双十一"物流订单于23点18分09秒突破10亿件。10亿件的物流量相当于中国2006年全年的快递业务量，也相当于美国20天的包裹量、英国4个月的包裹量。

"双十一"俨然已经成为风靡世界的购物狂欢节。在美国纽约的一家鞋店里，早早挂上了这样一幅中文对联，上联是"买买买"，下联是"卖卖卖"，横批则是"双十一快乐"；在撒哈拉沙漠以西400千米的加那利群岛，"双十一"也已成为当地居民期盼的购物节日……

事实上，在往年的"双十一"，全世界人民都加入了一场全球协同的购物狂欢节，从东南亚到西欧，再从日本到美国，快递包裹随着订单的生成将流向世界的每一个角落。在阿里巴巴菜鸟物流的协同下，全球顶尖的物流巨头都开始参与其中，全球包邮和全球72小时必达正在越来越多的地区实现。阿里巴巴等联合发布的报告显示，消费群体的年轻化和不同线级城市用户的深度参与，成为新消费时代的重要趋势。数据表明，2017年参与天猫"双十一"的"95后"消费者占比已经接近20%，从不同年龄段和单价同比增速来看，"95后"在所有消费群体中增速最快。这些生长于互联网时代的年轻消费者，更倾向于个性化、多元化的购物体验。

(资料来源：http://business.sohu.com)

互联网已经成为我们生活中不可缺少的一部分，很多企业都将它作为通往世界、融入全球化经济的桥梁，更多的企业则将它作为市场营销的强力工具，因此"网络营销"受到了前所未有的追捧。在它成长的短短十几年中，发展速度之快，手段翻新之多，让人目不暇接，营销功能正在不断地自动化、一体化。网络营销为企业发展的效率和效益带来了重大的改善，这对市场营销的理论、观念和实践提出了新的考验。

一、网络营销概述

(一)网络营销的产生与发展

20世纪90年代初，飞速发展的国际互联网(Internet)促使网络技术应用的指数增长，全球范围内掀起应用互联网热，世界各大公司纷纷上网提供信息服务和拓展业务范围，积极改组企业内部结构和发展新的管理营销方法，抢搭这班世纪之车。21 世纪是信息时代，科技、经济和社会的发展正在迎接这个时代的到来。随着计算机网络的发展，信息社会的内涵有了进一步的改变，并称为信息网络年代。在信息网络年代，网络技术的发展和应用改变了信息的分配和接收方式，改变了人们生活、工作、学习、合作和交流的环境，企业也必须积极利用新技术变革企业经营理念、经营组织、经营方式和经营方法，搭上技术发展的快速便车，促使企业飞速发展。网络营销是适应网络技术发展与信息网络年代社会变革的新生事物，必将成为跨世纪的营销策略。

随着互联网作为信息沟通渠道的商业使用，互联网商用潜力被挖掘出来，显现出巨大的威力和发展前景。电子商务的广泛应用降低了企业经营、管理和商务活动的成本，促进了资金、技术、产品、服务和人员在全球范围的流动，推动了经济全球化的发展。目前，电子商务的应用已经成为决定企业国际竞争力的重要因素，美国亚马逊、eBay 以及中国的阿里巴巴等公司的成功说明电子商务正在引领世界服务业的发展，并影响着未来的商业发展模式。据电子商务研究中心监测数据显示，2018 年上半年国内电子商务零售市场规模达4.08 万亿元，同比增长 30.1%。交易规模达 40810 亿元，占到社会消费品零售总额的 22.7%。

1993 年，基于互联网的搜索引擎诞生，标志着利用搜索引擎进行营销活动的基础已经建立。1994 年 4 月，美国两个律师制造垃圾邮件，引起了广泛关注和思考；同年网络广告第一次出现。1995 年随着亚马逊的成立，网络销售正式出现在大众面前。

1997 年以前，我国的网络营销还处于一个概念和方法不明确的阶段，很多企业对于上网一无所知，更谈不上进行网络营销。1997—2000 年，网络广告和 E-mail 营销在中国诞生，网络服务如域名注册和搜索引擎不断涌现，到 2000 年年底，多种形式的网络营销开始被应用。进入 21 世纪以来，国内网络营销服务市场初步形成，企业网站建设发展迅速，网络广告形式和应用不断发展，搜索引擎营销向深层次发展，网上销售环境日趋完善。网络营销的发展是伴随信息技术的发展而发展的，目前信息技术的发展，特别是通信技术的发展，促使互联网络形成一个辐射面更广、交互性更强的新型媒体，它不再局限于传统的广播电视等媒体的单向性传播，而且还可以与媒体的接受者进行实时的交互式沟通和联系。网络营销的效益是使用网络人数的平方，随着入网用户的指数倍数增加，网络的效益也随之以更大的指数倍数增加。根据中国互联网络信息中心(CNNIC)近期发布的第 43 次《中国互联网络发展状况统计报告》，截至 2018 年 12 月，我国网民规模为 8.29 亿，全年新增网民 5653万，互联网普及率达 59.6%，较 2017 年年底提升 3.8 个百分点(如图 4-1 所示)。2018 年，网络覆盖范围逐步扩大，入网门槛进一步降低。一方面，"网络覆盖工程"加速实施，更多的居民用得上互联网。截至 2018 年第三季度末，全国行政村通光纤比例达到 96%，贫困村通宽带比例超过 94%，已提前实现"宽带网络覆盖 90%以上贫困村"的发展目标，更多的居民用网需求得到保障；另一方面，互联网"提速降费"工作取得实质性进展，更多的居民用得起互联网。国内电信运营商落实相关要求，自 2018 年 7 月起，移动互联网跨省"漫游"成为历史，运营商移动流量平均单价降幅均超过 55%，居民信息交流效率得到提升。数据显示，我国的网上市场将步入良性循环轨道，成为一个新兴的、有魅力的、潜力巨大的市场。因此，如何在如此潜力巨大的市场上开展网络营销、占领新兴市场，对企业来说既是机遇又是挑战。

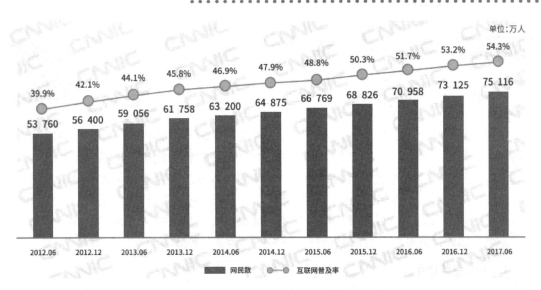

图 4-1　截至 2017 年 6 月中国网民规模与普及率

(资料来源：第 40 次《中国互联网络发展状况统计报告》)

(二)网络营销的定义

很多专家学者在谈论网络营销时给出了他们的定义。网络营销在国外有许多翻译，如 Cyber Marketing、Internet Marketing、Network Marketing、E-marketing 等。不同的单词词组有着不同的含义，比较典型的如下。

网络营销就是网络+营销，即网络营销是利用互联网的功能从事营销活动的全新的革命性的营销模式。

网络营销是企业整体营销战略的一个组成部分，是为实现企业总体经营目标所进行的、以互联网为基本手段营造网上经营环境的各种活动。所谓网上经营环境，是指企业内部和外部与开展网上经营活动相关的环境，包括网站本身、顾客、网络服务商、合作伙伴、供应商、销售商、相关行业的网络环境等。

网络营销是借助互联网完成一系列营销环节以达到营销目标的过程。

由此可知，从狭义来讲，网络营销(E-marketing)是指以互联网为媒体从事的营销活动，强调互联网在整合营销中的商业价值；从广义来看，网络营销是市场营销的一种新的营销方式，它是企业整体营销战略的一个组成部分，是为实现企业总体经营目标所进行的，利用以互联网为主要代表的信息通信技术手段在产品服务等系统从事营销活动的总称。其中 Cyber Marketing 强调网络营销在虚拟的计算机空间中运行；Internet Marketing 是指在 Internet 上开展的营销活动；Network Marketing 是指在网络上进行的营销活动，除互联网外还包括 Intranet、Van 等；E-marketing 强调电子化、信息化、网络化，与 E-commerce、E-market 相对应。

小资料： 网络营销是企业整体营销战略的一个组成部分，是建立在互联网基础之上，借助于互联网特性来实现一定营销目标的一种营销活动。网络营销既包括网上直接面向消费者的营销，也包括各企业利用现代信息技术开展的营销活动。

对网络营销定义的理解见右侧二维码。

二、网络营销的特点

随着互联网技术发展的成熟以及联网成本的降低，网络营销作为一种新的营销理念和策略，与传统营销相比有着许多与生俱来的、具有传统营销方式可望而不可即的优势，并对企业的传统经营方式形成了巨大的冲击。互联网很容易地将企业、团体、组织以及个人跨时空连接在一起，使得他们之间信息的交换变得"唾手可得"。市场营销中最重要、最本质的是组织和个人之间进行信息传播和交换。如果没有信息交换，那么交易也就是无本之源。正因为如此，互联网具有的某些特性使得网络营销呈现出以下一些特点。

1. 跨时空营销手段

由于互联网具有超越时间约束和空间限制进行信息交换的特性，因此使得脱离时空限制达成交易成为可能。消费者通过互联网络能够跨越时间和空间限制进行信息交换，企业能在更多的时间和更大的空间中进行营销，每周 7 天、每天 24 小时全天候地提供全球性的营销服务，以达到提升效率、尽可能多地占有市场份额的目的。

2. 定制个性化营销

网络营销的最大特点在于以消费者为主导。消费者将拥有比过去更大的选择自由，他们可根据自己的个性特点和需求在全球范围内找寻满意的商品，而不受地域限制。通过进入感兴趣的企业网站或虚拟商店，消费者可获取产品的相关信息，使购物更显个性。企业通过收集消费者信息，可生产出更符合消费者个性需求的产品，以实现与消费者的一对一营销。

3. 交互式营销

通过网络平台，企业和顾客可以顺畅地进行信息互通，通过展示商品图像、商品信息资料库等服务，来实现供需互动与双向沟通。企业可以为用户提供丰富而详细的产品信息，同时搜集市场信息，提供令用户满意的商品和服务；用户也可以通过网络主动地查询自己喜欢的产品和企业的信息，将自己的信息提供给厂商。这种"零距离"互动式的直接沟通，完全改变了企业的被动式营销。通过网络，企业还可以进行产品测试与消费者满意调查等活动。互联网为产品联合设计、商品信息发布以及各项技术服务提供了最佳工具。

4. 成本低廉型营销

开展网络营销只需一台连在互联网上的服务器或租用部分网络服务器空间即可，省去了传统店面昂贵的租金和营业人员的费用。企业还可以凭借互联网的优势，大大降低促销和流通费用，使成本和价格的降低成为可能，消费者由此得到实惠。消费者还可绕开中间环节，能以更低的价格实现购买。低成本的竞争成了网络营销企业最有利的竞争战略。

5. 多媒体营销

随着 Web 2.0 等各种网络技术的应用，营销可以传输多种媒体的信息，如文字、声音、

图像等，使得为达成交易进行的信息交换能以多种形式存在和交换，可以充分发挥营销人员的创造性和能动性。

6. 成长型营销

网络使用者大部分是年轻的中产阶级，且受过高等教育，由于这部分群体购买力强而且具有很强的市场影响力，因此是一项极具开发潜力的市场渠道。我国网上购物近年来快速增长，也说明网络营销有很好的成长性。

7. 整合性营销

互联网上的营销可由商品信息传递、收款、售后服务一气呵成，因此也是一种全程的营销渠道。企业可以借助互联网将不同的传播营销活动进行统一设计规划和协调实施，以统一的传播资讯向消费者传达信息，避免不同传播中不一致性产生的消极影响。

8. 技术性营销

网络营销是建立在高技术作为支撑的互联网基础上的，企业实施网络营销必须有一定的技术投入和技术支持，以改变传统的组织形态，提升信息管理部门的功能，引进懂营销与计算机技术的复合型人才，这样未来才能具备市场竞争优势。

网络营销并不是完全取代传统营销。事实上，网络营销与传统营销是一个整合的过程，两者将互相影响、互相补缺和互相促进，直至最后实现相互融合的内在统一。

扩展阅读2 网络营销与传统营销的比较见右侧二维码。

小资料： 网络营销竞争的游戏规则是"快鱼吃慢鱼"，"只有第一，没有第二"。

第二节　网络营销战略与实施

【案例4-3】

盘点电影《致青春》的营销方式

电影尚未公映前，赵薇及主创、主演等一众明星及其亲朋好友如黄晓明等高调地在社交网络上互动，在把所有阵容亮点呈现出来的同时，客观上也让微博用户产生"被包围、转发即参与"的感觉，营销传播方式的结果是对电影先入为主的初步认知。

该电影的营销方式主要包括以下几方面。

明星效应——王菲献唱主题曲，为电影迅速预热；赵薇借助好友黄晓明制造话题，呼应"青春"主题。

粉丝效应——《致青春》借助明星做宣传取得的成功是其他新导演不可复制的，"这些明星拥有很多粉丝，他们在微博上与赵薇的互动，对电影带来的宣传力度无法估量。"

共鸣反应——电影上映后掀起的怀旧风也助票房的"大火"烧得更旺，一时间怀念青春成了网络热门话题。看《致青春》，感觉那个时代、那一段记忆扑面而来，每个人的青春，每个人在青春的位置，似乎都能找到影子。

网络营销战略是公司为了适应迅速变化的竞争环境，寻找长期稳定增长发展的网络营销途径，并且为了实现这一途径而优化企业组织、资源，制定的总体性和长期性的网络营销谋划和方略。作为信息技术的产物，网络具有很强的竞争优势。但并不是每个公司都能顺利地开展网络营销，公司实施网络营销必须考虑到公司的目标市场、顾客关系、企业业务需求和技术支持等各个方面。企业必须确立正确合适的营销战略，提供高效、有价值的产品和服务，扩大营销规模，提升营销层次，才能实现企业的经营目标。

一、网络营销战略

互联网作为普及型大众应用的信息技术，其发展非常迅猛，而网络营销首先要考虑公司的业务需要和技术力量是否能够跟得上互联网的发展，比如公司的长远目标、规模、目标消费群的分布、数量和购买频率、产品或服务的种类、周期、价格、行业地位、公司是否有长远的技术投资，以及技术发展状况和应用情况等。

扩展阅读 3　企业网络营销战略的作用见右侧二维码。

(一)网络营销的战略观念

网络营销区别于传统营销的根本原因是网络本身的特性和网络顾客需要的个性化。因此，网络营销必须以新的营销观念为指导，在传统营销战略观念的基础上，从网络特征和消费者需求变化的角度实现战略观念的创新。当然，网络营销战略观念不是对传统营销战略观念的否定，而是在现代市场营销理论范畴内的进一步深化和发展。在网络营销环境下，企业必须树立网络整合营销观念和"软营销"观念。

1. 网络整合营销观念

由于消费者个性化需求的满足，使其对企业产品、服务产生良好的印象和偏好，当其再次需要这种产品或服务时，首先选择这个企业并提出新的要求和意见。随着企业与顾客的反复交互，一方面顾客的个性化需求不断得到更好的满足，企业不仅可巩固老顾客，而且会吸引更多的新顾客；另一方面，企业对差异性很强的个性和潜在需求的满足，会使其他企业的进入壁垒变得很高，从而与更多的顾客形成"一对一"的牢不可破的紧密关系。网络营销与传统营销相比，以顾客为出发点的观念更具体化，使市场细分更深入，企业满足顾客需求的目标更明确，营销手段更有针对性。可见，网络的功能使企业与顾客的交互沟通贯穿于企业营销活动的全过程。网络整合营销使企业的营销决策和营销过程形成一个双向的链。

2. 软营销观念

"软营销"是指在网络环境下，企业向顾客传送的信息及采用的促销手段更具理性化，更易被顾客接受，进而实现信息共享与营销整合。网络时代的"软营销"观念是相对于工业化大规模生产时代的"硬营销"而言的。传统营销观念中普遍存在的强势营销手段：一是通过广告轰炸，强行把产品信息传递给消费者；二是推销人员轮番登门拜访。这种手段不考虑对方需不需要该类信息，更不事先征得对方的允许或请求。这种直接服务于商业目的的强行推销行为在网上会引起网民的极大反感。试想，在网络环境下假如没有良好的控制机制，造成信息泛滥，当你打开 E-mail 信箱时就是一堆垃圾广告，打开一个网页全部是不需要的广告信息，你会有什么感觉？你还有兴趣上网吗？

网络发展的基础是信息共享、降低信息交流的成本，以及网络访问者的主动参与，这就决定了在网上提供信息必须遵循网络礼仪。网络礼仪是网上一切行为的准则，以体现网络社区作为一个具有社会、文化、经济三重性质的团体是按照一定的行为规则组织起来的，网络营销也不例外。互联网上有专门的站点提供这种主题的网络礼仪知识，对营销人员来说，第一条网络礼仪就是"不请自到的信息不受欢迎"。同时，互联网上还有专门列举违反礼仪的广告商黑名单的地址，会列出有关企业的名称及所犯错误，是网络营销人员学习网络礼仪的反面教材。

可见，"软营销"观念的特征主要体现在遵循网络礼仪的同时，通过对网络礼仪的巧妙运用留住顾客，并建立其对企业及产品的忠诚意识，从而获得最佳的营销效果。

(二)网络营销战略的重点

通过网络营销，企业可以扩大视野，重新界定市场范围，缩短与消费者的距离，改变市场竞争形态。因此，企业网络营销战略的重点也相应体现在以下几个方面。

1. 顾客关系再造

在网络环境下，企业规模的大小、资金的实力从某种意义上已不再是企业成功的关键要素，企业都站在同一条起跑线上，通过网页向世界展示自己的产品。消费者较之以往也有了更多的主动性，面对着数以百万计的网址有了更广泛的选择。为此，网络营销能否成功的关键是如何跨越地域、文化、时空差距，再造顾客关系，发掘网络顾客、吸引顾客、留住顾客、了解顾客的愿望并利用个人互动服务与顾客维持关系，以及企业如何建立自己的顾客网络，如何巩固自己的顾客网络。

(1) 提供免费服务。提供免费信息服务是吸引顾客最直接与最有效的手段。在美国的一家名为 Interactive ypenNet SA 的日商企业，自 1996 年年底开始，在旧金山市提供免费的互联网络连线服务，用户只要负担开户费 29.95 美元，填写一份有关个人性别、学历、爱好与上网目的等的个人资料，即可拥有免费的网络连线账号。

(2) 组建网络俱乐部。网络俱乐部是以专业爱好和专门兴趣为主题的网络用户中心，对某一问题感兴趣的网络用户可以随时交流信息。目前，网络世界里的用户俱乐部形形色色，如车迷俱乐部、生活百科园地、流行话题交流中心、流行精品世界、手表博物馆、美食大师等。网络用户俱乐部的每个分类项目都设有讨论区，可以吸引大批兴趣爱好相同的网友"聚集一起"交流信息和意见，这有利于企业一对一地交流与沟通，同时各分类项目的信息快报也可免费向企业提供促销信息。为此，企业可以通过在网上开设或者赞助与之产品相关的网络俱乐部，把产品或企业形象渗透到对产品有兴趣的用户，并利用网络俱乐部把握市场动态、消费时尚变化趋势，及时调整产品及营销策略。

2．定制营销

细分市场的极端是发现每一个买主都有自己特有的需求和欲望，所以每一位顾客都有可能成为一个细分市场。这种极端被称为定制营销。定制营销又称"个别化营销""自我营销"或"一对一营销"。目前，个性化家电在国外已逐步趋向流行，一些发达国家从20世纪80年代末就开始逐步淘汰大批量的家电生产方式，一条生产线可以生产几十种型号的产品，以满足不同消费者的个性化需求。例如，海尔推出的定制冰箱可以根据家具的颜色或自己的品位，定制自己喜欢的外观色彩或内置设计。这种冰箱对厂家来说，就是把"我生产你购买"转变成了"你设计我生产"。虽然两者都是做冰箱，但后者却有了服务业的概念。定制冰箱对企业的要求非常高。可以想象，几百万台各不相同的冰箱都要做得丝毫不差，将是一项怎样浩繁的工程。然而，海尔从宣布要向服务业转移到推出定制冰箱，仅仅用了三四个月的时间。目前，海尔已能做到只要用户提出定制需求，一周内就可以将产品投入生产。而如今海尔冰箱生产线上的冰箱，有一半以上是按照全国各大商场的要求专门定制的。

3．建立网上营销伙伴

由于网络的自由开放性，网络时代的市场竞争是透明的，谁都能较容易地掌握同业与竞争对手的产品信息与营销行为。因此，网络营销争取顾客的关键在于如何适时获取、分析、运用来自网上的信息，如何运用网络组成合作联盟，并以网络合作伙伴所形成的资源规模创造竞争优势。建立网络联盟或网上伙伴关系，就是将企业自己的网站与他人的网站关联起来，以吸引更多的网络顾客。其主要可以采取以下措施。

(1) 结成内容共享的伙伴关系(Content-Share Partnership)。内容共享的伙伴关系能增加企业网页的可见度，能向更多的访问者展示企业的网页内容。比如，一个在网上销售自行车的企业应和在网上销售运动服装的企业结成伙伴，在他们卖出运动服装的同时，使顾客同时了解你的山地车并卖出山地车；同样，一个提供关于自行车书籍和杂志的网站也是建立内容共享伙伴关系的最好选择。

(2) 交互链接和搜索引擎(Link Exchanges Search Engine)。交互链接和网络环是应用于相关网站间来推动交易的重要形式。在相关网站间的交互链接有助于吸引在网上浏览的顾客，便于他们一个接一个地按照链接浏览下去，以提高企业网站的可见性。

(三)网络营销战略规划

网络营销作为信息技术的产物，具有很强的竞争优势。但并不是每个企业都能进行网络营销，企业实施网络营销必须考虑到企业的业务需求和技术支持两个方面。业务方面如企业的目标、企业的规模、顾客的数量和购买频率、产品的类型、产品的周期以及竞争地位等；技术方面，如企业是否支持技术投资，决策时技术发展状况和应用情况。

网络营销战略的规划要经历三个阶段。首先，确定目标优势，即实施网络营销是否可以促使市场增长，通过改进实施策略的效率来增加市场收入，同时分析是否能通过改进目前营销策略和措施，降低营销成本。其次，分析计算网络营销的成本和收益。需要注意的是，计算收益时要考虑战略性需要和未来收益。最后，综合评价网络营销战略。这主要考虑三个方面：成本应小于预期收益；能带来多大新的市场机会；企业的组织、文化和管理能否适应采取网络营销战略后的改变。

企业在确立采取网络营销战略后，要组织战略的规划和执行。网络营销不是一种简单的新营销方法，它是通过采取新技术来改造和改进目前的营销渠道和方法，涉及企业的组织、文化和管理各个方面。如果不进行有效的规划和执行，该战略可能只是一种附加的营销方法，不仅不能体现出战略的竞争优势，相反，还会增加企业的营销成本和管理复杂性。通常策略规划分为下面几个阶段。

(1) 目标规划。在确定使用该战略时，识别与之相联系的营销渠道和组织，提出改进的目标和方法。

(2) 技术规划。网络营销很重要的一点是要有强大的技术投入和支持，因此资金投入和系统购买安装，以及人员培训都应统筹安排。

(3) 组织规划。实行数据库营销后，企业的组织需进行调整，以配合该策略实施，如增加技术支持部门、数据采集处理部门，同时调整原有的推销部门等。

(4) 管理规划。组织变化后必然要求管理的变化。企业的管理必须适应网络营销的需要，如销售人员在销售产品的同时，还应记录顾客的购买情况，个人推销应严格控制，以减少费用等。

网络营销战略在规划执行后还应注意控制，以适应企业业务变化和技术发展变化。首先网络营销战略的实施是一项系统工程，应加强对规划执行情况的评估，评估是否充分发挥了该战略的竞争优势、是否有改进余地；其次是对执行规划时的问题应及时识别和加以改进；最后是对技术的评估和采用，目前的计算机技术发展迅速，成本不断降低的同时功能显著增强，如果不跟上技术发展步伐，很容易丧失网络营销的时效性和竞争优势。采取新技术可能改变原有的组织和管理规划，因此对技术进行控制也是网络营销中的一个显著特点。

网络营销有别于传统的市场营销的营销手段，它在控制成本费用、市场开拓和与顾客保持关系等方面有很大的竞争优势。但网络营销的实施不是简单的某一个技术方面、某一个网站建设的问题，还要从企业整个营销战略、营销部门管理和规划，以及营销策略制定和实施方面进行调整。

网络营销竞争的优势在于能够以最快、最准确的方式获得顾客信息，并能将产品说明、促销、顾客意见调查、广告、公共关系、顾客服务等各种营销活动整合在一起，进行一对一的沟通，不受时间和地域的限制，达到营销组合所追求的综合效益。也正是随着互联网的发展，使市场形态从有形市场转向信息化市场，使企业的目标市场、顾客关系、企业组织、竞争形态及营销手段等发生了改变。企业既面临新的挑战，也存在着无限的市场机会。企业必须确立相应的网络营销战略，提供比竞争对手更有价值、更有效率的产品和服务，扩大市场营销规模，实现经营目标。

(四)网络营销战略的主要内容

1. 消费者调研

企业制定网络营销战略必须有可靠的市场调研结果，通过对互联网数据的收集和分析，制定出切实可行的战略。由于互联网的特性，企业有可能用到数据库分析技术、在线调研以及管理考核指标。

企业最好建立营销信息系统(Marketing Information System，MIS)来管理和分析各种相关的信息和知识，建立专门的部门来判断信息需求，收集、分析信息，并将信息传递给决策者。信息的采集包括内部资源、二手数据资料或一手市场调研数据等。一手数据的调研分为五个步骤：提出调研问题、制订调研计划、进行数据采集、进行数据分析、提供调研结果。

互联网调研和传统调研相比，更具优势。据国外统计，电话调查的拒绝率为40%～60%。2000年美国进行人口普查，但是40%的人没有回复信件。随着上网人数的增加，使用便宜并方便的在线调研更有实践意义。比如对在线用户可以进行创造性测试、客户满意度测试、产品开发测试，另外，还可以用电子邮件作为有效的补充。

用于营销决策的数据分析方法主要有四种：数据挖掘、客户建档、RFM分析(即新近购买时间、购买频度、购买数量)、报告编制。营销调研的成本往往比较高，因此营销人员会仔细地进行成本收益分析，比较获取额外商业信息的成本和潜在商业机会的收益，还必须仔细衡量和考虑根据不完整信息作出的错误决策带来的风险。目前，企业广泛使用两种考核指标：投资回报率和总体拥有成本。

2．消费者行为分析

互联网用户一般对技术都持乐观拥护的态度，比较容易接受新技术，也可以熟练使用网络。性别、年龄、种族等因素是影响使用网络技术的相关因素。在线交易的用户一般有很强的目的性，有时会关注价格，有时也讲究产品和服务提供的便捷性。另外，家庭生活周期也会影响在线活动。

网络用户参与交易时付出了货币成本、时间成本、体力成本和心理成本，浏览网页、收发电子邮件、在线下订单等形式都为交易提供了方便。消费者在网络上的主要活动大体可分为联系、娱乐、学习、交易。对于企业而言，每一种活动形式都暗藏商机。

3．细分市场与目标市场

对于有相似特征(产品或服务的使用习惯、消费量和利益)的个人或企业，我们把他们作为一个集合，这个过程就是市场细分。市场细分的结果是形成若干客户群，又称为细分市场。目标市场定位是指确定对企业最具吸引力的细分市场和确定适合的细分市场战略的过程。

市场细分的四个基本要素分别是有关产品的人口统计特征、地理位置、消费心理特征和行为特征，每个要素又可进一步划分出多个细分变量(比如，人口统计因素有年龄和性别等细分变量)。目前，网络营销人员针对一系列的人口统计因素，寄希望于一些新兴的细分市场。针对不同的细分市场应选择不同的战略。

用户心理细分因素包括个性、价值观、生活方式、态度、兴趣和观念。互联网通过信息技术的有效应用，能把有相同兴趣和任务的人聚集到网络社区进行有效的市场定位。对技术的态度是预测在线购买行为的一个重要的市场细分变量。

网络用户细分市场可进一步根据家庭上网或工作场所上网、接入速度、在线时间和具体行业的使用习惯细分。营销人员可运用大众营销(无差异营销)、多重细分市场营销、单细分市场营销和微型市场营销(个性化市场定位) 四种营销战略来获得细分市场。在有效的微型市场营销方面，互联网拥有无限的发展前景。

4．差异化与市场定位

差异化针对的是产品，而定位针对的则是顾客的想法。信息、产品和服务在网上的传播要求企业必须找出使自己的产品和服务差异化的方式，这样才能吸引到顾客并与他们建立长期的关系。很多传统的差异化策略可以运用到网络营销的策略中，包括尽早进入市场、申请产品专利、引领时尚、传播印象深刻的公司历史、向公众传递产品特异性的信息。虽然这些策略可以有效地应用到网络经营中，但是网络营销仍然需要一些传统的或独特的差异化策略，主要有网站环境、将无形变有形、建立信任、提高效率、准确定价、改善客户关系等。

不管是在线的还是离线的营销策略，都取决于顾客心目中品牌、产品或企业本身的定位。在网络时代，信息异常流畅，消费者拥有选择的权利，所以定位应当关注顾客的意愿以及个性化的需求，而不是仅仅放在产品上。不管厂商如何定位，都必须回答顾客这样的问题："这里面有什么是我需要的？"

扩展阅读 4 制定网络营销战略需考虑的其他问题见右侧二维码。

> **小资料：**网络营销首先要考虑公司的业务范围和技术力量是否能够跟得上互联网的发展，比如公司的长远目标、规模、目标消费群的分布、数量和购买频率、产品或服务的种类、周期、价格、行业地位，以及公司是否有长远技术投资、技术发展状况和应用情况等。

二、网络营销实施策略

【案例 4-4】

硅谷的社交媒体把特朗普"送上"总统宝座

"我在 Facebook、Twitter 和 Instagram 等社交媒体上有那么多粉丝，这是一种巨大的力量。我认为这种优势帮助我赢得了此次大选，他们(竞选对手)花的竞选资金远比我多，但社交媒体有着更大的威力。"——特朗普 2016 年 11 月 14 日接受 CBS 电视台采访时如是说。

2016 年的美国总统大选注定会载入互联网史册，因为这是第一次社交媒体战胜主流媒体的大选。

或许硅谷自己都没有想到，亲手把特朗普送上总统宝座的，不仅有美国中西部的农村地区选民，更有硅谷自己的一份功劳。准确地说，是硅谷创造的社交媒体，尤其是 Twitter 和 Facebook 成就了一个反潮流、反精英、毫无从政经验、言论极度不正确的特朗普总统。

网络营销的关键指标之一就是粉丝数。特朗普的 Twitter 粉丝高达 1500 万，希拉里只有 1100 万，而特朗普在共和党内的竞选对手参议员特德·克鲁兹(Ted Cruz)粉丝只有可怜的 178 万；特朗普的 Facebook 粉丝高达 1459 万，希拉里只有 940 万，而克鲁兹只有 97 万。单从这个指标来看，特朗普在党内初选轻松战胜克鲁兹完全可以理解。

社交媒体的时代，谁粉丝多，谁就拥有更多受众。何况特朗普的每条 Twitter 和 Facebook

内容转发量都在 2 万到 20 多万不等,这相当于他每条内容的曝光量至少都有几千万。市场调查公司 Cronin 在大选前的数据显示,过去一年时间,美国人在社交网站上花在特朗普相关资讯的时间总量超过了 1284 年。

在玩社交媒体的经验方面,特朗普也全面占据上风。特朗普虽然是地产大亨,但同时也是电视真人秀明星,对出风头作秀有着先天的爱好,他早在 2009 年 3 月就玩 Twitter,而希拉里直到 2013 年 4 月才玩上 Twitter。

分析特朗普的 Twitter 或者 Facebook 内容,他几乎都是用最平实的语言,说最接地气的话,这一点对他的目标受众——中西部地区和农村地区的选民尤其具有亲和力。相比之下,希拉里社交媒体的内容让人感觉是一个成熟稳重的政坛老手,可敬却不够接地气,有种高高在上的精英风范。毕竟希拉里是国务卿级别的政府高官,说话措辞相对稳重。

但特朗普就不一样,本就爱出风头的他在社交网站上几乎是嬉笑怒骂,玩得比谁都得心应手,屡有让人捧腹大笑的神来之笔。在共和党内初选的时候,他在 Twitter 发竞选对手马可·卢比奥(Marco Rubio)在辩论过程中擦汗的照片,"永远别让他们看到你这么流汗",嘲讽对手因为心虚而流汗。

除了发竞选内容外,特朗普还频繁转发对自己有利的新闻,与自己的支持者频繁互动,在希拉里丑闻爆发之后集中火力发动社交媒体攻击。此外,特朗普也善于与时俱进,频频借助短视频和直播进行传播。当《华盛顿邮报》爆出他的下流言论丑闻时,特朗普就第一时间在 Twitter 和 Facebook 发布自己的道歉短视频,这条短视频在 Facebook 上点赞 44 万次,浏览量超过 2400 万次。

(资料来源: http://tech.sina.com.cn/it/2016-11-14/doc-ifxxsmic6260957.shtml)

企业战略是指企业为了适应未来环境的变化,寻找长期生存和稳定发展的途径,并为实现这一途径优化配置企业资源、制定总体性和长远性的谋划与方略。其实质是实现外部环境、企业内部实力与企业目标三者的动态平衡。现代企业战略重点是营销战略,而在制定网络营销战略之后,重点则是如何有效地管理网络营销。

在传统市场营销策略中,企业追求的目标是利润最大化。由于技术手段和物质基础的限制,产品(Product)、价格(Price)、渠道(Place)和促销(Promotion)成为企业经营的关键性内容,以上组合被称为 4P 营销策略。这种营销策略是以产品为导向,以企业为中心来确定价格,是靠强势推销实行的,顾客被当成整个营销过程的终结,处于被动的接受地位。这在卖方市场中是可行的,但在买方市场中却是行不通的。当企业确定网络营销战略后,更多地强调整合营销沟通在市场营销中的应用,加强客户关系管理,将传统营销策略与网络营销策略相结合,开展更为科学的营销策略管理。

(一)产品策略

产品是指具有各种能够满足企业和消费者利益的一个集合体。为了追求这些利益,企业和消费者愿意用货币购买或舍弃其他价值。网络营销以研究消费者的需求和欲望为中心,不是将自己制造的产品强行推销给顾客,而是设计消费者想购买的产品。网络营销中的产品是指能提供给市场以引起人们注意、获取、使用或消费,从而满足某种欲望或需要的一切东西。网络营销要求把顾客整合到营销过程中来,从他们的需求出发开始整个营销过程。

这里所说的产品可以是有形产品，或者服务、理念、人力资源和场所等。产品为客户提供价值，由客户认可，影响客户的预期，并且可以适用不同的价格水平。将这些整合在一起，就是产品体验。

企业可以通过五种产品决策产生的不同收益来满足客户的需要。除了包装以外，其他的四个方面(即产品属性、品牌、服务、标签)都可以为实现网上交易而发生从实体到虚拟的转变。企业为在线销售制造新产品必须考虑：是使用原有品牌，还是为新产品制定新品牌；是否选择联合品牌；挑选什么样的域名。售中和售后的客户服务是价值体系中的重要组成部分。在线标签就是数字化的产品标签，它可以发挥与离线标签相同的作用。

在开发网络新产品时，网络经营者可以与客户合作设计产品，在网络上征求客户对产品的反馈信息，并使用互联网资源来寻找更多的机会。传统营销中，企业设计开发产品是以企业为起点出发的，在产品设计和开发过程中，消费者与企业基本上是分离的，顾客只是被动地接受和反应，无法直接参与产品概念的形成、设计和开发环节。而网络营销则更多地强调营销的产品策略要转为以顾客为中心，顾客提出需求，企业辅助顾客设计和开发产品，满足顾客个性化需求。因此，这种策略被称为"生产—消费的连接"(Prosumption，它是 Production 和 Consumption 的合成)。图 4-2 反映的是中国海尔公司率先在本网站中推出定制洗衣机和定制电冰箱的服务，通过消费者网上定制的方式，实现"专为你设计"的服务理念，获得了消费者的好评。

图 4-2　海尔产品定制页面

企业可以利用五种新产品开发战略(指非连续性创新、延伸现有的产品线、调整现有产品、产品重新定位以及用低价推出相同产品)，同时，要估计新产品给企业带来的收入、消耗的成本、投资回报率，为企业的决策提供依据。互联网产品可以分为软件产品、硬件产品以及服务等横向的三类，也可以按互联网内容提供商、互联网基础设施以及最终使用者分为纵向的三类。

(二)定价策略

网络营销注重分析消费者为满足其需求所愿支付的成本。传统的以成本为基础的定价在以市场为导向的营销中是必须摒弃的，新型的定价策略应以顾客能接受的成本来确定，而在互联网上很容易实现这些要求。顾客可以通过互联网提出可接受的成本，企业根据顾客的成本提供柔性的产品设计和生产方案供用户选择，直到顾客认同后再组织生产。所有这一切均是在网络服务器程序的引导下完成的，不需要专门的技术人员，所以成本也很低廉。

网络技术的发展促进了商品的规模定制，使动态定价更加普遍,特别是针对细分市场(有时是单个消费者)进行的谈判定价和差异定价。这为营销人员提供了更多的有关定价策略的选择，包括每天甚至每时每刻频繁的价格调整。另外，互联网也为提高价格透明度提供了方便，买卖双方都可在网上了解所有竞争厂商的价格。priceline 是美国著名的网络公司，网站(见图 4-3)主要的营销策略是 name your own price，让消费者根据自己的偏好，完全实现自主定价，选择购买最适合自己的机票、酒店等服务。

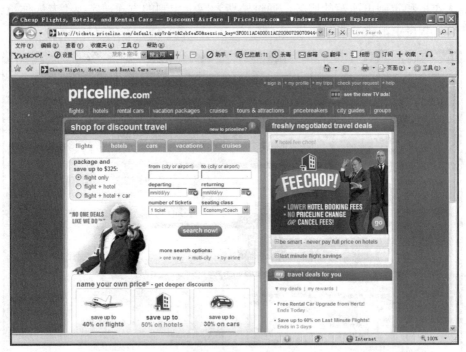

图 4-3　priceline 网站页面

从某种角度来说，消费者网上购物的成本比实体市场要高，因为有许多隐性因素，比如运费、搜索和价格比较花费的时间和精力等。但由于互联网的方便快捷、自我服务、一站购齐、功能整合、自动化等，消费者仍然认为网上购物更合算。而且，消费者能通过逆向拍卖、有效的商品信息和谈判策略等，更好地掌握主动权。

消费者能平等地获得产品、价格和运送信息的市场就是有效市场。有效市场的特征包括：价格较低，价格弹性较高，价格变化频繁，变化幅度小，价格离差较小。网络体现了

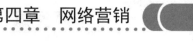

除价格离差较小之外的有效市场的其他所有特征。鉴于互联网将可能成为更有效的市场，营销人员必须将他们的商品与其他商品从根本上而不是仅从价格上区分开来，生产能带给消费者各种利益的个性化产品。在定价时要考虑消费者价值观，只有这样，才能保持对价格的控制。

(三)分销渠道

网络营销着重考虑消费者购买产品的方便性。网络营销是一对一的分销，是跨时空进行销售的，顾客可以随时随地地利用网络购买产品，企业必须妥善安排物流配送环节，确保顾客保质保量地快速收到所购买的产品。由于网络营销可以实行供应链网络管理，从而缩短从订货到加工生产再到送货的周期，提高了运营效率。

渠道中介包括批发商、零售商、经纪人、代理商等。从供货商到消费者之间的中介数量决定了分销渠道的长度。最短的分销渠道中没有中介，制造商直接与客户打交道。间接渠道则包含一个或多个中介。"去中介化"指的是消除传统的中介。消除中介从理论上说可以降低成本，但是，中介的工作需要其他成员去完成。虽然人们认为互联网能够帮助完成消除中介，同时降低商品的售价，但是网络上又形成了新的中介。

网络经营企业的物流工作一般是外包给第三方物流企业，是为了促进市场调研和支付保障。最后一英里问题就是如何将小件商品挨家挨户地递送到普通消费者或者企业客户手中，这是影响用户网上购物体验最重要的环节，需要花费大量的人力和物力。互联网有助于提高买方和卖方的权利。它还改变了电子数据交换的形式，加强了供应商和买家之间的关系。网络中介的主要商务模式是内容赞助、直接销售、信息中介和网络经纪人或代理商等。

京东在"双十一"展示的"无人仓"(见图 4-4)是对传统物流企业的颠覆，未来从商家到客户的距离将变得更短。

图 4-4　京东的"无人仓"画面

(四)整合营销沟通策略

网络营销更强调加强与消费者的沟通与交流。企业的营销决策不是从企业的自身角度出发，而是从消费者的角度进行思考，在满足消费者需求的前提下，寻求企业利润的最大化。在这种模式中，由于消费者与企业之间不断的信息交流，使得消费者的地位发生了变化，消费者不再仅仅是企业商品的购买者，而是成为企业的一种资源。在这种双向交流中，一方面消费者的需求不断得到满足，逐步建立起对企业的忠诚意识；另一方面，由于这种满足是针对差异性很强的个性化需求，就使其他企业的进入壁垒变得更高，其他生产企业即使也生产类似产品也不能同样程度地满足该顾客的个性需求，企业与该顾客的关系变得非常紧密，甚至牢不可破，从而形成"一对一"的营销关系。企业的竞争力与顾客从企业得到的产品和服务中感受到的价值和满意程度密切相关，顾客感受到的价值和满意程度越高，企业的竞争力越强。这样的营销能实现满足消费者个性化需求和利润最大化两个目标。

近年来，整合营销沟通被认为是促销的有效集合，它是一项集计划、执行和监控品牌沟通于一体的跨部门工作，目的是获得、维系和增加能为企业创造盈利的顾客。营销者使用专用的营销沟通工具(广告、促销、公共关系营销、直复营销和个人销售)来实现他们的沟通目标。执行后，他们测评效益，做出调整并评估结果。营销人员利用互联网进行营销沟通时依据 AIDA 模型或效果层次模型。按照这些模型，消费者首先知晓和了解一个新产品(思考)，培养对其积极或消极的态度(感觉)，然后购买(行动)。

因为互联网经常被拿来与传统媒体进行比较，所以营销人员需要了解互联网媒体以及其他各种媒体的特性，这样他们在购买促销版面时就能作出合适的选择。如表 4-1 所示，互联网媒体在时间、空间等多个方面都要优于其他传统媒体。电子媒体包括网络电视、广播、有线电视、互联网、传真机和移动电话等。根据这些媒体的差异(接近大众、接近小范围受众、接近个人)，人们将它们分为广泛传播、窄播和定点传播，以大众或者个体为受众。互联网经常被拿来与平面媒体进行比较，因为它的内容是文字和图形；平面媒体允许主动阅览。直邮允许选择个性化的目标，提供好的信息和灵活的时间段，测评效益很好；然而，它的缺点是形象差、成本高(虽然电子邮件成本低)。

表 4-1　传统媒体与网络媒体的特征比较

项　目	纸介媒体	电　视	互联网网站
时间	制作周期长，播报时间限制大	制作周期长，播报时间限制大	制作周期短，24 小时无间断，突破时间限制
空间	版面限制大	画面限制大	突破空间限制，自由度大
反馈空间	及时反应能力弱	及时反应能力弱	交互式服务，反馈手段便利、即时，可提供细致的追踪报告
检索能力	差	无	强
宣传形式	文字、画面	画面、声音	多媒体技术、文字、画面、声音相结合
读者群素质	一般	广泛	大专以上学历近80%
读者投入度	一般	一般	高度集中
可统计性	不强	不强	强，统计结构及时、准确
价格	中	高	低

1. 网络广告

广告是指通过各种媒体进行的个性化的信息沟通。网络广告，通俗地说就是在网络这种媒介上进行的广告活动。谈到网络广告,一定要知道一个网站,那就是美国 1993 年开始发行的平面杂志《连线》(Wired)旗下的"热线"(Hot Wired)网站。1994 年 10 月,"热线"开始在网站上招收广告以支付其开销,可以说是网络广告最早的雏形。当时在"热线"上就刊登了现在被称为"旗标广告"(Banner)的网络广告,其主要形式有两个:一是成为网站的赞助商,二是在网站上使用旗标广告。自从出现了第一则网络广告以后,随着网络的进一步普及和网络技术的不断提高,网络广告就逐渐变成了一种极为普遍的广告形式。1994年,中国获准加入互联网,3 年之后,广告主在网站发布了中国第一个商业性网络广告,传播网站是 Chinabyte.com,广告表现形式为 468×60 像素的动画旗帜广告。Intel 和 IBM 是最早在国内互联网上投放广告的广告主。Chinabyte.com 获得第一笔广告收入,IBM 为一款电脑的宣传付了 3000 美元。这是中国互联网历史的一个里程碑,在此之前,中国的互联网企业完全处于一个"烧钱"阶段。自从有了 Chinabyte.com 这个榜样,网络广告便开始成为互联网企业最直接、最有效的盈利模式,中国网络广告市场也在这一天开始发展。新浪、搜狐等一批大型门户网站的崛起代表着中国网络广告开始登上了时代的舞台。

网络广告是指运用专业的广告横幅、文本链接、多媒体方法,在互联网上刊登或发布广告。相对于传统广告形式,网络广告具有四个基本特征:网络广告需要依附于有价值的信息和服务载体;网络广告的核心思想在于引起用户关注和点击;网络广告具有强制性和用户主导性双重属性;网络广告应体现出用户、广告客户和网络媒体三者之间的互动关系。

电子邮件、无线内容赞助和网站是互联网广告的三个主要媒介。最廉价的网络广告类型是电子邮件广告。移动设备的内容赞助式广告是赞助式网络内容(图片广告和其他内容广告)的无线版本,类似于支持广播电视节目的普通商业广告。网络广告包括搜索营销(关键词广告、搜索引擎最优化)、互动图片广告(长方形广告、旗帜广告、按钮广告、弹出广告和擎天柱广告)、赞助式广告(整合了编辑的内容和广告),以及在内容下载时出现的插页式广告、超级插页式广告和屏幕插播广告等。图 4-5 所示为凤凰网首页广告形式。

图 4-5 凤凰网首页广告形式

那么如何选择和评价网络广告投放的形式与效果呢？通常在选择广告媒体和媒介时，媒体买方要考虑每千人成本或每行动成本，或者其他定价模型。媒体买方寻找符合品牌目标市场的网站和电子邮件列表，他们也使用诸如关键词广告这样的广告定位技术。营销人员可应用大量的考核指标来测评整合营销沟通活动效果，通常使用CPM、CPC等指标进行评价。CPM(Cost Per Thousand Impression，每千次印象成本)，即广告主购买1000个广告收视次数的费用或者是广告被1000人次看到所需的费用。比如一个广告 Banner 的单价是$1/CPM 的话，意味着每1000人次看到这个Banner 就收$1，依此类推，10000人次访问的主页就是$10。

2．公共关系营销

网络公共关系通常是指直接与企业营销相关的公共关系活动。随着公共关系日益成为企业尤其是市场营销不可分割的组成部分，公共关系营销也迅速成为企业公共关系的一个重要方面。公关营销的目的在于促进广大公众之间的相互了解，并激发他们的消费热情和购买欲望，最终增加企业的知名度和美誉度，从而使企业和产品的形象深入人心，获得家喻户晓、人人皆知的效果。网络公共关系营销通常是指互联网环境下的公共关系营销。公共关系营销包括与品牌相关的活动和第三方媒体的免费报道，可以正面影响目标市场。使用互联网技术的公共关系营销活动包括网站内容、博客、网络社区建设和网上讨论，促销活动包括优惠券、折扣、试用装、竞赛、奖券和奖金。优惠券、试用装、竞赛和奖券是互联网上使用最广的促销活动。网上直销涉及各种营销技术，例如定位图片广告，吸引直接回应的各种广告和促销活动，以及善意的电子邮件和短信等。

3．网络促销活动

网络促销(Cyber Sales Promotion)是指利用现代化的网络技术向虚拟市场传递有关产品和服务的信息，以启发需求、引起消费者的购买欲望和购买行为的各种活动。通常包括网上折价式促销、网上赠品式促销、网上抽奖式促销、积分式促销、网上联合式促销等形式。

网络促销突出表现为以下三个明显的特点。

第一，网络促销是通过网络技术传递产品和服务的存在、性能、功效及特征等信息的。它是建立在现代计算机与通信技术基础之上的，并且随着计算机和网络技术的不断改进而改进。

第二，网络促销是在虚拟市场上进行的。这个虚拟市场就是互联网。互联网是一个媒体，是一个连接世界各国的大网络，它在虚拟的网络社会中聚集了广泛的人口，融合了多种文化。

第三，互联网虚拟市场的出现，将所有的企业，不论是大企业还是中小企业，都推向了一个世界统一的市场。传统的区域性市场的小圈子正在被一步步打破。

(五)网络营销推广工具与方法

1．搜索引擎营销

搜索引擎营销(Search Engine Marketing，SEM)就是利用用户检索信息的机会将营销信息传递给目标用户，其目的在于推广网站，增加知名度，通过搜索引擎返回的结果来获得更好的销售或者推广渠道。搜索引擎营销追求最高的性价比，以最小的投入获得最大的来自搜索引擎的访问量，并产生商业价值。搜索营销最主要的工作是扩大搜索引擎在营销业务中的比重，通过对网站进行搜索优化，更多地挖掘企业的潜在客户，以帮助企业实现更高的转化率。搜索引擎营销的实质就是通过搜索引擎工具，向用户传递他所关注对象的营销信息。相较于其他网络营销方法，其有以下主要特点。

首先，用户主动创造了被营销的机会。以关键字广告为例，它平时在搜索引擎工具上并不存在，只有当用户输入了关键字，结束查找，才在关键字搜索结果旁边出现。虽然广告内容已定，不是用户所决定的，但给人的感觉就是用户自己创造了被营销的机会，用户主动加入了这一过程，这也是为什么搜索引擎营销比其他网络营销方法效果更好的原因。

其次，搜索引擎方法操作简单、方便。第一，登录简单。如果搜索引擎是分类目录，企业想在此搜索引擎登录，那么只需工作人员按照相应说明填写即可，无须专业技术人员或营销策划人员，纯技术的全文检索则不存在登录的问题。第二，计费简单。以关键字广告为例，它采用的计费方式是 CPC(Cost-per Click)，区别于传统广告形式，它根据点击的次数来收费，价格便宜，并可以设定最高消费(防止恶意点击)。第三，分析统计简单。一旦企业和搜索引擎发生了业务联系，搜索引擎便向企业提供一个统计工具，企业可方便地知道每天的点击量、点击率，这样有利于企业分析营销效果，优化营销方式。

2．网络社区营销

网络社区营销是早期网络营销的手段之一，是指把有共同兴趣的访问者集中到一个虚拟空间，相互沟通并借助口碑的力量来达到大规模商品营销的效果。网络社区营销的主要作用表现在：有助于了解客户对产品或服务的意见或观点，并有利于客户对企业网站的重复访问，增加客户黏性；可以作为一种实时客户服务工具，方便地在线回答客户问题或就热点问题进行在线调查，这对稳定老客户和挖掘潜在客户非常有利；通过建立社区间或社区与网站间的合作，获得免费宣传的机会，扩大企业产品和服务的传播范围。

3．病毒性营销

病毒性营销(Viral Marketing)是指利用用户口碑传播原理(用户间的主动信息传播)进行网站、品牌推广，这种"口碑传播"可以像病毒一样迅速延伸。病毒性营销具有有吸引力的病原体(如"流氓兔")、几何倍数的传播速度、高效率的接收、更新速度快等特点。在美国，许多传统企业已经意识到病毒营销的影响力，并将之与传统营销模式结合，有的企业甚至将病毒性营销作为产品推广和品牌建设的核心策略。其实，病毒性营销的实质就是利用他人的传播渠道或行为，自愿将有价值的信息向更大范围传播，像那些认为只要在邮件的底部写上"请访问我们的网站"或"请将此邮件转发给你的同事和朋友"之类的语言就是病毒性营销的认识是错误的。大型公司可以通过提供各种免费资源来实现其病毒性传播的目的，但其中很多病毒性营销方法对于小型网站并不适用，如免费邮箱、即时通信服务等。

4．口碑营销

随着中小企业对网络营销的重视，中小企业逐渐关注起企业在互联网上的口碑。因为企业产品在网民眼中是好是差，会影响到那些企业产品的潜在客户。网民的参与和口碑是中小企业做网络品牌的重要因素。口碑(Word of Mouth)营销就是指以满足客户需求、赢得客户满意和客户忠诚、获得正向口碑、与客户建立起良好的关系以及提高企业和品牌形象等为目标的营销方式。中小企业可通过网络社区、博客、SNS 等平台在互联网上经营自身产品的口碑，关注网民对企业产品的口碑，同时可积极利用社会化媒体平台来推广新产品。口碑营销因具有以下优点被广泛使用。

第一，可信性非常高。口碑传播大都发生在朋友、亲友、同事、同学等关系较为亲近或密切的群体之间，在口碑传播之前，他们之间已经建立了一种特殊的关系和友谊，相对于纯粹的广告、促销、公关等，可信度要高很多。

第二，传播成本低。口碑营销无疑是当今世界最廉价的信息传播工具，基本上只需要企业的智力支持，不需要其他更多的广告宣传费用。企业与其不惜巨资投入广告，开展促销活动、公关活动来吸引消费者的目光以产生"眼球经济"效应，不如通过口碑这样廉价而简单奏效的方式来达到这个目的。

第三，具有团队性。不同的消费群体之间有不同的话题与关注焦点，因此各个消费群体构成了一个个攻之不破的小阵营，甚至是某类目标市场。他们有相近的消费取向，相似的品牌偏好，只要影响了其中的一个或者几个，在这个沟通手段与途径无限多样化的时代，信息马上会以几何级数的增长速度传播开来。

5．博客营销

博客是一个新型的个人互联网出版工具，是网站应用的一种新方式，它为每一个用户提供了一个信息发布、交流的传播平台。博客使用者可以很方便地用文字、链接、影音、图片建立起自己个性化的网络空间。有价值的博客内容会吸引大量潜在用户浏览，从而达到向潜在用户传递营销信息的目的。博客营销的概念目前并没有严格的定义，简单地说就是利用博客这种网络应用形式展开网络营销，如戴尔公司的企业博客。近年来，微博正在不断兴起，例如 Twitter、新浪微博等成为社交性网络新型沟通工具，并逐步应用于企业的商业营销中。

6．许可 E-mail 营销

许可 E-mail 营销是指在用户事先许可的前提下，通过电子邮件的方式向目标客户传递有价值信息的一种网络营销手段。它有三个基本因素：用户许可；以电子邮件为信息载体；邮件内容对客户是有价值的(即能够满足客户需求)。许可 E-mail 营销是网络营销方法体系中相对独立的一种，既可以与其他网络营销方法相结合，也可以独立应用。采用许可 E-mail 营销形式可以减少广告对客户的滋扰，增加潜在客户定位的准确度，增强与客户的关系，提高品牌忠诚度等。

三、企业网络营销站点的建设

【案例 4-5】

戴尔公司网站功能的发展演变

创立于 1984 年的戴尔计算机公司，首创了具有革命性的"直线订购模式"。直线订购模式使戴尔公司能够提供最佳价值的技术方案，与大型跨国企业、政府部门、教育机构、中小型企业以及个人消费者建立直接联系。在美国，戴尔已经成为占这些领域市场份额第一的个人计算机供应商。戴尔在1994年就建立了自己的企业网站www.dell.com，并在1996年加入电子商务功能，网站开通第一年在线销售额就达到100万美元。该网站覆盖全球86个国家的站点，提供28种语言或方言、29种不同的货币报价，目前每季度有超过10亿人次浏览，互联网成为戴尔最主要的销售渠道。

根据戴尔公司网站上的介绍，戴尔公司认识到互联网的重要作用贯穿于整个业务之中，包括获取信息、客户支持和客户关系的管理。在http://www.dell.com网站上，用户可以对戴尔公司的全系列产品进行评比、配置，并获知相应的报价。用户也可以在线订购，并且随时检测产品制造及送货过程。在valuechain.dell.com网站上，戴尔公司和供应商共享包括产品质量和库存清单在内的一整套信息。戴尔公司利用互联网将其业内领先的服务带给广大客户。例如，全球数十万个商业和机构客户通过戴尔公司先进的网站与戴尔公司进行商务往来。

可见，戴尔公司的网站也是从最初的信息发布功能，到1996年实现在线销售功能，逐步发展到目前网站覆盖公司整个业务流程。许多公司的电子商务发展进程都将经历类似戴尔公司网站的演变历程。

（资料来源：戴尔公司网站中国站点，http://www.dell.com.cn）

互联网的出现为企业提供了全新的营销平台，企业可以建立自己和顾客直接沟通的通道。传统营销中，企业营销活动对外部中介的依赖性相当大，企业很少能和自己的顾客直接沟通和交易。而网站是互联网提供的一种全新的营销工具，所以全球几乎所有大型企业和机构都建立了自己的网站，以期吸引尽可能多的人访问，满足用户各种需求和实现自身的利益。如何建立网站，让人们从浩如烟海的站点中访问、浏览你的站点，甚至为你宣传？如何利用自己或别人的网站服务于企业营销？这些问题都变得非常重要。

(一)企业网站的营销功能

企业网站是企业展示自己的窗口，不仅代表着企业的网络品牌形象，同时也是开展网络营销的根据地，因而网站建设的水平对网络营销的效果有直接影响。要建设一个真正有用的网站，首先应该对企业网站可以实现的功能有一个全面的认识。建设一个企业网站，要让网站真正发挥作用，让网站成为有效的网络营销工具和网上销售渠道。网站的营销功能主要表现在八个方面：品牌形象、产品及服务展示、信息发布、顾客服务、顾客关系、网上调查、网上联盟、网上销售。

1. 品牌形象

网站的形象代表着企业的品牌形象，要想通过网络了解一个企业，最主要的方式就是访问该公司的网站。网站建设得专业化与否直接影响着企业的网络品牌形象，同时也对网站的其他功能产生直接影响。

2. 产品及服务展示

顾客访问网站的主要目的是对公司的产品和服务进行了解，企业网站的主要价值也就在于灵活地向用户展示产品说明及图片甚至多媒体信息。即使是一个功能简单的网站,至少也相当于一本产品说明书。

3. 信息发布

网站作为一个信息载体,在法律许可的范围内,可以发布一切有利于企业形象、顾客服务以及促进销售的企业新闻、产品信息、各种促销信息、招标信息、合作信息、人员招聘信息等。因此,拥有一个网站就相当于拥有一个强有力的宣传工具。

4. 顾客服务

通过网站可以为顾客提供各种在线服务和帮助信息,设置常见问题解答板块,客服人员可以通过填写寻求帮助的表单、通过聊天实时回答顾客的咨询。

5. 顾客关系

通过网络社区等方式吸引顾客参与,不仅可以开展顾客服务,同时也有助于增进与顾客的关系。

6. 网上调查

网站上的在线调查表,可以帮助企业获得用户的反馈信息。通过开展产品调查、消费者行为调查、品牌形象调查等活动可获得第一手市场资料。

7. 网上联盟

为了获得更好的网络推广效果,需要与供应商、经销商、客户网站以及其他内容互补或者相关的企业建立合作关系,没有网站,交换链接等合作就无从谈起。

8. 网上销售

建立网站及开展网络营销活动的目的之一是增加销售额,一个功能完善的网站本身就可以完成订单确认、在线支付等电子商务功能,即网站本身就是一个销售渠道。

(二)企业网站的建设步骤

夏新公司是一家以生产手机为主的大型企业,公司很早就制定了网络营销战略,在建设企业网站的过程中,依照企业网络营销战略的要求,结合企业、产品、促销的各个环节,科学合理地设置网站结构,美化网页内容。下面以夏新网站为例,介绍如何建设企业网站。

1. 确定主题

一个网站必须拥有一个明确的主题。网站主题就是网站所包含的核心内容,尤其是商务网站,必须确定十分明确而鲜明的主题。因为商务网站规模小,因而不需要像综合网站那样包罗万象,只要主题明确、内容集中、信息量丰富,逐步地根据企业的产品进行扩展,做出特色,就可以给用户留下深刻的印象。图4-6所示为夏新企业网站主页示例,占据网页主要内容的就是企业推出的最新产品,主题非常明确。

图 4-6 夏新企业网站主页

2. 选定 Web 服务器

选定 Web 服务器的方法主要有如下几种。

(1) 服务器托管。服务器托管是指将企业的网络服务器和 Web 服务器托放在从事 ISP(Internet Service Provider)服务的公司，由 ISP 专业服务商代为进行日常运营和维护管理。商业网站服务器维护时，可以通过远程管理软件进行。其服务器可以租用 ISP 公司提供的服务器，也可以自行购买。采取这种方式托管的服务器，企业可以节省租用网络专线所需的昂贵费用。

夏新公司在 2000 年以前，还是将企业主页放在自己公司的邮件服务器上，当时访问量较少，网站页面也很简单，就只有企业介绍和有限的几个产品介绍。随着互联网的发展，企业制定了自己的网络营销战略后，越来越感到企业主页和邮件服务器在一起不能满足发展需要，尤其是做了几次大型的网络活动之后，经常因为带宽问题，很多用户访问不了网站。因此，公司决定采取服务器托管的方式，将夏新网站托放在 35 互联公司，通过指定人员进行维护，网站访问质量得到了很大提升。

(2) 虚拟主机服务器。网络空间作为信息的提供者和信息的存放地，由于人们任何时候都可能访问企业网站，因此主机必须每时每刻都连接在 Internet 上，拥有自己永久的 IP 地址。为此必须设置专用的计算机，还得租用数据专线，再加上各种维护费用，如房租、人工、电费等，对于中小企业将是一笔不小的费用。为此，人们开发了虚拟主机技术。所谓虚拟主机技术，是使用特殊的软、硬件技术，把一台计算机主机分成多台"虚拟"的主机，每一台"虚拟"主机都具有独立的域名和 IP 地址(或共享的 IP 地址)，具有完整的 Internet 服务器功能。在同一台硬件主机、同一个操作系统上，运行着为多个用户打开的不同的服务器程序，互不干扰，而各个用户仅拥有自己的部分系统资源(IP 地址、文件存储空间、内存、CPU 等),虚拟主机之间完全独立。这样一来,多台虚拟主机共享一台真实的主机资源,每个虚拟主机用户承受的硬件费用、网络维护费、通信线路的费用就大幅度降低了,也不必为使用和维护服务器的技术问题而担心,更不必聘用专门的服务器管理人员。目前,许多企业建立网站都采用这种方法。特别是一些中小企业的网站占用空间不大,大多租用虚拟主机,这样可以减少很多费用支出。

如果企业缺乏网站运营的专门人才,最简单的方法就是委托给这些专业公司代理。类似的网络服务公司很多,服务内容和收费标准也有很大差别,因此,在选择代理服务商的时候一定要慎重。

3. 注册域名

注册域名是进入网站实体建设的重要工作。一般而言,起好域名之后就可以申请注册了。注册的方法有自己注册、委托域名服务商注册等不同方式,很多代理商都提供了在线注册服务。

夏新公司原来的英文品牌名称为 amoisonic,并同时注册了 www.amoisonic.com 国际域名和 www.amoisonic.com.cn 国内域名。后来为了拓展国际市场,公司改名为 amoi,在注册了 www.amoi.com.cn 后,去注册 www.amoi.com 时才发现该域名已经被一家英国公司注册并使用了,这家公司的英文名称缩写也是该名称,为了企业的国际化目标,公司不得不忍痛花大价钱将该域名买回。

4. 制作网页

选好域名后,就需要按照建站规划一步步地把想法变成现实。制作网页是一个复杂而细致的过程,一般是先策划、后设计,设计时要按照先大后小、先简单后复杂的原则进行。所谓先大后小,就是说在制作网页时,先把大的结构设计好,然后再逐步完善小的局部结构。所谓先简单后复杂,就是先设计出简单的内容,然后再设计复杂的内容,以便出现问题好修改。在制作网页时要灵活运用模板,这样可以提高制作效率。

如图 4-7 所示是夏新产品 A869 的产品介绍页面,整个风格和主页风格相近,重点在于介绍产品的各项功能。把该页面和主页相比较也很容易发现,用模板可以大大降低制作成本,也使得页面整体看起来美观整齐。

5. 上传测试

网页制作完毕后,要发布到 Web 服务器上,才能够让用户看到,从而开展商务活动。所谓上传,就是网页发布,即把网页放到 Web 服务器上的指定位置,并建立超链接,供外界访问。有些网页制作工具本身就带 FTP 功能,利用这些 FTP 工具,就可以很方便地把网页发布到自己申请的网页服务器上。

由于网页的影响面广,一旦发布,全世界都可以看到,这样,网页的正确性和可靠性就变得非常重要。因此,一定要认真测试。无论如何严密规划,或是制作过程如何审慎,都难免会有一些缺陷,这些缺陷可能是当初规划时没有想到的,或是进行网站建设时漏掉的。因此,新建的网站上传以后,要有一个测试阶段。

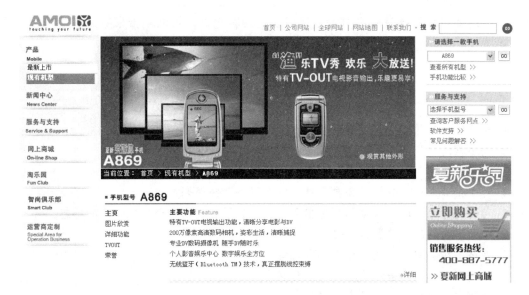

图 4-7　夏新产品页面

6．推广宣传

建好网站之后，还要不断地进行宣传和推广，这样才能让更多的人知道它、认识它、访问它，从而提高网站的访问率和知名度。网站推广的方法有很多，除采用传统的媒体外，还可以采用以下方法：到搜索引擎上登记，与别的网站交换链接，加入广告链接进行广告交换等。如图 4-8 所示是夏新推广新产品时，在新浪、网易等门户网站上的广告图标。

图 4-8　夏新网络广告

7．维护更新

网站的维护是网站建成以后一件经常的、大量的工作。网站维护分为安全维护和内容维护两方面。安全维护，就是要确保网站的安全运行，不被计算机病毒和黑客攻击所破坏；内容维护，就是要经常更新内容，增加新信息，使网站保持活力。只有不断地给网站补充新的内容，才能够持续吸引浏览者，形成稳定的客户群，给网站带来效益，给客户带来商机。

思 考 题

1. 从网络营销的产生和发展说明网络营销是企业今后营销发展的趋势。
2. 简述网络营销的基本概念和特点。
3. 与传统营销相比，网络营销有哪些优势和特点？
4. 对于企业来讲，如何结合自身特点制定网络营销规划？
5. 与传统营销相比，谈谈你对海尔集团开展的网上直销和个性化管理的感想。
6. 你所感受到的网络营销有哪些？
7. 网络营销实施策略的具体内容有哪些？
8. 互联网与其他广告媒体有何区别与联系？
9. 企业建设营销网站的基本步骤有哪些？

扩展练习 案例分析见右侧二维码。

第五章　电子支付与网上银行

【学习目标】

- 掌握电子支付的概念，理解电子支付类型和我国主流的电子支付方式。
- 认识电子支付工具的种类，理解各种电子支付工具的基本内容。
- 掌握移动支付的概念，理解移动支付的业务模式。
- 掌握第三方支付的概念，理解第三方支付平台的运营模式。
- 掌握网上银行的概念，理解网上银行的分类，认识网上银行的风险与管理。

【案例 5-1】

"支付王国" 炼成记

公开数据统计显示，2012 年，中国移动支付市场交易规模为 1511.4 亿元。尽管 2017年暂无行业统计数据公布，但截至 2016 年年底，中国移动支付业务达到 257.1 亿笔，交易规模已达到 157 万亿元人民币，4 年间增长 1000 余倍，达到了美国移动支付规模的 50 倍。该数据仍然处于动态跃升的过程中。除此以外，截至 2017 年 6 月，中国手机网上支付用户规模达到 5.11 亿，网民手机网上支付的使用比例达到 69.4%。

第三方支付机构、银联和传统银行等各方市场力量彼此角逐是行业主要的内在驱动力，带来了层出不穷的创新。

1. 支付创新百花齐放

"近五年来，包括担保交易、快捷支付、移动支付、先享后付和刷脸支付，支付宝几乎引领了支付史上所有的创新，这些创新需要技术的基础能力做支撑，我们把它总结为BA-SIC：Blockchain(区块链)、Aritificial intelligence(人工智能)、Security(安全)、IoT(物联网)和 Cloud computing(云计算)。这些 '基本款' 技术支持着支付宝的每一次创新。" 蚂蚁金服 CTO 程立接受经济观察报采访时表示。

而在上述这些创新中对市场影响最大的是二维码支付。2012 年可谓移动支付的关键年，这一年，支付宝二维码支付产品正式问世。此后，以支付宝和财付通为代表的第三方支付通过二维码支付手段火速渗透线下，以燎原之势攻城略地，历经 5 年如火如荼的发展，二维码支付已成为无卡支付的代表形态，成为线下支付的主流。易观智库发布的报告显示，支付宝、微信支付合计占市场比例已经高达 90%以上，由它们主导的二维码支付几近 "一统江湖"。

失去二维码最佳发力契机的银联，在试图重夺市场份额的道路上，也在不断尝试。

一方面，银联开始大举投入海外市场。其年报显示："截至 2016 年年末，银联受理网络延伸至 160 多个国家及地区，境外商户累计达到 1986 万户，累计发卡 6800 万张，欧洲受理网络覆盖率已经达到 50%。内卡外用市场份额进一步巩固，和旅行社的合作也由线下延伸到了线上。业务本地化进程加速。除了受理终端以外，2016 年在美国发行了首张银联信用卡，并在一带一路沿线市场加速布局。"另一方面，2015年12月，中国银联联合产业各方推出"云闪付"移动支付品牌，将IC卡非接支付、NFC移动支付和二维码支付先后纳入"云闪付"产品体系。来自银联方面的数据披露，截至2017年上半年，"云闪付卡"累计发行超过2900万张，全国支持"云闪付"终端数超过1000万台。眼下来看，尽管云闪付体系未能帮助银联完成重夺市场份额的愿景，但通过自身的清算牌照优势和不一样的技术路线，仍然是市场不可忽视的力量。

尤其值得注意的模式是银联和京东的合作模式。2017年7月，京东金融与银联北京分公司 (下称"北京银联")合作的NFC支付新品"京东闪付"正式上线，与以往第三方支付机构支付账户直连银行账户的交易模式不同的是，京东闪付在业内首次将第三方支付机构的支付账户直接纳入银联转接清算网络。

京东闪付的模式形成"一接多家银行"的形式，京东的电子钱包账户直接接入银联的清算网络，同时对所有接入银行透传交易信息，在发卡端做了一些改变，京东是作为渠道方被引入的，而资金来源还是其后绑定的银行卡。银联看重京东的引流能力，能够为"云闪付"带来更多的流量、提供更多的用户。事实上，此前，京东闪付模式也已经在帮银行做流量引入，在京东的页面上可以看到，建行、中信、光大、华夏、民生和平安等银行都在联合京东做绑卡促销活动。通过和银联的深度捆绑，京东找到了打开支付市场的正确方式。

值得一提的是，随着网联的横空出世，在网联二维码支付标准待定和其"断直连"的原则宗旨下，二维码支付的行业前景也存在一定的不确定性。然而，支付机构的创新也并未止步。

之后，支付宝刷脸支付产品开始逐步在应用层面进行推广。

"也许有人认为现在的支付方式已经足够便利，为什么还要开发刷脸支付？我们在做出这个决定的时候，除了服务当下，也想着眼于未来。"蚂蚁金服CTO程立告诉经济观察报，"大家都知道，在互联网时代，每一个里程碑式的节点，都以人机交互方式被颠覆为标志。第一次是PC在民用和商用领域的普及，第二次是智能手机在全球范围内的普及；下一次，也许我们连手机都不用了，每个人、每个物品都将被数据化，变成传感器，人与人之间、物与物之间、人与物之间都将直接相连。过去几十年，互联网是我们生活中的一部分，但未来也许用不了十年的时间，我们就会成为互联网的一部分。基于这个考量，我们在生物识别技术和'拿了就走'的物联网支付技术上不断突破，为这样的一个未来做技术准备。"

值得注意的是，在银行卡产业遭遇前所未有的冲击之时，在支付变革的破立之间，银行的态度需要在创新和审慎之间寻找平衡，既要接受和拥抱创新，又要严守风控的底线，如何做到收放自如一直是银行面临的严肃课题。

比如，针对眼下正处于应用突破前夜的刷脸支付等生物识别支付手段，中国工商银行信息科技部高级经理廖志江就曾公开表示："移动金融在使用生物特征时仍应审慎，生物特征是属于敏感的信息，如果生物特征信息丢失，危害性比密码还要严重。要制定生物特征所配套的应用规范，承担社会责任，保护用户信息安全。""无论无卡支付怎么发展，支付始终是基于卡基发生的。我们对于银行卡的未来还是有信心的。"一家股份制商业银行信用卡中心产品部负责人告诉经济观察报："银行也有自己的创新，但很大程度上也会借力。比如银行采纳银联的二维码标准，一方面是因为和银联的合作关系，另一方面也确实是认同 Token 的技术标准安全性更高；但与此同时，银行和支付宝、财付通等支付机构也有深度的密切合作，无论是线上网购还是线下场景的二维码支付，都有相当规模的卡基交易。"

经济观察报梳理发现，借力各大互联网机构，通过合作加速创新是近年来各商业银行的重要手段，如工行与京东、农行与百度、建行与蚂蚁金服、中行与腾讯等的战略合作，均是按照引入合作机构，解决引入流量、经营用户、做好"最后一百米"的思路来推动整体经营策略的转向。

2. 支付方式改变生活

支付领域创新带动的不仅仅是支付的便利，更成为普惠金融落地的基础。作为一个入口级服务，移动支付每一次创新都在潜移默化地影响着各行各业的服务体验。从大型餐饮连锁到路边的煎饼果子摊，从 Shopping Mall 到淘宝店铺，从共享单车到滴滴打车乃至公交出行，再到缴纳水电燃气费、缴纳交通违法罚款，移动支付已经全面渗透生活的每一个角落。

瞭望智库发布《2012—2017 科技创新对人民群众"获得感"贡献分析报告》，选取制造、信息、生物、新能源、新材料五大领域的科技成果，从客观数据和情感指数两方面进行调研科技创新给国人带来的"获得感"。其综合结论指出：2012—2017 年，中国人科技领域"获得感"总得分 5 年间增长了 72%，而在细分领域中，高铁、移动支付、网购、共享单车等新科技的快速普及成效尤为明显，其中移动支付以 26.91% 的比例排名第一，这从一个侧面说明，因为深度渗透和改变了人们日常的生活，移动支付对老百姓获得感认同度最高。

事实上，移动支付的发展不仅在支付方式上带来了便捷，也促进了网络购物、共享单车等领域的快速发展，支付宝、微信支付、银联等机构，都先后推出了刷手机乘公交、在线办理预约挂号等公共服务，以前需要特地跑到相关执收单位才能办的事，如今足不出户就可以轻松完成。与此同时，因为便利了小微商户的收款找零促销，减少了假币风险，移动支付甚至成为普惠金融落地的基础。

毋庸置疑的是，移动支付、远程认证、生物识别等技术也正在改变中国人的消费和生活习惯，实实在在便利了生活。

(资料来源：http://finance.ce.cn/rolling/201710/15/t20171015_26533846.shtml)

第一节 电子支付概述

一、电子支付的概念和特征

(一)电子支付的概念

电子支付是电子商务系统中非常重要的部分，同时也是电子商务中准确性、安全性要求最高的一个过程。中国人民银行制定的《电子支付指引(第一号)》第二条第一款将电子支付定义为:"电子支付是指单位、个人直接或授权他人通过电子终端发出支付指令,实现货币支付与资金转移的行为。"一般来讲,电子支付(Electronic Payment)是指电子交易的当事人,包括客户、商家和金融机构之间,使用安全电子手段,通过网络进行的货币或资金流转,即把包括电子现金(E-Cash)、电子票据(Electronic Bill)、信用卡(Credit Card)、借记卡(Debit Card)、智能卡(Smart Card)等支付手段的支付信息,通过网络安全地传送到银行或相应的处理机构来实现电子支付。

从广义上说,我国电子支付主要包括三层含义:一是电子支付工具,包括银行卡和多用途储值卡等卡类支付工具、电子票据以及在电子商务中应用较为广泛的网络虚拟货币等新型支付工具;二是电子支付基础设施或渠道,包括 ATM、POS 机、手机、电话等自助终端以及互联网金融专用网络等;三是电子支付业务处理系统,主要包括已经建成的中国人民银行现代化支付系统以及商业银行的行业内业务处理系统等。这三者有机结合,构成了整个电子支付交易形态,从而改变了支付信息和支付业务的处理方式,使支付处理方式从最初的面对面支付发展到现在的远程支付,从手工操作发展到电子化自动处理,从现金、票据等实物支付发展到各类非现金支付工具。

(二)电子支付的特征

与传统的支付方式相比,电子支付具有以下特征。

1. 数字化的支付方式

电子支付是采用先进的技术通过数字流转来完成信息传输的,其各种支付方式都是采用数字化的方式进行款项支付的;而传统的支付方式则是通过现金的流转、票据的转让及银行的汇兑等物理实体的流转来完成款项支付的。

2. 开放的系统平台

电子支付的工作环境是基于一个开放的系统平台(即互联网)之中;而传统支付则是在较为封闭的系统中运作。

3. 先进的通信手段

电子支付使用的是最先进的通信手段;而传统支付使用的则是传统的通信媒介。电子支付对软、硬件设施的要求很高,一般要求有联网的计算机、相关的软件及其他一些配套设施;而传统支付则没有这么高的要求。

4. 明显的支付优势

电子支付具有方便、快捷、高效、经济的优势。用户只要拥有一台上网的 PC,便可足不出户,在很短的时间内完成整个支付过程,而支付费用仅相当于传统支付的几十分之一,甚至几百分之一。

扩展阅读 1 电子支付的发展历程见右侧二维码。

二、电子支付类型

电子支付属于一个前沿的研究领域，相关理论研究尚未完善，关于电子支付的分类并没有严格的定义。目前比较流行的分类方法如下。

(1) 按照结算形式可以分为转账支付和代币支付。

转账支付，是指消费者先将支付相关数据信息发送给银行，银行再按照相关数据进行转账操作完成支付。其包括信用卡支付、借记卡支付和电话支付等。代币支付，是指消费者在网络中传输的数据是用特殊的数据流表示的真实货币，交易过程中不需要银行的介入。其包括储值卡等支付方式。

(2) 按照支付时间可以分为预支付、即时支付和后支付。

预支付是指消费者必须先付款才能使用产品或者服务的支付方式，如储值卡和预付费电话等。即时支付是指在商品交易的同时资金已经转入卖家账户的支付方式，即"在线支付"。后支付是指消费者先使用商品后再进行支付，类似于传统的"赊账"支付。

(3) 按照指令发送方式可以分为网上支付、电话支付、移动支付、销售点终端交易、自动柜员机交易和其他电子支付。

三、我国主流的电子支付方式

目前我国主流的电子支付方式可分为以银联卡为基础的支付体系、以第三方支付平台为支持的支付体系、以手机 NFC 技术为基础的移动支付体系。这三种支付系统各有特点，相关比较如表 5-1 所示。

表 5-1 三种支付系统的比较

支付方式	银联支付	第三方支付(以支付宝为例)	移动支付(以 Apple Pay 为例)
目标客户	银联借记卡和信用卡用户(包括个人用户和企业用户)	阿里巴巴公司旗下各网站及其他电商网站用户	iPhone 6 及以上配置手机的银联卡用户
市场覆盖区域	银联卡全球发卡超过 50 亿张，覆盖 40 多个国家，可在超过 150 个国家使用	覆盖中国市场，与国内外超过 180 家银行及国际组织建立战略合作关系，与日韩、欧美、东南亚等多个市场超过 300 家商户达成合作	在中国市场目前支持 19 家银行的借记卡和信用卡
核心竞争力	庞大的发卡量，多年的用户培养带来的使用惯性、安全性	淘宝网、阿里巴巴中国网站的庞大用户群，安全性高	苹果品牌的高用户黏性，高安全性
安全性	采用数字证书、U 盾、动态密码等安全措施	安全指数 80%，拥有实名认证、数字证书、支付盾	"令牌"技术+指纹支付，被认为是目前为止"最安全的支付方案"
盈利模式	服务费、手续费	广告费、手续费、服务费，沉淀资金的收入	手续费

(一)银联支付系统

银联支付系统是中国银联为满足消费者支付需求量身打造的基于银联卡的交易转接清算平台，也是中国首个具有金融级预授权担保交易功能、集成所有种类银联卡的综合性网上支付平台。银联支付系统的特点是以支付"国家队"银联为后盾，资本雄厚，商业布局较早且已经相对完善，有海量且相对稳定的用户群，用户认知度较高。据相关研究报告显示：截至2018年年末，全国银行卡在用发卡数量75.97亿张，同比增长13.51%。其中，借记卡在用发卡数量69.11亿张，同比增长13.20%；信用卡和借贷合一卡在用发卡数量共计6.86亿张，同比增长16.73%。借记卡在用发卡数量占银行卡在用发卡数量的90.97%，较上年末有所下降。全国人均持有银行卡5.46张，同比增长12.91%。其中，人均持有信用卡和借贷合一卡0.49张，同比增长16.11%。网联平台运行平稳，截至2018年年末，共有424家商业银行和115家支付机构接入网联平台。2018年，网联平台处理业务1284.77亿笔，金额57.91万亿元；日均处理业务3.52亿笔，金额1586.48亿元。在网上支付方面，银联支付系统起步也较早。以"网上银行"为基础的网上支付系统于1998年3月完成了第一笔网上交易。进入21世纪，随着第三方支付平台的异军突起，银联又陆续推出了旨在打通各银行的"超级网银"和快捷支付的"闪付"业务。目前银联支付系统已经发展为集线下卡基支付、线上缴费、转账、汇款、理财等金融服务于一身的完善的支付系统。网上银行的具体内容将在本章第五节中具体介绍。

(二)第三方支付平台

我国第三方支付平台的概念是阿里巴巴的马云在2005年瑞士达沃斯世界经济论坛上首先提出的。自2013年开始，第三方支付机构上线金融、航旅等领域的在线支付功能，网络支付交易规模大幅提升，2013—2016年间第三方综合支付交易规模复合增长率达到110.9%。在这一阶段，面向C端用户的第三方支付机构品牌渗透率占绝对优势地位，并顺势推出信用消费产品；其他支付机构大多针对行业内大客户提供支付解决方案，并建立个人账户体系发展自有的"电子钱包"。到2018年止，网络支付已经渗入生活中的各个环节，民生领域线上支付环节也逐步打通。现阶段，随着监管趋严，市场将进入有序发展阶段，第三方支付市场交易规模的增长速度也将初步稳定下来。

电子商务的特点决定了交易过程中的货物流和现金流是异步分离的，先收受对价的一方容易违背道德和协议，破坏等价交换原则，故先支付对价的一方往往会受制于人，往往会处于弱势的地位，承担交易风险，这也是长期以来制约电子商务发展的主要瓶颈。第三方支付平台的出现则有效地解决了这个问题。以支付宝为例，其创新地提出了"担保交易"，其交易流程为：①消费者拍下网络商品，向卖家支付资金，此时这笔资金被支付宝冻结。②支付宝将支付结果通知卖家。③卖家发货，消费者收到货物并确认支付。④支付宝将托管的货款打入卖家账户内。这就解决了交易双方互不信任的问题，在很大程度上促进了我国电子商务的繁荣发展。第三方支付的具体内容将在本章第四节中具体介绍。

(三)NFC手机支付系统

NFC(Near Field Communication)技术即近场通信技术，是飞利浦半导体公司和索尼公司于 2003 年研发的一项短距离无线连接技术。为了推动 NFC 技术的发展和普及，早在 2004 年，诺基亚、索尼和飞利浦三家公司联合创立了一个非营利性的标准组织——NFC Forum，目前包括苹果、三星、诺基亚、华为等手机制造商均是该组织的成员。基于 NFC 技术的支付系统以安全性高、支付速度快等特点成为最具发展前景的支付手段之一。2016 年 2 月 18 日，基于 NFC 技术的 Apple Pay 正式在中国大陆上线，迅速掀起了一阵用户体验的热潮，上线前两天通过 Apple Pay 绑定的银行卡数量就超过 300 万张。随着 Apple Pay 的登陆，另一手机巨头三星公司的 Samsung Pay 也于 2016 年 3 月 29 日正式登陆中国大陆。移动支付的具体内容将在本章第三节中具体介绍。

第二节　电子支付工具

扩展阅读 2　案例：支付结算疏通广东经济发展"大动脉"，见右侧二维码。

　　随着计算机技术的发展，电子支付的工具越来越多。这些支付工具可以分为三大类：电子货币类，如电子现金、电子钱包等；银行卡类，如结算卡和智能卡等；电子支票类，如电子支票、电子汇款、电子划款等。这些方式各有自己的特点和运作模式，适用于不同的交易过程。

一、电子货币支付

　　电子货币的产生和发展可以说是货币史上的第三次革命。经过近几年的快速发展，电子货币已经越来越影响人们的生活和生产消费，在人们的生活中有着举足轻重的作用。电子货币是以金融电子化网络为基础，以商用电子化机具和各类交易卡为媒介，以电子计算机技术和通信技术为手段，以电子数据(二进制数据)形式存储在银行的计算机系统中，并通过计算机网络系统以电子信息传递形式实现流通和支付功能的信用货币。

　　电子货币是电子支付工具的一种，电子货币类的支付工具主要有电子现金和电子钱包。

(一)电子现金

　　电子现金(E-Cash)，又称数字现金(Digital Cash)，是纸币现金的数字化。广义的电子现金是指那些以数字或电子的形式储存的货币，它可以直接用于电子购物。狭义的电子现金通常是指一种以数字或电子形式储存并流通的货币，它通过把用户银行账户中的资金转换成一系列的加密序列数，通过这些序列数来表示现实中各种金额，用户以这些加密的序列数就可以在接受电子现金的商店购物。

　　电子现金最简单的形式包括三个主体(商家、用户、银行)和四个安全协议过程(初始化协议、提款协议、支付协议、存款协议)。电子现金的基本流通模式如图 5-1 所示。用户与银行执行提取协议，从银行提取电子现金；用户与商家执行支付协议，支付电子现金；商家与银行执行存款协议，将交易所得的电子现金存入银行。

　　目前，典型的电子现金系统主要有 Ecash、Digicash 和 NetCash。

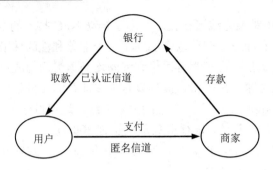

图 5-1　电子现金的基本流通模式

1. Ecash 电子现金系统

Ecash 是 DigiCash 公司开发的在互联网上使用的完全匿名的安全电子现金系统,它使用公钥加密和数字签名来确保安全,电子现金账号可以续存,并且移动电话、掌上电脑和其他信息工具也都支持 Ecash 支付。使用 Ecash 客户软件,消费者可以从银行提取和在自己的计算机上存储 Ecash,制造货币的银行验证现有货币的有效性和把真实的货币与 Ecash 交换。商家能够在提供信息或货物时接受支付的 Ecash 货币。客户端软件叫"电子钱包",负责到银行的存/取款,以及支付或接收商家的货币,支付者的身份是不公开的。Ecash 可以实时转账,商家和银行不需要第三方服务中介介入。Ecash 的交易流程如图 5-2 所示。

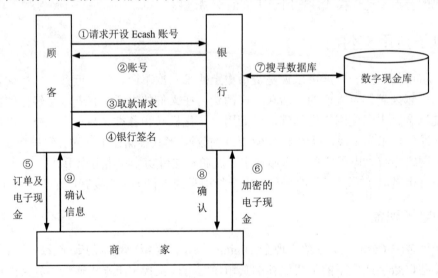

图 5-2　Ecash 的交易流程

2. Digicash 电子现金系统

Digicash 是由 DigiCash 公司于 1994 年 5 月开发的一种电子现金系统。该系统允许消费者使用电子现金进行在线交易。Digicash 系统的结构中有两类现金:一类是按账目发行的,另一类是代币券。每一客户在具有 Digicash 系统的中心银行建立一个账户,并得到一个 Digicash 钱包,钱包中填有从其账户中扣除的代币的数字现金,这种数字现金是由基本的数字现金算法产生的并经过盲签字的比特串。Digicash 协议不满足任意原子性,但保护顾客所希望的匿名性,是一种完全匿名系统。

3. NetCash 电子现金系统

NetCash 是由美国南加利福尼亚大学的信息研究所设计的电子现金系统。该系统是可靠的，具有匿名性和可扩展性，并能安全地防止伪造。但当收款者不在时，该系统是不安全的，系统中的电子现金是经过银行签字的具有顺序号的比特串。系统提供的匿名性有不同的等级，它允许某些银行跟踪客户的支付，也可禁止某些银行的跟踪。NetCash 仅是软件解决办法，不是特殊硬件，利用对称和非对称加密算法保证支付安全，防止欺骗。NetCash 的支付模型如图 5-3 所示。

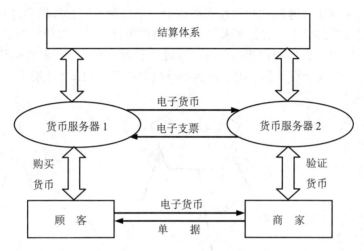

图 5-3　NetCash 的支付模型

电子现金发行：顾客和商家可以使用不同的货币服务器(Currency Service，CS)。这里每个用户只能使用他注册的 CS 的货币，与其他用户货币兑换由 CS 完成。用户可以用电子支票或信用卡从 CS 购买电子货币，商家最终可以获得由本地 CS 发行的货币或电子支票。

电子现金交易过程：用户付款给商家，商家将货币传给货币服务器 2(CS2)，但最终货币验证还要到货币服务器 1(CS1)，CS1 向 CS2 发出电子支票。CS2 既可以自己发行新货币给商家，也可以用电子支票向 CS1 换取货币。所有支票清算都要经过 NetCash 账户和结算体系。CS2 通知商家货币转账完毕，商家向顾客发出单据和货物。

(二)电子钱包

电子钱包(E-Wallet)是一个客户用来进行安全网络交易，特别是安全网络支付，并储存交易记录的特殊计算机软件或硬件设备，是电子商务活动中常用的一种支付工具，是在小额购物或购买小商品时常用的"新式钱包"。

1. 电子钱包的功能

电子钱包的具体功能主要有以下几方面。

(1) 电子安全证书的管理：包括电子安全证书的申请、存储、删除等。

(2) 安全电子交易：进行 SET 交易时验证用户的身份并发送交易信息。

(3) 交易记录的保存：保存每一笔交易记录，以备查询。

2．电子钱包的使用

使用电子钱包的用户要先在银行建立账户，利用电子钱包服务系统把自己的各种电子货币或电子金融卡上的数据输入到电子商务服务器上。在电子钱包内可以装入各种电子货币，如电子现金、电子零钱、电子信用卡等。在进行付款时，只要在应用软件的相应项目中单击即可完成。在网上购物时使用的电子钱包，需要在电子钱包服务系统中运行。电子商务活动中的电子钱包软件通常都是免费提供的，用户既可以直接使用与自己银行账户相连接的电子商务服务器上的电子钱包软件，也可以通过各种保密方式利用互联网上的电子钱包软件。虽然用电子钱包购物的过程要经过信用卡和商业银行等机构进行多次确认、银行授权、各种财务数据交换和财务往来等，但这些都可以在网上以极短的时间完成。因此，对于顾客来说，用电子钱包购物相当省事、省时、省力，而且对于顾客来说，整个购物过程自始至终都是十分安全可靠的。电子钱包的一般使用流程如图 5-4 所示。

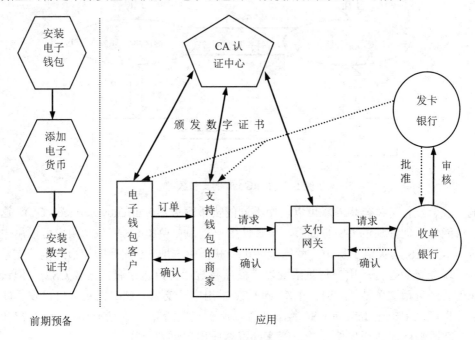

图 5-4　电子钱包的一般使用流程

目前，已经有 VISA Cash、Mondex、Master Card Cash、Clip 和 Proton 等电子钱包服务系统，还有 E-Wallet 以及 Microsoft Wallet 等应用性强的电子钱包软件。

从电子钱包的功能和使用来看，电子钱包具有安全性高、适用性广、记忆力强、管理高效、省时和支持小额支付等优点。但电子钱包仍属于一种具有特殊使用范围的支付工具，并没有通用标准，因而限制了其广泛使用和发展。

二、银行卡支付

(一)银行卡支付流程概述

银行卡产业的主体包括发卡机构、收单机构、银行卡组织、持卡人、商户，其核心产品是三大组织机构合作提供给消费者和商户的支付服务，包括银行卡交易、清算和事后处理三个部分，简要流程如图 5-5 所示。

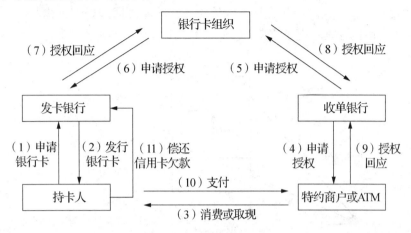

图 5-5　银行卡支付简要流程

(二)我国银行卡支付方式简介

银行卡统一由银行组织发放，发放到各个银行，再由银行发放给申请银行卡的所有人，持卡所有人就可以到商户使用。我国银行卡支付方式具体可以分为三种。①IC 卡支付。IC 卡就是我们所说的芯片卡，一般由银行发行，主要使用集成电路和智能技术，遵循我国人民银行推出的一系列标准，具有现金储存和取款、信用支付、转账等功能，和传统的磁条卡相比，存储空间更大、更安全、运算能力更强。②不持卡支付。这种支付方式也是针对银行卡而言，只不过将银行卡通过网络终端展开非面对面交易时，所有人提供卡号、证件号和手机等安全要素完成的一种支付方式，授权后进行代收、代付等业务。③第三方支付。比如支付宝、财付通、微信等，现在应用十分广泛。

三、电子支票支付

电子支票类的电子支付工具主要包括电子支票、电子汇款等。

(一)电子支票

电子支票(Electronic Check 或 E-Check)是一种借鉴纸张支票转移支付的方式，利用数字传递将资金从一个账户转移到另一个账户的电子支付形式。这种电子支票的支付是在与商家和银行相连的网络上以密码方式传递的，多数使用公用关键字加密签名或个人身份证号码(PIN)代替手写签名。目前的电子支票系统主要有 Netehex、Neteheque 和 NetBill 等。

电子支票的支付方式主要是，支付方一方面将电子支票发送给收款方，另一方面把电子付款单发送到银行或者其他金融机构，银行在收到商家的电子支票要求付款时，将电子支票上的金额数目转移到商家的银行账号中。为了保证电子支票的真实性与各方身份的合法性等，有时需要通过第三方认证机构进行认证。使用电子支票支付可以大大节省支付处理所需的时间与费用的花销，能够很好地发挥当前银行系统的自动化功能。

电子支票支付过程主要是按以下几个步骤进行的：①交易双方确定交易且同意使用电子支票的方式支付；②买方使用自己的私钥对电子支票进行数字签名；③使用卖方的公钥对电子支票进行加密；④将电子支票发送给卖方；⑤卖方通过认证机构对电子支票的真实性进行认证；⑥向银行确定电子支票；⑦向买家发货。如图5-6所示为电子支票支付过程的示意图。

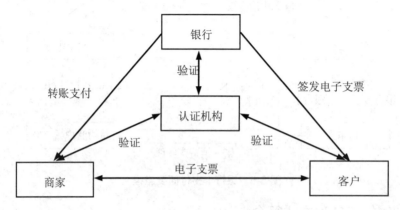

图 5-6　电子支票支付过程

(二)电子汇款

电子汇款是通过银行的联网功能，实现便捷快速的汇款。电子汇款(Electronic Remittance)是指银行以电报或电传方式指示代理行将款项支付给指定收款人的汇款方式。

电子汇款是目前使用较多的一种汇款方式，其业务流程如下。

(1) 由汇款人填写汇款申请书，并在申请书中注明采用电子汇款方式。同时，将所汇款项及所需费用交付给汇出行，取得电子汇款回执。汇出行接到汇款申请书后，为防止因申请书中出现的差错而耽误或引起汇出资金的意外损失，汇出行会仔细审核申请书，不清楚的地方会与汇款人及时联系。

(2) 汇出行办理电汇时，根据汇款申请书的内容以电报或电传方式向汇入行发出解付指示。电文内容主要有：汇款金额及币种、收款人名称、地址或账号、汇款人名称、地址、附言、头寸拨付办法、汇出行名称或 SWIFT 地址等。为了使汇入行证实电文内容确实是由汇出行发出的，汇出行在正文前要加列双方银行所约定使用的密押(Testkey)。

(3) 汇入行收到电报或电传后，核对密押是否相符，若不符，应立即拟电文向汇出行查询；若相符，则缮制电汇通知书，通知收款人取款。收款人持通知书一式两联向汇入行取款，在收款人收据上签章后，汇入行即凭以解付汇款。实务中，如果收款人在汇入行开有账户，汇入行往往不缮制汇款通知书，仅凭电文将款项收入收款人账户，然后给收款人一收账通知单，也不需要收款人签具收据。最后，汇入行将付讫借记通知书寄给汇出行。

电子汇款中的电报费用由汇款人承担，银行对电汇业务一般均当天处理，不占用邮递过程的汇款资金。所以，对于金额较大的汇款或通过 SWIFT 或银行间的汇划，多采用电子汇款方式。

第三节　移 动 支 付

随着 5G 时代的到来、经济的快速增长、人民生活水平的提高、互联网的迅速发展以及消费者习惯的改变和消费方式的多元化，移动支付作为一种新兴的支付方式，凭借其特有的方便快捷、及时高效等优点，逐渐为消费者所喜爱和接受，越来越受到消费者的广泛关注。

一、移动支付概述

(一)移动支付的概念

移动支付已经有着一段相对比较长的发展时期，根据移动支付的一些基本特征，可以将移动支付定义为：移动支付(Mobile Payment)是指用户使用移动手持设备，通过无线网络(包括移动通信网络和广域网)购买实体或虚拟物品以及各种服务的一种新型支付方式。

(二)移动支付的特征

(1) 泛在化。移动支付突破了空间限制，使人们摆脱了实体网点和有线终端的束缚，有移动网络覆盖的地方，就有泛在的移动支付服务。

(2) 即时化。移动支付在突破空间限制的同时，也突破了时间的限制，通过随身携带的移动终端，客户能够在"7×24"小时的任何时间享受到即时金融服务。

(3) 普惠化。随着手机等智能终端的不断成熟，移动支付的服务门槛也将随之降低，而服务对象的覆盖面则越来越广，无论是城市居民还是乡村农民，都能享受到普惠化的现代金融服务。

(4) 融合化。移动智能终端是连通线上线下交易的关键桥梁，旅游、餐饮、娱乐、购物等 O2O 产品的创新应用，使移动支付服务在线上与线下相互融合，形成线上线下一体化的移动支付生态闭环。

(5) 个性化。移动支付以移动智能终端为业务开展的载体，可轻易获得终端持有者的身份、物理位置、使用习惯等私人信息，利用这些信息可有效发掘用户需求和偏好，为客户提供个性化、智能化、可定制的移动支付服务。

(6) 社交化。移动智能终端不仅是移动支付的载体，也是移动社交的重要工具，将社交服务与金融功能融为一体已成为移动支付产品设计的重要思维。春节期间，"发红包""抢红包"生动地展现了移动支付社交化的强大魅力。

(三)移动支付的分类

根据不同的分类标准，移动支付可以分为不同的种类。不同的分类，在安全性、支付成本等方面都有不同的要求，应用领域具有一定差异，支付的实现模式也各有不同。

1. 按照交易金额分类

移动支付按交易金额的大小可以分为小额支付和大额支付两种。

(1) 小额支付。小额支付主要针对交易金额低于 10 美元或欧元的业务。

(2) 大额支付。大额交易主要针对交易金额大于 10 美元或欧元的业务，适用于在线交易或近端交易。

小额支付和大额支付之间最大的区别是对安全要求级别的不同。大额支付较为注重安全，因此需要通过可靠的金融机构进行交易认证；小额支付则比较注重运作成本，讲究结算快捷、操作简单方便。目前我国的移动支付大多数应用在小额支付上。

2．按照账号设立分类

移动支付根据账号设立的不同，可以分为手机与银行卡绑定收费和手机话费账单代收费两种。

1) 手机与银行卡绑定收费

手机与银行卡绑定收费是将消费者的银行账号或信用卡号与其手机号连接起来，费用从消费者的银行账户或信用卡账户中扣除。移动运营商只为银行和消费者提供信息通道，不参与支付过程，由银行为消费者提供交易平台和付款途径。

这种收费方式符合金融法规，但需要移动运营商和金融机构配合，操作相对比较复杂。这种模式的优点是消费者的身份经过银行的认证，且银行本身具有金融风险管控的能力，因此对商家而言相对有保障；缺点是不适合小额支付的交易方式，因为小额支付的交易金额本身不高，而账户管理或是转账的费用可能高于交易金额，对消费者而言，其交易成本太高。

2) 手机话费账单代收费

手机话费账单支付模式，就是消费者消费后的交易金额会加入到话费账单中，而商家的部分也是由移动运营商来进行清算。

这种模式的优点是可以将金融机构排除在支付系统之外，减少交易时的手续费用或交易成本；缺点是这种方式只适合小额付款，因为移动运营商的风险管控能力比不上金融机构，所以如果使用大额付款，对移动运营商及消费者来讲，都将产生非常大的风险。

3．按照发生时间分类

移动支付按结账或清算时间的不同可分为预支付、在线即时支付和离线信用支付三类。

1) 预支付

消费者事先支付一定数量的现金来购买储值卡或电子钱包，交易时直接从此储值卡或电子钱包中扣除交易金额，当余额不足时则无法交易，必须在储值卡或电子钱包中补足金额后方可消费。其优点是使用便利，只需检查是否有重复使用的诈骗情况即可；但由于必须事先付费，对于临时想要获取此服务的消费者来讲较为不便，而且对消费者来说这样的方式无法使手中的现金发挥最大的经济效益。

2) 在线即时支付

一般来说，在线即时支付需要结合消费者的银行账户，在消费前，消费者必须先指定特定的银行扣款账户。在消费时，通过金融服务提供者确认消费者指定账户内有足够的余额可供扣款，当交易完成时马上将交易金额从消费者账户转至商家账户。

3) 离线信用支付

消费者消费之后，消费金额可以纳入当月的手机账单、信用卡账单或银行账单中，不需交易完毕后马上支付。其优点是消费者先消费后付款，可以灵活运用手上的现金，但金融服务提供者必须承担呆滞账的风险，因此不适合大额支付。

4．按照交易距离分类

按照交易距离的不同，可以将移动支付分为远程支付和近场支付。

(1) 远程支付：账户信息存储于支付服务商后台系统，消费者在支付时，需要通过网络访问支付后台系统进行鉴权和支付。

(2) 近场支付：账户信息一般存储在 IC 卡中，在支付时，通过近场无线通信技术在特定刷卡终端现场校验账户信息并进行扣款支付。

二、移动支付业务模式

根据支付结算账户和实现业务的方式与流程的不同，移动支付的业务模式分为五种类型，具体如表 5-2 所示。

表 5-2　移动支付业务模式的分类及对比

业务模式	模式特点	业务应用
手机话费模式	手机话费账户作为结算账户，业务流程简单，无须经过金融机构环节	图铃、游戏下载等
虚拟卡模式	通过手机号码和银行卡业务密码完成支付的业务模式	公共事业缴费、数字产品购买、移动票务
手机银行模式	通过手机菜单完成关联账户的查询、基金买卖等交易的业务模式	账户查询、转账、基金买卖
虚拟账户模式	使用网上虚拟账户进行支付的业务模式	C2C 平台上的商品购买
物理卡的关联支付模式	通过关联银行卡账户或电子钱包账户进行现场支付和远程支付，或者远程二次发卡与账户充值的业务模式	应用范围最广，包括各种缴费和消费

1．手机话费模式

手机话费模式是指移动运营商使用手机话费账户进行小额支付的业务模式。这类模式主要适用于图铃、游戏下载等移动增值业务的缴纳。

2．虚拟卡模式

虚拟卡模式是指移动用户通过手机号码和银行卡业务密码进行缴费和消费的业务模式。这种模式要求移动用户将银行卡与手机号码事先绑定，在移动支付交易过程中，手机号码代替了定制关系对应的银行卡，即手机号码成为虚拟银行卡。在目前国内的移动支付市场上，中国银联和大多数第三方移动支付服务提供商采用的都是这类业务模式。

3．手机银行模式

手机银行模式是指移动用户通过手机菜单完成关联账户的查询、转账、基金买卖等交易的业务模式。这种模式要求用户在银行网点开通手机银行业务或换 STK 卡，申请手机银行关联账户的支付密码。这种模式目前还不能用于消费类交易。

4．虚拟账户模式

虚拟账户模式是指移动用户使用网上虚拟账户进行支付的业务模式。这种模式要求用户预先将资金转账或充值到后台服务器的虚拟账户内，或者将该虚拟账户与银行卡账户关联，在支付时使用该账户进行消费。目前，支付宝、贝宝等虚拟账户运营商正在从互联网支付向移动支付领域扩展。

5．物理卡的关联支付模式

物理卡的关联支付模式是指移动用户通过关联银行卡账户或电子钱包账户进行现场支付和远程支付，或者远程二次发卡与账户充值的业务模式。这种模式是将银行卡账户、储值卡和电子钱包，经过特殊工艺加工或异型，贴在手机后盖上，或者改造手机后形成双卡手机或双模手机，以及带接触功能的双界面 SIM 卡等模式。

三、移动支付的主要形式

移动支付经过多年的发展，形成了多种不同的类型，目前大家较为认可的移动支付一般归纳为五种类型：销售阶段的移动支付、作为销售方式的移动支付、运营商直接扣费、闭环移动支付、移动支付平台等。

1．销售阶段的移动支付

销售阶段的移动支付，这是最大类的移动支付，可以归纳为移动钱包。通常，我们在店铺中使用移动设备支付，运用 NFC(近距离无线通信)或 Tapandgo 等方式支付就是属于这种类型，我们平时的刷卡消费也属于这种方式，主要的服务提供商有 Master Card、VISA、银联等。

2．作为销售方式的移动支付

这种移动支付的服务目标是让每一步智能手机都成为一个收款台，作为国际中移动支付的第二大类，移动支付服务提供商向购买其服务的商家提供一种能配合智能手机使用的移动读卡器，可以在任何联网条件下通过手机内置软件进行匹配刷卡消费。让消费者在任何地方都能使用移动支付方式结算，并为双方保存相关的交易记录，而不必携带稍显累赘的移动 POS 机，大大降低了普通刷卡消费的技术门槛和成本。目前主流的服务提供商有 Square 和 Veri Fone 公司。Square 读卡器除具备易携带、易操作的优势外，它的交易账单按天结算，相比银行的按月结算，使得商家能够更好地掌握自身财务状况。

3．运营商直接扣费

运营商直接扣费的形式主要是通过电子运营商的交易系统，直接将费用计入账单的支付形式。手机用户通过运营商的购物平台购买铃声、流量包或者游戏等其他数字服务，运营商将其直接计入话费。这种移动支付在国外规模较大，典型案例有 Pay One、MOpay 等，我国则是三大运营商提供的话费直接支付服务。这种形式使移动支付的消费商品一般比较单一，只有运营商构建的平台供应商提供的商品才能成为消费对象，别的商品无法通过这个渠道购买。

4. 闭环移动支付

所谓闭环移动支付，就是一个公司为自己的客户建造的一套方便其支付的移动支付系统，该系统的运行不需要其他相关者的参与，完全独立于外界支付系统。

参与其中的客户能通过在商家内消费累计信用额度，从而获取相对更低的价格。星巴克就是典型案例。咨询机构 eMarketer 最近的一份报告显示，星巴克的 APP 是目前美国最受欢迎的移动支付方式。在 2018 年，用星巴克 APP 完成支付行为的用户数量达 2340 万，比排名第二的 Apple Pay 多出 100 多万。这种形式的移动支付能够很好地留存会员的购物信息，商场或企业能够通过消费信息为顾客提供一定的折扣，以此提高用户忠诚度。

5. 移动支付平台

移动支付平台包括其他所有的移动支付形式，凡是消费者通过使用移动设备让消费者付钱给商家或他人的方式都可以算作这类移动支付。这类移动支付大都具有支付手段多的特点，可以是在购物阶段，可以通过网络支付，也可以通过二维码，还能通过短信，甚至是 NFC。在我国，以支付宝为首的移动支付平台形式的移动支付占据主流，远远超过了其他移动支付形式。此外，财付通、PayPal 等也采取的是这种形式的移动支付。

扩展阅读 3　我国移动支付的现状见右侧二维码。

第四节　第三方支付

【案例 5-2】

重建代扣缴业务格局第三方支付凭什么成功上位

1. 第三方支付提供代扣缴服务，便利人们生活

缴纳水电煤气费，又得到银行排队；忘了缴纳水电费，而被停水停电……这样的麻烦事，相信不少老百姓都碰到过。而进入互联网时代的今天，移动支付与民生服务联姻的图景已日渐清晰。通过第三方支付平台，就可以足不出户在电脑或手机上完成缴纳水费、电费、燃气费、电信固话费、宽带费、停车费等日常生活费用，甚至通过第三方支付机构提供的代扣服务，即可实现每月生活费用的自动缴纳。

"前几天我还陪母亲到营业厅去缴纳水电费，被同事嘲笑了一番，都这年代了还到营业厅排队缴费，干吗不直接办理代扣缴业务？"福州市民黄女士如此说道。近年来，介入民生代扣缴服务的第三方支付机构，让更便捷的缴费方式和更人性化的用户服务不断地涌现，极大地便捷了人们的生活。

一直以来专注民生服务的甜橙金融，通过自身的创新，让便民的代扣缴服务惠及寻常百姓。据了解，甜橙金融旗下的翼支付目前已经接入 700 余项水、电、煤、交通交罚等缴费应用，覆盖全国 350 多个主要城市。

其中，于2014年2月推出的交费助手更是受到用户的广泛欢迎。交费助手业务通过将用户的翼支付账户与通信账户(电信、移动、联通均可)关联绑定，实现用户通信费通过翼支付账户进行自动代缴。用户只需确保翼支付账户(或绑定的银行卡)余额充足，就可实现"永不停机"。不仅如此，交费助手还支持水电煤气费的自动代扣。目前交费助手的用户数已高达5600多万。其中，在江苏、浙江、福建、湖南、广东五省应用最为广泛。

2. 代扣缴服务新模式，银行业务遭蚕食

有业内人士认为，综合来看，第三方支付机构提供新的代扣缴的服务模式给银行传统的代缴费业务带来了前所未有的冲击。

一方面，相较于传统银行的代缴费业务，人们更喜欢使用既快捷又便于控制的第三方支付机构的代扣缴服务，只要轻点鼠标或动动手指就可以完成缴费。而传统银行的代缴费业务，在银行账户余额不足时，银行一般不会去通知客户，而自来水公司的催缴通知则往往要在拖欠一定时间之后才会送达，如此一来，很有可能让用户面临一大笔欠款和滞纳金。而对于住所不固定的人来说，不停地开通、停止这个服务也比较麻烦。

另一方面，对于用户而言，他们使用第三方支付机构产品的习惯已经形成。从2009年开始，用户购物、缴费、外出购票几乎都是通过第三方支付完成的，现金或刷卡消费用得越来越少。多年来，对第三方支付积累的"信任"也让众多用户更容易接受第三方支付的其他互联网金融产品。

3. 第三方支付拓展互联网金融版图，公共生活缴费成突破口

那么，为何第三方支付机构纷纷将目光投向公共生活费用代扣缴这一领域？

无疑，公共生活缴费与老百姓的生活息息相关。对于注重民生服务的第三方支付机构来说，具有重要的意义。开展公共生活费用代扣缴业务被看作是第三方支付应用提升社会效率的重要表现，也是第三方支付发展的必然趋势。

伴随快捷支付模式的快速崛起，目前第三方支付机构已经将业务从单纯的转接支付拓展到了互联网金融服务领域。支付正在慢慢地演变成为实现综合性互联网金融平台的入口，以及各类生活服务平台的入口。像支付宝、甜橙金融都已经在布局互联网金融的版图，业务涉及支付、信贷、理财、征信等互联网金融全业务链，一站式满足用户的各种金融服务需求。

(资料来源: http://finance.ifeng.com/a/20151202/14104644_0.shtml)

随着计算机系统和国际互联网的广泛运用，电子商务以一种全新的商业运营模式蓬勃兴起，而与电子商务相配套的网络支付问题成了业界所关注的重点。为解决线上网络交易普遍存在的安全问题，各大电子商务专业运营公司纷纷推出各种电子商务网上支付平台，来为人们提供网上交易的安全服务，并试图以这种创新服务形成电子商务新的盈利点。这种电子商务网上支付平台就是"第三方支付平台"。

一、第三方支付概述

(一)第三方支付的概念

第三方支付(Third-Party Payment)是指那些具备一定经济实力和信誉保障的独立法人机

构，通过与各大银行签约的方式，为用户提供与银行支付结算系统接口的交易支持平台的网络支付模式。

在第三方支付模式中，买方在网上选购完商品后，将货款打入第三方支付平台的账户上进行支付，由第三方支付机构来通知卖家货款到账并要求发货；买方在收到货物，并检验商品符合合同约定后，再通知第三方支付平台付款给卖家，此时第三方支付平台再将款项划转至卖家的账户上。其中，第三方支付平台是指平台提供商通过先进的计算机技术和相关的信息安全技术，在银行和商家之间建立支付网关的链接，以便实现从消费者到金融机构以及商家之间货币支付、现金流转、资金清算、查询统计的一个平台。

(二)第三方支付的特征

1. 独立性

第三方支付既独立于交易各方，又独立于银行，以此区别网上银行的支付服务，更不是虚拟银行，通常在网络交易中提供担保服务。

2. 安全性

第三方支付作为交易双方的中间人，其主要目的是要保障交易资金的安全性，相比于直接支付的信用基础缺失，第三方支付则通过技术手段和交易规则两方面为买卖双方提供了一定的信用担保和资金保障平台，极大地化解了网络交易中的不确定性和风险性。同时，第三方支付平台还可以记录整个交易过程的详细资金流向情况，为后续交易中可能出现的纠纷提供相应的电子证据。

3. 公正性

采用第三方支付平台可以最大限度避免欺诈和拒付等不良行为的发生，降低了运营风险，从而创造出和谐、彼此信任的交易氛围。第三方支付由于采用了网站与银行间的二次结算方式，因而让支付平台不再单纯地作为连接各商业银行支付网关通道的形式存在，而是以中立的第三方机构身份，能够有效保留买卖双方的交易信息，监督买卖双方的交易行为，有力地保障了双方的合法权益。

4. 开放性

第三方支付目前采取多银行、多卡种、多终端的支付方式，因而是一个开放程度很高的体系。据不完全统计，几乎所有的第三方支付平台都能够支持全国范围内的绝大多数银行的银行卡以及全球范围内的国际信用卡的在线支付，而且现在的支付终端形式也发生了巨大的变化，不仅支持各种商业银行卡通过 PC 进行支付，同时还支持电话、手机等多种终端。

5. 便利性

第三方支付机构一般都提供各大银行的银行卡网关接口，对买方和卖方都提供了极大的便利。对买方而言，只需要办理任意一家银行的银行卡即可，而卖方也不需要沿用邮购时代在多个银行开户的习惯，只需要在一家银行开户即可。买卖双方之间即便是所持银行卡不为同一银行也不要紧，第三方支付机构会与各大银行进行跨行结算。

6. 应用广泛性

通过第三方支付提供的资金支付平台，不仅可以应用于网络购物，还可以应用于考试交费、水电煤气费等账单支付、购买机票、爱心捐款等。而对于网络购物的电子商务领域而言，第三方支付可以帮助商家降低企业运营成本和银行网关开发成本，并促成他们之间的合作，实现多赢的局面。

二、第三方支付平台的运营模式

目前，第三方支付平台的运营模式主要分为两类：一类是支付网关模式，另一类是信用中介模式。

(一)支付网关模式

支付网关模式发展较早，这种模式也被称为独立第三方支付模式，是指其有独立的运营平台，为前端的网上商户和签约用户提供以订单支付为目的的增值服务运营平台，系统后端连接着不同银行的电子接口。因为这种第三方支付位于互联网和银行专网之间，可以保护和隔离银行的专用网络，所以被称为"支付网关"。从整个过程来看，支付网关模式是一个把银行和签约用户连起来的虚拟通道，消费者通过第三方支付平台付款给商家，第三方支付为签约用户提供一个可以兼容多家银行支付的接口平台。我国支付网关模式的典型代表是首信易和快钱。

支付网关模式的一般流程是：消费者选择商品并下订单，选择第三方支付服务商，点击后进入银行支付页面进行支付操作。第三方支付服务提供商把消费者的支付请求传递给相关银行，相关银行根据消费者的支付能力进行转账等支付行为，并把支付结果传递给第三方支付机构和消费者。商家收到支付信息后提供商品或服务。根据首信易和快钱的支付过程整理而得的支付流程如图 5-7 所示。

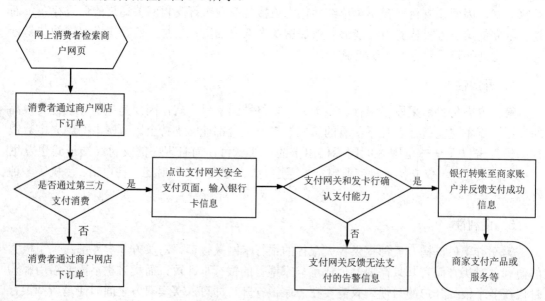

图 5-7　支付网关模式流程

使用这种模式的大部分第三方支付机构的特点是：在盈利方式上，将根据客户的不同规模和特点来提供不同的产品，并以此来收取不同组合的年服务费和交易手续费。它们的客户群体，主要是面向 B2B、B2C 和 C2C 市场，客户以中小型商户或者有结算需求的政企单位为主。它们的优势特点是具有独立的网关，灵活性比较大，一般都具有行业背景或者政府背景。它们面临的问题主要是没有完善的信用评价体系，抵御信用风险的能力有待加强；需要自主经营、自负盈亏，支付机构因为服务收费问题、交易安全问题、对银行的依附性问题等导致发展受限制。

(二)信用中介模式

信用中介模式，又称非独立第三方支付。这种模式解决了支付中信用缺失问题，由交易双方都信任的第三方支付机构作担保，保证交易中的诚信。信用中介模式中的第三方支付机构一般依托于有实力和信誉的大型母公司，它的产生主要是为母公司或关联机构作为服务和支持。在具体运营过程中，需要用户先在第三方支付机构注册账户，成为会员。消费者在与商家达成交易订单后，把货款付给第三方支付中介，消费者确认收到商品之后，第三方支付机构再把货款付给商家；否则，消费者不确认，货物返还商家，第三方支付机构将货款重新返还消费者。这种运营模式的典型代表是支付宝。根据支付宝支付过程整理而得的信用中介模式的流程如图 5-8 所示。

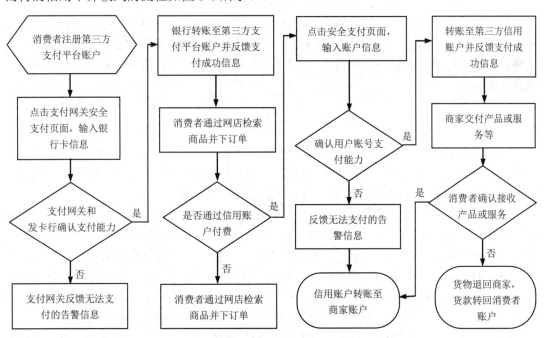

图 5-8　信用中介模式流程

这种模式的运营商拥有的客户较多，资源丰富，系统设计相对完善，信用中介的身份保障了交易的进行，也促进了自身的发展。但是这种模式存在着客户备付金沉淀问题。

三、第三方支付典型支付平台

(一)支付宝

支付宝是国内领先的、由阿里巴巴集团创立的第三方支付平台。支付宝于 2004 年 12 月独立为浙江支付宝网络技术有限公司，是阿里巴巴集团的关联公司。支付宝公司从建立开始，始终以"信任"作为产品和服务的核心，不仅从产品上确保用户在线支付的安全，同时让用户通过支付宝在网络间建立起相互的信任，为建立纯净的互联网环境迈出了非常有意义的一步。

支付宝提出的建立信任，化繁为简，以技术的创新带动信用体系完善的理念，深得人心。在不到六年的时间内，它为电子商务各个领域的用户创造了丰富的价值，成长为全球最领先的第三方支付公司之一。2019 年 1 月 30 日，阿里巴巴披露 2019 财年 Q3 财报。财报显示，截至 2018 年 12 月 31 日，支付宝及其附属公司的全球年度活跃用户超过 10 亿。

支付宝创新的产品技术、独特的理念及庞大的用户群吸引越来越多的互联网商家主动选择支付宝作为其在线支付体系。除淘宝和阿里巴巴外，支持使用支付宝交易服务的商家已经超过 46 万家，涵盖了虚拟游戏、数码通信、商业服务、机票等行业。这些商家在享受支付宝服务的同时，还拥有了一个极具潜力的消费市场。

支付宝以稳健的作风、先进的技术、敏锐的市场预见能力及极大的社会责任感，赢得了银行等合作伙伴的认同。目前国内工商银行、农业银行、建设银行、招商银行、上海浦发银行等各大商业银行以及中国邮政、VISA 国际组织等各大机构均与支付宝建立了深入的战略合作。支付宝不断根据客户需求推出创新产品，成为金融机构在电子支付领域最为信任的合作伙伴。

(二)财付通

财付通是腾讯公司于 2005 年 9 月正式推出的专业在线支付平台，致力于为互联网用户和企业提供安全、便捷、专业的在线支付服务。财付通构建全新的综合支付平台，业务覆盖 B2B、B2C 和 C2C 各领域，提供卓越的网上支付及清算服务。

针对个人用户，财付通提供了安全便捷的在线支付服务，可以在拍拍网及上万家购物网站上进行购物。用户既可通过财付通使用网银支付，也可以充值到财付通账户，享受更加便捷的支付体验。提现、收款、付款等配套账户功能，让资金使用更灵活。财付通还为广大用户提供了手机充值、游戏充值、信用卡还款、机票专区等特色便民服务，让生活更方便。针对企业用户，财付通提供了安全可靠的支付清算服务和极富特色的 QQ 营销资源支持。

财付通除了传统的网购支付外，还有一些特色服务：①信用卡还款业务，即从财付通账户往信用卡账户划拨资金。②"财付券"服务，即财付通为拍拍网卖家、第三方商户提供的一项增值服务，拍拍网或卖家可以把财付券赠送给任意想回馈或吸引的 QQ 用户。财付券可以在财付通交易中抵扣商家的现金，但是不支持抵扣物流费用，可以把它认为是一种互联网代金券。③机票订购，账付通与游易网合作提供机票在线实时查询、订购、付款功能，提供电子客票，支持国内各大航空公司。④游戏充值、话费充值、腾讯服务购买等服务。

图 5-9 所示是财付通网站的首页(https://www.tenpay.com)。

图 5-9　财付通网站的首页

(三)快钱

快钱是国内领先的独立第三方支付企业,旨在为各类企业及个人提供安全、便捷和保密的综合电子支付服务。快钱致力于为电子商务服务提供商、互联网内容提供商、中小商户以及个人用户等提供安全、快捷的第三方交易平台。其以"快钱"为品牌的产品和服务内容广泛,涵盖了账户管理、网上充值、网上提现、网上付款、网上催款等基本功能,推出了支付网关、快钱钮、快钱链、捐赠钮、批量付款、包月功能等收付费工具,还为商家提供了电子优惠券、电子杂志推广等增值服务。目前,快钱推出的支付产品包括但不限于人民币支付、外卡支付、神州行卡支付、联通充值卡支付、VPOS 支付等众多支付产品,支持互联网、手机、电话和 POS 机等多种终端,满足各类企业和个人的不同支付需求。

扩展阅读 4　第三方支付的问题和对策见右侧二维码。

第五节　网　上　银　行

1995 年 10 月,美国三家银行联合在互联网上创建了全球第一家网上银行——"安全第一网络银行",成为网上银行发展的里程碑。此后,作为银行的一种新型客户服务渠道,网上银行以其所具备的独特优势迅速成为国内外银行界关注的焦点,从而为整个银行业带来了千载难逢的发展机遇和无限商机,并成为国内外银行争夺客户、市场的重要手段。

一、我国网上银行的发展历程

1996 年 6 月,中国银行开创先河在因特网上开设网站,率先通过互联网发送信息并向社会提供银行服务,从此拉开了中国网上银行发展的序幕。

从我国的网上银行发展历程来看，主要分为五个阶段，如表 5-3 所示。

表 5-3 我国网上银行发展历程

时 间	特 征	主 要 事 件
萌芽期 (1996—1997 年)	网上银行服务开发和探索	1996 年，中国银行投入网上银行的开发。 1997 年，中国银行建立网页，搭建"网上银行服务系统"；招商银行开通招商银行网站
起步阶段 (1998—2002 年)	各大银行纷纷推出网上银行服务	1998 年 4 月，招商银行在深圳地区推出网上银行服务，"一网通"品牌正式推出。 1999 年 4 月，招商银行在北京推出网上银行服务。 1999 年 8 月，中国银行推出网上银行，提供网上信息服务、账务查询、银行转账、网上支付、代收代付服务。 1999 年 8 月，建设银行推出网上银行服务，首批开通城市为北京和广州。 2000 年，工商银行在北京、上海、天津、广州等四个城市正式开通网上银行。 2001 年，农业银行推出 95599 在线银行。 2002 年 4 月，农业银行推出网上银行。 2002 年年底，国有银行和股份制银行全部建立了网上银行，开展交易型网上银行业务的商业银行达 21 家
发展阶段 (2003—2010 年)	网上银行品牌建设加强，产品和服务改善成为重点；重点业务发展带动各大网上银行业务快速发展	2003 年，工商银行推出"金融@家"个人网上银行。 2005 年，交通银行创立"金融快线"品牌。 2006 年，农业银行推出"金 e 顺"电子银行品牌。 2007 年，个人理财市场火热，带动网上基金业务猛增，直接拉动个人网上银行业务的大幅增长。 2008 年，网银产品、服务持续升级，各银行在客户管理、网银收费等方面积极探索
成熟阶段 (2010—2016 年)	网上银行相关法律逐步完善；主要银行的网上银行业务步入稳定发展	2010 年 8 月 30 日，第二代网上支付跨行清算系统(超级网银)正式上线
网联时代 (2017 年以后)	支付宝、微信等第三方支付被收编	2017 年 4 月，中国支付清算协会官网显示：网联平台启动试运行，首批接入四家商业银行和三家市场占比最大的第三方支付机构——支付宝、财付通和京东金融旗下的网银在线。 《中国人民银行支付结算司关于将非银行支付机构网络支付业务由直连模式迁移至网联平台处理的通知》要求，自 2018 年 6 月 30 日起，支付机构受理的涉及银行账户的网络支付业务全部通过网联平台处理

(数据来源：中商情报网数据库 http:www.askci.com)

二、网上银行概述

(一)网上银行的概念

网上银行自诞生以来，不仅开办数量成倍增长，而且其服务发展模式等也是日新月异，并随着网络信息技术的进步而不断演变。

网上银行又称虚拟银行或网络银行，是电子银行的高级形式。它建立在互联网上，不需要再设立分支机构，而使金融服务遍及有需要的各个地方，客户可以在任何能够连接上网络的地方、全天 24 小时地以多种方式便捷地获得银行的个性化服务。简单地说，网上银行就是银行在互联网上建立的提供各种金融服务的虚拟柜台，客户利用网络服务在移动终端上就可以得到方便快捷的银行服务，而不再需要亲自到实体的银行网点办理所需的业务。

(二)网上银行的特征

网上银行提供了一种全新的金融业务模式，具有其独有的特征。

1．网上银行的越时间、空间性

网络可以是一个全天候、全方位、开放的系统，建立在此基础上的网上银行为客户提供的也是"3A"式的服务，即网上银行是全天候运作的银行(Anytime)，不受时间因素的限制；网上银行是开放的银行(Anywhere)，其服务不受空间的制约，客户在任何能够上网的地方都可以享受到同样的网上银行服务，大大加快了银行全球化的进程；网上银行是服务方式多样化的银行(Anyhow)，客户可以足不出户，通过电脑终端享受网上银行提供的各种服务。

2．网上银行的虚拟性

网上银行的虚拟性主要体现在网上银行的经营地点和经营业务，以及经营过程逐步虚拟化。经营地点虚拟性表现为网上银行没有实体的营业厅和网点。而经营业务的虚拟性是指网上银行经营的产品大多属于电子货币、数字货币和网络服务的范畴，其产品并不具有具体的实物形态。经营过程的虚拟性则是指网上银行经营全部通过计算机指令来实现，所有的银行业务的文档都以电子文件的形式保存下来。

3．网上银行的低成本性

网上银行的自动处理功能可以承担大量原传统银行的柜台业务，从而节约传统银行的人员和营业面积，使银行经营成本大幅降低。同时自动服务也大量减少了人工服务的错误，减少了银行的损失，从另一方面降低了银行的经营成本，也提高了效率。

4．网上银行的互动性

网上银行支持服务的互动性。客户可以就一系列有先后顺序的交易逐个在网上银行进行，同时在短时间内就能根据交易结果随时调整自身的决策，决定下一交易，而这在传统银行基本是不可能的。

5．网上银行的创新性

创新性即技术创新与制度创新、产品创新的紧密结合。网上银行本身依托计算机和计算机网络与通信技术而产生的，而计算机技术正代表着当前科技发展的方向，因此其自身就要求不断进行技术创新和吸收新技术。同时网络技术的应用直接改变了银行的经营和服务方式，这就要求必须对银行旧的管理方式和理念进行调整和改革，从组织机构和管理制度上进行创新。

6．网上银行服务的广域覆盖性

通过网络技术，网上银行能够将银行、证券、保险等不同种类的金融服务集中在一起，使后台为分业经营的金融机构可以表现为一个整体，从而增加对客户需求的满足程度和满足面，有利于营销新客户和留住老客户。利用网上银行这个渠道，整合银行的资金、信息、客户群等方面的优势，配套提供证券、保险等其他金融服务，将使银行由原来单一的存贷款中心和结算中心演变为无所不能的"金融超市"。

7．网上银行服务的便捷性和高效性

由于网上银行大量采用自动处理交易，因此其服务具有高速和高效的特性。所有的银行业务操作几乎是瞬时完成的。对于银行发展一项新的业务来说，一旦通过审核确立，发布也是瞬时的，可以使银行的各项产品通知迅速正确地传递给客户。这有利于银行产品的创新，缩短周期，大大提高了效率。

8．网上银行的资源共享性

由于网上银行要求其业务通达的各实体银行(分支行)必须具有统一的、计算机可识别的编码和基本信息，因此客观上就要求这些银行必须实现信息的同步和共享。同时网上银行的远程性和跨地域性，又使其系统的软硬件资源的共享成为现实。

9．金融产品"个性化"能更好地服务客户

相对于传统银行，网上银行的客户散布于不同的终端之前，传统的大众营销方式已经不适合新的客户结构。网上银行可以突破时空局限，能根据每个客户不同的需求"量身定做"个人的金融产品并提供银行业务服务，最大限度满足客户多样化的金融需要。

10．信息透明度高

在网上提供银行的业务种类、处理流程、最新信息、年报等财务信息和价格信息是网上银行最基本、最简单的服务功能，而银行也可以通过网络全面及时地了解客户的各种资料，如信誉度、支付能力等。因此，金融信息的透明度得到了空前的提高。这不仅大大降低了信息搜寻成本，而且在一定程度上避免了由于信息不对称引起的金融风险。

总之，网上银行已经成为银行业拓宽服务领域、提升管理水平、调整经营策略进而提高赢利能力的重要手段。网上银行的产生与发展是国际银行业发展的重要特点，也是我国银行业发展的必然趋势。

三、网上银行的分类

(一)按照经营者不同分类

按照经营者不同，网上银行可分为纯粹的网上银行、依附传统银行的网上银行和依附其他金融机构的网上银行。

1. 纯粹的网上银行

纯粹的网上银行，又称为独立型网上银行或虚拟银行，是指一些网络技术公司借助其在网络技术上的优势，通过互联网提供某些银行服务的网上银行。这类网上银行没有任何实体的经营网点，完全通过互联网为其客户提供服务，因此其客户也主要是在互联网上经营电子商务的商家及其客户，在电子商务没有完全为社会大众接受的情况下，纯粹的网上银行虽然有低成本的优势，但业务量仍难满足维持其持续发展的需求，而且还遇到信誉的问题。所以，这类网上银行仅在欧美短暂出现，或者倒闭，或者被传统银行收购，变成依附传统银行的网上银行。

2. 依附传统银行的网上银行

面对网上银行可能带来的竞争，传统银行为了在竞争中保持优势，必然会将业务扩展到网上。传统银行一直是计算机和网络技术的最大用户，也是最大得益者，银行不断采用新技术进行金融创新，在提高服务效率、服务质量的同时，推出丰富的金融产品，满足客户不同的需求。传统银行经历了从微机单点应用到城市综合网络、从单一业务应用到综合业务系统、从单纯营业系统到业务处理系统和管理信息系统配套运用的发展过程。网上银行延伸了传统银行的服务空间，延长了传统银行的服务时间。目前比较健康发展的就是这类依附传统银行的网上银行。

3. 依附其他金融机构的网上银行

依附于其他金融机构的网上银行，主要是由保险公司或证券公司等非银行的金融机构经营的网上银行，而从事的业务主要是吸收存款和发放个人贷款。网上银行依托于母体(保险公司、证券公司)，可以起到互补作用。例如，证券公司开办网上银行，方便客户买卖证券，让客户自行通过互联网调动资金，甚至进行资金融通。而网上银行和网上证券结合，可以有效地突破地域及时间的界限，使资金在国际证券市场快速畅顺地流动。不过，这类网上银行与纯粹的网上银行一样，未能在所有国家出现。不少国家，包括中国，对金融机构的经营范围有很严格的划分，保险、证券等作为非银行的金融机构，是不允许经营银行业务的。但随着金融的全球化、自由化、网络化，金融业混业经营的呼声日趋强烈。

(二)按照网上银行服务系统不同分类

按目前各家银行开通的网上银行服务系统，网上银行一般又分为个人网上银行和企业网上银行。

1．个人网上银行

个人网上银行是指银行通过互联网，为个人客户提供账户查询、转账汇款、投资理财、在线支付等金融服务的网上银行服务。客户足不出户就可以安全便捷地管理活期和定期存款、支票、信用卡及个人投资等。个人网上银行客户分为注册客户和非注册客户两大类。注册客户按照注册方式分为柜面注册客户和自助注册客户，按是否申领证书分为证书客户和无证书客户。可以说，个人网上银行是在 Internet 上的虚拟银行柜台。

2．企业网上银行

企业网上银行适用于需要实时掌握账户及财务信息、不涉及资金转入和转出的广大中小企业客户。企业网上银行一般有两种版本：一种是网上银行查询版，提供网上银行的系统管理功能和基本查询功能，如账户余额、交易流水等的查询和对账单的下载，无须申请和使用证书及身份卡；另一种是网上银行专业版，提供网上银行的系统管理功能、基本业务功能以及其他增强功能，包括查询、转账、代发工资、集团服务、财务管理、理财服务、对账单下载等，能较好地满足大中型企业对财务资金管理的基本需求，必须申请和使用证书及身份卡。

扩展阅读 5 企业网上银行服务的特点见右侧二维码。

四、网上银行风险及其管理

(一)网上银行风险的类型

网上银行的兴起，在使得银行开展业务的成本降低、收益增多的同时，也给银行带来了挑战和风险。

1．操作风险

操作风险是指由于系统可靠性、稳定性和安全性的重大缺陷而导致的风险。操作风险主要涉及网络银行账户的授权使用、网络银行的风险管理系统、网络银行与其他银行和客户间的信息交流、真假电子货币的识别等。操作风险，一方面来源于人为操作不当。如果银行职员对业务不熟悉或者没有责任感，可能会导致严重的内部操作风险；如果客户操作不当或者疏忽，不法分子可乘机窃取个人信息，最终导致客户和银行的损失。另一方面来源于技术流程的缺陷。网络安全系统出现漏洞，会让系统容易受到计算机病毒的干扰、窜改、盗取客户信息，直接威胁网上银行的安全。

2．法律风险

法律风险是指违反、不遵从或无法遵从法律、法规、规章、惯例或伦理标准而给网络银行所造成的风险。与传统银行相比，产生法律风险往往是银行经营或用户对法律法规不明确或者故意钻其漏洞而导致的。具体体现在五个方面：第一，基础关系违法；第二，网络运行中的法律责任；第三，洗钱风险；第四，法律适用性问题；第五，用户权益保护问题。

3. 技术风险

技术风险是指网络银行由于技术采用不当或所采用的技术相对落后而带来安全技术隐患造成的风险。网络技术发展迅猛，容易使网上银行陷入系统过于陈旧的技术风险中，技术选择设计必然需要进行定期的评估和升级，还必须设置安全监控机制和黑客、病毒等入侵监测报告反应机制，以此减少技术风险。同时，业务外包如果管理不当，外部公司可能会因为不了解网上银行的具体情况而使设计出现漏洞，造成技术风险。

4. 战略风险

战略风险是指由于业务决策不利、决策的不恰当实施或对行业变化缺乏响应而对网络银行所造成的风险。由于网上银行业务的发展依赖先进的技术支撑，新技术将引起竞争能力的快速变化，因此网上银行的发展战略必须有远见，战略计划和相应的技术必须紧密联系起来，才能更好地开展这项业务。一旦决策失误，将给银行带来巨大的损失。

5. 声誉风险

声誉风险是指银行由于社会公众强大的负面舆论而使其资金、客户遭受到严重流失的风险。声誉对银行的发展来说是致命的，一旦出现客户资金流失，银行将难以生存，严重的话甚至会影响整个银行业的健康运行。因此，发生强大的负面舆论，就要根据预案以及突发事件本身的特点及时有效地处理，做好声誉风险的预防，有利于网上银行的发展。

6. 用户使用风险

用户使用风险是指用户对风险认知不足并且由于信息不对称所引起的风险。用户是网上银行业务发展的核心，其都与网上银行上述五种风险息息相关，因此，防范用户使用风险也是保证网上银行业务健康发展的前提。网上银行必须通过各种方式培养用户的安全意识，让其对风险有一定的认知，谨慎对待个人信息，做好相关保密工作，避免遭受不必要的损失。

(二)网上银行风险的管理

网上银行风险的管理，必须通过加强行业监管、内部管理和用户管理三方面来共同防范风险，营造健康的网上银行发展环境。

1. 加强行业监管

营造安全高效的网上银行经营环境，需要靠政府和监管当局的共同努力，切实加强行业监管。一是政府应该加强对网上银行的支持力度，营造好的环境，从源头上让网上银行避免更多的风险。比如，从政策上给予网上银行支持，并且要求监管当局重视网上银行的发展，尽快建立一套可量化的网上银行风险测量评估体系，并且加大投入和研发力度，加快技术进程。同时，政府对于金融领域的 CA 机构要加强管理，使用合法的 CA 签发的数字证书是保障网上银行安全运行的第一步。二是政府还要加快法律法规的进程。我国应该建立一个多层次的监管平台，联合人民银行、银监会、证监会以及工信部等行业主管部门设置监管体系合作平台，统一监管标准，明确各自工作职责又互相配合、共享信息，同时还要与国外有关机构合作，打击金融犯罪，加强反洗钱活动，提高防范风险水平。

2. 加强内部管理

第一，应该从技术方面入手，设计一套严密的系统和体系，加强保密措施，将指纹、视网膜验证等新技术应用于网上银行验证中。为了避免技术漏洞被不法分子利用，银行需要严格按照国家要求设计一套严谨、完整的系统和数据体系保证硬件过关，还要加强认证保密等软件技术。银行要定期清理不常用的端口，避免不法分子利用这些端口入侵，同时设置防火墙和多层次的病毒防范机制，从多个方面防范风险发生。

第二，要从内控制度入手，董事会和高级管理层要在银行内部建立内控文化，引导银行建立起高效的内控制度。董事会和高级管理层必须重视对网上银行风险的管理，特别是明确银行内部控制的重要性。例如，从我国目前的监管方式看，大多数银行将电子银行部设置在省行，支行和分行只有几名专业人员进行管理，这一模式虽然节省了人力资源，但是为了更好地监管网上银行，可以在大的支行增加专业人员数量设置数据监控中心，一旦出现非正常情况可以及时上报，同时还需要省行定期派遣专业人员对各支行网点监管排查，更好地管理网上银行风险。

第三，注重提升专业技术人员的技术水平，加强双向沟通，提高技术人员的话语权。由于技术手段复杂多变，可以从行业的角度建立起专业人才库，可以借鉴外部合格的评估机构来对网上银行进行监管。银行必须加强内部员工和客户的风险管理意识，提高员工的责任意识，让员工认同银行的管理模式，减少因为内部员工能力、风险意识不足导致的操作风险，同时还要防止员工的不法行为导致银行损失。

3. 加强用户管理

加强用户管理，主要通过银行推行有效的宣传措施，不断提高用户安全意识。银行要通过各种方式规范用户的使用行为，可通过银行职员的口头提醒、小册子宣传、视频、社交网络等容易接受的方式进行宣传，规范用户正确使用网银。银行要设立严格的信息披露规则，让用户明确网上银行交易的权利和义务，比如，披露网银业务风险、收费标准、消费者权利与义务以及免责条款等，以便消费者了解其合法性，避免误登"钓鱼"网站。监管当局还可以定时举办普及使用网上银行的讲座等，在全社会形成一种氛围。同时，用户自身也要不断地学习，提高自己的风险意识、法律意识，保护好自己的个人信息，通过自身的努力提高安全防范意识。

此外，银行还要加强用户资格审查制度。用户申请开通网上银行业务时应该对其信用状况进行审查，并与客户签订协议，明确各方的权利和义务及所承担的法律责任。同时，必须加强网上银行交易实时监控，如果发现大额、频繁的交易行为，就要加强监督和调查，发现异常情况及时报上级监管部门。银行应对开通网上银行业务的用户进行分类管理，用户处理网上银行资金时，要针对不同种类的业务以及金额大小进行控制。比如转入公司账户以及个人账户，对于这些操作应该分开对待并进行不同的金额控制等，进行大额交易和小额交易时也要通过不同的授权控制金额。只有这样，才能更好地管理网上银行用户，保护网上银行的健康发展。

思 考 题

1. 什么是电子支付？电子支付有哪些特征？
2. 电子支付的发展经历了哪几个阶段？
3. 我国主流的电子支付方式有哪些？
4. 什么是电子货币？电子货币类的支付工具有哪些？各有什么特点？
5. 什么是移动支付？移动支付有哪些特征？
6. 移动支付的主要形式有哪些？
7. 移动支付领域存在哪些问题？应该采取什么样的对策改善？
8. 什么是第三方支付？第三方支付具有哪些特征？
9. 常见的第三方支付平台的运营模式有哪几类？
10. 典型的第三方支付平台有哪些？
11. 什么是网上银行？其有哪些特征？
12. 你所了解的网上银行风险有哪些？如何进行管理研究？

第六章 电子商务安全

【学习目标】

- 了解电子商务安全研究的主要内容。
- 理解电子商务安全威胁及其相应的对策。
- 掌握电子商务常用的安全技术，如防火墙技术、数据加密技术、认证技术、安全协议。
- 了解电子商务管理安全方法与策略，如数字证书和认证中心。

【案例 6-1】

如何使用深度学习方法探测电子商务交易欺诈

深度学习(Deep Learning) 是机器学习的一个分支，是大量的训练样本、高性能计算能力与深度神经网络的融合，试图使用包含复杂结构或由多重非线性变换构成的多个感知层对样本特征进行高层抽象的一种方法。将深度学习方法应用在电子商务交易欺诈探测中，基于大量电子商务历史交易数据的自动特征提取，是解决传统机器学习方法依赖人工提取相关图像和文本特征的有效方案。

清华大学和京东金融合作发表于 ECML-PKDD2017 的论文 *Session-Based Fraud Detection in Online E-Commerce Transactions Using Recurrent Neural Networks* 提出了一种基于循环神经网络(Recurrent Neural Networks，RNN)的电子商务交易欺诈检测系统——时间侦探(CLUE)。

电子商务交易过程中，以下两种欺诈行为较为普通。

(1) 欺诈者窃取用户的电子商务平台账户信息(含支付密码)后，利用所窃取的账户信息登录电子商务平台进行一些欺诈活动，如购买虚拟商品进行变现、间接转走用户账户中的余额等。

(2) 利用黑市上购买的或网络窃取的信用卡信息注册新的电子商务平台账号，将这些信用卡绑定到新注册的账户名下，使用这些信用卡购买商品后进行变现。

然而，这些欺诈行为有一个共同的特征，即都会进行商品的购买和变现。可通过 RNN分析电子商务用户的在线商品浏览历史和交易记录，计算每条浏览历史的风险得分、用户的欺诈风险得分等，训练得到相应的欺诈检测模型，并根据实时在线产生的新数据样本实现模型的增量更新，以提高欺诈检测的准确度。

(资料来源：电商交易欺诈层出不穷，如何用深度学习系统布下天罗地网？

https://yq.aliyun.com/articles/229005?spm=5176.10695662.1996646101.searchclickresult.17a41548kdRx1s，雷锋网)

第一节 电子商务安全概述

一、电子商务安全的主要内容

一个安全的电子商务系统首先必须具有一个安全、可靠的通信网络，以保证交易信息安全、迅速地传递；其次，必须保证数据库服务器安全，防止黑客闯入网络盗取信息；最后，隐私保护也是电子商务安全需要解决的问题。从整体上来看，电子商务的核心是通过计算机网络技术来传递商业信息和进行网络交易。电子商务安全的主要内容包括计算机系统的安全和商务交易的安全两大方面。

(一)计算机系统的安全

国际标准化组织(ISO)对"安全"的定义是："最大限度地减少数据和资源被攻击的可能性。"可见，计算机系统安全(Computer System Security)中的"安全"是指将计算机系统的任何脆弱点降到最低限度。

同时，ISO还将"计算机安全"定义为："为数据处理系统建立和采取的技术和管理的安全保护，保护计算机硬件、软件数据不因偶然和恶意的原因而遭到破坏、更改和泄露。"此界定偏重于静态信息的安全保护。如果着重于动态意义描述，则可以将"计算机安全"定义为："计算机的硬件、软件和数据受到保护，不因偶然和恶意的原因而遭到破坏、更改和泄露，系统正常运行并连续提供服务。"

计算机系统安全主要包含以下五个方面的内容。

1. 系统设备安全

硬件设备是电子商务系统赖以存在的物理基础，包括机房、各种电子设备和网络通信线路等，以及系统的物理条件及设施的安全标准、硬件的安装及配置等。系统设备安全即电子商务实体安全，是指保护这些计算机硬件设备和物理线路的安全，保证其自身的可靠性和为系统提供基本安全前提。

在系统设计和实施过程中，要符合相关国家标准和国际标准，设备选型要满足安全性要求：必须优先考虑保护管理人员和电子设备不受电、火灾和雷击的侵害，并努力防止和减少人为操作失误或错误以及设备被盗、被毁、非法使用、电磁干扰、线路截获等侵害机会；其次，还要考虑系统的可靠性和数据的可恢复性，对关键的设备和通信线路采用必要的冗余配置。

2. 网络结构安全

电子商务系统的网络拓扑结构决定了网络系统的结构安全。因此，电子商务系统设计时有必要将公开服务器和外网与内部业务网络进行必要的隔离，避免因网络结构而造成的信息外泄。同时，还要对外网的服务请求加以过滤，只允许正常通信的数据包到达相应主机，其他请求服务在到达主机之前就应该遭到拒绝，从而确保网络系统的保密性、完整性和可用性。常用的安全措施有防火墙、防病毒软件、入侵检测技术等。

3. 系统平台安全

系统平台安全是指整个系统软件、应用软件和硬件平台防止意外和抵抗侵害的能力。系统软件是电子商务的核心驱动力，包括操作系统、数据库系统和网络管理系统等；应用软件包括电子商务相关业务处理软件、服务软件等。用户不但要选用尽可能可靠的系统软件、应用软件和硬件平台，还要对操作系统进行安全配置，保护系统软件和应用软件不被非法复制、不受病毒侵害等，如加强系统身份认证和访问控制。

4. 网络数据安全

数据安全是电子商务安全的核心，电子商务必须对数据的产生、处理、传输、管理和利用全过程实施保护，才能确保数据的保密性、完整性、不可修改性和不可否认性。数据安全包括网络信息的数据安全，数据库系统的安全，敏感数据的传输、存储和访问等。网络数据备份是一种常用的数据安全保护措施，需要能够完成网络文件的备份和恢复、网络数据库的备份和恢复、网络系统的灾难性恢复、网络任务管理等功能。

5. 系统管理安全

电子商务管理安全是网络安全中最重要的部分，是指从管理制度的设计和执行过程中，有效保护电子商务系统的资源和信息不受侵害。为了提高对系统的可控性与可审查性，当系统受到攻击或其他安全威胁时，系统应进行实时的检测、监控、报告与预警；当事故发生后，应能够提供攻击行为的追踪线索及破案依据。

为此，电子商务系统必须通过管理制度和相关法规，落实对系统中访问活动的多层次记录，以及时发现非法入侵行为。如果电子商务系统中责权不明、安全管理制度不健全或者制度缺乏可操作性，都有可能引起系统安全方面的问题。

> **小资料**：《中华人民共和国计算机信息系统安全保护条例》是我国第一个计算机安全法规，是我国计算机安全工作的总体纲领。

(二)商务交易的安全

电子商务交易安全是指电子商务活动在开放的网络上进行时的安全，其实质是在计算机系统安全的基础上，保障电子商务的顺利进行，涉及防止和抵御机密信息泄露、未经授权的访问、破坏信息完整性、假冒、破坏系统的可用性等内容。

电子商务交易安全包括数据、交易和支付的安全保证。其具体要求有：确保支付安全，安全处理各种类型支付信息的传递，诸如信用卡、电子支票、借记卡和数字货币；提供不可否认的商务交易，要能保证 A 的订货、B 收到货款、B 的发货、A 收到货等都应具有不可否认性，可通过对各消息源的认证和签字技术实现；在电子商务系统的基础设施中建立可信机构，保证经过 Internet 传递的某些敏感信息的隐私性。此外，电子商务的交易协议的安全性以及交易相关人员的安全培训和安全意识也是电子商务交易安全的重要方面。

计算机系统安全与交易安全是密不可分的，两者相辅相成，缺一不可。没有计算机系统安全作为基础，电子商务交易安全就无从谈起；没有电子商务交易的安全保障，即使计算机系统本身再安全，仍然无法达到电子商务安全的要求。

二、电子商务安全威胁

电子商务面临的安全威胁包括计算机网络系统与商务交易两方面的安全威胁。

(一)计算机网络系统的安全威胁

1. 系统层安全性漏洞

由于电子商务系统的运行是以计算机软硬件为基础的，因此计算机系统层所使用的硬件设备、软件系统、数据库及网络结构的安全漏洞都可能造成电子商务的安全隐患。

国际互联网上的通信业务多数使用 UNIX 或 Linux 操作系统，国内网站大多采用 Windows Server 系列操作系统，这些操作系统存在不同程度的脆弱性和安全漏洞，这使得运行在这些操作系统平台之上的电子商务系统易于遭受黑客的攻击。

2. 数据安全性威胁

(1) 跨平台数据交换引起的数据丢失。在同一个电子商务系统中，可能同时存在多个操作系统、多种型号的计算机设备、多种类型的数据传输介质，并要求同时支持多国语言，平台之间的兼容性有可能导致电子商务系统中数据的丢失。

(2) 意外情况造成的数据破坏。如果对意外情况造成的损失没有充分的评估和完备的补救措施，那么意外情况造成的数据破坏将对整个电子商务系统的稳定性和安全性造成威胁。

(3) 传输过程中的数据截获。攻击者可能通过互联网、公共电话网、搭线或在电磁波辐射范围内安装接收装置等方式，截获网络传输的机密信息，或通过对信息量和流向、通信频度和长度等参数的分析，获取有用的信息，如消费者的银行账号、密码等。

(4) 传输过程中的数据完整性被破坏。攻击者可能以中断、窜改、删除、插入和伪造等方式破坏信息的完整性。中断，使系统不能正常工作；窜改，即改变信息流的次序，如更改购买商品的收货地址等；删除，即删除某个消息或消息的某部分；插入，即在消息中插入一些信息；伪造，即直接破坏真实性，使电子交易合法性受到挑战。

3. 计算机病毒的危害

计算机病毒是在计算机程序软件中植入编制的恶意程序或指令，通过这些指令来破坏计算机运行或窃取数据信息，影响计算机正常工作使用，在一定情况下还能够实现自我繁殖和复制，严重时会导致计算机瘫痪。在计算机开启后，病毒就将停留在机器的内存中，并准备不断感染机器中的文件和数据，有时还会感染其他机器，对机器的资源消耗较大。一旦收到指令，它就对目标机器进行毁灭性且基本上是不可恢复性的打击和破坏。由于计算机病毒具有寄生性、繁殖性及隐蔽性的特点，因此波及面较广、危害范围大，且易反复发作。如果计算机病毒结合了木马程序，那么对于电子商务系统将成为一个最大的威胁。

计算机病毒对计算机系统、网络安全和电子商务系统构成了极大的威胁。虽然其种类繁多，但是只要做好病毒的监控和安全管理工作，做好重要数据信息的备份工作，就能把病毒对电子商务系统的危害降到最小限度。

4. "黑客"的攻击

"黑客"源于英语 Hack,在 20 世纪早期,麻省理工学院的校园俚语中黑客是"恶作剧"之意,尤指手法巧妙、技术高明的恶作剧,也可理解为"干了一件非常漂亮的工作"。"黑客"在当时用来形容独立思考然而却奉公守法的计算机迷。随着一些黑客逐渐将注意力集中到涉及公司机密和国家内幕的保密数据库上,"黑客"的定义有了新的演绎。

在信息时代,"黑客"意味着那些偷偷地、未经许可就攻入别人计算机系统的网络攻击者,他们或者破坏系统程序、施放病毒使系统陷入瘫痪;或者修改网页,传播黄色、反动信息;或者窃取政治、军事、商业秘密;或者转移资金账户、窃取金钱。网络"黑客"事件层出不穷,就连 Yahoo、Amazon 等一些世界知名大型网站也未能幸免。黑客往往利用电子商务系统中的种种安全性漏洞,窃取和破坏系统数据,甚至修改系统,对整个系统的正常运作造成严重危害。

(二)商务交易的安全威胁

1. 卖方面临的威胁

- 中央系统安全性被破坏,入侵者假冒成合法用户来修改用户数据(如商品配送地址等)、解除用户订单或生成虚假订单。
- 恶意竞争者检索商品配送状况,以他人的名义来订购商品,从而了解有关商品的配送状况和货物的库存情况,这样客户资料就会被竞争者获悉。
- 被他人假冒而损害公司的信誉,不诚实的人建立与卖方服务器名字相同的另一个服务器来假冒销售者。
- 获取他人的机密数据,如某人想了解另一个人的信誉时,他以另一个人的名字向销售商订购昂贵的商品,然后观察销售商的行动。若卖方认可该订单,则说明被观察者的信誉高;否则,就说明被观察者的信誉不高。
- 消费者提交订单后不付款,或者使用信用卡进行支付时恶意透支、使用伪造的信用卡骗取货物等。

2. 买方面临的威胁

- 虚假订单。假冒者可能会以客户的名字来订购商品,而且有可能收到商品,而此时客户却被要求付款或返还商品。
- 付款后不能按质、按量、按时收到商品。在要求买方付款后,卖方中的内部人员不将订单和钱转发给执行部门,因而使买方不能收到商品。
- 机密性丧失。客户有可能将秘密的个人数据或自己的身份数据(如账号、口令等)发送给假冒的卖方,这些信息也可能会在传递过程中被窃取。
- 拒绝服务。攻击者可能向卖方的服务器发送大量的虚假订单来穷竭它的资源,从而使合法用户不能得到正常的服务。

3. 交易双方面临的威胁

由于没有可靠的安全机制保证,交易双方否认交易的现象时有发生。例如,发信者事后否认曾经发送过某条信息或内容；收信者事后否认曾经收到过某条信息或内容；买方提交了订单却不承认，卖方收到订货单却不承认等。

三、电子商务安全对策

(一)电子商务的安全目标

电子商务面临的安全威胁的出现导致了对电子商务安全的需求，为了保证电子商务整个交易活动安全顺利地进行，电子商务系统必须具备以下几个安全目标。

1. 有效性

电子商务作为贸易的一种形式，其信息的有效性是开展电子商务交易的前提。因此，要对计算机系统硬件及网络故障、操作错误、应用程序错误、系统软件错误及计算机病毒所产生的潜在威胁加以控制和预防，以保证交易数据在确定的时刻、确定的地点是有效的。

2. 机密性

机密性是指保证信息为授权者享用而不泄露给未经授权者。电子商务是建立在一个开放的网络环境中的，维护商业机密是电子商务全面推广应用的重要保障。电子商务系统应该对主要信息进行保护，阻止非法用户存取信息以及数据在网络传输过程中被非法窃取。

3. 完整性

完整性是指保证只有被授权的各方能够修改计算机系统中有价值的内容和传输的信息。电子商务交易过程中，由于数据输入时的意外差错或欺诈行为，可能导致贸易各方信息的差异；数据传输时信息的丢失、信息重复或信息传送的次序差异也会导致贸易各方信息的不同。因此，要预防对信息的随意生成、修改和删除，防止数据传输过程中的丢失和重复，并保证信息传送次序的统一。

4. 可认证性

可认证性是指交易各方确认对方身份的合法性。由于电子商务系统是在虚拟的网络环境中进行的，交易各方需要在相互不见面的情况下进行身份确认，以保证交易对象身份合法，有效地预防和杜绝欺诈行为的发生。认证是保证电子商务安全的重要技术手段之一，交易者身份的确认一般通过证书中心和数字证书来实现。

5. 不可抵赖性

不可抵赖性是防止一方对交易或通信发生后进行否认，即建立有效的责任机制，使发送方在发送数据后不可抵赖，接收方在接收数据后不可否认，从而防止实体否认其各种交易相关的行为。电子商务直接关系到贸易双方的商业交易，如何确定要进行交易的贸易方正是进行交易所期望的贸易方这一问题则是保证电子商务顺利进行的关键。

(二)电子商务的安全对策

【案例6-2】

莫名签了免密协议 账户被盗刷数千元

2017年11月26日晚9点多，朱先生手机收到多条招商银行的扣款通知，其中有6笔共计648元，1笔98元，其中5笔是银行卡扣款，2笔是支付宝账户扣款。朱先生查询发现，除了当天7笔扣款外，在11月23日还有2笔银行卡扣款，分别是248元和118元，而这些扣款无一例外全部通过苹果账号在苹果商城购买了音乐商品。

后来，朱先生联系了支付宝和苹果两家公司的客服，苹果公司反馈不能退款，支付宝客服称他曾于11月20日凌晨1时在苹果商城签订了免密协议，签有免密协议就不算盗刷。但朱先生称自己平时凌晨1点多早已睡觉，不可能签订什么免密协议，且自己手机上并未收到相关的验证码信息。

(资料来源：莫名签了免密协议 账户被盗刷数千元，http://hsb.hsw.cn/system/2017/1210/111972.shtml，华商报)

针对电子商务的安全威胁和要达到的安全目标，"管理+技术"的体系是一套比较完整的安全防范对策。

1. 完善各项管理制度

电子商务安全管理制度是对各项安全要求所作出的规定，应构建一套完整的、适应于网络环境的安全管理制度。这些制度应当包括以下几个方面的内容。

(1) 法律法规。通过法律来规范和制约电子商务活动中人们的思想与行为，将电子商务安全纳入规范化、法制化和科学化的轨道。我国已颁布了有关安全法规50余种，如保密法、数据保护法、计算机安全法、计算机犯罪法等，这些法规的颁布在一定程度上规范了人们在商务活动中的行为，并且也使合法的电子商务活动受到了保护。

(2) 组织机构及人员管理制度。加强组织机构建设、人员的安全意识教育、技术培训和人员的选择，严格执行多人负责原则、任期有限原则和职责分离原则，建立一套行之有效的安全管理措施和手段。

(3) 保密制度。建立完善的保密体系，改进相应的保密措施，加强对密钥的管理。

(4) 跟踪审计制度。跟踪是指企业建立网络交易系统日志机制，记录系统运行的全过程；审计包括对系统日志的检查、审核，以便及时发现故意入侵系统行为的记录和违反系统安全功能的记录等。

(5) 系统维护制度。对系统进行维护时，应采取数据保护措施，如数据备份等。维护时要首先经主管部门批准，并有安全管理人员在场，故障的原因、维护内容和维护前后的情况要详细记录，包括软硬件的日常维护工作、数据备份工作等。

(6) 病毒防范制度。提高病毒防范意识，安装防病毒软件，定期进行病毒库的升级和病毒的查杀等。

(7) 应急措施。在紧急事故发生时，利用各项应急措施来保障电子商务系统继续运行或紧急恢复，如采用瞬时复制技术、远程磁盘镜像技术和数据库恢复技术等，使损失减至最小。

2. 技术对策

(1) 网络安全检测设备。加强对"黑客"行为的网络监控。例如，SAFEsuite 是一个较为广泛使用的网络安全监控系统，它可以找出安全隐患，提供堵住安全漏洞所必需的校正方案，还能监控各种变化情况，从而使用户可以找出经常发生问题的根源所在。

(2) 建立安全的防火墙体系。确定什么人在什么条件下可以进入企业内容环境。防火墙产品的好坏完全取决于它的规则集，如果规则集松散，则只相当于一个价格昂贵的路由器。有些防火墙只阻断大多数来自互联网的通信，对于由内部网络向外界发送的数据没有什么限制。

(3) 不间断电源的良好使用。针对硬件的电源故障可设置合适的不间断电源，还可采用合适的电源管理软件，如 PowerChulePlus 电源管理软件，在电源出现危机时自动做出保护响应，极大地增强网络的可靠性。

(4) 建立认证中心，并进行数字证书的认证和发放。数字证书的发放与管理是一个根本性的问题，最知名的证书授权部门是 VeriSign，它发放三种级别的公用证书，信用程度依次增高。

(5) 加强数据加密。数据加密是网络中采用的基本安全技术，主要是加密方式及实现加密的网络协议层和密钥的分配及管理，并可在 OSI 协议参考模型的多个层次上实现。

(6) 较强的防入侵措施。应加强对文件处理的限制，控制重要文件处理。利用报警系统检测违反安全规则的行为，对在规定次数内不正确的密码使用者，电子商务系统可以锁住该终端并报警。

(7) 严格的访问控制。按照事先确定的规则决定主体对客体的访问是否合法，当主体试图非法使用一个未经授权的资源时，访问控制机制将拒绝这一企图。

(8) 通信流的控制。通信流分析是一种特殊的被动型攻击，敌方通过分析网络中某一路径的信息流量和流向，就可以判断某事件的发生。信息流的安全控制主要是掩盖通信的频度、报文的长度、报文的形式、报文的地址，使网络中的数据流量比较平衡，以防止敌方通过分析网络中的某一路径的信息流量和流向来判断某事件的发生。

(9) 合理的鉴别机制。为每一个通信方查明另一个实体身份和特权的过程，包括报文鉴别、数字签名和终端识别技术等。

(10) 传输线路应有露天保护措施或者埋于地下，并要求远离各种辐射源，以减少由于电磁干扰引起的数据错误。开发各种具有较高安全性的访问设备，如安全磁盘、智能卡等。

(11) 数据完整性的控制。检验数据是否来自正确的发送方而非假冒的，数据接收的内容与发送时是否一致等。

针对电子商务的安全威胁，采取恰当的技术措施将网络安全评估技术、防火墙技术、入侵检测技术等结合起来，通过科学的管理、健全的管理制度，发挥人的主观能动性和警惕性来保护电子商务安全，才能形成一个较完整的安全防范体系。

第二节 常用的电子商务安全技术

一、防火墙技术

(一)防火墙的基本概念

防火墙是从建筑学上引用过来的一个概念。建筑学中的防火墙是指古代人们在房屋之间修建的一道墙,以使火灾发生时火势不至于蔓延到别的房屋。后来,这种称呼延伸到计算机安全领域,特别是延伸到近年来飞速发展的互联网领域,也被称为网络防火墙。

防火墙是指设置在不同网络(如可信任的企业内部网和不可信的公共网)或网络安全域之间的一系列软件或硬件设备的组合,是不同网络或网络安全域之间信息的唯一出入口,它能根据组织的安全政策控制(允许、拒绝、监测)出入网络的信息流,且本身具有较强的抗攻击能力。

防火墙可以确定哪些内部服务允许外部访问,哪些外部服务可以由内部人员访问,可以用来控制网络内外的信息交流,提供接入控制和审查跟踪。为了发挥防火墙的作用,来自和发往 Internet 的所有信息必须经由防火墙出入。防火墙禁止互联网中未经授权的用户入侵,由它保护的计算机系统只允许授权信息通过,自身不能被渗透。从逻辑上来看,防火墙是一个分离器、一个限制器,也是一个分析器,它可有效地监控内部网和互联网之间的任何活动,保证内部网络的安全。

1. 安装防火墙时应遵循的基本准则

(1) 一切未被允许的应该是被禁止的。基于该准则,防火墙应封锁所有信息流,然后对希望提供的服务逐项开放,只有经过仔细挑选的服务才被允许使用。

(2) 一切未被禁止的就是允许的。基于该准则,防火墙应转发所有信息流,然后逐项屏蔽有害的服务,构建更为灵活的网络应用环境。

2. 防火墙的功能

(1) 保护易受攻击的服务。防火墙能过滤那些不安全的服务,只有预先被允许的服务才能通过防火墙,降低了受到非法攻击的风险。

(2) 控制对特殊站点的访问。防火墙能控制对特殊站点的访问,如有些主机能被外部网络访问,而有些则是需要被保护起来的,防止不必要的访问。

(3) 集中化的安全管理。使用了防火墙之后,就可以将所有修改过的软件和附加的安全软件都放在防火墙上集中管理;而不使用防火墙,就必须将软件分散到各个不同的主机上。

(4) 对网络访问进行记录和统计。如果所有对 Internet 的访问都经过防火墙,那么防火墙就能记录下这些访问历史,并能提供网络使用情况的统计数据。当发生可疑动作时,防火墙能够报警并提供网络是否受到监测和攻击的详细信息。

3. 防火墙的不足之处

(1) 防火墙不能防范不经由防火墙的攻击。如果允许从受保护网内部不受限制地向外拨号，一些用户可以形成与 Internet 的直接的 SLIP 或 PPP 连接，从而绕过防火墙，造成潜在的后门攻击渠道。

(2) 防火墙不能防止受到病毒感染的软件或文件的传输。因为现有的各类病毒、加密和压缩的二进制文件种类太多，不能指望防火墙逐个扫描每个文件并查找病毒。

(3) 防火墙不能防止数据驱动式攻击。当有些表面看来无害的数据被邮寄或复制到 Internet 主机上并被执行发起攻击时，就会发生数据驱动攻击，防火墙无法防止这类攻击。

(二)防火墙的三种类型

防火墙产品系列中已经出现了各种不同类型的防火墙。这些技术之间的区分并不是非常明显，但就其处理的对象来说，可分为数据包过滤型防火墙、应用级网关型防火墙和代理服务型防火墙三大类。

1. 数据包过滤型防火墙

数据包过滤(Packet Filtering)技术是在网络层对数据包进行选择，选择的依据是系统内设置的访问控制表。通过检查数据流中每个数据包的源地址、目的地址、所用端口号、协议状态等，或它们的组合来确定是否允许该数据包通过。数据包过滤型防火墙逻辑简单，价格便宜，易于安装和使用，网络性能和透明性好。

数据包过滤型防火墙有两个主要缺点：一是非法访问一旦突破防火墙，即可对主机上的软件和配置漏洞进行攻击；二是数据包的源地址、目的地址以及端口号都在数据包的头部，很有可能被窃听或假冒。

2. 应用级网关型防火墙

应用级网关(Application Level Gateways)是在网络应用层建立协议过滤和转发功能，它针对特定的网络应用服务协议使用指定的数据过滤逻辑，并在过滤的同时，对数据包进行必要的分析、登记和统计，形成报告。

应用级网关型防火墙的工作流程如图 6-1 所示。与数据包过滤型防火墙类似，应用级网关型防火墙也是仅依靠特定的逻辑来判定是否允许数据包通过。一旦满足设置的逻辑条件，则防火墙内外的网络系统就建立直接连接。防火墙外部的用户便可了解防火墙内部的网络结构和运行状态，这可能造成非法访问和攻击。

图 6-1　应用级网关型防火墙的工作流程

3. 代理服务型防火墙

代理服务(Proxy Service)也称链路级网关或 TCP 通道(Circuit Level Gateways 或 TCP Tunnels)，是一种重要的防火墙技术。代理服务是针对数据包过滤和应用级网关技术存在的缺点而引入的防火墙技术，其特点是将所有跨越防火墙的网络通信链路分为两段。防火墙内外计算机系统间应用层的"链接"由两个终止代理服务器上的"链接"来实现，外部计算机的网络链路只能到达代理服务器，从而起到隔离防火墙内外计算机系统的作用。此外，代理服务也对过往的数据包进行分析、注册登记，形成报告，当发现被攻击迹象时便向网络管理员发出警报，并保留攻击痕迹。

(三)防火墙的体系结构

目前，防火墙的体系结构主要有双重宿主主机体系结构、被屏蔽主机体系结构和被屏蔽子网体系结构三种。

1. 双重宿主主机体系结构

双重宿主主机至少有两个网络接口，这样的主机可以充当与这些接口相连的网络之间的路由器，能够从一个网络向另外一个网络发送 IP 数据包。然而双重宿主主机的防火墙体系结构禁止这种发送，因此 IP 数据包并不是从一个网络(如外部网络)直接发送到另一个网络(如内部网络)。外部网络能与双重宿主主机通信，内部网络也能与双重宿主主机通信，但外部网络与内部网络不能直接通信，它们之间的通信必须经过双重宿主主机的过滤和控制，如图 6-2 所示。

2. 被屏蔽主机体系结构

双重宿主主机体系结构防火墙没有使用路由器，而被屏蔽主机体系结构防火墙则使用一个路由器把内部网络和外部网络隔离开，安全防护功能由用于防止绕过代理服务器直接相连的数据包过滤提供，如图 6-3 所示。这种体系结构涉及堡垒主机，即互联网上的主机能连接到的唯一内部网络上的主机。任何外部的系统要访问内部网络的资源或服务时都必须首先连接到这台主机。

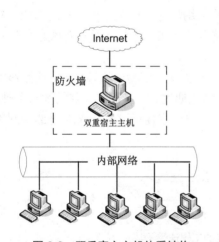

图 6-2 双重宿主主机体系结构

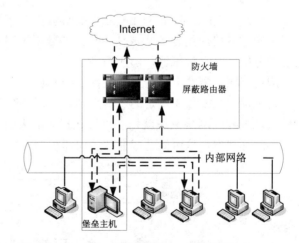

图 6-3 被屏蔽主机体系结构

3. 被屏蔽子网体系结构

被屏蔽子网体系结构通过添加周边网络更进一步地把内部网络和外部网络隔离开，最简单的被屏蔽子网体系结构是两个屏蔽路由器，每一个都连接到周边网，一个位于周边网与内部网络之间，另一个位于周边网与外部网络(通常为 Internet)之间。这样就在内部网络与外部网络之间形成了一个"隔离带"，即使攻击者侵入了堡垒主机，也仍然需要通过内部路由器，如图 6-4 所示。

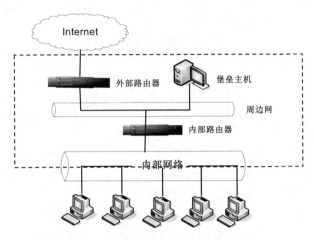

图 6-4　被屏蔽子网体系结构

二、数据加密技术

(一)数据加密技术的相关概念

数据加密技术是电子商务常用的一种保密安全措施，是利用基于数学算法的程序和保密的密钥对原始数据进行编码，生成难以理解的密文，有效防止信息被窃取。数据加密技术一般由加密和解密两个过程组成。明文被加密设备(硬件或软件)和密钥加密而产生密文的过程称为加密，将密文还原为原始明文的过程称为解密。

1. 加密的基本功能

- 防止不速之客查看机密的数据文件。
- 防止机密数据被泄露或窜改。
- 防止特权用户(如系统管理员)查看用户私有数据文件。
- 使入侵者不能轻易地查找系统文件。

2. 数据加密方式

数据加密可在网络 OSI 七层协议的多层上实现，从加密技术应用的逻辑位置来看，有链路加密、节点加密、端对端加密三种方式。

(1) 链路加密。通常把处在 ISO 参考模型第二层的加密称为链路加密，主要用于加密保护通信节点间传输的数据。

链路加密的基本原理是在受保护数据所选定的路径上，任意一对节点之间的加密是独立实现的，即每条链路所使用的加密密钥是不同的，如图 6-5 所示，$E_i(x)(i=1, 2, \cdots, n)$表示第 i 条链路的加密密钥。

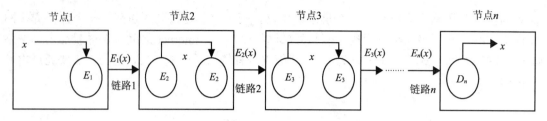

图 6-5　链路加密的基本原理

网络中传送的信息由报头和报文两部分组成,报头是为了保证通信所必用的控制信息,如信息传送的源节点地址、目的节点地址、路径选择信息、传送信息的长度等;报文则是真正要传送的用户数据信息。链路加密的加密算法常同时对报文和报头进行加密,不仅保护传送的信息,而且掩盖了源节点和目的节点的地址。

(2) 节点加密。节点加密是对链路加密的改进,是在协议传输层上进行加密,主要是对源节点和目标节点之间传输数据进行加密保护。节点加密算法依附于节点的加密模件,克服了链路加密在节点处易遭非法存取的缺点。

(3) 端对端加密。端对端加密是对应用层的数据信息进行加密,给一对用户之间的数据连续地提供保护,它要求对各用户采用相同的密钥,其原理如图 6-6 所示。

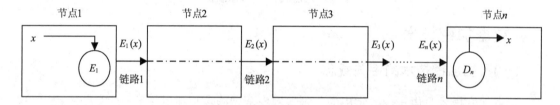

图 6-6　端对端加密的基本原理

端对端加密仅对报文信息进行加密,而报头中的控制信息部分则是以明文形式传送。端对端加密易于软件实现,且成本低,但密钥管理困难,主要适合大型网络系统中信息在多个发方和收方之间传输的情况。

(二)数据加密技术的类型

常用的数据加密技术主要有对称加密(私有密钥加密)和非对称加密(公开密钥加密)两种。对称加密以数据加密标准 DES(Data Encryption Standard)算法为代表,非对称加密通常以 RSA(Rivest、Shamir 和 Adleman)算法为代表。

1. 对称加密

对称加密又称为私有密钥加密,只用一个密钥对信息进行加密和解密,也就是一把钥匙开一把锁,在消息加密和解密时使用相同的密钥,即加密密钥也用作解密密钥,发送者和接收者都必须知道密钥。其工作原理如图 6-7 所示。

对称加密技术的特点是数学运算量小,加密速度快,密钥较短,且破译困难,使用起来简单快捷、效率高,但需要细心保存密钥,一旦密钥泄露就直接影响到信息的安全。

对称加密算法在电子商务的应用,需要提供一条安全的渠道,使通信双方在首次通信时协商一个共同的密钥。对称密钥的管理和分发工作是具有潜在危险并烦琐的过程,对称加密是基于共同保守秘密来实现的，采用该技术的贸易双方必须保证采用相同的密钥，保证彼此密钥的交换是安全可靠的，同时还要设定防止密钥泄密和更改程序。

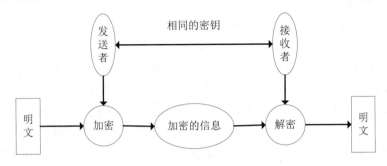

图 6-7 对称加密工作原理

对称加密算法有很多，下面是几种常见的对称加密算法。

(1) 传统加密算法。

代换密码和置换密码就是早期的传统对称加密算法。代换密码是用一个(或一组)字符代替另一个(或一组)字符。这种字符的映射关系就是对应该算法的密钥，而选择不同的密钥(不同的字符映射关系)将会产生不同的密文。置换密码则是根据某种规则改变明文的顺序形成密文。

传统加密算法具有设计简单的特点。但它们的主要弱点是算法和密钥密切相关，攻击者可以根据字母的统计和语言学知识破译密文，尤其是在计算机技术快速发展的今天，可以充分利用高性能计算机进行密文分析。

(2) 数据加密标准。

数据加密标准 DES 是 1977 年由美国国家标准局提出的，1981 年被采纳为金融业标准，是近 20 年来用于保护不加密的政府信息和金融业交易信息的主要算法，是目前广泛采用的对称加密方式之一。

DES 是一种密码块加密方法，采用了 64 位长度的数据块和 56 位长度的密钥。DES 可以有效地抵御攻击，从其诞生一直到 1998 年都没有被公开破解过。但是 1998 年，Electronic Frontier 基金会耗资 25 万美元建造了一个用来破解 DES 算法的处理器，名叫 Deep Crack，能在 3 天的时间里击败 RSA 安全公司的挑战，破解 DES 密钥。

(3) AES 算法。

基于对 DES 存在某些缺陷的认识，1997 年美国商务部开始了高级加密标准 AES 研究项目，其目的是建立更强大的算法标准来代替 DES。AES 是一种密码块加密方法，可以对 28 位的密码块进行处理，密钥的长度可以是 128 位、192 位和 256 位。AES 算法是根据比利时密码专家 Joan Daemen 博士和 Vincent Riijmen 博士设计的 Rijndael 密钥系统来定义的。

(4) IDEA 算法。

新一代加密算法 IDEA(International Data Encryption Algorithm)是一种国际信息加密算法，1991 年由瑞士联邦理工学院(ETH Zurich)的 James Massey 和 Xueiia Lai 发明，1992 年正式公开。它是一个分组大小为 64 位、密钥为 128 位、迭代轮数为 8 轮的迭代型密码体制。密钥主要是通过二元和、模 216 加及 216+1 乘三种运算来完成，用户可以根据需求选用 64 位或 128 位密钥以满足所需的安全要求。IDEA 比 DES 的加密性好，而且对计算机的功能要求也没有那么高,IDEA 加密标准由 PGP(Pretty Good Privacy)系统使用。

2. 非对称加密

非对称加密又称公开密钥加密,是使用公开密钥(Public Key)和私有密钥(Private Key)对信息进行编码。如果使用公开密钥对数据进行加密,就只能使用对应的私有密钥进行解密;如果用私有密钥对数据进行加密,那么就只能使用对应的公开密钥才能解密。

如图 6-8 所示,非对称加密算法不需要用安全的方式交换密钥,它将密钥分解为一对公开密钥和私有密钥,发送方生成一个自己的私有密钥并用接收方的公开密钥对自己的私有密钥进行加密,然后通过网络传输给对方;同时对需要传输的数据用自己的私有密钥进行加密,然后通过网络把加密后的文件传输到接收方;接收方用自己的公开密钥进行解密后得到发送方的私有密钥,然后用发送方的私有密钥对文件进行解密,得到文件的明文。

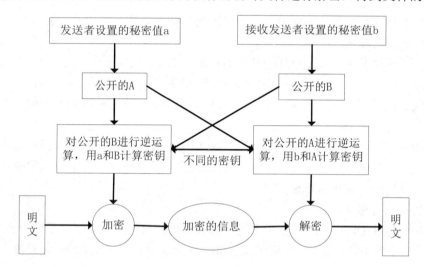

图 6-8　非对称加密工作原理

与对称加密算法相比,非对称加密算法的优点体现在以下几个方面。

- 在多人之间进行保密信息传输时所需的密钥组合数较少。在 N 个用户之间传输保密信息时,只需要 N 对公开密钥,远远小于对称加密系统的要求。
- 非对称加密算法的保密性比较好,它消除了最终用户交换密钥的需要,使得密钥的发布不成问题。
- 非对称加密系统可实现数字签名,这就意味着将电子文档签名后再发给别人,而签名者无法否认,即除签名者外他人无法以电子方式进行签名,而且签名者事后也不能否认曾以电子方式签过该文档。

3. 对称加密与非对称加密的结合

由于非对称密钥加密必须要由两个密钥的配合使用才能完成加密和解密的全过程,虽然有助于加强数据的安全性,但加密和解密的处理速度很慢,使得用非对称密钥加密和解密同样的数据所花费的时间是利用对称密钥加密的 1000 倍。所以,非对称密钥加密不适合对大量的文件信息进行加密,一般只适用于对少量数据(如密钥)进行加密。

由于非对称加密和对称加密具有各自的特点,所以在实际应用中往往将两种加密技术结合使用，以达到扬长避短的目的。即对网络中传输的数据采用 DES 或 IDEA 等对称加密算法，而数据加密使用的密钥则采用 RSA 等非对称加密算法进行加密传送，这样既可保证数据自身的安全性，又可提高加密和解密处理的速度，实现安全可靠的网络数据传输。

(三)密钥管理技术

1. 什么是密钥

密钥(Key)是一系列控制加密和解密操作的符号，加密算法由加密密钥控制，但加密算法是公开的，因此加密信息的安全性取决于密钥的保密性。常用的密钥主要有会话密钥(Session Key)、基本密钥(Basic Key)和主密钥(Master Key)三种。会话密钥是通信双方在会话中使用的密钥，这种密钥只在一次会话中有效，会话结束后就失效。在网络中用来传送会话密钥的密钥是基本密钥；对基本密钥进行加密的密钥称为主密钥。网络中一般采用这种密钥来进行保密通信。

2. 密钥管理的基本任务

密钥管理的目的是确保密钥的安全性、真实性和有效性。一个好的密钥管理系统应该做到：密钥难以被窃取；在一定条件下即使窃取了密钥也没有用，因为密钥有使用范围和时间的限制；密钥的分配和更换过程对用户透明，用户不一定要亲自掌管密钥。

密钥管理是一项复杂的工作，既包括一系列技术问题，也包括管理人员问题。层次化密钥管理方式是：用于数据加密的工作密钥需要动态产生；工作密钥由上层的加密密钥进行保护，最上层的密钥称为主密钥，是整个密钥管理系统的核心；多层密钥体制大大加强了密码系统的可靠性，因为用得最多的工作密钥常常更换，而高层密钥用得较少，使得破译的难度增大。

密钥管理的基本任务是：在密钥的整个生命周期中，为密钥提供生成、注册、认证、分配、传递、安装、存储、归档、保存、备份、撤销、注销和销毁等管理服务。

(1) 密钥生成：是指使用特定密码算法以安全的方式产生密钥。该服务要求密钥产生过程不会被窜改，产生方式不可预测，分发符合指定规程。某些密钥(如主密钥)生成要求特别的安全措施，因为知道这些密钥就能访问所有相关密钥或衍生密钥。密钥的生成与所使用的算法有关。

(2) 密钥注册：是指将密钥与实体联系起来，一般由专门的机构提供，而且是在使用对称加密技术时应用的。

(3) 密钥认证：是指生成密钥证书以确保公开密钥与实体的联系。

(4) 密钥分配：是指产生并为使用者安全地提供一个密钥的过程。

(5) 密钥传递：分集中传送和分散传送两类。集中传送是指将密钥整体传送，这时需要使用主密钥来保护会话密钥的传递，并通过安全信道传递主密钥。分散传送是指将密钥分解成多个部分，用秘密分享的方法进行传递，只要有部分到达就可以恢复。这种方法适用于在不安全的信道中传输。

(6) 密钥安装：是指在保证密钥不被泄露的情况下将密钥安装在密钥管理设备内。

(7) 密钥存储：是指为当前或近期使用的密钥或备份密钥提供安全存储。密钥存储的主要方式有：直接存放在磁盘、存储卡等外部物理存储设备内，将密钥加密后再用物理设备存储,用口令或 PIN 码对密钥进行安全保护等。

(8) 密钥归档:是指在密钥正常使用之后提供长期的安全存储。

(9) 密钥保存:密钥既可以作为一个整体保存,也可以分散保存。整体保存的方法有人工记忆、外部记忆装置、密钥恢复、系统内部保存。分散保存的目的是尽量降低由于保管人或保管装置的问题而导致密钥的泄露。

(10) 密钥备份:采用与密钥分散保存类似的方法,以免知道密钥的人太多。

(11) 密钥撤销:如果怀疑某个密钥被泄露或某些情况发生变更,便需要将密钥撤销,密钥被撤销后,仅能用于解密和验证。

(12) 密钥注销:就是解除密钥与实体之间的关系,是密钥撤销过程的一部分。

(13) 密钥销毁:是指将不再需要的密钥及其文档安全地删除,且销毁后的密钥将不能再恢复使用。

密钥分配是密钥管理的核心问题,解决的是在网络环境中在需要进行安全通信的实体之间建立安全密钥传输通道的问题。常用的网络密钥管理方案有 KDC(Key Distribution Center,密钥分配中心方式)和 Diffie-Hellman 方法。KDC 使用可信第三方验证通信双方的真实性,产生会话密钥,并通过数字签名等手段安全地传递分配给自己的密钥。Diffie-Hellman 方法则不需 KDC,通信发起方产生通信会话的私用密钥,并通过数字签名或零知识证明等方式安全传递通信密钥。IETF 已开发出一种基于 Diffie-Hellman 技术的密钥交换协议 Oakley,从而具有更好的安全性和独立性。

三、认证技术

【案例 6-3】

基于生物特征识别的身份认证也不安全,电子支付需要什么样的身份认证

基于生理特征的生物特征识别主要包括:指纹识别、人脸识别、虹膜识别、静脉识别(分为指静脉识别和掌静脉识别)、视网膜识别、掌纹识别、DNA 识别(鉴别)。基于行为特征的生物特征识别主要包括:签名识别、声纹识别、步态识别。生物特征识别具有不丢失、无法转移、无认知负荷、强制审计等优点,用户无须记住密码。

然而,生物特征信息也是可以被黑客窃取的,为提高生物特征识别的安全性,国民认证科技(北京)有限公司推出了一种新的身份认证解决方案——UAS。该方案的原理是将生物特征存储在用户终端的芯片安全执行环境中,对用户身份的识别全部在安全执行环境(独立隔离区域)中完成,无须将用户的秘密存储在服务端,从而避免因商家服务器受到攻击而导致关键信息失窃。

(资料来源:专访牛津教授 Ivan Martinovic:基于生物识别的身份认证也不安全,金融监管还需哪些黑科技?
https://www.leiphone.com/news/201710/Gt1xoWjrqe18GLDs.html,雷锋网)

认证技术是保证电子商务安全的一项重要技术,它可以直接满足身份认证、信息完整性、不可否认和不可修改等多种网上交易的安全需求,较好地避免了网上交易面临的假冒、窜改、抵赖、伪造等种种威胁。认证技术主要涉及身份认证和信息认证两个方面的内容。

(一)身份认证

身份认证是用户身份的确认技术，是网络安全的第一道防线，各种网络应用和计算机系统都需要通过身份认证来确认一个用户的合法性，然后确定这个用户的具体权限。

1. 身份认证的内容

身份认证用于鉴别用户的身份，包括识别和验证两个环节，即明确并区分访问者的身份以及对访问者声称的身份进行确认。所谓识别，就是指要对每个合法的用户都要有识别能力，为了保证识别的有效性，就需要保证任意两个不同的用户都具有不同的识别符。所谓验证，就是指在用户声称自己的身份后，认证方对它所声称的身份进行验证，以防身份假冒。

2. 电子商务对身份认证技术的基本要求

在真实的物理世界中，每个人都拥有独一无二的身份标志，但在虚拟的网络世界中，用户的身份往往采用一组特定的数据来表示，如何保证操作者的物理身份与数字身份的对应是电子商务安全所需解决的问题。电子商务领域对身份认证技术的基本要求如下。

(1) 身份识别方法要求安全、健康，对人的身体不会造成伤害。检测最好采用非接触方式，不会传染疾病，也不能伤害人的身体器官。

(2) 身份认证技术要满足实时检测的速度要求，操作简单，容易掌握和使用。

(3) 身份认证技术要求性价比高，检测和识别设备在满足性能要求的前提下价格不能昂贵，适合普及推广应用。

3. 身份认证的基本方法

用户身份认证可通过基于秘密信息、物理安全(智能卡)、生物特征等方式来实现。

(1) 基于秘密信息的身份认证。

基于秘密信息的身份认证方法有口令核对、单向认证、双向认证、身份的零知识证明等。口令核对的基本做法是每一个合法用户都有系统给的一个用户名和口令，用户进入时系统就要求输入用户名和口令，如果输入正确，该用户的身份便得到了验证。这种方法简单地根据输入的用户名以及预先约定的秘密信息口令(一维数据)来判断用户的身份。基于秘密信息的身份认证方法又称身份标识码和密码或称用户名和口令的身份认证方法，是第一代的身份认证技术，也称一维识别技术，是当前使用最普及也是最不安全的个人身份识别技术。

(2) 基于物理安全的身份认证方法。

物理安全的身份认证方法是指依赖于用户持有的合法的物理介质硬件，如证件、钥匙、卡等有形载体或用户所具有的某些生物学特征信息，进行身份认证的方法。基于智能卡的身份认证机制在认证时需要一个硬件——智能卡和安全技术基础平台 PKI，每一个用户配置记录有个人身份信息和 PKI 个人数字证书的智能卡。进行身份认证时，用户插入自己的智能卡并输入密码，认证中心 CA 帮助其完成身份识别，也称二维识别技术。这种方案基于智能卡的物理安全性，不易伪造和不能直接读取其中数据；没有 CA 中心发放的智能卡则不能访问系统资源，即使智能卡丢失，入侵者仍然需要猜测用户口令。但由于智能卡信息的读取需要专用的读卡器,这种身份认证技术的应用具有一定的局限性。

(3) 基于生物特征的身份认证。

基于生物特征的身份认证是指使用人脸图像、指纹、语音、虹膜、静脉(分为指静脉和掌静脉)、视网膜、掌纹、DNA、手写签名、步态等生物特征来识别身份的认证技术,根据识别对象的类型可分为基于生理特征和行为特征的生物特征身份认证两类。这种方法具有较难伪造、安全性高、不易丢失、可通过网络传输等优点,广泛应用于电子商务身份识别领域。

(二)信息认证

信息认证用于保证信息双方的不可抵赖性以及信息的完整性和信息的保密性,即确认信息是不是假冒的、是否被第三方修改或伪造。信息认证是指通信双方建立连接之后,对敏感的文件进行加密,即使攻击者截获文件也无法得到其准确内容;保证数据的完整性,防止截获人在文件中加入其他信息;对数据和信息的来源进行验证,以确保发信人的身份以及所收到的信息是真实的。

目前,在电子商务中广泛使用的信息认证方法主要有数据加密、数字签名、数字摘要、数字信封、数字时间戳、数字证书、CA 认证体系等技术。上面已经详细讲述了数据加密技术、智能卡技术,而数字证书技术、CA 认证体系将在本章第三节介绍。下面介绍数字签名、数字摘要、数字信封、数字时间戳四种信息认证技术。

1. 数字签名与数字摘要

联合国贸易和发展会议发会的《电子签名示范法》中对数字签名的界定是:"指在数据电文中以电子形式所含、所附或在逻辑上与数据电文有联系的数据,主要用于鉴别与数据电文相关的签名人和表明签名人认可数据电文所含信息。"ISO 7489-2 标准对数字签名的定义为:"附加在数据单元上的一些数据,或是对数据单元所做的密码变换,这种数据和变换允许数据单元的接收者用以确认数据单元来源和数据单元的完整性,并保护数据,防止被人(例如接收者)伪造。"

数字签名易更换、难伪造、可进行网络传递,可用来防止电子商务信息作假、冒用他人名义发送信息、发出(收到)信件后又加以否认等。

数字摘要(Digital Digest)又叫消息摘要(Message Digest,MD)、数字指纹(Finger Print)、散列编码(Hash 编码),是通过单向散列函数(Hash 函数)将需要加密的明文"摘要"成一串固定长度的散列值。Hash 函数是一种单向函数,只能从原信息摘要成散列值,而无法从散列值还原成原信息。不管明文长度是多少,经过 Hash 函数运算生成的散列串的长度是固定的。在传输信息时将 Hash 值加入文件一同送给接收方,接收方收到文件后,用相同的方法进行变换运算,若得到的结果与发送来的摘要码相同,则可断定文件未被窜改。

如图 6-9 所示,一个完整的数字签名系统包括签名和验证两大模块。实现数字签名的算法有很多,但利用非对称加密技术的数字签名是目前应用最广泛、技术最成熟、可靠性最高的一种数字签名方法。基于非对称加密算法的数字签名过程为:首先,将要发送的文件使用 Hash 算法加密生成一个数字摘要,再把所生成的摘要用发送方的私钥进行加密,形成数字签名,并将数字签名与消息原文同时发送到接收方。其次,接收方利用发送方的公钥对所接收到的消息原文进行解密，得到被发送方加密的数字摘要，同时利用 Hash 算法对所接收到的消息原文进行加密产生一个新的消息摘要，并将其与解密得到的消息摘要进行比较和校验，若两者一致则表示传输的消息没有被破坏或窜改过。

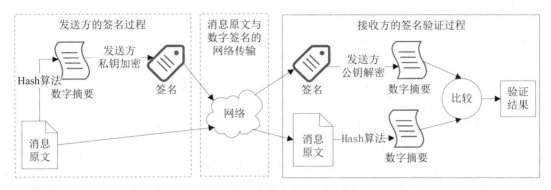

图 6-9　基于非对称加密的数字签名过程

数字签名代表了签字者对某个具体文件的认可，一个数字签名只对一份数字文件有效；发送方的密码只有签字方自己知道，具有不能抵赖性；没有签字方的密码就不能产生正确的签字者的签字，这是他人不能伪造的。从数字签名的过程可以看出，签名是建立在私有密钥与签名者唯一对应的基础上的，在验证过程中，是用与该私有密钥对应的公开密钥来验证的。所以，数字签名必须通过一家可信赖的认证中心颁发签名的数字证书(根证书)和私钥，从而确保签名的有效性。

小资料：2000 年 6 月 30 日，美国时任总统克林顿正式签署《数字签名法律》，使数字签名在美国与传统签名一样具有法律效力。

2004 年 8 月 28 日，第十届全国人民代表大会常务委员会第十一次会议通过《中华人民共和国电子签名法》，自 2005 年 4 月 1 日起施行。

2. 数字信封

如图 6-10 所示，数字信封(Digital Envelope)技术综合了对称加密技术和非对称加密技术的优点，发送方首先使用自己的随机私有密钥 *A* 对需要发送的消息原文进行加密，然后使用接收方提供的公钥 *K* 对随机私有密钥 *A* 进行加密，生成密文和经接收方公钥加密的随机私有密钥；接收方收到所发送的密文后，首先利用自己的私有密钥 *T* 对接收到的加密后的随机私有密钥 *A* 进行解密，然后再用解密后的发送方随机私有密钥 *A* 对密文进行解密，从而得到相应的消息原文。这样，数字信封技术可以保证信息只有特定的收信人才能阅读其中的内容，即使加密文件被他人非法截获，截获者因无法得到发送方的通信密钥，也就不可能对文件进行解密，从而保证数据传输的安全。

3. 数字时间戳

在电子商务中，除了要考虑数据的保密性、完整性、不可否认性及不可伪造性，还需要对交易数据、交易文件的日期和时间信息采取安全措施。数字时间戳(Digital Time-stamp)是数字签名的一种发展，数字时间戳服务(Digital Time-stamp Service，DTS)能提供电子文件发表时间的安全保护。时间戳(Time-stamp)是一个经加密后形成的凭证文档，包括需加时间戳的文件的摘要、DTS 收到文件的日期和时间、DTS 的数字签名三个部分。

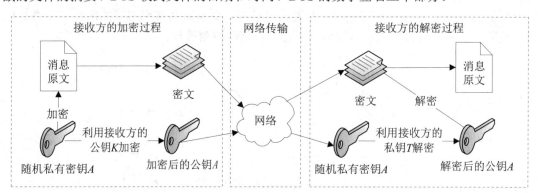

图 6-10　数字信封的工作原理

时间戳产生的过程是：用户先将需要添加时间戳的文件用 Hash 编码加密形成数字摘要，再将该数字摘要发送到 DTS；由 DTS 加入收到文件摘要的日期和时间信息后，再对该文件进行数字签名，然后送回给用户。由此可见，书面签署文件的时间是由签署人自己写上的，而数字时间戳是由认证机构的 DTS 来添加的，以 DTS 收到文件的时间为依据。数字时间戳可以作为电子商务交易信息的时间认证，在发生争议时作为时间凭证。

四、安全协议

目前，在电子商务中广泛采用的安全协议包括安全套接层协议(SSL)和安全电子交易协议(SET)。

(一)安全套接层协议

1. 安全套接层协议概述

安全套接层协议(Secure Sockets Layer，SSL)最初是由 Netscape 公司研究制定的一种安全通信协议，后来 Netscape 公司将 SSL 协议交给 IETF 标准机构进行标准化，在经过少许改进后，形成 IETF TLS 规范，现已成为互联网安全交易中数据加密的工业标准。SSL 协议采用公开密钥和私有密钥两种加密方法，向基于 TCP/IP 的客户机/服务器应用程序提供客户端和服务器的鉴别、数据完整性及信息机密性等安全措施，是加密传输控制协议 TCP 通信的一种方法，是介于 HTTP 与 TCP 之间的一个可选层，如图 6-11 所示。

SSL 协议提供三方面的服务：认证用户和服务器，使得它们能够确信数据将被发送到正确的客户机和服务器上；加密数据以隐藏被传送的数据内容；维护数据的完整性，确保数据在传输过程中不被更改。

SSL 协议之所以能够在电子商务中得到广泛应用，是因为凡是构建在 TCP/IP 上的客户机/服务器模式需要进行安全通信时，都可以使用 SSL 协议，而其他一些安全协议，如 S-HTTP 仅适用于安全的超文本传输协议，SET 协议则仅适宜 B2C 电子商务模式的银行卡交易。同时，SSL 被大部分 Web 浏览器和 Web 服务器所内置，使用比较容易。

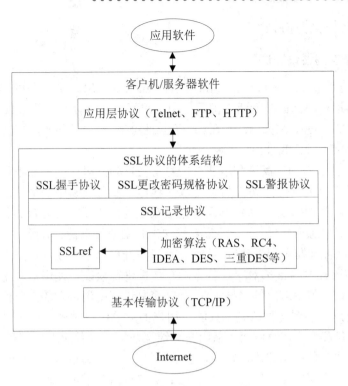

图 6-11　SSL 协议与相关网络层的关系

小资料：TLS(Transport Layer Security)是 IETF 的 TLS 工作组在 SSL 3.0 基础上提出的安全通信标准，提供的安全机制可以保证应用层数据在互联网络传输中不被监听、伪造和窜改。

2. SSL 安全协议的工作流程

SSL 协议建立之后，可对整个通信过程进行加密，并检查其完整性。其实现过程为：SSL 客户端在 TCP 协议上创建连接后，发出一个消息，该消息中包含了 SSL 可实现的加密算法列表和其他一些必要的消息；SSL 的服务器端将回应一个消息，其中确定了该次通信所要用的加密算法，并发出服务器端的证书；客户端在收到该消息后会生成一个秘密消息，并用 SSL 服务器的公钥加密后传回服务器；服务器用自己的私钥解密后，会话密钥协商成功，这时双方就可以使用同一个会话密钥进行网络通信。

SSL 协议运行的基础是电子商务企业对消费者信息保密的承诺，这就有利于电子商务企业而不利于消费者。在电子商务初级阶段，由于运作电子商务的企业大多是信誉较好的大公司，因此该问题还没有充分暴露出来。但随着电子商务的发展，各中小型公司也参与进来，这样在电子支付过程中的单一认证问题就越来越突出，SET 协议被提出并得到应用。同时，由于 SSL 协议只是简单地在双方之间建立了一条安全通道，在涉及多方的电子交易中，只能提供交易中客户端与服务器之间的双方认证，而电子商务往往是用户、网站、银行三方协作完成的，SSL 协议并不能协调各方之间的安全传输和信任关系。

(二)安全电子交易协议

1. 安全电子交易协议概述

安全电子交易协议(Secure Electronic Transaction，SET)是 1996 年 2 月 1 日由 MasterCard(万事达)和 Visa(维萨)两大国际信用卡组织与技术合作伙伴 GTE、Netscape、IBM、Terisa Systems、Verisign、Microsoft、SAIC 等一批跨国公司共同开发的安全电子交易规范，并于 1997 年 5 月 31 日正式推出 1.0 版。

SET 协议的核心是确保商家和消费者的身份及行为的可认证性和不可抵赖性，其理论基础是著名的不可否认机制。SET 协议可以实现电子商务交易中的数据加密、身份认证、密钥管理等，即采用 RSA 公开密钥体系对通信双方进行认证，利用 DES、RC4 或其他对称加密算法进行信息的加密传输，并用 Hash 算法来鉴别消息真伪、有无涂改。同时，认证机构 CA 根据 X.509 标准发布和管理数字证书，保证在开放网络上使用信用卡进行在线购物的安全。SET 协议使用数字证书对交易各方的合法性进行验证，使用数字签名技术确保数据完整性和不可否认；使用双重签名技术对 SET 交易过程中消费者的支付信息和订单信息分别签名，使得商户看不到支付信息，只能对用户的订单信息解密，而金融机构看不到交易内容，只能对支付和账户信息解密，从而充分地保证了消费者的账户和订购信息的安全性。

然而，SET 协议的应用成本比较高、互操作性差、复杂程度高，主要支持 B2C 类型的电子商务模式，推广应用比较缓慢。尽管 SET 协议有诸多不足，但它较好地解决了电子商务交易过程中的身份认证和数据安全问题，其复杂性代价换来了风险的降低，因而很快得到了 IBM、HP、Microsoft、VeriFone、GTE、VeriSign 等许多大公司的支持，已经成为事实上的工业标准，并获得了 IETF 国际标准的认可。

2. SET 安全协议的工作流程

SET 协议的工作流程，可以分为以下七个基本步骤。

(1) 持卡人利用自己的 PC 通过互联网选择所要购买的物品，并输入订单信息，订单信息包括商家、购买物品的名称及数量、交货时间及地点等。

(2) 通过支付网关与有关商户联系，商户做出应答，告诉持卡人所填订单的价格、应付款数、交货方式等信息是否准确、是否有变化。

(3) 持卡人选择付款方式，确认订单，签发付款指令，此时 SET 开始介入。

(4) 持卡人对订单和付款指令进行数字签名，同时利用双重签名技术保证商家看不到持卡人的账号信息。

(5) 商家接收订单后，向持卡人所在银行请求支付认可，信息通过支付网关到收单银行，再到发卡行确认，批准交易后返回确认信息给商家。

(6) 商家发送订单确认信息给持卡人，持卡人端软件可记录交易日志，以备将来查询。

(7) 商家发送货物或提供服务，并通知收单银行将钱从持卡人的账号转移到商家账号。

3. SET 协议与 SSL 协议的比较

SET 是一个多方的消息报文协议，定义了银行、商家、持卡人之间必需的报文规范，比 SSL 协议复杂，因为 SET 协议不仅加密两个端点间的单个会话，还加密和认定交易三方间的多个信息，而 SSL 只是简单地在交易双方之间建立了一条安全连接；SSL 是面向连接的，而 SET 允许各方之间的报文交换不是实时的；SET 报文能够在银行内部网或者其他网络上传输，而基于 SSL 协议的支付系统只能与 Web 浏览器捆绑在一起。

第三节　电子商务安全管理

在电子商务交易过程中，任何一方都要鉴别对方是否是可信的，也就是要确定交易双方的身份。如何保证交易对方身份的真伪，即如何保证公开密钥的正确性？为了解决这个问题，就引出了认证机制，如数字证书(Digital Certificates)和认证中心(Certificate Authorities，CA)。

一、数字证书

(一)数字证书的基本概念

数字证书又称为数字凭证，是由权威公正的第三方机构即认证中心颁发并包含证书申请者(公开密钥拥有者)信息及其公开密钥的文件。数字证书采用非对称加密机制，每个用户拥有一把仅为本人所掌握的私钥，用它进行信息解密和数字签名；同时拥有一把公钥，并可以对外公开，用于信息加密和签名验证，可用来证实一个用户的身份和对网络资源的访问权限的验证。

数字证书是一个担保个人、计算机系统或者组织的身份和密钥所有权的电子文档，作为网上交易双方真实身份证明的依据，可用于发送安全电子邮件、访问安全站点、网上证券交易、网上采购招标、网上办公、网上保险、网上税务、网上签约和网上银行等安全电子事务处理和安全电子商务活动。

(二)数字证书的内容

国际电信联盟 ITU 制定的 X.509 标准对数字证书进行了详细的定义，一个 X.509 国际标准格式的数字证书包含如下主要内容。

- 证书的版本信息。
- 证书的序列号。每个证书都有一个唯一的证书序列号。
- 证书所使用的签名算法。
- 证书的发行机构名称。命名规则一般采用 X.509 格式。
- 证书的有效期。
- 证书所有人的名称。命名规则一般采用 X.500 格式。
- 证书所有人的公开密钥。
- 证书发行者对证书的签名。

(三)数字证书的类型

目前，数字证书主要分为安全电子邮件数字证书、个人数字证书、服务器数字证书以及代码签名数字证书等几种类型。

1. 个人数字证书

个人数字证书(Personal Digital ID)主要是为某一个用户提供的证书，以帮助个人用户和其他用户交换信息或者使用在线服务时，验证用户的身份，保证信息的安全，主要用于个人的电子邮件安全。个人身份的数字证书通常安装在浏览器内，并通过安全的电子邮件进行交易操作，目前常用的 Netscape 浏览器和 IE 浏览器都支持该功能。

个人数字证书一般分为两个级别：第一级提供个人电子邮件的认证，仅与电子邮件地址有关，并不对个人信息进行认证，是最初级的认证；第二级提供个人姓名、个人身份等信息的认证。

个人数字证书用于电子邮件时，可起到类似密封的信封和手写签名的作用。让接收方确定信件确实由你发出，并为邮件的内容和附件加密，只有你所指定的接收方才能解密，从而防止其他人截获阅读。

2. 服务器数字证书

服务器数字证书(Server Digital ID，又称企业证书)主要为网上的某个 Web 服务器提供证书，拥有 Web 服务器的企业就可以用具有凭证的互联网站点(Web Site)进行安全的电子交易。拥有数字证书的 Web 服务器会自动地将其与客户端的 Web 浏览器通信的信息加密。服务器拥有者有了证书，就可以进行安全的电子交易了。

服务器证书的发放比较复杂。因为服务器证书是一个企业在网上的形象，是企业在网络空间信任度的体现，所以一个权威的认证中心对每一个申请者都要进行信用调查，包括企业的基本情况、营业执照、纳税证明等。此外，认证中心还要做如下工作。

- 对企业服务器的管理情况进行考核。这一般是通过事先准备好的详细验证步骤来进行的，主要考察其是否具备了完善的管理规范。
- 对企业的技术条件进行考核。这主要看其是否有完善的加密技术和保密措施。
- 对企业设备的安全性、可靠性进行调查。这主要包括是否有多层逻辑访问控制、生物统计扫描仪、红外线监视器等。

认证中心通过考察来决定是否发放或撤销服务器数字证书。一旦认证中心发放了数字证书，该服务器就可以安装认证中心提供的服务器证书，成功后即可投入服务。服务器得到数字证书后，就会有一对密钥(公开密钥和私有密钥)，它与服务器之间是密不可分的。数字证书与这对密钥一起代表了该服务器的身份，是整个认证的核心。

3. 代码签名数字证书

代码签名数字证书又称为开发者数字证书(Developer Digital ID)，通常为互联网中被下载的软件提供证书。借助这种数字证书，软件开发者可以为软件做数字标识，在互联网上进行安全的传送。当客户从开发者网站上下载经过数字标识的 ActiveX 控件、Java 小程序、动态链接库、HTML 内容时，就能够确信该代码的开发者信息，而且没有被改变或破坏。代码签名证书就好比软件的外包装，如果它被窜改了，客户就知道该代码实际已经不可信了。

在上述三类证书中，前两类是常用的数字证书，第三类则用于特殊场合。大部分认证中心都只提供前两类证书，能提供全部三类证书的认证中心并不多。

二、认证中心

(一)认证中心概述

1. 概念

数字证书的发行机构具有一定的权威性，通常被称为认证中心或证书授予机构，在电子商务交易中承担着公钥体系中公钥的合法性检验的责任，提供网上认证服务，签发数字证书并能确认用户身份，是受大家信任和具有权威性的第三方机构。CA 作为提供身份验证的第三方机构，由一个或多个用户信任的组织实体组成，其主要任务是受理数字证书的申请、签发及对数字证书进行管理，即接收注册请求，处理、批准或拒绝请求，颁发证书、更新证书、撤销证书和验证证书。

CA 对含有公开密钥的数字证书进行数字签名，使数字证书无法伪造。每个用户都可以获得 CA 的公开密钥，以此来验证任何一张数字证书的数字签名，从而确定该数字证书是否合法。数字证书只有在没有过期、密钥没有被修改、用户有权使用这个密钥、证书必须不在无效证书清单内这些条件均为真时，才是有效的。数字证书有一定的有效期，有效期结束后必须重新申请。

数字证书与 CA 相结合为电子商务带来的好处是：数字证书和 CA 减轻了公开密钥交换过程中验证公开密钥的麻烦。也就是说，有了数字证书和 CA，用户就不再需要通过验证来信任每一个想要交换信息的用户的公开密钥，而只要验证和信任颁发证书的 CA 的公开密钥就可以了。

2. 认证中心的体系结构

在电子商务活动中，认证中心呈如图 6-12 所示的树形结构。

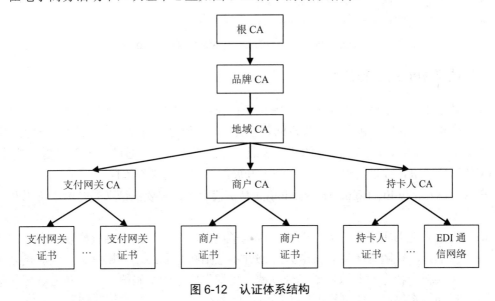

图 6-12　认证体系结构

根据功能的不同，认证中心可划分成不同的等级。不同等级的认证中心负责发放不同的证书，如持卡人证书、商户证书、支付网关证书分别由持卡人认证中心、商户认证中心、支付网关认证中心颁发；而持卡人认证中心证书、商户认证中心证书和支付网关认证中心证书则由品牌认证中心或区域性认证中心颁发；品牌认证中心或区域性认证中心的证书由根认证中心颁发。

在电子商务交易中，需要由一个具有权威性和公正性的第三方来完成，此时，CA 就担当了权威认证中心的职责。建立一个全国乃至全球性的认证中心是保障电子商务安全的重要基础。

3. 国外的数字认证中心

目前，在全球处于领导地位的认证中心是美国的 VeriSign 公司(http://www.verisign.com/)，该公司是软件行业第一家具有商业性质的数字证书产品和服务提供商。VeriSign 提供的数字证书服务遍及世界各地，可提供个人数字证书、服务器数字证书和开发者数字证书等多种数字证书。此外，国外常见的 CA 还有 GTE Cyber Trust、Thawte 等。

4. 国内的数字认证中心

国内的数字认证中心有以下几个。

- 中国数字认证网(http://www.ca365.com/)。
- 北京数字证书认证中心 (http://www.bjca.org.cn/)。
- 1998 年由上海市政府批准成立的上海市数字证书认证中心 SHECA (http://www.sheca.com/)。
- 2000 年由中国人民银行和国家信息安全管理机构批准成立的中国金融认证中心 CFCA(http://www.cfca.com.cn/)。
- 中国电子邮政安全证书管理中心(http://www.chinapost.com.cn/CA/index.html)。
- 广东省电子商务认证中心(http://www.cnca.net/)。
- 天津市数字证书认证中心 (http://www.ectj.net/)。
- 山东省数字证书认证管理有限公司(http://www.sdca.com.cn/)。

(二)认证中心的工作流程

通过认证中心提供认证服务的基本流程是：在进行电子商务交易时，交易的一方向对方提交一个由 CA 签发的包含个人身份的数字证书，以使对方可验证自己的真实身份。消费者向 CA 申请证书时，可提交自己的驾驶执照、身份证或护照，通过审核之后便可得到 CA 所颁发的数字证书，并以此作为自己在网上开展相关交易的身份依据。

在 SET(Security Electronic Transaction)交易协议中，最主要的证书是持卡人证书和商家证书。

- 持卡人证书实际上是支付卡的一种电子化表示。它是由金融机构以数字化形式签发的，不能随意改变。持卡人证书并不包括账号和终止日期信息，取而代之的是用某一个特定的算法根据账号、截止日期生成的一个码值。如果知道账号、截止日期、密码值，即可导出这个码值；反之不行。
- 商家证书是由金融机构签发的，用来记录商家结算卡类型，也是不能被第三方改变。在 SET 环境中，一个商家至少应有一对证书。与一个银行打交道，一个商家也可以有多对证书，表示它与多个银行有合作关系，可以接受多种付款方法。

数字证书是由权威认证机构管理的，在每次进行网上交易活动时需逐级往上验证各认证机构数字证书的真伪。各级认证机构是按根认证机构(Root CA)、品牌认证机构(Brand CA)，以及持卡人、商户或收单行支付网关认证机构(Holder Card CA、Merchant CA 或 Payment Gateway CA)由上而下按层次结构建立的。认证机构的最高层，即根认证机构(Root CA)的功能如下。

- 对订货信息和付款信息加密，以保证信息传送的保密性和完整性。
- 验证持卡人的信用卡账目，可由数字签名和持卡人证书完成。
- 对商家的认证通过数字签名和商家证书来实现。
- 保证交易各方遵守相同的标准协议，实现付款过程的安全性。
- 生成和安全保存符合 SET 协议要求的属于根认证机构的公、私密钥。
- 生成和自行签署符合 SET 协议要求的根证书及其数字签名。
- 处理品牌认证机构的申请，生成、验证品牌证书并在品牌证书上进行数字签名。
- 生成品牌证书撤销清单。
- 支持跨域交叉认证。
- 制定安全认证政策。

认证中心的工作流程如图 6-13 所示，首先认证中心生成自己的根证书，以供用户下载；用户申请并下载安装根证书之后，填写个人或单位的数字证书申请信息；认证中心收到用户的申请信息之后，对通过审核的用户生成数字证书，否则就拒绝颁发数字证书。其中，用户可通过认证中心转发和下载证书两种方式获得数字证书。

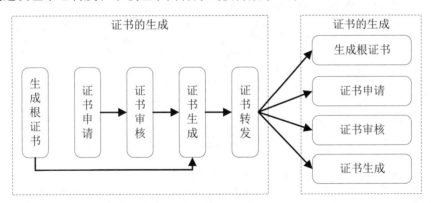

图 6-13　认证中心的工作流程

思　考　题

1. 电子商务系统具备哪几个安全要素？
2. 什么是防火墙？防火墙有哪些功能和不足之处？
3. 防火墙的三种类型是什么？防火墙的体系结构有哪些？
4. 什么是加密和解密？数据加密的三种方式是什么？

5. 常用的对称加密算法有哪几种？非对称加密算法的原理是什么？

6. 什么是密钥？密钥管理的基本任务是什么？

7. 身份认证有哪几种基本方法？

8. 什么是数字签名？什么是数字摘要？数字信封技术是什么？

9. 时间戳有哪几部分内容？时间戳的产生过程是什么？

10. SSL 安全协议的运行步骤有哪几步？

11. SET 安全协议的工作程序有哪些？

12. 什么是数字证书？它的内容是什么？

13. 数字证书有哪些类型？其主要功能分别是什么？

14. 什么是 CA？它的主要任务是什么？

扩展练习 案例分析见右侧二维码。

第七章　电子商务与现代物流

【学习目标】

- 掌握现代物流的概念和分类。
- 理解电子商务与物流的关系。
- 掌握电子商务环境下的物流模式。
- 熟悉电子商务物流的主要技术。

【案例7-1】

亚马逊物流

在物流环节上，亚马逊主要涉及物流中心运营，商品配送环节主要采取和第三方快递公司合作完成。根据年报数据，2011年亚马逊收到来自用户支付的运费总计15.5亿美元，同比增加30%。公司支付给合作快递公司的费用是39.8亿美元，同比上升55%。亚马逊向用户收取的配送费用，仅覆盖了需要支付给第三方快递公司成本的38.9%。可见，免费送货服务完全是亚马逊在补贴用户，"以客户为中心"虽然增加了亚马逊的物流成本，但由于该服务贴近消费者，又反过来成为亚马逊实现"规模化"的因子，进而促使平均每单的物流执行成本下降，弥补了净配送成本上升。

物流决定了商品能否较快地送达用户手中，决定了暂缺商品能否尽快补货，决定着供应链资源配置效率能否实现最大化。物流之于电子商务，一方面是用户体验的保证，另一方面则是供应链效率提升的前提。

然而，毛利率提升空间有限，物流等运营费用开销巨大，电子商务注定是个微利的行业，电商网站无一例外面临这些问题的困扰。2002年，亚马逊物流费用占营收比重首次下降至10%以下，同年Q4开始实现盈利，之后，该项费用一直保持在8%~10%。亚马逊在物流管理效率方面的经验值得借鉴。

与平台型电商 eBay 仅控制信息流的方式不同，亚马逊集中控制着物流和信息流两条线。亚马逊在北美地区和海外市场租用了总面积超过4000万平方英尺的仓储物流中心，并利用 IT 手段将货品运输、装卸、下单、配送、退货等整个流程进行数字化管理，这方面管理经验借鉴了沃尔玛。最后，配送环节则采取社会化物流方式，和第三方快递公司 FedEx、UPS 等物流公司合作，将商品送达用户手中。

IPO 上市融资后，亚马逊开始具备了大面积铺设仓储物流基础设施的资金基础。从1997年11月到1999年6月，亚马逊在全美共建立了七所物流中心，全球物流中心总面积达500万平方英尺。接下来的5年内，亚马逊仓库利用率逐步提升，有效支撑了公司订单量和用户数的增长。1999年，亚马逊公司销售额同比增长169%，达16.4亿美元。新增用户1070万，达1690万，接近三倍于上年同期的620万，重复消费率超过73%。2000年，库存周转率为12，2001年时升至16。为持续吸引用户重复消费，亚马逊采取了降价措施，其中包含提供免费送货服务。由于系统效率提升，成本结构改进，亚马逊于同年第四季度首次实现盈利。2003年，亚马逊净营收达52亿美元，实现全面盈利。

在接下来的5年(2004—2008年)，跟随海内外扩张步伐，以及FBA开放物流平台服务的推出，亚马逊物流中心面积再次进入大规模扩建状态当中。2004年，物流中心总面积接近600万平方英尺，同比增大42%，到2008年时达1729万平方英尺。与此同时，亚马逊销售额于2006年突破100亿美元，2008年接近200亿美元，2009年达到245亿美元。

为了进一步跟上订单规模增长，亚马逊最近两年物流投入再次升级，2010年物流中心租赁面积达2610万平方英尺，同比增加48%。截至2011年年底物流中心总面积达4405万平方英尺。伴随物流中心的扩建，亚马逊仓储物流费用开支大幅上升，2011年时该项费用已达45亿美元。物流固定投入如此高昂，亚马逊是如何高效利用这些资源，使该项费用占比逐渐下降，并稳定在8%~10%范围内的呢？

订单量和营收规模高速增长，从而摊薄单位成本。但在实际执行过程中，既要保证尽量高效地处理订单，将商品快速送达用户，又要保证商品价格和运费低价，还要确保运营成本结构不至于失控，操作起来并不容易。亚马逊的做法如下。

1. 采取物流促销手段，提高重复购买率和客单价，实现规模化运营

要实现"规模化"，一要新增用户数和订单量，二要增加重复购买，而这里面"低价"发挥了相当大的作用。除了通过提高运营效率，将节约下来的成本反馈用户外，便宜的配送费用同样迎合了用户的消费心理。为此，亚马逊大胆推出了一系列促销策略，包括免费送货服务。起初，亚马逊规定订单满99美元则可享受免费送货服务。服务初显成效后，亚马逊继续降低该服务门槛，又将免费送货服务订单要求先后降到49美元和29美元。

免费、促销手段逐渐带来了可观的经济效益，薄利多销、低价竞争，在亚马逊抢占市场、招揽顾客方面发挥了重要作用。为了放大促销手段的效益，亚马逊大胆创新，推出了Amazon Prime会员服务，Prime会员可以享受任意金额订单免除美国境内运费，以及两个工作日送达的服务，并可以免费点播Amazon提供的流媒体视频服务，为此，顾客只需要支付79美元的年费。

2. 开放物流平台FBA(Fulfillment By Amazon)，提升物流基础设施利用率

亚马逊的物流中心，除了为自己提供服务外，还为亚马逊网站上的第三方卖家，以及外部卖家提供包括订单处理、包装、发货、第三方配送对接、退换货等全套物流服务。无论是否是亚马逊的商家，都可以就近将货物送到亚马逊的仓库，并按照每立方英尺每月0.45美元的仓库空间费用，以及顾客下单后，0.6~1美元的分拣包装费、每磅0.37~0.4美元的订单执行费用标准。卖家均可通过付费享有FBA物流服务。

可以将FBA想象成亚马逊网络服务的又一个API接口，它使得亚马逊庞大的物流中心网络成为一个开放平台，中小商家们只需要支付一定费用，就可以将复杂的物流管理完全交由亚马逊"物流网络"专业完成。尤其是对于在亚马逊开店的中小型商家，FBA提供了相当大的便捷，进而促进亚马逊MarketPlace服务的发展。目前，第三方平台业务交易额占亚马逊整体交易额的比重已上升至40%，该项服务的毛利率相对亚马逊的自营电商业务较高，MarketPlace及FBA业务的发展，逐渐成为拉升亚马逊毛利率的主要因素。通过这项服务，亚马逊的仓库利用率也将得到提升，尤其是在购物淡季，空置的仓库可以高效运转起来，有效提高了投资回报。

3. 利用信息化手段优化运营效率，加快周转速度，降低单位成本

用户选购行为是随机的，进入仓库的商品，必须按照划分好的货架位置分别存放。为满足不同地区的用户都尽可能快地收到各类商品，每间仓库都要存放尽可能齐全的 SKU，因此亚马逊物流中心通常容量巨大。要提高拣货员的拣货效率，就需要将物流和信息流结合在一起，通过信息化手段对货品及运输信息进行集中管理。订单生成后，又难免遇到某些商品在附近仓库缺货、无货的情况，这就需要从其他仓库发货，然后进行"拼单"处理。此外，由于部分商品发生退换货要求，商品可能两次进出仓库。为了进一步提高物流中心运营效率，节约人力成本，亚马逊还在 2012 年斥资 7.75 亿美元，收购了机器人公司 Kiva Systems。Kiva 开发的机器人能够在仓库中灵活穿梭，抓取并移动货架和装货箱，加快了订单履行速度。

(资料来源：http://www.nbd.com.cn)

第一节 现代物流概述

物流与人类社会的发展息息相关，随着生产的社会化水平不断提高，人们对物流有了更高层次的理解，物流的概念也在发生着变化。

一、物流的产生与发展

物流的概念萌芽于 20 世纪初的美国，"物流"一词最早来自 1915 年阿奇·萧在《市场流通中的若干问题》一书中提到 Physical Distribution，中文意思是"实物配送"。其具体定义为："物流是与创造需要不同的一个问题，物资经过时间和空间的转移，会产生附加价值。"

1935 年美国市场营销协会编写的《市场营销用语集》中，对物流下了这样的定义："物流是市场营销活动中所伴随的物质资料，从产地到消费地的种种企业活动，包括服务过程。"

第二次世界大战期间，美国军队为了改善战争中的物资供应状况，研究和建立了"后勤"(Logistics)理论，在战争活动中加以实践和应用。Logistics 是军事术语，原意为"兵站"或者"后勤"，主要强调军队在作战时，能否以最快的速度、最高的效率，安全无误地将武器、弹药以及军队吃、住、行等所有必需物品按要求供给前线。这就必须有一整套科学的后勤供应管理系统，包括军需品的订货、生产计划制订、采购、库存管理、配给、运输以及通信等。可见，那时的物流是作为军事科学的一个分支，即从事采购、保障和运输军事物资、人员以及设备的活动。

第二次世界大战以后，军事上的后勤概念逐渐被引入到工业部门和商业部门，其内涵得到了进一步的延伸，包括了下列业务活动：原材料的流通、产品分配、运输、购买与库存控制、储存、用户服务等。这时的"后勤"一词已不仅仅是军事上的含义了，已经等同或接近于现代物流。1962 年，美国著名经济学家彼得·德鲁克在《财富》杂志上发表《经济的黑暗大陆》一文，首次明确提出物流领域在降低成本和挖掘利润方面的意义，从此物流在经济活动中的地位与作用引起世界范围的广泛关注。

1985 年，美国物流协会正式将物流的概念从 Physical Distribution 改为 Logistics，并将现代物流定义为："为了符合顾客的需求，将原材料、半成品、完成品以及相关的信息从发生地向消费地流通的过程，以及为使保管能有效、低成本地进行而从事的计划、实施和控制行为。"1998 年美国物流管理协会再次修改了物流的定义："物流是供应链流程的一部分，是为了满足客户需求而对商品、服务及相关信息从原产地到消费地的高效率、高效益的正向和反向流动及储存进行的计划、实施与控制过程。"最终，2001 年美国物流管理协会对物流的定义为："物流是为满足消费者需求而进行对原材料、中间库存、最终产品及相关资源从起始地到消费地的有效流动与存储的计划、实施与控制的过程。"

欧洲物流协会于 1994 年公布的《物流术语》中认为："物流是在一个系统内对人员或商品的运输、安排及与此相关的支持活动的计划、执行与控制，以达到特定的目的。"

我国开始使用"物流"一词始于 1979 年。1989 年 4 月，第八届国际物流会议在北京召开，自此"物流"一词的使用日益普遍。当物流的概念用于企业界时，其含义便成为一个企业对其原材料管理、货物运输和仓储、集散之间实施的计划、组织、指挥、协调和控制。20 世纪 80 年代末和 90 年代初期，国内从物流概念的界定和物流基本知识的介绍转为开展专题性研究，如物流行业发展问题和配送问题，物流模式、物流规划和物流运营等问题，逐步完善了我国物流管理理论体系。

二、现代物流的定义和分类

(一)物流的概念

小资料：2001 年 4 月，由中国物资流通协会牵头组织，中国物资流通技术开发协会、北京工商大学、北京物资学院、华中科技大学、原国内贸易局物流技术研究所等单位专家学者编写的《中华人民共和国国家标准：物流术语(GB/T 18354—2006)》(简称《物流术语》标准)正式颁布。

在充分吸收国内外物流研究成果的基础上，《物流术语》标准将物流定义为："物品从供应地向接收地的实体流动过程。根据实际需要，将运输、储存、装卸、搬运、包装、流通加工、配送、信息处理等基本功能实施有机结合。"

物流的主要作业环节包括：商品的运输、仓储、包装、搬运装卸、流通加工、配送，以及相关的物流信息处理等。

物流活动的具体内容包括以下几个方面：用户服务、需求预测、订单处理、配送、存货控制、运输、仓库管理、工厂和仓库的布局与选址、搬运装卸、采购、包装、情报信息的采集等。

随着电子商务的迅猛发展，物流在电子商务中所起的作用越来越大。物流是实施电子商务的根本保证，电子商务也促使传统物流向现代物流发展。

现代物流就是现代管理制度、管理组织、管理技术、管理方法在物流中的运用，具体包括物流专业化、管理系统化、运输合理化、仓储自动化、包装服务标准化、装卸机械化、配送一体化和信息网络化。

现代物流不仅单纯地考虑从生产者到消费者的货物配送问题，而且还考虑从供应商到生产者对原材料的采购，以及生产者本身在产品制造过程中的运输、保管和信息处理等各个方面，全面地、综合性地提高经济效益和效率的问题。因此，现代物流是以满足消费者的需求为目标，把制造、运输、销售等统一起来考虑的一种战略措施。

综上所述，现代物流是指为了满足顾客需求，利用现代信息技术将运输、仓储、装卸搬运、包装、流通加工、配送、信息处理、需求预测、为用户服务等活动有机整合起来，经济有效地将原材料、半成品及产成品由生产地送到消费地的所有流通活动。

(二)物流的分类

随着物流概念的发展，物流从军事领域延伸到了企业内部的供应保障，又进一步拓展到经济的流通领域和生活领域。由此，产生了不同类型的物流概念。

1. 按照物流的领域分类

(1) 军事领域。军事领域的物流概念是现代物流概念的来源。在军事上，物流是支持战争的一种后勤保障手段，是伴随战争和战场的转移而发生的军事物资的运动。

近年来，随着军事科学的发展，军事物流已纳入军事经济系统之中。尤其在和平时期，"经济性"的比重正在加重，因而军事领域的物流又出现了新特点，使其外延不但涉及政治、军事，而且也必然涉及分配、调度及各种购销活动。

(2) 生产领域。物流的形成并非始于流通领域，而是始自生产领域，是以生产企业为中心的物流活动。

生产领域中的物流，广义的理解是指以生产企业为核心的全部活动，即从供应开始，延伸到生产加工，甚至延伸到销售。狭义的理解有两种：一种是专指生产企业涉及购销活动的物流，另一种是生产加工范畴中物料的物流。

(3) 流通领域。物流与流通领域密不可分，许多国家将物流理解为是伴随着社会的再生产分配、交换而发生的商品实体物理性位移。进入网络化时代后，电子商务发展迅速，企业对企业的电子交易行为产生大量的商品实体的物理性的位移，使物流主体仍趋向于流通领域。

(4) 生活领域。随着 B2C 和 C2C 电子商务的兴起，快递物流已经逐步成为日常生活中不可或缺的组成部分。

2. 按照物流活动的主体分类

按照物流活动的主体分类，承担物流任务的主体有企业自营、第三方、第四方，对应的物流类型有以下三种。

(1) 企业自营物流。企业自营物流是指由原料、零部件或成品提供者或购买者自主经营物流运输服务。

(2) 第三方物流。第三方物流(Third Party Logistics，3PL)是指由买卖双方之外的第三方企业承担交易过程中形成的物流运输任务，即买卖双方将物流业务外包给第三方承担。

(3) 第四方物流。所谓第四方物流，是指一个供应链的整合者以及协调者，调配与管理组织本身与其他互补性服务所有的资源、能力和技术来提供综合的供应链解决方案。

3. 按照物流作用和功能分类

按物流作用和功能分类，物流可以分为供应物流、生产物流、销售物流、回收物流和废弃物物流。

(1) 供应物流。供应物流是指为保证生产的节奏,不断组织原材料、零部件、燃料、辅助材料供应的物流活动。供应物流不仅是一个保证供应的目标,而且还是在最低成本、以最少消耗、以最大的保证来组织供应物流活动的限定条件下进行的,因此,就带来很大的难度。企业竞争的关键在于如何降低物流过程的成本,这也是企业物流的最大难点。为此,供应物流就必须有效地解决供应网络问题、供应方式问题和零库存问题等。

(2) 生产物流。生产过程的物流大体为:原料、零部件、燃料等生产资料从仓库进入生产线,而后随生产加工过程逐步流动,在流动过程中,同时产生一些废料、余料,直到生产加工终结,进入产成品仓库,生产物流过程结束。

过去,人们在研究生产活动时,主要注重单个的生产加工过程,而忽视了将生产加工过程作为一个整体,使得一个生产周期内,物流活动所用的时间远多于实际加工的时间。所以对生产物流的研究,目的在于缩减生产周期,提升劳动效率。

(3) 销售物流。销售物流是为保证企业的经营效益,伴随销售活动,将产品所有权转给用户的物流活动。在现代社会中,市场是一个完全的买方市场,销售往往以送达用户并经过售后服务才算终止,因此,销售物流的空间范围很大,这便是销售物流的难度所在。

在这种前提下,销售物流的特点是通过包装、配送等一系列过程将产品送达客户手上。这就需要研究送货方式、包装水平、运输路线等并采取各种诸如少批量、多批次、定时、定量配送等特殊的物流方式达到目的。

(4) 回收物流。在生产、供应、销售的活动中总会产生各种边角余料和废料,这些物品的回收过程即称为回收物流。而且,回收物品处理不当,往往会影响整个生产环境,甚至影响产品质量,也会占用存储空间,造成浪费。

(5) 废弃物物流。废弃物物流是指将经济活动中失去原有使用价值的物品,根据实际需要进行收集、分类、加工、包装、搬运、储存等,并分别送到专门处理场所时所形成的物品实体流动。它是从环境保护的角度出发,不管废弃物有没有价值或利用价值,都要将其妥善处理,以免造成环境污染。

4. 按照物流活动的空间范围分类

按照物流活动的空间范围分类,物流可以分为区域物流、国内物流和国际物流。

(1) 区域物流。区域物流有按行政区域划分的,也有按地理位置划分的。区域物流着眼于提高一定地域范围内的物流效率。

(2) 国内物流。国内物流作为国民经济的一个重要组成部分,从全局着眼,消除地区分割、部门分割造成的物流障碍。

(3) 国际物流。国际物流是不同国家之间的物流,是支撑国际经济交往、贸易活动等所发生的物流活动,是跨境电商的必要组成部分。

扩展阅读 1 物流在电子商务中的地位和作用见右侧二维码。

三、电子商务对物流的影响

电子商务的应用和推广,对物流所产生的影响也是巨大的,有利于实现物流的高效化、合理化和现代化。

(一)电子商务将改变物流的运作方式

电子商务不仅实现了对物流网络的实时控制，而且实现了对物流全过程的实时控制。在传统的物流活动中，物流是伴随商流进行的，对物流的控制也仅是通过计算机实现对单个物流运作方式的控制。而电子商务物流是以信息为中心的，信息不仅决定了物流的运动方向和运动方式，通过网络上的信息传递，还可以有效地实现物流在全球范围内整体的实时控制，实现物流合理化。

(二)电子商务将改变物流企业的经营形态

电子商务不仅改变了物流企业的竞争方式，而且也改变了物流企业的经营方式。

电子商务物流节点的主要形式是配送中心。配送中心是指接受供应者所提供的多品种、大批量的货物，通过储存、保管、分拣、配货以及流通加工、信息处理等作业后，将按订货需求配齐的货物送交顾客的组织机构和物流设施。配送中心不仅有传统物流的基本功能(如储存、集散等)，还有现代物流中加工、分拣、信息处理等功能。

在电子商务环境下，物流管理以时间为基础，货物流转更快，制造业将实现"零库存"，传统的仓储已不适应电子商务的需求，配送中心成为电子商务物流运营的核心。

(三)电子商务对物流提出更高的要求

(1) 对物流的时效性提出了更高的要求。为了进一步改善网络购物体验，电子商务对物流的时效性提出了更高的要求。例如京东商城的 211 限时达，亚马逊实时显示预计配送时间等，都给消费者带来了更好的物流体验。

(2) 对企业供应链管理提出了更高的要求。企业通过网络接收订单，实现按订单组织生产，以降低成本，提高劳动生产率。这就要求企业内部的采购、制造、分销、仓储等部门之间，以及外部的原材料和零配件供应商、制造商、销售商和最终用户之间必须紧密合作，提高组织的运作效率。

(3) 对物流人才提出了更高的要求。电子商务的发展需要建立一个高效、畅通的物流系统，这就要求物流管理人员既具有较高的物流管理水平，又具有电子商务知识，并能在实际运作中把二者有机结合起来。

电子商务的发展，使快递物流产业与电子商务平台、网商企业的合作日趋密切，合作范围不断扩大。在多家快递公司网站的招聘启事中，电子商务部门早就被单列为一个新的业务部门，一些快递公司甚至明确要求应聘者必须熟悉淘宝等电子商务网站的业务流程。

四、电子商务物流管理的特点

(一)物流管理信息化

信息化是电子商务物流管理的必然要求。物流管理信息化即物流信息收集的数据库化和代码化、物流信息处理的电子化、物流信息传递的标准化和实时化、物流信息存储的数字化等。没有物流管理的信息化，电子商务对物流的快速、准确、集成、低成本的要求就无法满足。

在电子商务物流的实际运作过程中，企业资源计划(ERP)、快速反应(QR)以及有效的客户反应(ECR)等供应链管理方法以及条码技术、无线射频识别技术(RFID)、电子数据交换(EDI)、全球定位系统(GPS)、地理信息系统(GIS)等技术得到了普遍的应用。

(二)物流管理自动化

条码技术、射频自动识别系统、自动分拣系统、自动存取系统、自动导引车、货物自动跟踪系统等都是实现物流管理自动化的设备。这些设施有效地扩大了物流作业能力，提高了劳动生产率，减少了物流作业的差错。

(三)物流管理网络化

电子商务物流管理网络化有以下两层含义。

第一，现代物流配送系统依靠计算机网络，把供应商、制造商、零售商、物流企业、物流配送中心、顾客联系在一起。

例如，物流配送中心向供应商发出订单的过程，就可以通过计算机通信方式，借助于电子订货系统(EOS)和电子数据交换技术(EDI)来自动实现。物流配送中心通过计算机网络收集下游客户订货的过程也可以自动完成。

第二，电子商务物流组织的网络化。通过企业内联网、外联网以及互联网实现全球运筹式的产销模式，按照全球客户的订单组织分散式的生产，调动全球的网络资源为企业所用，然后通过全球物流网络将产品发送出去。

例如，中国台湾地区的计算机业在 20 世纪 90 年代创造出了"全球运筹式产销模式"，这种模式基本是将全世界的资源都纳入自己的网络。按照客户订单组织生产，生产采取分散形式，即将全世界的计算机资源都利用起来，采取外包的形式将一台计算机的所有零部件、元器件、芯片外包给世界各地的制造商去生产，然后通过全球性的物流网络将这些组件发往同一个物流配送中心进行组装，最后将成品迅速发给客户。

可见，物流管理网络化成为电子商务环境下物流活动的一个主要特征，Internet 的普及为物流管理网络化提供了基础。

(四)物流管理柔性化

物流管理柔性化是企业物流系统为实现"以需求为导向，以顾客为中心"理念而提出的。物流柔性化必须适应现代生产发展的柔性制造系统(FMS)、计算机集成制造系统(CIMS)、制造资源计划(MRP)、企业资源计划(ERP)以及供应链管理(SCM)等概念和技术。这些概念和技术的实质是将生产、流通进行集成，根据需求组织生产，安排物流活动。

在电子商务活动中，企业往往需要根据客户需求的变化来调整生产或配送过程，没有柔性化的电子商务物流系统是不可能实现的。

以快递物流所面临的两难选择为例：如加大投入，满足忙时需求，闲时又可能造成配送能力过剩；如仅仅满足平日需求，忙时加班加点仍会造成快件延误。为了解决这种矛盾，政府必须支持物流公共信息平台建设，并与物流协会一起，集中、整合物流资源，培育物流需求市场，共同推进物流经营管理技术与水平的提升。另外，还需积极探索创新的物流模式，如扶持物流龙头企业针对需要公共仓储服务的网商，提供"仓储+理货+配送"的电子商务一体化的物流服务。通过政府和协会的引导，在物流公共信息平台的基础上，实现物流运输和仓储的社会化，进而物流配送中心可根据电子商务物流需求"多品种、小批量、多批次、短周期"的特点，灵活组织和实施物流作业，实现物流配送柔性化。

(五)物流管理智能化

物流管理智能化是物流自动化、信息化的一种高层次应用。物流作业过程大量的运筹和决策，如库存水平的确定、运输(搬运)路径的选择、自动导引车的运行轨迹和作业控制、自动分拣机的运行、物流配送中心经营管理的决策支持等问题都需要借助于大量的知识才能解决。目前，专家系统、机器人等相关智能化技术在国际上已经有比较成熟的研究成果，物流管理智能化已成为电子商务物流发展的一个新趋势。

第二节　电子商务物流模式

【案例7-2】

阿里巴巴增持菜鸟股份至51%　未来五年再投1000亿

阿里巴巴集团2017年9月26日宣布，为进一步推进新零售战略，将增持旗下菜鸟网络的股份。按照协议，此次阿里巴巴将投资菜鸟网络53亿元人民币。增资后，阿里巴巴持有菜鸟股权将从原来的47%增加到51%，并新增一个董事席位，从而占董事会七个席位中的四席，并将在已投入数百亿元的基础上，未来五年继续投入1000亿元。

阿里巴巴表示，未来1000亿元投入除了继续投资数据技术等领域的研发，还将主要用于和物流伙伴共同推进智能仓库、智能配送、全球超级物流枢纽等核心领域建设，对于物流网络的建设将继续轻重有度，以解决客户问题、提升社会物流效率为目标。

数据显示：目前在阿里巴巴平台上，菜鸟智能仓配网络已经为全国1000多个区县提供当日达、次日达服务，天猫超市在生鲜领域推出了1小时送达的极速物流。在跨境领域，基于菜鸟的全球物流网络，中国商品运往世界各地的时间大幅缩短，很多地区从过去的60天已经降到目前的15天左右，俄罗斯、西班牙等部分地区已经实现了72小时送达。在农村网络方面，菜鸟已经搭建了覆盖全国近3万个村庄的送货进村服务，打通了"农村最后一公里"。

阿里巴巴集团CEO张勇表示："随着新零售战略的推进，阿里巴巴将在更大程度上加强生态中的商业和物流能力，在物流关键领域加大投入，打造服务于中国乃至全球的高效物流网络。我们将继续加深和物流合作伙伴的合作，共同致力于新的目标。"

在全球化方面，在未来的投资计划中，菜鸟将联合全球物流伙伴加大EWTP全球物流枢纽建设、海外仓布局，为商家的全球买、全球卖提供端到端解决方案。2017年在东南亚等地区，菜鸟将加快实现72小时送达。此前菜鸟已经投资建设了全球履约中心(GFC)、EWTP超级物流枢纽等。

(资料来源：http://news.sina.com.cn/o/2017-09-28/doc-ifymenmt7039321.shtml)

所谓物流模式，又称物流管理模式，是指根据现实需要，构建相应的物流系统，形成有目的、有方向的物流网络，采用某种形式的物流解决方案。在电子商务环境下，有以下三种常见的物流管理模式：企业自营物流、第三方物流、第四方物流等。同时，绿色物流、逆向物流等新型物流模式也是电子商务活动中不可或缺的。

一、企业自营物流模式

由于社会上的物流公司在实际运行中存在各种问题，不能满足企业的物流需求，许多大型企业依托其雄厚的经济实力开展自营物流，以提高顾客满意度，增加收益。自营物流可以分为传统的自营物流和现代自营物流。

传统的自营物流主要源于生产经营的纵向一体化。生产企业自备仓库、车队等物流设施，内部设立综合管理部门统一企业物流运作或者各部门各司其职，自行安排物流活动。

现代自营物流概念是基于生产企业供应链管理思想而提出的。它把企业的物流管理职能提升到战略地位，即通过科学、有效的物流管理实现产品增值，获取竞争优势。一般是在企业内部设立物流运作的综合管理部门，通过资源和功能的整合，专门设立企业物流部或物流公司来统一管理企业的物流运作。

企业自营物流模式的主要优势是企业对供应链拥有很强的控制力，降低交易成本，并能避免企业商业秘密的泄露；而劣势是物流自营必须有巨大的资源投入，给企业带来较大的压力。

由于目前国内物流水平还不能完全满足电子商务发展的需求，有部分企业选择自建物流体系，以保证物流的时效性和准确性。在电子商务环境下，企业自建物流系统主要有两种情况：一是传统的大型制造企业或销售企业经营的 B2B 或 B2C 电子商务网站，由于其自身在传统商务中已经建立起具有一定规模的营销网络和物流配送体系，在开展电子商务时，只需将其加以完善，就可满足对物流配送的要求，如海尔和苏宁易购；二是具有雄厚资金实力和较大业务规模的电子商务公司，如京东，在第三方物流不能满足其成本控制和客户服务要求的情况下，自行建立适应业务需要的物流系统，并可向其他物流服务需求方(如其他电子商务企业)提供第三方物流服务，以充分利用其物流资源，实现规模效益。

二、第三方物流模式

(一)第三方物流的概念

第三方物流是指生产经营企业为集中精力搞好主业，把原来属于自己处理的物流活动，以合同方式委托给专业物流服务企业，同时通过信息系统与物流服务企业保持密切联系，以达到对物流进行全程管理和控制的一种物流运作与管理方式。

在我国 2001 年公布的国标《物流术语》中，将第三方物流定义为"供方与需方以外的物流企业提供物流服务的业务模式"。即通过物流管理的代理企业(物流企业)为供应方和需求方提供物料运输、仓库存储、产品配送等各项物流服务的一种业务模式。

第三方就是指提供物流交易双方的部分或全部物流功能的外部服务提供者，在某种意义上，可以说是物流专业化的一种形式。

广义的第三方物流包括一切物流活动，以及发货人可以从专业物流代理商那里得到的其他一些增值服务。

狭义的第三方物流专指本身没有固定资产但仍承接物流业务，借助外界力量，负责代替发货人完成整个物流过程的一种物流管理方式。

第三方物流给企业带来了众多益处，主要表现在：集中主业，企业能够实现资源优化配置，将有限的人力、财务集中于核心业务，进行重点研究，发展基本技术，努力开发出新产品参与世界竞争；节省费用，减少资本积压；减少库存；提升企业形象。

第三方物流的占比与物流产业的水平之间有着非常密切的关系。西方国家物流业的发展情况表明独立的第三方物流要占社会物流的 50%，物流产业才能形成。所以，第三方物流的发展程度反映了一个国家物流业发展的整体水平。

电子商务的迅速发展对物流服务提出了更高的要求。由于技术先进，配送体系较为完备，第三方物流成为电子商务物流配送的理想方案之一。这也是社会分工日益明确的产物。

(二)第三方物流的类型

根据不同的标准，物流企业可以划分为不同的类型。

1. 按照物流企业完成的物流业务范围的大小和所承担的物流功能分类

按照物流企业完成的物流业务范围的大小和所承担的物流功能，可将物流企业分为功能性物流企业和综合性物流企业。

- 功能性物流企业，也称单一物流企业，是指那些仅承担和完成某一项或少数几项物流功能的企业，按照其主要从事的物流功能可将其进一步分为运输企业、仓储企业、流通加工企业等。
- 综合性物流企业是指那些能完成和承担多项或全部物流功能的企业。其一般规模较大、资金雄厚，并且有着良好的物流服务信誉，包括从配送中心的规划设计到物流的战略策划、具体业务功能等。

2. 按照物流企业是自行完成和承担物流业务还是委托他人进行操作分类

按照物流企业是自行完成和承担物流业务还是委托他人进行操作，还可将物流企业分为物流运营企业与物流代理企业。

- 物流运营企业是指实际承担大部分物流业务的企业，它们有大量的物流设施支持物流运作，如配送中心、自动化仓库、交通工具等。
- 物流代理企业是指接受物流需求方的委托，运用自己的物流专业知识、管理经验，为客户制定最优化的物流路线，选择最合适的运输工具等，最终由物流运营企业承担具体的物流业务。

3. 按照物流业务角度分类

按照物流业务角度，还可将第三方物流分为下几种类型。

- 第三方物流运输服务：所包含的主要内容有汽车运输、专一承运、多式联运、水运、铁路运输、包裹、设备、司机、车队等。
- 第三方物流仓储服务：包括入库、上门收货服务、包装/次级组装、完善分货管理、存货及管理、位置服务等。

- 第三方物流特别服务：包括逆向物流、直接配送到商店、进/出口海关、ISO 认证、直接送货到家等。
- 第三方物流技术服务：包括 GIS 技术、GPS 技术、EDI 技术、条码技术、RFID 技术等。

(三)我国第三方物流企业的主要运作模式

1. 整合现有物流资源，建立"非资产型"的第三方物流企业模式

传统的运输部门、企业和仓储公司作为物流行业的主力占据着我国物流的主要社会资源，它们有完善的仓库、站场设施，有自己的运输搬运设施、铁路专用线和自己的客户网。但从全国范围来看，这些物流资源利用率不高，浪费严重。因此从实际情况入手，整合现有物流资源，建立"非资产型"的第三方物流企业，一方面可以充分利用社会既有物流资源优势实现资源共享，另一方面避免了组织机构的臃肿庞大。

2. 以提高物流环节的服务附加值为目标的基础物流服务模式

第三方物流供应商应该从区域客户的需求出发，根据企业的实际情况，首先基础物流服务做到最好，随后提供高附加值的服务，从而逐步实现物流环节的系统化和标准化，为客户提供全方位的物流服务。

3. 电子商务与第三方物流的有机整合模式

从实际运作状况来看，第三方物流与电子商务的结合主要有以下两种方式：其一是第三方物流作为电子商务组成要素，承担物流作业，完成 B2B 或 B2C 中的物流环节；其二是第三方物流通过建设自己的电子商务网络，为商家与客户之间提供交换信息、进行交易、全程追踪的信息平台，从而实现电子商务与物流的紧密配合。

在我国，表现较为突出的有顺丰速运。顺丰公司自成立以来，持续加强基础建设，积极研发和引进具有高科技含量的信息技术与设备以提升作业自动化水平，在国内外建立了庞大的信息采集、市场开发、物流配送、快件收派等速运业务机构及服务网络。在持续强化速运业务的基础上，顺丰坚持以客户需求为核心，积极拓展多元化业务，针对电商、食品、医药、汽配、电子等不同类型的客户开发出一站式供应链解决方案，并提供支付、融资、理财、保价等综合性的金融服务。与此同时，依托强大的物流优势，成立顺丰优选这一电子商务优质品牌，打造优质生活体验。

4. 综合物流代理模式

国际著名的专门从事第三方物流的企业，如美国的联邦速递、日本的佐川急便，国内专业化的第三方物流企业，如中外运公司、中邮物流等，都已经不同程度地进行了综合物流代理运作模式的探索实践。

发展综合物流代理业务具体是指：不进行大的固定资产投资，将部分或全部物流作业委托他人处理，注重自身的销售管理网络，实行特许代理，将协作单位纳入自己的经营轨道，公司经营的核心能力就是综合物流代理业务的销售、采购、协调管理和组织的设计与

经营，并且注重业务流程的创新和组织机构的创新，使公司经营不断产生新的增长点。

简单地说，综合物流代理企业实际上就是有效的物流管理者。采用这种模式的第三方物流企业应该具有很强的实力，同时拥有发达的网络体系，为客户提供全方位的服务。

三、第四方物流模式

(一)第四方物流模式的概念

第四方物流的概念是 1998 年由美国埃森哲咨询公司率先提出的。它将第四方物流定义为："所谓第四方物流是一个供应链的整合者及协调者，调配与管理组织本身与其他互补性服务所有的资源、能力和技术来提供综合的供应链解决方案。" 资源整合、优势集成是这一模式的特点。在实际运作过程中，第四方物流采用虚拟企业管理模式，根据特定的需要构建特定的组合。

(二)第四方物流模式的特征

第四方物流在第三方物流的基础上，通过对物流资源、物流设施、物流技术的整合和管理，提出物流全过程的方案设计、实施办法和解决途径，为客户提供全面的供应链解决方案。第四方物流模式具有以下特征。

1. 第四方物流是供应链的集成者、整合者和管理者

第四方物流集成了管理咨询和第三方物流的能力，不仅能够降低实时操作成本和改变传统外包中的资产转换，而且还通过优秀的第三方物流、技术专家和管理顾问之间的联盟，为客户提供最佳的供应链解决方案，而这种方案仅仅通过上述联盟中的一方是难以解决的。

第四方物流的供应链解决方案共有四个层次：执行、实施、变革和再造。

(1) 执行：主要是指由第四方物流负责具体供应链职能和流程的正常运转。这一范畴超过了传统第三方物流的运输管理和仓储管理，具体包括制造、采购、库存管理、供应链信息技术、需求预测、网络管理、客户服务管理和行政管理等职能。

(2) 实施：第四方物流的实施包括流程的一体化、系统的集成和运作的衔接。

(3) 变革：通过新技术实现各个供应链职能的加强，改善供应链中某一具体环节的职能，包括销售和运作计划、分销管理、采购策略等。

(4) 再造：指的是供应链过程的协作和供应链过程的再设计。

2. 第四方物流通过影响整个供应链来实现增值

第四方物流充分利用包括第三方物流、信息技术供应商、合同物流供应商、呼叫中心、电信增值服务商、客户以及自身等多方面的能力，对公司内部和具有互补性的服务供应商所拥有的不同资源、能力和技术进行整合和管理，提供一整套供应链解决方案。

3. 第四方物流企业拥有一整套的技能

真正的第四方物流不仅能够管理特定的物流服务，还可以为整个物流过程提供完整的解决方案，并通过技术手段将这个过程集成起来。另外，第四方物流作为企业的战略伙伴，和第三方物流一样，能够与客户的制造、市场及分销等方面的数据进行全面、实时共享。

四、绿色物流

伴随全球经济的发展，资源过度消耗，使得我们的生存环境和经济运行受到严峻的挑战。物流作为商品贸易的重要环境，同样存在高效节能、绿色环保和可持续发展的问题。这就要求从环境保护的角度对物流体系进行改造，形成一种环境共生型的物流管理系统。《中华人民共和国国家标准物流术语》(GB/T 18354—2001)将绿色物流定义为：在物流过程中抑制物流对环境造成危害的同时，实现对物流环境的净化，使物流资源得到最充分利用。

绿色物流是指以降低对环境的污染、减少资源消耗为目标，利用先进物流技术规划和实施运输、储存、包装、装卸、流通加工等物流活动。绿色物流的内涵包括以下五个方面。

(1) 节约资源：这是绿色物流的本质内容，也是物流业发展的主要指导思想之一。通过整合现有资源，优化资源配置，企业可以提高资源利用率，减少资源浪费。

(2) 绿色运输：运输过程中的燃油消耗和尾气排放，是物流活动造成环境污染的主要原因之一。因此，要想打造绿色物流，首先要对运输线路进行合理布局与规划，通过缩短运输路线，提高车辆装载率等措施，实现节能减排的目标。另外，还要注重对运输车辆的养护，使用清洁燃料，减少能耗及尾气排放。

(3) 绿色仓储：绿色仓储一方面要求仓库选址要合理，有利于节约运输成本；另一方面，仓储布局要科学，使仓库得以充分利用，实现仓储面积利用的最大化，减少仓储成本。

(4) 绿色包装：包装是物流活动的一个重要环节，绿色包装可以提高包装材料的回收利用率，有效控制资源消耗，避免环境污染。

(5) 废弃物物流：废弃物物流是指在经济活动中失去原有价值的物品，根据实际需要对其进行搜集、分类、加工、包装、搬运、储存等，然后分送到专门处理场所后形成的物品流动活动。

总之，绿色物流的最终目标是可持续性发展，实现该目标的准则不仅仅是经济利益，还包括社会利益和环境利益的统一。

五、逆向物流

美国物流管理协会将逆向物流明确定义为："计划、实施和控制原料、半成品库存、制成品和相关信息，高效和经济的从消费点到起点的过程，从而达到回收价值和适当处置的目的。"其成因主要有四点：退货、产品召回、环境保护要求和产品生命周期缩短。

逆向物流中所面临的最重要问题是产品数据信息的缺乏，因此建立逆向物流的 IT 信息系统，提供准确、充足的附加信息是逆向物流顺利完成的必要条件。

面对着日渐强大的消费者群体，在以服务营销为主导思想的全球化企业的经营战略中，许多公司将逆向物流看成是提升竞争力的重要法宝。

首先，逆向物流在增强企业与客户之间的沟通、提高客户满意度方面起着重要作用。1982 年 9 月，当强生公司销量最高的产品——泰勒诺被指正与美国芝加哥地区的一起死亡报道有关时，泰勒诺的市场份额在一个月内下跌了 80%。强生公司广泛运用逆向物流系统，从零售商和消费者手中买回有问题的产品，并运回处理中心；同时，全力提升产品品质，慢慢地赢回了顾客的信赖。如今，泰勒诺仍是销量最高的止痛剂品牌，拥有 30% 的市场份额。可见，逆向物流系统是帮助其重振雄风的主要功臣。

其次，有效的逆向物流管理也是增强供应链合作伙伴关系的重要黏合剂。在通用汽车公司简化了其回收汽车零部件的流程后，销售商对新的回收体系表示出了极大的欢迎，因为新的体系更简便，成本也更加低廉。他们现在都将回收部件送到通用汽车统一的处理地点，而采用通用统一的产品标志，部件回收的不确定性也大大降低。

最后，降低成本。全球知名的化妆品品牌雅诗兰黛每年因为退货、过量生产、报废和损坏的商品达 1.9 亿美元，约占销售额的 4.75%。为了降低退货处理成本，它投资了 130 万美元购买用于逆向物流的扫描系统、商业智能工具和数据库。经过几年的运转，系统对超过保质期产品的识别精度大大提高，产品销毁率降到 15% 以下。它将可以重返分销渠道的产品在销售季节结束前重新投放市场，每年节约了数百万美元。

在电子商务领域，由于服装、鞋等品类的退货率非常高。国内知名品牌折扣网站唯品会也面临物流成本过高的问题，究其原因有很大一部分来自逆向物流。逆向物流产生的原因包括物流操作过程不规范导致货品损坏被退、发错货被退回、因质量或其他问题不满意的退货以及因预测不准确导致区域间反复调拨等。若能控制逆向物流的比例，整体运作成本将大大降低。

不仅如此，逆向物流甚至可以成为利润中心。当沃尔沃预测到瑞典将会立法，规定汽车生产商对汽车零部件的法律责任时，公司引入了先进的汽车拆卸和处理设备，并通过对汽车零部件回收和处理获得了巨大的收益：金属、塑料可以当作废品出售，而一些部件可以重新进入装配线，组装成汽车后在二级市场上出售，这些都成为沃尔沃重要的利润来源。同样尝到逆向物流收益的公司还包括西尔斯、佳能、施乐等。

第三节 电子商务物流技术

物流技术一般是指与物流要素活动有关的所有专业技术的总称，包括各种操作方法、管理技能等，如流通加工技术、物品包装技术、物品标识技术、物品实时跟踪技术等；还包括物流规划、物流评价、物流设计和物流策略等。

常见的几种物流技术包括自动化仓库系统、搬运机器人和自动导引车等。随着电子商务的应用普及，物流技术中综合了许多现代信息技术，如条码技术、RFID(无线射频识别技术)、GIS、GPS 和 EDI 等。

一、自动化仓库系统

自动化仓库系统是在不直接进行人工处理的情况下能自动存储和取出物料的系统，是一种基于高层货架，采用电子计算机进行控制管理并采用自动化存储输送设备自动进行存取作业的仓储系统，在自动化生产和商品流通中具有举足轻重的作用。

现代自动化仓库系统由高层立体货架、堆垛机、输送系统、信息识别系统、计算机控制系统、通信系统、监控系统和管理系统等组成。自动化仓库系统集成了机械、计算机、土建和管理等多方面的技术，是现代物流技术的集中体现。

(一)自动化仓库系统的组成

(1) 货架：用于存储货物的钢结构，目前主要有焊接式货架和组合式货架两种。

(2) 托盘(货箱)：用于承载货物的器具，亦称工位器具。

(3) 堆垛机：用于自动存取货物的设备。

(4) 输送机系统：立体库的主要外围设备，负责将货物运送到堆垛机或从堆垛机上将货物移走。

(5) AGV 系统：即自动导引车，根据其导向方式分为感应式导引车和激光导引车。

(6) 自动控制系统：驱动自动化立体库系统各设备的自动控制系统，目前通常采用现场总线方式为主的控制模式。

(7) 信息管理系统：亦称中央计算机管理系统，是全自动化立体库系统的核心。目前典型的自动化立体库系统均采用大型的数据库系统(如 Oracle 等)构筑典型的客户机/服务器体系，可以与其他系统(如 ERP 系统等)联网或集成。

(二)自动化仓库系统的优点

(1) 仓库作业全部实现机械化和自动化，不仅减小了劳动强度，也提高了处理速度。

(2) 采用高层货架、立体储存，能有效地利用空间，减少占地面积，降低土地购置费用。

(3) 采用托盘或货箱储存货物，货物的破损率显著降低。

(4) 货位集中，便于控制与管理。

(5) 使用计算机控制，能够准确地进行信息存储和管理，减少货物处理过程中的差错。

二、条码技术

(一)条码技术的内容

条码技术是现代物流系统中非常重要的快速信息采集技术，是适应物流大量化和高速化的要求，大幅度提高物流效率的技术。条码技术包括条码的编码技术、条码标识符号的设计、快速识别技术和计算机管理技术，是实现计算机管理和电子数据交换不可少的前端采集技术。

1. 条码的定义

条码是由宽度不同、反射率不同的条和空，按照一定的编码规则(码制)编制成的，用以表达一组数字或字母符号信息的图形标识符，即条码是一组粗细不同，按照一定的规则安排间距的平行线条图形。常见的条码是由反射率相差很大的黑条(简称条)和白条(简称空)组成的。

这些条和空组成的数据编码隐含着数字信息、字母信息、标志信息、符号信息等，用以表示商品的名称、产地、价格、种类等，并能够用特定的设备识别，转换成与计算机兼容的二进制或十进制信息。条码是目前全世界通用的商品代码的表示方法。

2. 条码的构成

条码是一组黑白相间的条纹，这种条纹由若干黑色的"条"和白色的"空"的单元所组成。其中，黑色条对光的反射率低，而白色的空对光的反射率高，再加上条与空的宽度不同，就能使扫描光线产生不同的反射接收效果。在光电转换设备上转换成不同的电脉冲，形成了可以传输的电子信息。由于光的运动速度极快，所以，可以准确无误地对运动中的商品条码予以识别。

条码的这些条和空可以有各种不同的组合方法，从而构成不同的图形符号，即各种符号体系，也称码制，适用于不同的场合，如图7-1～图7-7所示。

图 7-1　商品条码(UPC-A)

图 7-2　EAN-13 条码

图 7-3　ITF-14 条码

图 7-4　UCC/EAN-128 条码

图 7-5　四-七码

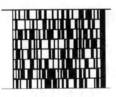

图 7-6　CODE49

图 7-7　CODE16K

3. 条码技术的优越性

条码技术的优越性是非常突出的，它可靠准确、数据输入速度快、经济实惠、应用灵活、自由度大、设备小、易于制作等。

- 可靠性强：条码的读取准确率远远超过人工记录，平均每 15000 个字符才会出现一个错误。
- 效率高：条码的读取速度很快，相当于每秒 40 个字符。
- 成本低：与其他自动化识别技术相比，条码技术仅仅需要一小张贴纸和构造比较简单的光学扫描仪，成本相当低廉。
- 易于制作：条码的编写很简单，制作也仅仅需要印刷，被称为"可印刷的计算机语言"。
- 易于操作：条码识别设备的构造简单，使用方便。
- 灵活实用：条码符号可以手工键盘输入，也可以和有关设备组成识别系统实现自动化识别，还可和其他控制设备联系起来实现整个系统的自动化管理。

(二)条码技术的应用

1. 物流条码的构成及特点

物流条码是由 EAN(国际物品编码协会)和 UCC(统一代码委员会)制定的用于商品单元标识的条码。商品单元由消费单元、储运单元和货运单元组成。

物流条码中应包含：商品条码(EAN/UPC)、储运单元条码(ITF-14)和货运单元 128 码(EAN/UCC-128)。

物流条码的主要特点有：单元的标识全球唯一(按照 EAN/UCC 规范编码，不会出现重码)；用于供应链管理的全过程，实现全球物流信息共享；可表示的信息多，具有信息可变性和易维护等特性。

2. 商品条码

EAN/UCC 条码是国际上通用的通用商品代码。我国通用商品条码标准也采用 EAN 条码结构，通常由13位数字及相应的条码符号组成。在较小的商品上也采用 8 位数字码及其相应的条码符号。

- 前缀码：由 3 位数字组成，是国家的代码，我国为 690～693，这是国际物品编码协会统一规定的。
- 制造厂商代码：由 5 位数字组成，我国物品编码中心统一分配并统一注册，一厂一码。
- 商品代码：由 4 位数字组成，表示每个制造厂商的商品，由厂商确定，可标识 1 万种商品。
- 校验码：由 1 位数字组成，用以校验前面各码的正误。

3. 物流条码

物流条码所标识的物品信息内容主要有两部分：固定项目标识，如厂商信息、产品编码信息等；动态项目标识，如系列货运包装箱代码信息、生产日期、有效期、批号、数量、参考项目(客户购货订单代码)、位置码、特殊应用(医疗保健业等)及内部使用信息等。

目前现存的条码码制多种多样，但国际上通用的和公认的物流条码码制只有三种：ITF-14 条码、EAN/UCC-128 条码及 EAN/UPC 条码。

选用条码时，要根据货物的不同和商品包装的不同，采用不同的条码码制。一般单个大件商品，如电视机、电冰箱、洗衣机等商品的包装箱采用 EAN/UPC 条码，实现一品(件)一码；而需要储运的包装箱上采用 ITF-14 条码或 EAN/UCC-128 应用标识条码，箱内可以是单一商品，也可以是多件小包装商品或不同规格的商品，这时需要表示产品批号、数量、规格、生产日期、有效期、交货地等信息时，一般可采用 EAN/UCC-128 应用标识条码。

4. 二维条码

一维条形码虽然提高了资料收集与资料处理的速度，但由于受到资料容量的限制，一维条形码仅能标识商品，而不能描述商品，因此相当依赖电脑网络和资料库。在没有资料或不便接入网络的地方，一维条形码很难派上用场。由于二维条码具有一维条码无法比拟的优越性，因而得到越来越广泛的应用。

(1) 二维条码信息容量大，信息密度高，编码能力强，可以对包括照片、文字、指纹、掌纹、声音、签名在内的小型数据文件进行编码，在有限的面积上表示大量信息。

(2) 二维条码可以对物品进行精确描述，系统赋予商品唯一的防伪编码并标识于产品或包装上，方便在远离数据库和不便联网的地方实现数据采集。

(3) 二维条码容易印制，成本很低，纠错能力强，译码可靠性高，并且具有极强的防伪能力。也正是因为二维条码可以实现机器识读和防伪这两项重要功能，因此被广泛应用于身份证、驾驶证、护照、签证等各类证卡系统。

5. 条码识别装置

条码识别采用各种光电扫描设备。

- 光笔扫描器：似笔形的手持小型扫描器。
- 台式扫描器：固定的扫描装置，手持带有条码的卡片或证件在扫描器上移动，完成扫描。
- 手持式扫描器：能手持使用和移动使用的较大的扫描器，用于静态物品扫描。
- 固定式光电及激光快速扫描器：由光学扫描器和光电转换器组成，是物流领域应用较多的固定式扫描设备，安装在物品运动的通道边，对物品进行逐个扫描。
- 便携式数据采集终端及无线条码扫描器：可在脱机(计算机)状态移动扫描条码，适合物流的各项移动作业环境。
- 无线条码扫描器：可通过无线系统向计算机实时传输扫描信息，适合即时性更强的移动采集需求。

各种扫描设备都和后续的电光转换、信息信号放大及与计算机联机形成完整的扫描阅读系统，完成了电子信息的采集。

6. 物流条码的应用

由于采用条码技术具有低成本、数据采集快速、准确、操作简单、出错率低等优点，已在国际上供应链控制和现代物流系统中广泛采用。国外的货物包装上都印有条码标识的物流标签。条码在现代物流中的典型应用有以下几方面。

- 销售信息系统(POS 系统)。在商品上贴上条码就能快速、准确地利用计算机进行销售和配送管理。其过程为：对销售商品进行结算时，通过光电扫描读取并将信息输入计算机，然后输进收款机，收款后开出收据。同时，通过计算机处理，掌握进、销、存的数据。
- 库存系统。在库存物资上应用条码技术，尤其是规格包装、集装、托盘货物上，入库时自动扫描并输入计算机，由计算机处理后形成库存的信息，并输出入库区位、货架、货位的指令。出库程序则和 POS 系统条码应用一样。
- 分货拣选系统。在配送方式和仓库出货时，采用分货、拣选方式。需要快速处理大量的货物时，由于在每件物品外包装上都印(贴)有条码，利用条码技术便可自动进行分货拣选，并实现有关的管理。

三、无线射频识别技术

【案例7-3】

迪卡侬RFID项目成效显著

法国体育用品零售商迪卡侬称,2014年公司销售额提升了11%,并将其部分归功于951家门店及43个仓库(物流中心)部署的RFID技术上,该公司因此还减少了9%的商品损失率。目前,大多数门店都在收银台及安防门使用RFID技术,用于库存检查目的。而印度及巴西的门店仅将RFID用于库存跟踪。此外,公司未来开启的新门店也将使用RFID技术。

迪卡侬是全球最大的运动用品及运动服装零售商,门店分布于欧洲、中国、摩洛哥、印度及巴西。该零售商每年使用50000个集装箱运送65亿件商品。大约85%的商品使用了RFID标签标记。门店规模不一,销售的商品也不完全一样。通常,它们面积达1000~12000平方米,销售35000种不同的商品,覆盖65种运动项目。

大约5年前,该公司开始研究使用EPC超高频RFID技术提升门店及物流中心内的库存准确率,从而确保消费者需要时有货。根据迪卡侬的调查,消费者不满的主要原因总是一样的:在货架上找不到商品。该公司还希望收银台付款过程更快速简单,从而开始研究使用RFID标签实现这一目标。

在调研多家RFID公司和方案后,迪卡侬在2010年成立了自己的RFID公司。该公司名为Embisphere(安璧斐),不仅为迪卡侬设计、生产以及部署RFID硬件及软件产品,而且也向其他零售商提供RFID全套解决方案。

2013年7月,迪卡侬开始在Passion系列产品上使用标签,以便在配送中心到RFID门店进行追踪。2014年春天,物流中心内几乎所有的迪卡侬商品都使用了标签标记。

2014年下半年,迪卡侬800家门店都安装了RFID技术,用于库存盘点、收银以及EAS防盗。迪卡侬自产的产品会在工厂进行标签标记,而第三方商品则在物流中心进行标记。这些物流中心使用Embisphere读取器,包括接收货物及运输货物时进行标签读取。同时,迪卡侬还在高价值物品上附着了保点公司提供的RFID EAS坚硬标签来进行防盗。

(资料来源:http://success.rfidworld.com.cn/2015_12/3c88cb0695001f30.html

http://www.rfidinfo.com.cn/Info/n16988_1.html)

无线射频识别技术(Radio Frequency Identification,RFID)是一种综合了自动识别和无线电射频通信的新技术。

(一)RFID概述

RFID是一种非接触式的自动识别技术,它通过射频信号自动识别目标对象并获取相关数据。识别工作无须人工干预,可工作于各种恶劣环境。RFID技术可识别高速运动物体并可同时识别多个标签,操作快捷方便。

1. RFID技术的组成

最基本的RFID系统由以下三部分组成。

- 标签(Tag)：由耦合元件及芯片组成，每个标签具有唯一的电子编码，附着在物体上标识目标对象。
- 阅读器(Reader)：读取(有时还可以写入)标签信息的设备，可设计为手持式或固定式。
- 天线(Antenna)：在标签和读取器间传递射频信号。

2. RFID 技术的工作原理

RFID 技术的基本工作原理并不复杂：标签进入磁场后，接收解读器发出的射频信号，凭借感应电流所获得的能量发送出存储在芯片中的产品信息(Passive Tag，无源标签或被动标签)，或者主动发送某一频率的信号(Active Tag，有源标签或主动标签)；解读器读取信息并解码后，送至中央信息系统进行有关数据处理。

射频识别系统的传送距离由许多因素决定，如传送频率、天线设计等。对于应用 RF 识别的特定情况应考虑传送距离、工作频率、标签的数据容量、尺寸、重量、定位、响应速度及选择能力等。

3. RFID 的优势

与条码等自动识别技术相比，射频技术有以下优点。

(1) RFID 可以识别单个的非常具体的物体，而不像条码那样只能识别一类物体。

(2) RFID 采用无线射频，可以透过外部材料读取数据，而条形码必须靠激光来读取信息。

(3) RFID 可以同时对多个物体进行识读，而条形码只能一个一个地读。

(4) RFID 储存的信息量非常大，并且可以反复读写，进行资料更新。

(5) RFID 可以进行高速移动读取，而条码的读取则会受到限制。

(二)RFID 技术的应用

RFID 可应用在物料跟踪、运载工具和货架识别等要求非接触数据采集和交换的场合。由于 RF 标签具有可读写能力，对于需要频繁改变数据内容的场合尤为适用。目前，射频识别技术已被成功地应用于高速公路自动收费、门禁保安等场合。RFID 也被广泛用于物流管理中，如运输车辆、货物的跟踪以及仓储管理等。基于 RFID 技术的实时交通督导和最佳路线电子地图已经实现。

四、GIS 技术

【案例 7-4】

京东商城的 GIS 应用

2011 年 2 月 28 日下午，京东商城在其官方微博里宣布，京东配送员已经全部配备了 PDA 设备，京东商城包裹可视化跟踪系统(GIS)也正式上线，买家可以在地图上实时看到自己的包裹在道路上移动等投递情况。

京东商城采用 GIS 系统之后，用户就可以在京东页面上看到自己订单的适时移动轨迹。

这个 GIS 系统来自于京东商城 CEO 刘强东的创意。他在一次阅读客服简报时发现,有 32% 的用户咨询电话是货物配送以后打来的。用户打电话来,大多数询问订单配送了没有、目前到哪了、什么时候能到等。刘强东认为,实际上,客服人员根本无法知道每一张订单到达的具体位置,也不可能准确地告诉用户到达的时间。因此,用户这样的咨询电话往往是无效的,与其让用户打电话来问,还不如让他自己适时地看。这样就减少了用户的麻烦,提升了用户体验。在刘强东的提议下,京东商城开始开发 GIS 系统,半年后投入使用。

京东商城在电子商务企业中第一个使用 GIS 系统,这使用户感到很新奇。京东商城副总裁张立民介绍,这个 GIS 系统是物联网的典型应用,是一种可视化物流的实现。在传统的线下店,用户可以看到、摸到商品,眼见为实的体验是电子商务无法代替的。而这种可视化物流可以消除用户线上线下的心理差距。用户可以适时感知到自己的订单,是一种提升了的用户体验。

"GIS 系统的实现在技术上不是特别难。"张立民介绍,京东和一家提供地图服务的公司合作,将后台系统与地图公司的 GPS 系统进行关联,在包裹出库时,每个包裹都有一个条形码,运货的车辆也有相应的条形码,出库时每个包裹都会被扫描,同一辆车上包裹的条形码与这辆车的条形码关联起来。当这辆车在路上运行时,车载 GPS 与地图就形成了实时的位置信息传递,与车载 GPS 系统是一个道理。

当车辆到了分拨站点分配给配送员时,每个配送员在配送时都有一台手持 PDA,而这台手持 PDA 也是一个 GPS,通过扫描每件包裹的条形码,这个包裹又与地图系统关联,而这个适时位置信息与京东商城的后台系统打通之后开放给前台用户,用户就能实时地在页面上看到自己订单从出库到送货的运行轨迹。

"提升用户体验的同时,GIS 也提供了物流队伍的实时监控以及原始的数据以提升整体的物流管理水平。"张立民指出,GIS 系统使物流管理者在后台可以实时地看到物流运行情况。同时,车辆位置信息、车辆的停留时间、包裹的分拨时间、配送员与客户的交接时间等都会形成原始的数据。这些数据经过分析之后,可以给管理者提供更多、更有价值的参考,比如,怎么合理使用人员、怎么划分配送服务人员的服务区域、怎么缩短每单票的配送时间等,通过大量的数据分析来优化整个配送流程。另外,通过对一个区域的发散分析,可以看到客户的区域构成、客户密度、订单的密度等,根据这些数据进行资源上的匹配。

(资料来源: http://www.tltesoft.com/news_2_5_173.html)

(一)GIS 技术的内容

GIS(地理信息系统)是多种学科交叉的产物,它以地理空间数据为基础,采用地理模型分析方法,适时地提供多种空间的和动态的地理信息,是一种为地理研究和地理决策服务的计算机技术系统。其基本功能是将表格型数据转换为地理图形显示,然后对显示结果进行浏览、操作和分析。其显示范围可以从洲际地图到非常详细的街区地图,显示对象包括人口、销售情况、运输线路以及其他内容。

GIS 以地理科学、信息科学为两大理论基础,是将计算机科学、测绘遥感学、城市科学、环境科学、空间科学和管理科学融为一体的新兴学科，包括遥感技术、定位技术和信息技术的各方面。它的研究内容包括数据的获取、数据的存储与管理、数据的处理与分析和数据的显示与输出。其核心是计算科学，基本技术是数据库、地图可视化及空间分析，能为系统地进行预测、监测、规划管理和决策提供科学依据。

GIS 由包括计算机、数字化仪、扫描仪、绘图仪和磁带机在内的硬件，各种输入和处理信息的工具，数据库管理系统等软件，室内数字化和野外采集的数据，以及从事设计、开发和维护 GIS 系统的技术专家和其他领域的专家组成。

(二)GIS 技术的应用

GIS 应用于物流领域，主要是指利用 GIS 强大的地理数据功能来完善物流分析技术。国外公司已经开发出利用 GIS 为物流分析提供专门分析的工具软件。完整的 GIS 物流分析软件集成了车辆路线模型、网络物流模型、分配集合模型和设施定位模型等。

1. 车辆路线模型

车辆路线模型用于解决一个起始点、多个终点的货物运输中，如何降低物流作业费用，并保证服务质量的问题，包括决定使用多少辆车、每辆车的行驶路线等。

2. 网络物流模型

网络物流模型用于解决寻求最有效的分配货物路径问题，也就是物流网点布局问题。如将货物从 N 个仓库运到 M 个商店，每个商店都有固定的需求量，因此需要确定由哪个仓库提货送给哪个商店运输费用最小。

3. 分配集合模型

分配集合模型可以根据各个要素的相似点把同一层上的所有或部分要素分为几个组，用以解决确定服务范围和销售市场范围等问题。如某一公司要设立 X 个分销点，要求这些分销点要覆盖某一地区，而且要使每个分销点的顾客数目大致相等。

4. 设施定位模型

设施定位模型用于确定一个或多个设施的位置。在物流系统中，仓库和运输路线共同组成了物流网络，仓库处于网络的节点上，节点决定着线路。根据供求的实际需要并结合经济效益等原则，在既定区域内需要设立多少个仓库、每个仓库的位置、每个仓库的规模，以及仓库之间的相互关系等，运用此模型均能很容易地得到解决。

(三)GIS 技术的新发展

(1) GIS 与 GPS 的结合。GIS 和 GPS 的结合相当紧密，尤其是车辆导航系统和道路系统建设方面，两者的结合将促进物流业的进一步发展。

(2) GIS 与互联网的结合。基于互联网的 GIS 已成为 GIS 的发展方向，互联网技术加快了 GIS 的普及应用。

五、GPS 技术

GPS(全球定位系统)是指利用卫星使用户能确定其位置的无线系统。

(一)GPS 技术概述

1. GPS 技术的组成

GPS 由空间卫星系统、地面监控系统和用户接收系统三大子系统构成。

- 空间卫星系统：由分布在 6 个轨道面上的 24 颗卫星组成(21 颗工作卫星和 3 颗备用卫星)，卫星上安置了精确的原子钟、发射和接收系统等装置。
- 地面监控系统：由 1 个主控站(负责管理、协调整个地面系统的工作)、3 个注入站(即地面天线，在主控站的控制下向卫星注入导航电文和其他命令)、5 个监测站(数据自动收集中心)和通信辅助系统(数据传输)组成。
- 用户接收系统：由天线、接收机、微处理机和输入输出设备组成。GPS 信号接收机可以接收到卫星发回的信号并利用相关软件精确计算出当前的经度值和纬度值。

2. GPS 的工作原理

GPS 是目前世界公认最先进的被动式卫星导航定位系统，即卫星全天候地发射包含自身三维速度、三维坐标和准确时间等信息的导航电文，设在代定点上的接收机通过接收导航电文进行测时、测距，利用空间后方距离交会技术反算出代定点的三维速度和三维坐标，实现导航定位的目的。

(二)GPS 技术在物流领域的应用

三维定位导航是 GPS 首要功能，其中汽车导航是一门新型技术。它可用于现代物流系统、城市交通疏导系统、全面综合交通运输管理、车辆监控系统、汽车自定位和跟踪调度等。

(1) 基于 GPS 的车辆导航系统。利用 GPS 和电子地图可实时显示出车辆的实际位置，对配送车辆和货物进行有效的跟踪。指挥中心可监测区域内车辆的运行状况，对被测车辆进行合理调度，还可随时与被跟踪目标通话，进行远程管理。

(2) 基于 GPS 的运输管理系统。GPS 导航系统与电子地图、无线通信网络、计算机车辆信息系统相结合，可以实现车辆跟踪和交通管理等功能。利用 GPS 和电子地图可以实时显示出车辆的实际位置；可以随目标移动，使目标始终保持在屏幕上；还可实现多窗口、多车辆、多屏幕同时跟踪。

(3) 利用 GPS 技术实现货物跟踪管理。货物跟踪是指物流运输企业利用现代信息技术及时获取有关货物运输状态信息(如货物品种、数量、货物在送情况、送货责任车辆和人员等)，提升货物运输服务水平的方法。

思 考 题

1. 什么是现代物流？物流有哪些分类？
2. 物流在电子商务中的作用和特点是什么？
3. 电子商务物流模式有哪些？
4. 什么是条码？条码技术的优越性有哪些？
5. RFID 系统由哪三部分组成？RFID 技术的工作原理是什么？
6. GIS 系统及其基本功能是什么？GPS 由哪三大子系统构成？
7. 什么是第三方物流？第三方物流的类型有哪些？

扩展练习　案例分析见右侧二维码。

第八章　跨境电子商务

【学习目标】

- 掌握跨境电子商务的概念和模式。
- 掌握跨境出口电商与跨境进口电商的主要模式。
- 了解亚马逊平台的运营推广策略。
- 理解营销的本质。
- 掌握搜索引擎营销的内涵及主要搜索引擎的特点。
- 掌握跨境物流主要模式的特点。
- 掌握跨境电商第三方支付的特点。

【案例 8-1】

深圳有棵树：跨境电商巨头集团　助推中国品牌顺利出海

随着经济全球化浪潮和国内成本的上涨，制造业始逐渐由我国向泰国、越南等价值低洼地带转移，我国传统制造业正面临着第四次产业转移带来的挑战。这势必将影响出口贸易的品类选择、价格体系，同时也为中小卖家进军海外市场提供了机遇。与此同时，越来越多的中国卖家开始关注海外消费趋势，根据消费者的需求不断地对产品进行优化创新，从而获得大量境外消费者的青睐。伴随着卖家在第三方平台开店的不断发展，加之信息、资本、技术等资源的聚集，跨境电商行业由此孕育而生。跨境电商在助推中国品牌出海的过程中扮演了重要角色。跨境企业通过压缩供应链成本，采买适销对路的高质量产品，专注中国品牌的构建，致力于提升中国制造的国际竞争力。

深圳有棵树创立于 2010 年，目前已挂牌新三板。集团定位于互联网+跨境贸易，深度布局跨境电商产业链，致力于构建全球商品贸易流通体系。公司全球雇员超过 1800 人，业务辐射全球 200 多个国家和地区。公司跨境电商的出口业务主要依托 eBay、亚马逊、Wish、速卖通等第三方平台上 300 多家成熟店铺，通过整合上游供应链、优化渠道、压缩物流、控制单价等方式，将高性价比的中国产品销往北美、欧洲、东南亚等 200 多个国家和地区，年销售额超过 15 亿元。

作为跨境电商行业领军企业的有棵树，借助于亚马逊平台的全球影响力，自 2010 年成立以来便迅速实现平台布局，开设亚马逊店铺，成为有棵树跨境 B2C 贸易的重要组成部分。如今，品牌出海成为跨境贸易常态，大型跨境电商卖家已率先布局具有品牌附加值、高质量的商品，打造自有品牌、增强消费者品牌黏性，以期在激烈的跨境电商贸易中拔得头筹。有棵树通过 OEM 模式积极打造自有品牌，深度整合上游产业链资源，与配套制造商、方案公司、磨具公司联合创新，使自有品牌的产品具备更贴近市场的设计、更轻的重量以及更有利于电商快递的包装。另外，有棵树有限公司对于中国品牌构建及出海的支持也集中体现在其供应链管理的全新布局。有棵树有限公司开放自身以敏捷、柔性为特点的跨境电商供应链体系,通过 S2B(供应链平台到 B 端客户)商业模式,以跨境电商的方式服务更多的传统制造厂商。依靠其强大的 IT 系统后台支持及大数据基础,有棵树率先集成了跨境电商的 IT 大数据智慧云系统,并在美、英、德、法、荷、澳、新、日等全球多地建立了海外仓,仓储面积达数万平米。依托于海外市场的仓储物流体系以及背后的大数据云计算,有棵树建立了灵活的供应链体系,能够助推中国品牌顺利出海。

(资料来源:http://www.youkeshu.com/index.php/Home/New/newDetail?id=138 有棵树集团,2017-12-26 10:12

新闻转自:中国财经新闻网)

第一节　跨境电子商务概述

一、跨境电商的定义

跨境电商是指分属不同关境的交易主体,通过各类跨境电子商务平台达成交易、进行支付结算,并通过跨境物流送达商品的一种国际贸易活动。即分属不同国家或者不同关境的交易主体,借助跨境电商平台突破传统外贸销售模式的制约,将产品直接销售给全球商家或者消费者的新型外贸交易模式。

跨境电商按照商品流动方向可以分为跨境出口电商和跨境进口电商。前者指将国外的商品运送到国内市场交易;后者指将国内的商品运送到国外市场交易。目前,我国跨境电商市场两种模式兼而有之,均呈现较好的发展态势。根据艾媒咨询发布的《2017—2018 中国跨境电商市场研究报告》数据显示,自 2013 年起,我国电子商务产业就呈现出高速发展态势,2013—2017 年跨境电子商务市场交易规模平均增长率为 27.35%,发展态势迅猛。其中,2017 年我国跨境电商交易规模(包含 B2B)达到 7.6 万亿元人民币,较 2016 年市场交易规模增速达到 20.6%。

随着国际贸易环境的变化,我国外贸企业的发展面临严峻的挑战。一方面,国际市场需求萎缩,持续增加的贸易摩擦对我国出口贸易造成严重的冲击;另一方面,中国劳动力、土地、能源资源等要素成本上升,人民币持续升值。传统外贸"集装箱"式的大额交易逐渐被小批量、多批次、快速发货的贸易订单所取代。在这样的背景下,互联网与外贸的结合,催生了蓬勃发展的跨境电子商务,为外贸企业的发展提供了新的契机。中国制造业正处在转型升级的关键时期,跨境电子商务不仅可以优化产业链、扩展中小企业发展空间、增加就业,而且在重塑国际产业链、提升品牌竞争力、建立全球贸易新秩序等方面起到积极的作用。因此,发展跨境电子商务对于转变我国外贸企业的发展模式、重塑国际贸易规则具有重要而深远的意义。同时,伴随着我国互联网技术的提升以及互联网络的普及,我国海淘用户呈现出逐渐递增趋势。艾媒咨询分析师认为,人们的消费能力正在日渐提升,而市场消费主力群体逐渐过渡到 80 后、90 后群体,该部分群体消费观念较为超前,对跨境商品消费需求明显,未来中国海淘用户规模有望继续扩大。数据显示,超六成受访网民认同自己比以前更追求个性化、高质量、多样化的商品和服务。人们消费水平不断提高,对商品消费从单纯物质满足向追求高品质的商品发展,注重品牌的消费观念逐渐凸显。人们消费观念的转变对商品质量更有保障的跨境电商平台是良好的发展契机,优质个性化商品提供已成为跨境电商平台未来主要竞争点。

二、发展跨境电子商务的意义

在跨境电子商务刚兴起的时候，其主要参与者是小微企业、个体商户及网商。2013 年以后，很多外贸公司、传统工厂和品牌商也参与了进来，跨境电商开始逐渐走向专业化和规模化的道路。对于传统的外贸型企业而言，原有的商业模式面临诸多问题，比如市场订单不足、价值链低端、买卖双方信息不畅、订单完成周期长、双方沟通成本高等，这些问题制约了企业做大做强，而跨境电商在一定程度上解决了这些问题。跨境电商不但具有压缩中间环节、重塑贸易方式、提高企业利润、防止企业产能过剩、为企业发展提供帮助等优点，还能够帮助中国的企业提高国际竞争力，打造国际性品牌，提高国际话语权。具体而言，发展跨境电子商务的意义体现在以下几个方面。

1. 重塑贸易方式，提高企业利润

跨境电商是对传统大型贸易模式和零售模式的颠覆，它将打破传统外贸模式下出口商、进口商、批发商、分销商甚至是零售商的垄断地位，使出口贸易的供应链扁平化。这可以有效减少国际贸易的中间环节，以及相应的商品流通成本，实现从工厂发货到消费者收货的最短路径，提高企业利润。

2. 助力中小企业，参与全球贸易

跨境电商降低了中小企业进入国际市场的门槛，对中小企业的成长有很大帮助，尤其是专注于"小而美"的企业。跨境电商使得中小企业可以借助跨境电商平台，与大企业同台竞技，将产品以在线零售或者小额批发的方式卖给海外的客户。

3. 维持业绩增长，推动外贸转型

跨境电商可以让传统企业与终端消费者建立密切的联系，保持信息的畅通，有效推动传统企业的转型升级，在及时掌握市场趋势和动态的情况下，走向自主研发、自主设计、自主销售、自主品牌创建的路径，增加产品附加值，增强产品竞争力，从而实现企业的可持续发展。

4. 变革贸易格局，实现跨越发展

跨境电商有可能让中国诞生一批被世界认可的国际化品牌，实现我国对外贸易的跨越式发展，变革国际贸易的固有格局，让中国企业在国际市场上拥有更多的话语权和定价权，从而引领国际贸易，主导对外合作。

三、跨境出口电商

经济学上常把投资、消费、出口比喻为拉动 GDP 增长的"三驾马车"。作为"三驾马车"之一的出口，在经济社会发展中占有重要的地位，也是我国实施"走出去"战略、增强国际影响力的重要途径。随着互联网的到来，我国对外贸易产业也在积极进行互联网化转型升级，探索合适的跨境电商模式。

(一)跨境出口电商的产业链构成

跨境出口电商产业链主要包括三个环节(见图 8-1)：上游供应商、下游采购商或消费者以及连接上下游的跨境出口平台。其中，上游市场主要包括电商平台的各类产品供应商，即产品的制造商或者品牌商，包括产品制造商将生产出的产成品上传到平台上进行销售，也包括产品分销商在平台建立商户进行销售；下游采购商或消费者指用户群，既包括个人消费者，也包括企业级采购商；跨境出口平台主要为上下游客户提供信息与交易平台服务以及为客户提供销售信息与交易服务。具体而言，包括营销推广、在线支付、物流配送等服务。其中，跨境出口平台主要有 B2B 平台、B2C 平台和自建平台三类。

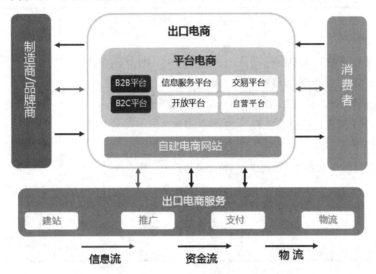

图 8-1 跨境出口电商的产业链

(二)跨境出口电商模式

由于跨境出口电商主要面向企业，因此从企业视角将出口跨境电商分为入驻第三方平台、自建跨境电商网站、综合服务商和代运营服务商四种模式。

(1) 入驻第三方平台模式。入驻第三方平台模式是指生产企业或代理商通过缴纳佣金或会费等方式入驻第三方跨境电商平台，由第三方企业提供统一的销售平台来连接国内出口企业和海外买家。

(2) 自建跨境电商网站模式。自建跨境电商网站模式是指生产企业或销售商自主开发子商务网站将商品销往海外，企业自己负责产品的生产或采购、在线交易和支付、跨境物流运输、客服、退换货处理、网站维护和产品推广等整条供应链上的工作。

(3) 综合服务商模式。综合服务商模式是指为中小企业提供一站式电子商务解决方案而诞生的一种创新模式，"综合"涵盖了金融支付、通关、结汇退税以及跨境物流等服务。

(4) 代运营服务商模式。随着中小企业海外业务的拓展，专业跨境电商代运营服务应运而生。在该模式下，代运营服务商全程代理外贸企业产品的销售、推广、物流、支付、通关以及网站搭建和维护等各个环节，为企业降低运营成本、防范交易风险和创立全球品牌等方面提供解决方案，从而达到共同成长、共享收益的目标。

表 8-1 对上述出口跨境电商模式进行了比较分析，不同企业应权衡利弊，根据自身情况选择合适的跨境电商模式。综上所述，企业如果只想把自己产品卖出去而不考虑品牌建设，则可以选择代运营服务商模式或入驻第三方平台模式；对于想要利用跨境电商进行转型的中小型外贸企业或者刚处在起步阶段的中小型跨境电商企业来说，可以选择入驻第三方平台模式或综合服务商模式；对于实力雄厚的大型企业来说，自建跨境电商网站和综合服务商相结合的模式会更有利于品牌建设，进而掌握产品的海外定价权。

表 8-1 跨境出口电商模式比较

模式名称	运营方式	优 势	劣 势
第三方平台	(1)企业缴纳佣金入驻第三方平台。 (2)平台只提供信息服务、产品交易和营销推广等服务	(1)成本低，风险低，信用体系完善。 (2)平台流量大，且用户目的性强。 (3)网上商店容易搭建	(1)形式单一，特色不明显。 (2)可扩展性低。 (3)需要缴纳一定费用
自建网站	(1)企业自建跨境电商网站。 (2)企业负责跨境电商流程中的全部工作	(1)有效把控产品质量。 (2)可扩展性高。 (3)与客户联系紧密	(1)网站开发、运维需要大量资金。 (2)初期扩展难度大
综合服务商	提供模块式电子商务解决方案	(1) 灵活自由，成本低。 (2) 针对性强	只能解决局部问题，不一定整体优化
代运营服务商	(1)全程代理企业产品销售和推广。 (2)企业不参与平台搭建	(1)专注于产品品质。 (2)节省平台搭建和运维费用 (3)有效降低运营风险	(1) 整体成本偏高。 (2)渠道和品牌管控力弱

四、跨境进口电商

(一)跨境进口电商的发展阶段

我国跨境进口电商的发展经历了个人代购时代、海淘时代和跨境进口电商时代。

(1) 个人代购时代。这个时代以海外留学生代购为主体。这一时期可以称为跨境进口电商 1.0 时代。这时候是跨境进口电商的发展初期，消费者一般集中在留学生的亲戚朋友，还比较小众，普及率不高。消费者主要通过海外买手、职业代购购买进口产品。这一消费模式周期长、价格高，而且产品的真伪以及质量难以保障。

(2) 海淘时代。2007 年开始进入海淘时代，也就是跨境进口电商 2.0 时代。这个阶段形成了常规的买方市场和卖方市场。跨境进口电商市场开始形成，消费群体也开始扩大，商品的品类丰富多样起来，开始不断有跨境进口电商平台成立，逐渐开始有消费者选择通过跨境进口电商平台购买进口产品。跨境网购用户的消费渠道逐渐从海淘代购转向跨境进口电商平台。

(3) 跨境进口电商时代。2014 年，是跨境进口电商爆发的一年，流程烦琐的海淘催生了跨境进口电商的出现。2015 年，随着政策变更以及社会经济的发展，跨境进口电商加速发展，跨境购物开始走向规范化，跨境进口电商进入 3.0 时代。随着跨境进口电商的合法化，越来越多的消费者选择在跨境进口电商平台购买海外产品。随着消费者跨境网购的需求愈发旺盛，各类跨境模式平台的出现，满足了消费者消费需求，跨境网购走向常态化。从个人代购到海淘再到规范化的跨境网购，是消费者消费习惯的转变，也是消费者对商品品质、品类追求的提升。

2017 年对于跨境进口电商平台而言，是意义非凡的一年。国家有关部门出台诸多利好政策，并对原有政策进行一系列的调整。11 月 24 日，国家财政部发布公告，自 2017 年 12 月 1 日起，中国对部分消费品进口关税进行调整，其中婴儿奶粉、尿片的进口暂定税率降至零。在政府对跨境进口电商的支持和消费升级大趋势的共同推动下，中国进口跨境电商实现了进一步的飞跃。根据中国电子商务研究中心的数据，2017 年上半年中国进口跨境电商交易规模达 8624 亿元(包括进口 B2B 和进口 B2C)，同比增长 66.3%。而消费者反应也同样热烈，2017 年，源自于美国购物节的"黑色星期五"大促活动也掀起一阵购物热潮，成了继"双十一""6·18"之后的又一电商盛事。从平台市场份额角度来看，目前跨境进口电商平台的第一梯队由网易考拉海购、天猫国际、淘宝全球购、亚马逊海外购、京东全球购等互联网巨头设立的综合型电商平台占据。

(二)跨境进口电商的模式

随着国内市场需求多元化、个性化的转向，以及对海外产品高速增长的需求，进口跨境电商呈现出强劲的发展势头。当前我国已有超过 20 万家企业涉足了跨境电商业务，相关的跨境电商平台也已经超过 6000 家。跨境进口电商的经营模式主要有：B2C、M2C、C2C、特卖会和社交导购转电商这五种运营模式。

(1) B2C 模式。B2C 模式以京东的全球购、顺丰的全球顺以及传统企业的跨境电商转型为主要代表。B2C 模式需要电商平台拥有自己的资金、团队、货源和物流渠道等，是"大而全"的重模式。这种模式增强了电商平台的流程控制力和流量吸引力。一方面，这种模式的采购成本低，能够满足消费者对进口商品"物美价廉"的要求；另一方面，平台上商品的质量、物流的时效性以及资金的周转都比较有保证。

(2) M2C 模式。M2C 模式是指借助线上线下的渠道整合，减少商品流通环节，实现交易双方的共赢。在跨境进口电商方面，以天猫国际和洋码头为典型代表。它们都是为商家提供交易支付和信息沟通的平台，商家与消费者直接进行沟通交易。

(3) C2C 模式。跨境进口电商运营的 C2C 模式，简单来讲就是平台在海外招募买手，由这些买手根据市场的需求变化选择适宜的商品，然后放到平台上展示给国内的消费者，并进行交易。因此 C2C 也被称为"买手模式"。比较典型的有全球购、街蜜、洋码头的扫货APP 等平台。

(4) 特卖会模式。特卖会是指网络垂直电商在一个特定的时间内，专门卖某一类或某种产品。进口跨境电商的特卖会模式，以唯品会和网易考拉两大平台为代表。前者属于供应商压货，后者则是自营。由于货源采购并不确定，因此针对某一类商品的特卖会模式，一般卖完就会结束。

(5) 社交导购转电商模式。社交导购转电商模式即社交化电商，是指将社交中的关注、分享沟通、互动等元素，用于电商的运作交易过程。小红书、小桃酱、什么值得买等社交电商导购平台是这种模式的典型代表。

第二节 跨境第三方平台——亚马逊

【案例8-2】

SunFounder:从"小白"到"大神",只有一个亚马逊的距离

一个简陋的工作室,一支三五人的队伍,凭着一身过硬的技术和一份浇不灭的热情,心怀打响中国品牌的宏伟志向,这就是2012年创立之初的年轻企业SunFounder。如今的它已在北美与欧洲拥有自主独立品牌与多项专利,其研发制作的无人机、机器人、开源硬件等创新产品广受好评。企业销售范围更是辐射全球,开设了美、英、德、意、法、西等市场,且销售额保持着每年100%的高增长率。"这几年来,公司不断地成长壮大,这其中要感谢亚马逊的一路相伴。"SunFounder董事之一黄汉川感慨道:"是它为我们打开了一扇通向国际市场的大门,帮助我们拓展外贸新渠道,扩大全球市场份额,培育产品竞争新优势,打造企业自有品牌。"

1. 摸着石头过河,走一步,看一步

在创业之初,没有任何电商背景和经验的三位"80后"创始人,像海绵一样不断学习,义无反顾地投入亚马逊经营自己的梦想。"借力跨境电商,很多企业实现了中国品牌'走出去'的梦想。而在选择跨境电商时,流量是很多卖家考量的重要因素之一。亚马逊的站内流量巨大,且转化率高。而且,亚马逊非常重视产品与客户体验,这与我们企业的发展方向相一致。"

2. 研发创新与营销推广齐头并进,才能事半功倍

在初入亚马逊时,SunFounder会花很多时间分析竞争对手的热门产品和运营方式。而今,随着企业规模的日益扩大及其在新兴领域的出众表现,SunFounder已然成为很多卖家的学习对象,源于同类产品的激烈竞争让企业创始人产生了危机意识。"为打造自己独有的特色,公司推出了优质的增值服务。我们用1/3的时间去研发产品,剩下的2/3时间去跟学校和服务机构对接,提供全站式服务。这套流程很难模仿,也是很多大企业不愿意花精力去做的。于是,我们的市场就这样逐步打开了。但同时,我们也意识到,企业要发展,优质的产品服务与强大的营销能力缺一不可,寻找到两者的有机契合点,我们才能在竞争中劈波斩浪、脱颖而出。"黄荣辉说。"亚马逊是我们赢得更广阔市场的通行证。一方面,亚马逊以产品为驱动,对入驻卖家和产品要求较高,这促使我们把产品做深、做专、做好。另一方面,它拥有庞大的数据库,这对卖家来说是一笔非常宝贵的财富。数据的抓取、解读及有效利用使得我们更好地洞察市场,了解消费者需求,从而调整企业研发与营销策略。"黄荣辉欣慰地谈到。以SunFounder研发的树莓派机器人为例,当这款产品投入市场后,企业通过亚马逊搜集客户反馈,有些客户会将评论写得非常详细,明确指出产品的不足之处。同时,结合亚马逊强大的运营分析工具,SunFounder得以直观洞悉消费者的核心需求,并将其应用于下一代产品的改善和完善。不仅如此,企业产品部和销售部也会定期开会,跟进市场热点大胆设想,共同探讨产品进步空间,以制定精确的技术参数。

在企业的发展过程中,SunFounder以亚马逊为中心,在全球撒网布兵,慢慢在国际市场中建立起品牌。"如今,我们不仅仅能跟着市场走,还能带领市场走。"目前,SunFounder

已在国外建立了良好的口碑，并累积了大量的忠实客户。其足迹遍布全球，欧美是企业跨境电商的主战场。其中，美国站点是它最早开设的站点，表现一直良好；而德国是欧洲客户较为集中的一个站点，发展潜力巨大。

3. 物流和售后，跨境电商的瓶颈之痛

然而，跨境电商流程需要研发生产、采供供应、物流管理等多个环节的紧密配合，任何一环出现问题都有可能影响跨境电商的发展。其中，物流"阵线"长、环节多，与客户满意度有着极其密切的联系，成为目前制约跨境电商发展的主要瓶颈。令人欣慰的是，在加入了亚马逊物流(Fulfillment By Amazon，FBA)后，黄汉川发现，这些令人头疼的问题竟都迎刃而解了。"我们只需要把商品发到亚马逊运营中心，剩下的仓储、分拣、包装、配送、收款及退换货FBA全都包了，这大大节省了我们的时间和人力成本。FBA没有最低费用、设置费或月费，我们只需要支付使用亚马逊物流商品的存储和订单配送服务费即可，这比其他物流渠道更贴心。"除此之外，亚马逊还为购买商品的顾客提供全天候的专业客户服务，为SunFounder处理了大部分的售后问题。"我们于2013年正式开始100%使用FBA的服务，那个时候团队很小，是FBA帮助我们解决大部分的烦琐的物流问题和复杂的售后工作，这不仅给终端用户带来了良好的体验，也让我们有更多时间投入产品本身的创新和研发中，其他的交给亚马逊，我们放心，客户满意，二次购买率大大提高。"

(资料来源: http://www.sohu.com/a/205897759_609478)

一、亚马逊平台概述

亚马逊总部位于美国华盛顿州的西雅图。上线伊始，亚马逊只是一家网上书店，经营书籍的网络销售业务。在之后的发展过程中，亚马逊通过收购慢慢促进业务的多元化。1999年，亚马逊推出了Amazon Marketplace平台业务，为小型零售商和个人提供在亚马逊出售商品的平台，商品不限于书籍。

在2000年，亚马逊又往前迈进了一步，允许第三方零售商和卖家使用其他电子商务平台，数以万计的小企业和个体零售商选择亚马逊的Selling on Amazon、Fulfillment By Amazon等项目，希望借此获得亚马逊的庞大客户群。

如今，在亚马逊平台上，亚马逊及其他销售商为客户提供数百万种独特的全新、翻新及二手商品，品类包括图书、影视、音乐、游戏、数码下载、电子产品、家居园艺用品、食品杂货、健康美容、玩具、母婴用品、服装鞋帽、珠宝、运动户外、汽车配件等，超越沃尔玛成为全球最大的零售商。2016年7月11日，亚马逊以约3560亿美元的市值超过伯克希尔，成为美国市值第五的上市公司。在2016年《财富》世界500强的榜单中，亚马逊也从2015年的第88名提升到2016年的第44名。

二、亚马逊全球的四大商业理念

(一)重推荐，轻广告

卖家可以发现亚马逊平台上的站内推广形式很少，基本上除了产品广告(Sponsored

Products)和展示广告(Display Advertising)，就是促销活动(Promotion)，实际上这些也不是亚马逊的关注点和盈利点，它始终都在以客户体验为导向，而过多的广告则会引发客户的反感。

客户登录亚马逊以后，系统会将浏览习惯、搜索习惯、购物习惯、付款习惯等个性化数据，进行关联推荐和排行推荐，以拓展选择范围，增加访问深度。从结果上来看，这两种推荐方式的转化率有效地触发了客户的购买动作。

亚马逊上有一个推荐位叫"Frequently Bought Together"，翻译为"经常一起购买的商品"，比如有的客户在购买打印机时，会推荐墨盒；在购买读卡器时，会推荐SD或TF卡。另外，当客户再次登录亚马逊网站时，之前浏览过的产品仍会被展示，继续进行提醒和刺激，很多客户也在这样的刺激下作出了购买决定。凭借着这样的算法和技术，亚马逊在业内有着"推荐系统之王"的美称，据统计，亚马逊有35%的销售额都与推荐系统相关。

(二)重展示，轻客服

与其他电商平台不同的是，亚马逊没有即时在线客服。如果买家在购买产品前有疑问，只能通过邮件形式来咨询卖家，一来一回的时间成本很高，等到卖家回复时，买家可能已经离开了。所以这就促使卖家必须在产品页面将所有的信息表达得尽量丰富、全面和完整，同时要不断地对产品进行优化，对标题、图片、短描述、长描述等方面精心打磨，将买家想要了解的内容进行充分的展示。

这种邮件系统是亚马逊的特色，其目的是鼓励买家自助购物，尽可能简化整个交易流程，想买就下单等收货，不想买就换个产品继续了解，省心、省力、省时。

(三)重产品，轻店铺

做好亚马逊，选产品是重中之重。成为亚马逊上的成功卖家，不能靠多店铺或者高库存量来运作，因为在亚马逊进行关键词搜索时一般不会出现店铺，所以卖家只能靠不断优化产品，使产品排名靠前。

很多优秀的亚马逊卖家的经营策略都是"少做产品，做精产品"，整个店铺只有十几款产品，少数几家的产品甚至在十款以内，但仔细分析产品会发现写好评的人数很多，从而可推断销售业绩是可观的。

这种经营策略会让卖家更有效地进行库存管理，集中精力做好产品，服务好买家。而在选品上，卖家要注意三个问题：一是要选择自己熟悉的，二是要选择有价格优势的，三是选择能满足市场需求的。

(四)重客户，轻卖家

亚马逊设计了两套评价体系，一个是商品评论，另一个是卖家反馈，前者针对的是卖家提供的产品，后者针对的是卖家提供的服务，这表明亚马逊非常鼓励客户表达真实的购物感受。这两套评价体系对卖家的影响都比较大，前者影响的是销量和转换率，后者影响的是卖家的排名和黄金购物车，如果评价星级非常低，不但没有什么曝光和流量，甚至会受到亚马逊的警告或者被移除销售权限。

不过卖家也不会受到不公正的待遇，按照实际情况来看，亚马逊对买家和卖家之间的平衡点把握得比较好，它会根据实际情形来判断责任归属。如果确实是卖家的问题，严重的会被关闭账号；如果是买家无理取闹或是出于其他动机诬陷卖家，亚马逊也会做出公平的处理。

三、亚马逊全球开店项目

亚马逊满足了中国买家的购物需求，在 2012 年，亚马逊启动亚马逊全球开店项目正式开始向中国卖家抛出橄榄枝。在电商全球化浪潮的影响下，亚马逊开始对中国企业进行招商，扩充产品品类，开发中国制造的产品，吸引更多中国卖家进入，中国卖家通过亚马逊平台将中国产品卖向全球。

所谓"亚马逊全球开店"，是一个旨在帮助中国卖家通过亚马逊网上销售站点将商品销售给全球消费者的项目，业务覆盖北美、欧盟以及日本三大全球市场，并接触到全球优质客户。

亚马逊全球开店项目一经推出，中国卖家数量及其销售额飙升。相较 2012 年，2018 年借助该项目，走向国际市场的中国卖家数量增长了 20 倍。亚马逊平台能够发展如此迅速，其存在的四大优势如下。

1. 接触亚马逊全球 3.04 亿优质客户

客户群体大：海量购物会员中数以千万计的优质客户群体——Prime 会员，具有忠实回头客、全年不停购、忠诚品牌粉、服务要求高等特点。他们是亚马逊的忠实粉丝，他们对亚马逊的信任将自然而然延伸到中国卖家身上。

2. 涉足覆盖北美、欧盟及日本三大销售区域的全球业务

覆盖范围广：亚马逊全球开店业务涵盖北美、欧盟及日本三大区域，10 个站点。

3. 在各国独特文化以及季节性消费趋势中，获得新的销售机遇

全年不停卖：全球多个地区客户源，意味着中国卖家可以在全年销售季节性产品，充分利用文化或产品的流行趋势，调整销售策略，获得更多商机。

4. 接触拥有强大消费能力的亚马逊 Prime 会员

超高重复购买率：亚马逊为 Prime 会员提供包邮服务及其他各种出色服务，让客户拥有极高的品牌忠诚度，形成超高重复购买率。

自 2012 年亚马逊全球开店项目在中国启动，中国成为亚马逊的重点战略市场，中国卖家数量强势增长，拓展全球市场。借助亚马逊平台，中国卖家可将商品销售给全球 3 亿多活跃用户，其中包括不断增长并具有较高消费力的 Prime 优质会员群体。亚马逊全球 123 个运营中心帮助中国卖家以更快的速度和更优惠的价格将商品送达消费者手中。

第三节 跨境电商海外营销

一、营销的本质和含义

营销的本质是什么？对于这个问题，很多人有各自不同的看法。

营销之父菲利普·科特勒说：营销就是致力于发现客户的需求并以此为基础生产适销对路的产品。

战略之父迈克尔·波特说：营销就是在一个特定的领域中有效重组各种竞争的能力。

管理大师汤姆·彼得斯说：营销是一种生活标准的创造和传播。

(一)营销的本质

科特勒对于营销的定义，因为他的定义更贴近传统意义上理解的营销概念，与客户、产品销售有更加紧密的关联。比如他对于市场营销的理解，就是"有价值地满足需求"。也就是说，营销是个人和集体通过创造，提供出售给有需求的消费者，并交换产品的价值以获得其所需所欲之物的一种社会活动。从管理的角度来看，营销经常被描述为"推销产品的艺术"，然而，推销仅仅是营销冰山上的顶点。

营销用"耕种"代替了"猎取"，如今的工作不再是为产品找到合适的消费者，而是为消费者设计适合的产品。而企业本身所面对的也已经不是产品匮乏的市场，而是市场饱和、产品同质化、竞争激烈的状况，以客户为导向的拉式营销越来越成为主流。

(二)营销的含义

营销是关于企业如何发现、创造和交付价值以满足一定目标市场的需求，同时获取利润的学科。营销学用来辨识未被满足的需要，定义、量度目标市场的规则和利润潜力，找到最适合企业进入的市场细分和适合该细分的市场供给品。

真正意义上的营销，即市场营销(Marketing)。从某种意义上讲，是指个人或集体通过交易其创造的产品或价值，以获得所需之物，实现双赢或多赢的过程。它包含两种含义：一种是动词理解，指企业的具体活动或行为，这时称之为市场营销或市场经营；另一种是名词理解，指研究企业的市场营销活动或行为的学科，称之为市场营销学、营销学或市场学等。而我们所要探讨的则是前者，也就是企业应当为"有价值地满足需求"这种活动做出怎样的努力。

二、跨境电商社交媒体营销

传统模式下的营销以销售为主，目的是让目标消费群体对自己的商品或服务有所了解，最终促使他们消费；现代营销则更加注重与消费者之间的交流互动。仅依靠传统媒体(如报纸、电视等)进行商品推广，无从知晓用户的反馈信息，利用搜索引擎、邮件进行信息传播，也不能达到这个目的。

　　为了与消费者直接进行互动，有些商家尝试举办线下活动进行产品营销。但是，这种方式需要大量的资本投入，且覆盖范围有限。如今，社交平台被用户熟知并广泛应用，商家开始通过社交网络与用户互动，并进行营销模式的创新。

　　跨境电商社交媒体营销的平台主要有以下几个。

　　(1) Facebook。Facebook 作为全球最大的社交网站，每月活跃用户数高达 13 亿人。此外，大约有 3000 万家小公司在使用 Facebook，其中 150 万家企业在 Facebook 上发布付费广告。当前，跨境 B2C 大佬兰亭集势、DX 等都开通了 Facebook 官方专页，Facebook 海外营销受到了越来越多跨境电商从业者的关注。当然，在面对俄罗斯市场时，你应该选择 VK 而不是 Facebook。在俄罗斯乃至东欧，VK 是人们首选的社交网站。

　　(2) Twitter。Twitter 是全球最大的微博网站，拥有超过 5 亿的注册用户。虽然用户发布的每条"推文"被限制在 140 个字符内，但却不妨碍各大企业利用 Twitter 进行产品促销和品牌营销。例如，在 2008 年圣诞购物期间，戴尔公司仅通过 Twitter 的打折活动就获得百万美元销售额；再如，著名垂直电商 Zappos 创始人谢家华通过其 Twitter 的个人账号与粉丝互动，维护了 Zappos 良好的品牌形象。以上这两个案例其实都适用于跨境电商的海外营销。此外，跨境电商们还可以利用 Twitter 上的名人进行产品推广，比如第一时间评论名人发布的"推文"，让千千万万名人的粉丝慢慢熟知自己，并最终成为自己的粉丝。2014 年 9 月，Twitter 推出了购物功能键，这对于跨境电商来说无疑又是一大利好消息。

　　(3) Tumblr。Tumblr 是全球最大的轻博客网站，含有 2 亿多篇博文。轻博客是一种介于传统博客和微博之间的媒体形态。与 Twitter 等微博相比，Tumblr 更注重内容的表达；与博客相比，Tumblr 更注重社交。因此，在 Tumblr 上进行品牌营销，要特别注意"内容的表达"。比如，给自己的品牌讲一个故事，比直接在博文中介绍公司及产品效果要好很多。有吸引力的博文内容，很快就能通过 Tumblr 的社交属性传播开来，从而达到营销的目的。跨境电商网站拥有众多的产品，如果能从这么多的产品里面提炼出一些品牌故事，或许就能够达到产品品牌化的效果。

　　(4) YouTube。YouTube 是全球最大的视频网站，每天都有成千上万的视频被用户上传、浏览和分享。相对于其他社交网站，YouTube 的视频更容易带来病毒式的推广效果。比如，韩国鸟叔凭借《江南 Style》短时间内就得到全世界的关注。因此，YouTube 也是跨境电商中不可或缺的营销平台。开通一个 YouTube 频道，上传一些幽默视频吸引粉丝，通过一些有创意的视频进行产品广告的植入，或者找一些意见领袖来评论产品宣传片，都是非常不错的引流方式。

　　(5) 其他社交媒体。社交媒体营销的范围很广，除了以上渠道之外，还有论坛营销、博客营销、问答社区营销等。这三类社区尤其适合有一定专业门槛的产品，比如电子类、开源硬件等。主打 3C 电子产品的 DX，起家时依靠的正是其创始人高超的论坛营销能力。此外，如果你的目标人群是毕业生或职场人士，全球最大的商务社交网站 LinkedIn 将是一个不错的选择；Google+作为全球第二大的社交网站，将社交和搜索紧密结合，也越来越受到营销者的青睐。

第四节　跨境电商物流

一、跨境物流概述

电子商务物流又称网上物流，是利用互联网技术，尽可能地把世界范围内有物流需求的货主企业和提供物流服务的物流公司联系在一起，提供中立、诚信、自由的网上物流交易市场，促进供需双方高效达成交易，创造性地推动物流行业发展的新商业模式，而跨境物流的不同之处在于交易的主体分属于不同关境，商品要跨越不同的国界才能够从生产者或供应商到达消费者。

跨境物流是指把符合法规的货物商品从一个国家或地区通过空运、陆运、海运等方式运送至另外一个国家或地区的过程。跨境物流又称国际物流，包括邮政物流、商业快递、专线物流三种类型。每一个跨境物流类型，因目的地国家或地区的不同而存在不同的配送费用和妥投时效。目前在跨境物流当中，使用较多的是邮政物流中的各类邮政小包(平邮/挂号)，其次是专线物流和商业快递。

国际物流服务水平是跨境电商发展的保证，跨境电子商务运作过程中涉及信息流，商流、资金流和物流。跨境电子商务运作过程中，信息流、商流和资金流均可通过计算机和网络设备在虚拟环境下实现，但物流环节是不能在虚拟环境下实现的，国际物流系统包括仓储、运输、配送、流通加工、包装、装卸搬运和信息处理等七个子系统，国际物流系统高效率、高质量、低成本的运作是促进跨境电商发展的保证，同时作为供应链的重要组成部分，是对商品、服务以及相关信息从产地到消费地的高效、低成本流动和储存进行的规划，实施与控制的过程，目的是满足消费者的需求。

二、跨境电商物流的发展趋势

近年来，跨境电商在多重利好因素的推动下实现了井喷式发展，与之息息相关的物流行业也将迎来新的挑战与机遇。

(一)跨境电商物流面临行业洗牌

随着生活水平的不断提高，消费者的消费需求呈现出多样化与个性化的发展趋势，而自2014年开始就广为人知的跨境电商正好能够满足消费者的这些需求，再加上国家在政策方针上对其的倾斜，使得这一市场的发展日益火爆。如今，经过一段时间的飞速发展，这一市场已经呈现出阶段性的饱和状态，只有在未来的新方针与市场动态的作用下，才能再次释放消费需求。低价的进口商品不能保证质量，山寨商品与假货猖獗，使得消费者的海淘热情一再降温，这也是影响行业增速的一个重要原因。不得不承认，随着这一行业的不断开发，选择权已经逐渐过渡到消费者的手中。消费者的消费需求越来越多样化、个性化，同时对消费体验的要求也会越来越高。那么，与之相关的跨境物流行业必定会呈现出适者生存的状态，面临全新的洗牌。

(二)跨境电商巨头与中小平台物流体系持续共存

在跨境电商领域，诸如阿里巴巴、京东等综合类的大平台日益壮大，那些中小型的专注细分市场的中小平台也在不断成长。而与之密切相关的物流行业也相应地出现了分化，即对应大的综合平台的自建物流，以及中小平台多选择的第三方综合服务物流。大平台自建物流无疑会冲击物流行业固有的体系，并促进行业新秩序的建立。而这一变化会使第三方物流千方百计地避开与行业巨头的正面竞争，另辟蹊径求得生存。如此一来，行业内部的分工就会得到进一步的具化，在未来的一段时间内，二者会保持一种共存的局面。

(三)第三方物流综合服务体崛起

尽管几大行业巨头已经占据了极为有利的市场份额，但是跨境电商这块蛋糕实在诱人，越来越多的中小平台借着细分市场的东风挤了进来。然而，中小平台毕竟精力有限，只能将重点放在产品销售与客户维护上，物流就只能依靠第三方服务平台。第三方平台所能提供的服务并不局限于物流提供的常规服务，除了提供商品仓储、运输等服务之外，还能够提供一系列的增值服务，如整合信息、采购、融资等。

(四)跨境电商物流人才专业化要求越来越高

在上述背景下，跨境电商物流行业内所需要的人才也发生了极大的变化，正在从传统的粗放型向着专业的集约型转变。无论是自建物流还是第三方综合物流，未来的人才需求必定会越来越大，对专业的要求也会越来越高。从企业的角度来看，这是控制成本的一种必然，从行业的角度来看，则是一种发展趋势。现在已经有很多企业都在着手进行人才的引进以及人才培养计划的实施。

三、跨境电商的物流模式

(一)邮政物流

邮政物流涵盖了中国及其他各个国家或地区的邮政小包、邮政大包、e 邮包、EMS 等。

(1) 中国邮政航空小包(China Post Air Mail)：是指中国邮政针对 2kg 以内小件物品推出的空邮产品，运送范围为全球 241 个国家或地区。中国邮政国际小包出关时不会产生关税或清关费用，但在目的地国家或地区进口时有可能产生进口关税，具体根据每个国家海关税法的规定而各有不同。

相对于商业快递来说，中国邮政小包能最大限度地避免关税。在中国跨境电商出口零售领域，中国邮政小包是使用率最高的物流渠道。

(2) 国外邮政国际小包：国外邮政国际小包是指除中国以外的其他国家的邮政航空国际小包，提供平邮和挂号两种服务类型。国外邮政小包在带电产品、纯电池、液体及固体化妆品等寄送限制方面比中国邮政国际小包更加宽松，从而成为中国跨境电商出口零售领域非常重要的跨境物流渠道。

(3) 国际 e 邮宝：国际 e 邮宝是中国邮政为适应国际电子商务寄递市场的需要，为中国电商商户量身定制的一款全新经济型国际邮递服务。国际 e 邮宝主要是针对轻小件物品的空邮服务,是为中国电商商户提供的发向美国、加拿大、英国、法国、澳大利亚等超过 32 个国家或地区的包裹寄递服务。

(二)商业快递

国际快递是指在两个或两个以上国家(或地区)之间的从门到门的快递、物流业务。国家(或地区)与国家(或地区)传递信函、商业文件及物品的递送业务,是通过国家之间的边境口岸和海关对快件进行检验放行的运送方式。国际快件到达目的地国家(或地区)之后,需要在目的地国家(或地区)进行再次转运,才能将快件送达最终目的地。

知名的商业国际快递有 DHL、FedEx、UPS、TNT,它们被称为"四大国际快递"。四大国际快递有各自的特点和优势,因为送达时效极快、配送范围广、门到门服务好、清关能力强、客户服务优秀而备受欢迎。除四大国际快递之外,还有不少常见的国际快递,如表 8-2 所示。

表 8-2 四大国际快递与其他国家快递

四大国际快递	其他国家快递
DHL 快递(敦豪物流) FedEx(联邦快递) UPS(联合包裹) TNT(天地快件)	EMS、OCS、Toll、DPEX、AAE、GLEX、GLS、Aramex、SPSR、Asendia、Yodel、Hermes、SDA、LWE、DRD

(三)专线物流

专线物流是物流服务商(货代)独立开发的专线专发的,从起始地以空运、海运、陆运等综合方式运送到目的地国家或地区的物流服务。专线物流最大的特点是向指定国家可发带电产品,时效快,资费性价比高,清关顺利。

1. 挂号专线

挂号专线物流服务,又称专线小包、小包专线,专门针对跨境电商商户,计费方式灵活,头程或尾程使用了快递运送,全程妥投时效快,费用相对低廉。常见的挂号专线有各类国际专线、电商专线、空运专线等,简单分类如表 8-3 所示。

表 8-3 专线类型分类

类　型	常见名称
区域性专线	欧洲专线、北美专线、南美专线、中东专线、东南亚专线、非洲专线等
单路向专线	美国专线、英国专线、法国专线、德国专线、意大利专线、西班牙专线、澳洲专线、巴西专线、日本专线、俄罗斯专线等

挂号专线除目的地不同之外,大多数有近似的特点,下面仅介绍欧洲专线、北美专线以供参考。不同的物流服务商(货代)在服务和资费方面存在一定的差异,具体以各个物流服务(货代)的为准。

(1) 欧洲专线:欧洲专线是为跨境电商商户立足欧洲市场销售较高价值的商品而量身

定制的优质高效的物流服务。该服务利用中国香港充足的空运资源与英国清关的优势，打造出时效快、清关强的跨境电商专线服务，特别适合运送价值高、要求时效的轻小物品。

(2) 北美专线：北美专线是专门为跨境电商商户服务，将目的地国家邮政和本土快递服务接合的一条专门物流专线。

2. 平邮专线

平邮专线是专门针对跨境电商商户，为平邮类国际小包提供专线专发的专属物流服务。经济小包专线的显著特点是妥投速度比一般的平邮类国际小包更快，部分渠道还可发带电产品。比较常见的有欧洲专线平邮、西班牙专线平邮、欧邮宝、新澳宝、燕邮宝等。

四、海外仓

海外仓是跨境电商物流痛点的一个解决方式，国家鼓励商业模式创新，扩大跨境电商试点，支持企业建设一批出口产品"海外仓"，促进外贸综合服务企业发展。国家支持的声音激励着跨境电商及外贸服务企业勇往直前，超过一半的跨境电商对海外仓跃跃欲试，也有一部分第三方海外仓顺势崛起。

近年来，随着跨境电商产业的快速崛起，解决了业内诸多痛点问题的海外仓储物流模式受到了各路玩家的重视，作为一种有效降低物流成本、缩短配送周期的新型跨境物流模式，它能将跨境贸易实现本土化，进一步提升用户服务体验，最终为企业构建起强大的核心竞争力。

(一)海外仓的兴起原因

(1) 跨境贸易电子商务的迅速发展对物流业的要求日益提高，实际上，海外仓将成为电商时代物流业发展的必然趋势。

海外仓的头程将零散的国际小包转化成大宗运输，会大大降低物流成本。海外仓能将传统的国际派送转化为当地派送，确保商品更快速、更安全、更准确地到达消费者手中，完善消费者跨境贸易购物体验。海外仓的退货处理流程高效便捷，适应当地买家的购物习惯，让买家在购物时更加放心，能够解决传统的国际退换货问题。海外仓与传统仓储物流相结合可以规避外贸风险，避免因节假日等特殊原因造成的物流短板，从而提高我国电商的海外竞争力，真正帮助电商提供本土服务，适应当地买家的消费习惯。

(2) 跨境电商根据企业自身需求转型建仓，跨境电商与国内电商最大的区别就是把货物卖到国外，不稳定的物流体系是一大挑战。无论是企业还是个体电商，要想把生意做大，不仅要维护好自己的电子商务平台，还需要一个能降低成本、加快配送时效、规避风险的海外仓储。

在海外市场，当地发货更容易取得买家的信任，大多数传统买家更相信快捷的本土服务，在价格相差不大的情况下，他们更愿意选择设置海外仓的商品，境内配送速度更快、安全性更高。

(3) 除了本地发货的可信度和时效性，海外仓储及其配套系统，也能给卖家带来更好的跨境贸易购物体验，节省更多的时间，减少出错率。

(二)海外仓的优势

1. 大幅度提升了客户的物流服务体验

海外仓储模式提前将货物送至目标地区存储,商家收到订单后直接从离客户最近的仓库中发货,大大缩短了客户的物流等待时间,让客户享受到极速的跨境物流服务。从另一个角度来看,海外仓储模式其实是通过提前备货,将跨境物流转化成了本地物流,因而能够大幅度减少货物配送的时间。

海外仓储物流模式在运输货物的体积、重量等方面比邮政小包等国际快递服务的限制更少,能够为跨境买家提供更为多元的产品品类选择。在费用支出方面,海外仓储模式需要客户承担的物流费用也比国际快递模式更低。因此,海外仓储模式能够让客户以更低的成本获得更便捷和更多产品品类选择的物流服务,从而大幅提升客户的跨境物流服务体验。

2. 提高了跨境电子商务的服务水平

海外仓储物流模式首先通过传统国际贸易清关流程将大批货品集中运送到目标市场国。这种集中批量式的跨境运输,既简化了出口方向的清关程序,又为目标市场国的海关监管提供了便利。而将货物提前送至目标市场地区,有利于提升跨境电商企业对订单的实时物流反应能力;同时,本地化运送能够在线上平台实时查看货品的物流状态,因此大大增强了企业对运送风险的控制力。

从整体流程来看,海外仓储模式让卖家从被动等待物流公司配送转为自主远程控制货物配送全程,从而增强了卖家对跨境物流服务的掌控力,有利于跨境电商企业提升整体服务水平。

(三)海外仓的劣势

1. 难以准确估算预存商品数量

海外仓储物流模式是通过提前备货来缩短配送时间,优化客户物流体验,因此,根据目标市场的销售状况和市场趋势精准估算预存商品的数量,是海外仓储服务模式发挥价值的基础。然而,互联网时代商业环境的快速变化和高度不确定性,又使企业常常难以对目标市场规模作出精准判断。

若由于海外仓中提前备货过多导致商品积压,则不仅会影响企业资金周转,还会产生仓储费用,甚至是商品滞销时额外的退运费用;而如果跨境电商企业对目标市场的估算过于保守以致备货不足,则又容易影响海外市场业务的发展,也不足以发挥海外建仓的应有价值。

2. 不适合定制的个性化商品

海外仓储物流模式是将一定量的货物预存到目标市场地区,因此只适合标准化的商品,对于个性化、定制化的商品显然是无法提前备货的。

第五节 跨境电商支付

随着跨境电子商务的迅猛发展,跨境支付也渐渐成为大家关注的焦点。我国的跨境电商发展前期,通关物流与相关的结算方式是在线交易的主要结算形式,比如传统的邮政汇款，或是银行转账，同时信用卡也是主要方式。近年来，伴随电子商务的发展，出现了大批包裹海外仓转运模式，同时第三方支付平台也在不断完善发展中，信用卡、邮政汇款、银行转账等多种支付也在不断创新发展中。

跨境支付是两个或两个以上国家或地区之间因国际贸易、国际投资及其他方面所发生的国际债权债务，借助一定的结算工具和支付系统实现的资金跨国和跨地区转移的行为。

一、跨境电商第三方支付

为了解决在网上交易过程中交易双方的信用度和线上支付的安全性这一市场需求痛点，建立起电子商务的信用体系，众多独立的第三方支付平台纷纷涌现。电子商务交易双方在第三方支付平台上建立虚拟账户，买家先将货款放入支付平台中，由支付平台暂时保管。当买方确认收货以后，第三方平台再将这些货款转给卖方。这就保证了支付行为始终在第三方支付平台进行，降低了交易双方的不信任感，促进了电商交易的顺利开展。

(一)第三方跨境支付流程

跨境电商的结算方式有跨境支付购汇方式和跨境收入结汇方式两种。购汇和结汇都是外汇兑换，结汇是将外汇兑换成人民币，即你或你公司把外汇卖给银行；购汇是将人民币兑换成外汇，即你或你公司从银行购买外汇。购汇和售汇其实是一件事情，就拿银行办理业务而言，客户购汇(用本币购买外汇)就是银行售汇(银行出售外汇给客户)。

1. 资金出境(见图 8-2)

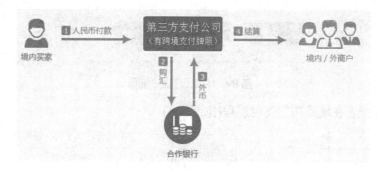

图 8-2　通过第三方平台资金出境

2. 资金入境(见图 8-3)

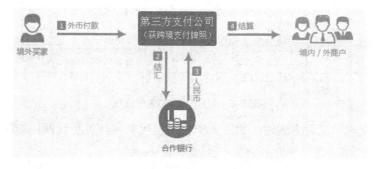

图 8-3　通过第三方平台资金入境

3. 购付汇业务流程(见图 8-4)

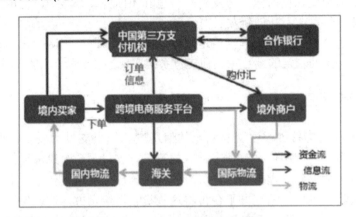

图 8-4　购付汇业务流程

4. 收结汇业务流程(见图 8-5)

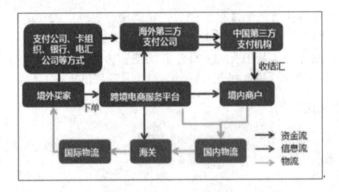

图 8-5　收结汇业务流程

5. 境内消费者在境外购物支付流程(见图 8-6)

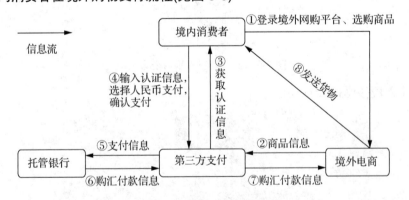

图 8-6　在境外购物支付流程

目前在跨境电子支付方式中，第三方支付平台因其便捷性更受网民青睐，成为最重要的支付手段。

(二)跨境第三方支付的特点

跨境第三方支付平台能够借助跨境电商的崛起而迅速拓展，不仅仅是由于它为买卖双方提供了信用担保，还因为它具有以下四个方面的优势。

(1) 使用方便。跨境第三方支付平台与多数银行都有着合作关系，能够满足消费者对不同银行卡网关入口的需求，避免了由于交易双方开户银行不同而导致的转账麻烦，简化了线上支付流程，优化了人们的线上支付体验。另外，随着第三方支付平台的发展、完善，买卖双方也能够更加方便快捷地在平台上开通账户。

(2) 费用低廉。第三方支付平台对于买家是完全免费的，既无账户注册费用，也没有商品支付的手续费，这对买家具有强大的吸引力。对于卖家而言，第三方支付平台在开户费、年费和交易手续费等方面，比其他线上支付方式便宜很多。这大大降低了商户的成本支出，从而吸引到更多的商家。

以信用卡网上支付为例。虽然不同银行的信用卡线上支付渠道收费标准不同，而且大多也不会对消费者收取支付手续费用，但对于商家而言，这些网上支付渠道却会收取远高于 PayPal、支付宝等第三方支付平台的手续费用。

(3) 代理购汇。在跨境电子商务中，实际购汇主体是买方。第三方支付平台则充当着购汇中介的角色，代理买方购汇，从而简化了买方的支付流程，优化了他们的跨境电商交易体验。

(4) 增值服务。随着技术上的创新升级和平台运营越发成熟，第三方支付平台还能够为买卖双方提供越来越多的增值服务：可以利用相关软件，帮助商家更系统地分析交易数据和信息，增强他们的精准营销能力；能够让商家实时查询交易信息；为买家提供订单追踪、及时退款和停止支付等服务。

二、跨境电商平台支付方式

(一)全球速卖通平台的支付方式

全球速卖通是阿里巴巴旗下的在线交易平台，其面向的是全球市场，即国际版"淘宝"，类似国内的发货流程，通过国际快递，与 220 多个国家和地区的买家达成交易，赚取美金。而作为阿里巴巴旗下的第三方支付平台支付宝无疑是速卖通的主要支付方式之一，与国内支付宝不同，支付宝国际账户 Alipay account 虽也是第三方平台，但这一平台由国内卖家建立，并且只用于跨境交易，功能与国内支付宝类似的，也具备收退款、提现等功能，与之不同的是这是一种美元与人民币共存的双币种账户。国际支付宝里的美金结汇方法：买家通过国际支付宝(Escrow)完成交易结算，将需支付的款项直接汇入卖家的国内账户或银行卡中，卖家收款时可以自由选择货币币种。

(1) 当买家使用信用卡支付时，以交易当天的汇率为基准，将美金兑换为人民币支付到卖家账户中。

(2) 只有设置了美金收款账户才能直接收取美金。

国际支付宝的服务模式与国内支付宝类似：交易过程中先由买家将货款打到相应的国际支付宝账户中，在第三方担保平台下，卖家将商品发出，买家收货确认，最后卖家得到货款，一笔网络交易就此完美结束。

(二)境外跨境电商主流平台的支付方式

目前，跨境电商平台拥有配套的支付平台，但随着跨境电商自主平台的发展，及国外消费者的需求，衍生了一大部分的服务及体系完善的支付平台。当前最主要的境外跨境电商主要支付方式有以下几种。

1. PayPal

PayPal 是备受全球亿万用户追捧的国际贸易支付工具，即时支付，即时到账。PayPal 覆盖 200 多个国家与 100 多个币种，在跨国交易中，超过 90%的卖家和超过 85%的买家认可并正在使用 PayPal 电子支付业务。

优点：国际付款通道满足了部分地区客户付款习惯；账户与账户之间产生交易的方式，可以买也可以卖，双方都拥有；美国 eBay 旗下，国际知名度较高，尤其受美国用户信赖。

缺点：PayPal 用户消费者(买家)利益大于 PayPal 用户卖家(商户)的利益，双方权利不平衡；电汇费用，每笔交易除手续费外还需要支付交易处理费；账户容易被冻结，商家利益受损失，很多做外贸的朋友都遇到过。

2. Payoneer

Payoneer 是一家总部位于纽约的在线支付公司，主要业务是帮助其合作伙伴将资金下发到全球，同时也为全球客户提供美国银行/欧洲银行收款账户用于接收欧美电商平台和企业的贸易款项。

优点：便捷，中国身份证即可完成 Payoneer 账户在线注册，并自动绑定美国银行账户和欧洲银行账户；合规，像欧美企业一样接收欧美公司的汇款，并通过 Payoneer 和中国支付公司的合作完成线上的外汇申报和结汇；便宜，电汇设置单笔封顶价，人民币结汇最多不超过 2%。

3. World First

World First 是澳大利亚极具吸引力的交易商之一，拥有世界顶尖的交易资源，为客户提供外汇、黄金、白银等多种产品。客户可以根据自身要求制定更合适的投资组合，透过最先进的交易软件，客户还可直接获取来自银行系统的报价。2019 年 2 月，蚂蚁金服收购 World First 已完成所有权变更，World First 正式成为蚂蚁金服集团全资子公司。

优点：齐全的交易品种，外汇、黄金、白银、原油、股指期货，便捷的客户出入金，信用卡入金及时到账，六个月信用卡出入金无手续费；可以通过网站在线入金，也可以通过国内银行借记卡入金，无任何金额限制，及时到账。

思 考 题

1. 什么是跨境电子商务？
2. 亚马逊的四大商业理念分别是什么？

3.　谷歌推广的优势是什么？

4.　跨境电商的社会化媒体营销的平台有哪些？

5.　跨境物流的模式有哪几种？

6.　选择海外仓需要考虑哪些因素？

7.　简要说明主流跨境电商平台的支付方式有哪些。

第九章　移动电子商务

【学习目标】

- 掌握移动电子商务的概念。
- 了解移动电子商务国内外发展概况。
- 熟悉移动电子商务主要支撑技术。
- 熟悉移动电子商务的价值链构成及主要商务模式。
- 熟悉移动电子商务的主要服务。
- 熟悉移动电子商务主要安全风险及安全机制。

【案例 9-1】

线上线下联动推进新零售

当我们 20 年前习惯了在商场购物逛街、8 年前开始在网络上购物后，现在的办公室，就是一个小型的生态圈。早餐、下午茶、夜宵等都是办公室一族的"刚需"，手机下单，从"蚂蚁鲜生"的智能冰箱购买新鲜又放心的美食，创造了独特的消费场景，它比楼下便利店更方便、比 O2O 更快捷。这种模式一方面迎合了零售业改变的契机，即挖掘线下的大型商超、连锁便利店、夫妻便利店甚至线上的电商，还没有挖掘到的是工作场景下的隐形零售需求。另一方面也代表了新零售的趋势，即把线上与线下融合，提高零售链条的效率。以"蚂蚁鲜生"为代表的这一种新零售业态方式，下半年继续攻占办公室市场，为朝九晚五的上班族提供更有个性化的新零售服务。在办公室消费场景下为企业白领提供一日三餐和下午茶必需的酸奶、便当、三明治、饭团、寿司、特色产品预售和团购等鲜食产品，满足办公室白领全天多时段场景的食物需求。而除了这些日常需求之外，在"蚂蚁鲜生"的微信订阅号"蚂蚁鲜生精选"上设置了可以提交众多心仪的优选产品，这也是"蚂蚁鲜生"制胜的撒手锏。新零售时代已经来临，全渠道经营既是生存之道，也是大势所趋。

(资料来源：猎云网 http://www.lieyunwang.com)

第一节　移动电子商务概述

一、移动电子商务的定义

移动电子商务就是利用手机、PDA 及掌上电脑等无线终端进行的 B2B、B2C 或 C2C 的电子商务。它将因特网、移动通信技术、短距离通信技术及其他信息处理技术完美地结合，使人们可以在任何时间、任何地点进行各种商贸活动，实现随时随地、线上线下的购物与交易，在线电子支付，以及各种交易活动、商务活动、金融活动和相关的综合服务活动等。与传统通过电脑(台式 PC、笔记本电脑)平台开展的基于互联网的电子商务相比，移动电子商务增加了移动性和终端的多样性。无线系统允许用户访问移动网络覆盖范围内任何地方的服务，通过语音、视频、文本等方式直接沟通。由于移动电话的广泛使用，小的手持设备将比个人计算机具有更广泛的用户基础，因此具有更广阔的市场前景。

二、移动电子商务的优势

与传统电子商务相比，移动电子商务具有如下优势。

1．不受时空限制的移动性

同传统的电子商务相比，移动电子商务的一个最大优势就是移动用户可随时随地获取所需的服务信息和娱乐。用户可以在自己方便的时候，使用智能电话或 PDA 查找、选择及购买商品和服务。虽然当前移动通信网的接入速率还比较低，费用也较固定网高，但随着下一代移动通信系统的推出和移动通信市场竞争日趋激烈的影响，以上因素的影响将逐渐淡化。

2．提供更好的私密性和个性化服务

首先，移动终端一般都属于个人使用，不会是公用的，移动商务使用的安全技术也比电子商务更先进，因此可以更好地保护用户的私人信息。其次，移动商务能更好地实现移动用户的个性化服务，移动计算环境能提供更多移动用户的动态信息(如各类位置信息、手机信息)，这为个性化服务的提供创造了更好的条件。移动用户能更加灵活地根据自己的需求和喜好来定制服务与信息的提供(例如用户可以将自己所处的城市结合进去，调整商品递送的时间，实现自己的个性化服务需求)。发展与私人身份认证相结合的业务是移动商务一个很有前途的方向。

3．信息的获取将更为及时

移动电子商务中移动用户可实现信息的随时随地访问本身就意味着信息获取的及时性。但需要强调的是，同传统的电子商务系统相比，用户终端更加具有专用性。从运营商的角度看，用户终端本身就可以作为用户身份的代表。因此，商务信息可以直接发送给用户终端，这进一步增强了移动用户获取信息的及时性。

4．提供基于位置的服务

移动通信网能获取和提供移动终端的位置信息，与位置相关的商务应用成为移动电子商务领域中的一个重要组成部分，如 GPS 卫星定位服务。

5．支付更加方便快捷

在移动电子商务中，用户可以通过移动终端访问网站、从事商务活动，服务付费可通过多种方式进行，可直接转入银行、用户电话账单或者实时在专用预付账户上借记等，以满足不同需求。

第二节 移动电子商务的发展概况

一、移动电子商务在国外的发展概况

伴随着5G时代的到来，互联网和移动通信服务的发展趋于交融，不断更新的移动通信技术也将推动全球移动商务应用市场的快速发展。欧洲、日本的移动商务处于世界领先的地位，面对用户的需求，移动商务服务内容也越来越呈现多样化，全球移动商务市场运营商竞争也越来越激烈。

1. 欧美移动电子商务发展概况

2015年是移动电子商务有重大突破的一年，美国智能手机零售移动电子商务翻一番，智能手机屏幕越来越大，购买体验越来越顺畅，移动搜索和内容发现越来越优越，这些都推动了移动电子商务的发展。根据 eMarketer 最新报告显示，2016年这一趋势还将继续。eMarketer 统计2016年美国零售移动电商销售额达到1231.3亿美元，年增幅39.1%，相比2014年翻一番。由于快速发展，2019年移动电子商务将占零售电子商务销售额的1/3，占零售销售额的2.6%。增长主要得益于智能手机，2016年智能手机贡献美国零售移动电子商务394.0亿美元，年增幅95.8%。尽管2019年增幅将降至49.9%，但绝对数额仍然保持快速增长，销售额将增长200亿美元。

移动电商在欧洲各个地区呈现出不同的发展水平。比如，东欧和南欧的移动电商比北欧或斯堪迪纳维亚半岛发展更快。2015年 PayPal 调查发现，过去12个月，土耳其53%的网购者曾用手机进行购物，而在荷兰这一比例仅为17%。电商零售业是一个不断发展的行业，欧洲市场也一样。有些国家电商市场比较成熟，比如英国、德国和法国。还有些国家电商行业正在迅速发展，比如希腊或匈牙利。而在移动电商领域，情况更加不同，因为这不仅涉及消费者对于网购的接受程度，还关系到他们是否拥有智能手机或平板，以及他们是否使用这些设备进行网购活动。根据 Twenga 数据分析，虽然每个国家经济发展情况不同，欧洲仍然是移动渗透率最高的地方。在中欧和东欧，移动渗透率达151%，西欧为129%，远高于北美(101%)或东亚(92%)。RetailMeNot 调查发现，2015年欧洲消费者通过移动设备进行的网上消费达到450亿欧元。与2014年相比，增长了88%。

2. 日本移动电子商务发展概况

在功能手机时代，由日本首创的运营商 SP 模式、二维码、手机钱包等移动互联网服务，曾经深刻影响了世界。日本移动互联网渗透率虽然逐年上升，但近年来受低生育率和人口老龄化等影响，日本人年龄结构相对固化，青年用户增长缓慢，因此互联网渗透率上升速率较慢。根据德国统计公司 Statista 数据显示，2016年日本移动互联网渗透率达67.3%，预计2019年可达71.1%。相比于美国，日本人对于公共交通的依赖极高，由于大东京等都市圈的存在，大部分人的通勤是通过地铁和 JR 快线实现的，通勤时间也较长，据网络调查，日本人上班族的平均上下班时间单程约为1小时，在乘坐公共交通的过程中，给上班族、上学族留出了大量上网的时间。因此，根据 Appinsight 数据，日本用户平均一周的 APP 使用次数全球最高，日本用户对手机的依赖程度非常高，日本购物类 APP 相比其他国家更加靠前。猎豹全球智库《2016 全球 APP 发展报告》曾指出，日本的二手电商类 APP 全球最活跃，日本人是名副其实的"剁手党"。根据 2014 年的数据，日本使用移动互联网的人口比例接近 63.8%，互联网用户中移动互联网用户的比例超过了 80%。移动互联网的普及为移动电子商务的发展奠定了技术基础，日本最大的国内电子商务平台"乐天市场"的销售额中有 65% 来自移动端，其他主要电商平台如 Yahoo、千趣会等来自移动端的销售份额均为 50% 左右。

3. 韩国移动电子商务发展概况

据韩国国家统计局(KOSTAT)表示，2016 年 12 月，韩国移动电商销售额达 3.487 万亿韩元(约 30.8 亿美元)。同月，韩国 B2C 电商销售总额达 6.188 万亿韩元(约 54.7 亿美元)。这就意味着，该国移动电商销售额占 B2C 电商销售额的比例超过了 50%。自从 2014 年起，韩国移动电商销售额在 B2C 电商市场中的份额一直在上升，主要原因是该国智能手机普及率很高。据市场调研机构 eMarketer 统计，2017 年，韩国智能手机用户占总人口的 72.2%。此外，韩国是全球平均网速最快的国家之一。据 Akamai 预计，2016 年第 3 季度，韩国移动设备网速平均达 11.2Mbps。另外，根据 2017 年 1 月 DMC Media 对韩国网购消费者的调查显示，有 59.2%、年龄在 20～29 岁的韩国消费者表示，智能手机是他们网购时采用的主要设备。而在 30～39 岁的消费者之间，该数据下降到 56.3%。韩国移动电商行业备受年轻消费者群体青睐。

二、国内移动电子商务发展概况

根据中国电子商务研究中心发布的报告显示，用户消费场景使用习惯的转移及移动端自身具有的特点，使得移动端成为消费者网购的普遍途径。各大电商平台纷纷大力推动发展移动端，主要有两方面原因：一方面，许多电商企业以新用户获取和品类扩张为战略重点，推出针对移动端的定制电商产品；另一方面，大量新兴电商企业仅推出移动端业务，移动端成为新增网购用户的主要来源。而随着农村电商市场的火热，移动端依靠比 PC 端更便宜的设备和更便捷的操作特征，将占有越来越多的市场份额。消费者往移动端转移，社交电商、直播、O2O 等新兴电商的发展和农村市场的开拓，使市场竞争更加激烈。目前国内移动电商发展迅猛，各大电商几乎无一例外均有涉足。

与传统互联网购物相比，通过智能手机进行网购交易具有时间自由、位置不限、操作简便等特点。由于人们生活节奏的加快，消费者可以通过智能手机利用碎片化的时间随时随地进行购物。同时，智能手机丰富的功能也为消费者带来了更好的购物体验，消费者可以通过触屏、APP 等方式浏览商品并轻松地完成下单。打造移动平台既是拓展流量的需要，也可以开拓新市场。除了电商企业外，当前也有一些中小企业涉足移动电商，试图抢占该领域的市场先机。各大商家为了从移动终端吸引更多的应用，在应用中主推打折促销的模式，包括基于位置的团购和限时抢购活动。另外，有大量消费者会利用手机应用去搜索商品和进行价格对比，因此商家也推出了针对不同细分人群的垂直搜索应用。随着智能手机的不断普及，电商发展呈现了不同的发展趋势。中国电商领域朝着移动化的方向快速转型，大型综合类电商平台移动端销售额占比逐年递增，特卖、返利、跨境电商、二手等各类细

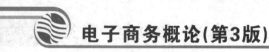

分类型 APP 如雨后春笋般出现。移动电商的势不可当不仅体现在城市，而且在三四线城市、农村市场移动电商也做得风生水起，更广阔的市场等待电商巨头去开发。

第三节　移动电子商务的技术基础

【案例9-2】

两种技术将改变整个移动电子商务行业

今天，技术发展令我们的生活和工作发生了巨大变化，不过，我们注意到整体速度不是那么迅速。例如，特斯拉和谷歌对他们的自动驾驶汽车雄心勃勃，但这些项目需要大量的时间来开发。电子商务同样如此：它将继续移动化，并稳步拥抱新技术。2017 年的 VR 虚拟现实和 AR 增强现实技术改变了移动电子商务行业。

1. AR——未来最广泛的移动电子商务技术之一

一分钟，一辆新款宝马停在你办公室附近的街道上，又一分钟，它不见，这不是盗窃。德国汽车制造商只是利用最新的技术，将汽车销量提高到一个新的水平。潜在的客户只需下载使用谷歌 Tango 技术的 APP 应用，在几分钟内，他们可以走进虚拟汽车，甚至进入其内部检查内饰。AR 增强现实技术将更轻松稳定地支配移动电子商务，因为它与另一个移动电子商务趋势相关——通过智能手机上的移动电商 APP 应用购买商品和服务(智能手机将成为主流移动销售的设备)。

2. VR——移动电子商务趋势，将带动行业走向新的维度

VR 虚拟现实是人们长期以来梦想的移动电子商务技术，无论是行业的员工还是客户。幸运的是，很多事实和公告表明，在 2017 年，VR 终将带给每个人一个新的维度的购物体验。VR 虚拟现实进入移动电子商务服务领域，并提升客户体验。Google 对纽约最美丽的商店的虚拟之旅看起来很有前途，让我们一窥未来购物的场景。另外，阿里巴巴的 Buy + VR 购物体验令人吃惊，它看起来像是直接从科幻中提出给真正的客户。场景购买+展示会让 VR 在顶级电子商务趋势中脱颖而出。最后，谷歌正在做与其 Daydream VR 耳机相一致的行动。第一，两个视频服务进入 Google 市场：下一个 VR(通过 VR 耳机广播体育赛事和音乐会)和电视巨头 HBO(Now 和 GO 的订阅者可以在 Daydream 的大屏幕上观看电视)。第二，随着谷歌 Daydream 平台的发力，乐高公司也上架了一款 VR 应用，让玩家可以免费搭建积木场景。重要的是，这家科技巨头允许任何人通过 Daydream 平台创建 APP 应用程序。移动电子商务应用程序的未来是光明和令人兴奋的。

总之，AR 和 VR 技术的使用在未来将有许多实现，至少在涉及移动电子商务服务和移动电子商务技术方面。

(资料来源：搜狐网 http://www.sohu.com)

一、移动电子商务的支撑技术

移动互联网应用和无线数据通信技术的发展，为移动电子商务的发展奠定了坚实的基

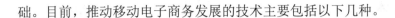
础。目前，推动移动电子商务发展的技术主要包括以下几种。

(一)无线应用协议

无线应用协议(WAP)是开展移动电子商务的核心技术之一。通过 WAP 手机可以随时随地、方便快捷地接入互联网，真正实现不受时间和地域约束的移动电子商务。WAP 是一种通信协议，它的提出和发展是为了满足在移动中接入互联网的需要。WAP 充分借鉴了互联网的思想，其应用程序和网络内容用标准的数据格式表示，使用与 PC 使用的浏览器软件相类似的微浏览器，按标准的通信模式进行网上浏览。它提供了一套开放、统一的技术平台，用户使用移动设备很容易访问和获取以统一的内容格式表示的互联网或内联网信息和各种服务。它定义了一套软硬件的接口，具备这些接口的移动设备和网站服务器使人们可以利用移动电话收发电子邮件甚至上网浏览。同时，WAP 提供了一种应用开发和运行环境，支持当前最流行的嵌入式操作系统，如 PalmOS、Windows CE、JavaOS 等。WAP 可以支持目前使用的绝大多数无线设备，包括移动电话、FLEX 寻呼机、双向无线电通信设备等。在传输网络方面，WAP 可以支持目前的各种移动网络，如 GSM、CDMA、PHS 等，还可以支持第三代移动通信系统。目前，许多电信公司已经推出了多种 WAP 产品，包括 WAP 网关、应用开发工具和 WAP 手机，向用户提供网上资讯、机票订购、流动银行、游戏、购物等服务。

(二)移动 IP

移动 IP 通过在网络层改变 IP 协议，而实现移动计算机在互联网上的无缝漫游。移动主机通过截获归属代理和外地代理广播的代理广播消息来确定自己所处的位置。当它连在归属链路上时，移动主机就可像固定主机一样工作。如果移动主机移动到外地链路上，它可以向归属代理注册它得到的转交地址，然后由归属代理根据移动主机注册的转交地址，通过隧道技术将数据包传送到移动主机。移动 IP 技术使得节点在从一条链路切换到另一条链路上时无须改变它的 IP 地址，也不必中断正在进行的通信。移动 IP 技术在一定程度上能够很好地支持移动电子商务的应用，但是目前它也面临着移动 IP 运行时的三角形路径问题、移动主机频繁移动时外地代理间的平滑切换问题、移动主机的安全性和功耗问题。

(三)蓝牙技术

蓝牙(Blue tooth)是由爱立信、IBM、诺基亚、英特尔和东芝共同推出的一项短程无线电技术标准，旨在取消有线连接，实现数字设备间的无线互联，使大多数常见的计算机和通信设备之间可方便地进行通信。蓝牙作为一种低成本、低功率、小范围的无线通信技术，可以使移动电话、个人电脑、个人数字助理、便携式电脑、打印机及其他计算机设备在短距离内无须线缆即可进行通信。例如，使用移动电话在自动售货机处进行支付，这是实现无线电子钱包的一项关键技术。蓝牙技术使用 2.4GHz 的工业、科学、医疗(ISM)频段，并采用频率调制和跳频技术、前向纠错编码及自动请求重发、时分双工技术，基带协议为电路交换与分组交换相结合。蓝牙支持 64KB/s 实时话音传输和数据传输，传输距离为 10～100m，采用主从网络方式。

(四)移动通信网络技术

1. 分组无线业务技术

近年来,中国 GSM 移动通信网高速发展,它面临的第一个问题是频率资源问题。中国人口众多,大城市人口密集,因此频率资源是制约我国移动通信高速发展的重要因素之一。GSM 网高速发展面临的另一个问题是数据业务传输速率的问题。随着互联网的高速发展,手机上网也越来越成为一种时尚需求。因此,在 GSM 网上发展 WAP 业务,实现手机上网已成为趋势。而现在 GSM 网的用户数据传输率只有 9.6KB/s,这种速率只能用于传送文本和静态图像,如 Fax、E-mail、FTP 等,但无法满足传送多媒体业务的需求。这成为手机上网业务发展的瓶颈,拓宽 GSM 网的数据业务传输速率的迫切性已成为亟待解决的现实问题。而在 GSM 网上实现 GPRS(通用分组无线业务)的功能是当前提升 GSM 数据速率的一种有效方法。GPRS 在普通 GSM 网络的传统电路交换中增加了分组交换数据功能,数据被分割成数据包而不断地以稳定的数据流进行传输,移动设备用户保持与服务器的"虚拟"连接。GPRS 可以高效地利用无线频谱,运营商可将移动网络的速度提高 10~100 倍。用户可以接入更多带宽,实现数据与话音的同步处理,获得不中断的稳定连接,享受高速电子邮件传递、网上冲浪、访问企业网络等快捷而简单的接入服务。同时,GPRS 允许通用分组无线业务用户在所有时间内都在线,它根据传送数据的分组数据付费,而不是根据连接距离和连接时间付费。GPRS 是能帮助解决 GSM 网络用户及电信运营商从现有系统平稳过渡到新一代数据与语音传输的通信系统,增加了进入移动互联网的路径。

GPRS 的具体特点如下。①充分利用频谱资源。蜂窝小区内所有的数据用户共享相同频谱资源,多个用户的数据可以分享一个信道,信道利用率高。②传输带宽高。GPRS 采用多时隙技术,为一次数据通信分配多个时隙,并丢掉一些信道纠错编码,传输速率可提高到 115KB/s,甚至更高。③适用于突发性业务。GPRS 技术呼叫建立时间短,支持点到点、点到多点、上下行链路非对称传送,从有效地利用网络资源和降低用户费用方面考虑。④采用 GPRS 技术。通信费用取决于用户的数据流量而不是连接时间,因此用户可以随时与网络保持连接而不需要支付网络资源费用。通过 GPRS,人们可以在移动通信网络上实现对 IP 和 X.25 网络的访问。GPRS 作为 WAP 新的技术基础,将为 WAP 应用实现"永远连接、永远在线"的目标提供"高速"支持,基于 GPRS 的 WAP 手机可以在移动状态下即时完成网页浏览、电子邮件收发、移动电子商务等应用。

2. 码分多址技术

CDMA 是现代通信技术中用来实现信道共享的一种技术,信道共享可以提高信道资源的利用率。CDMA 是一种数字技术,它是通过编码来分割通信流程,系统可以混合更多的通话到一个信道之中,当处理器收到信息之后,通过识别编码将每个通话信号完整地集合在一起,完成信号传送过程。在相同的信道条件下,CDMA 比 GSM 具有更高的信道资源利用率,因此,成为第三代移动通信信道共享的基本方式。

3. 第三代移动通信技术

移动通信系统发展到第三代之后将为人们提供速率高达 2MB/s 的宽带多媒体业务,支持高质量的话音、分组数据、多媒体和多用户速率通信,这将彻底改变人们的通信和生活方式。第三代移动通信把手机变为集语音、图像、数据传输等诸多应用于一体的通信终端，这将进一步促进全方位的移动电子商务的实现和广泛开展。第三代移动数据通信系统是由卫星移动通信网和地面移动通信网组成，将形成一个对全球无缝覆盖的立体通信网络，满足城市和偏远地区各种用户密度要求。

目前 3G 标准协议主要有 TD—SCDMA(中国)、WCDMA(欧洲)和 CDMA 2000(美国)三种类型，其特点、功能及关键技术主要体现在以下几个方面。

第一，RAKE 技术，也称为多径分集接收技术。RAKE 接收机在利用多径信号的基础上可以降低基站和移动台的发射功率。

第二，智能天线技术。智能天线包括两个重要组成部分：一是对来自发射台的多径电波方向进行到达角度估计，并进行空间滤波，抑制了其他移动台的干扰；二是对基站发送信号进行波束形成，使基站发送信号能够沿着移动台电波的到达方向发送回移动台，从而降低发射功率，减少对其他移动台的干扰。智能天线技术能够在较大程度上抑制多用户干扰，从而提高系统容量。

第三，多用户检测技术。多用户检测技术是抑制多地址干扰技术中最有潜力的一种方法。它具有提高带宽利用率，抑制多径干扰；消除或减轻远近效应，降低了对功控高度精度的要求，可简化功控；弥补扩频码互相关性不理想造成的影响；减少发射功率，延长移动台电池的使用时间，同时也减少移动台的电磁辐射；改善系统性能，提高系统容量，增大小区覆盖范围。

第四，高效编译码技术。在 3G 主要提案中，除了采用 IS—95CDMA 系统相类似的卷积编码技术及交织技术外，还采用了 Turbo 编码技术及 RS—卷积及联码技术。采用此编码技术不仅不会降低频谱利用率，而且其性能比约束长度为 9 的卷积码提高 1～2.5dB。

第五，功率控制技术。常见的 CDMA 功率控制技术为开环、闭环和外环功率控制三种类型。在 IS—95 中，闭环功率控制技术只用在上行信道中；而在 WCDMA 和 CDMA 2000 系统中，上行信道采用了开环、闭环和外环功率控制技术，下行信道则采用了闭环和外环功率控制技术。因此，采用这种功率控制技术可以有效地减少远近效应的影响。

通过对 3G 的特点、功能及关键技术的分析，可以知道 3G 网络的主要特征是拥有更大的系统容量、更快的传输速度和更好的通信质量，且能在全球范围内实现无缝漫游和与 2G 系统的良好兼容性。

4．第四代移动通信技术

5G 系统能提供 2MB/s 的带宽，但是 2MB/s 的带宽是共享式的，当多个用户同时使用的时候，平均每个用户可使用的带宽远远低于 2MB/s，这并不能满足某些多媒体业务的需求。新一代移动通信(Beyond 5G/5G)可以提供的数据传输速率将高达 100MB/s，甚至更高，支持从语音到多媒体的业务，包括实时的流媒体业务。新一代移动通信的另一个特点是低成本。这样在有限的频谱资源上实现高速率和大容量，需要频谱效率极高的技术。多输入多输出(MIMO)技术充分开发空间资源，利用多个天线实现多发多收，在不需要增加频谱资源和天线发送功率的情况下，可以成倍地提高信道容量。正交频分复用(OFDM)技术是一种多载波传输技术，其多载波之间相互正交，可以高效地利用频谱资源。另外，OFDM 将总带宽分割为若干窄带子载波，可以有效地抵抗频率选择性衰落。由于 MIMO 和 OFDM 在提高无线链路的传输速率和可靠性方面的巨大潜力，使得这两种技术特别是两者的结合有望成为过渡到 5G 的潜在技术。因此这两种技术已经成为目前 5G 研究的热点。

MIMO(Multiple-Input Multiple-Out-put)技术的基本思想是在发射端和接收端采用多个天线。这种技术最早是由 Marconi 于 1908 年提出的，当时它的思想是利用多天线来抑制信道衰落。后来研究发现，利用多天线系统的信道特性，可以用来提高系统的数据速率。将要传输的高速数据码流通过串并转换，转换成较低速的数据子流，到各个发射子天线上并行发送。在一定范围内，信道容量随着天线数量的增大而线性增大。这给频谱资源极为紧张的无线通信的解决提供了新的思路。也就是说，在不增加带宽和天线发送功率的情况下，可以利用 MIMO 信道成倍地提高无线信道容量，频谱利用率可以成倍地提高。

正交频分复用(OFDM)技术实际上是多载波调制技术，其主要思想是将信道分成若干正交子信道，将高速数据信号转换成并行的低速子数据流，调制到不同的子信道上进行传输。每个子信道上的信号带宽小于信道的相关带宽，因此可以看成平坦性衰落，从而可以消除符号间的干扰。在接收端，正交信号可以采用相关技术来分开，这样可以减少子信道之间的相互干扰。

(五)移动定位技术

移动定位技术是 GSM/GPRS 无线网络覆盖对手机终端进行实时位置捕捉的新型技术，只要手机开机又能收到网络信号，那么它所处的位置便随时能被掌握。其应用领域包括：可开展周边信息查找的信息服务，例如就近的银行、餐馆、加油站等；本地黄页服务；小范围内的天气预报；就近的交通信息发布；定向广告和基于位置的电子赠券；与动态位置相关的会员俱乐部服务；位置格斗游戏；就近交友聊天业务；公众信息服务；紧急呼叫，例如 110、119、120、122 等。与 GPS 卫星定位相比，移动定位系统具有成本低、覆盖好、响应时间快和定位业务双向可执行等优点，并将为旅游业、零售业、娱乐业和餐饮业的发展带来巨大商机。

(六)无线局域网技术(WLAN)

无线局域网是在一定的范围中通过无线信息技术建立起来的网络空间，是一种计算机网路与无线通信技术相结合所产生的现代信息通信形式。传输媒介是有多渠道的信息地址形成的庞大信息渠道，可以实现多用户随时随地连接宽带网络获取信息。最早 WLAN 是作为一种有局限有范围的企业、集团办公室使用的有线局域网络，随着网络信息使用的频繁，社会快速发展进步，使得 WLAN 逐渐成为无线形式的局域网络。无线局域网络具有方便管理、保密性强、方便安装、方便携带等特点，为大众的生活、工作、学习带来了巨大的便利，使人类生活发展成为一种高智慧、高效率、高科技的高品质生活形态。

无线局域网最大的优势就是应用起来十分方便，操作简单，体现了它的灵活与可移动的性能。无线网络可以根据需要在任何位置、任何地点建立起无线网络的覆盖，并且可以根据使用范围进行区域精确规范、重新规划与调整网络操作，且安装十分方便，步骤简单，不再像以往的有线网络安装，需要专业人员进行专业的操作，起到了节约人力资源的作用。在故障处理中，也较过去有线网络来得方便。问题定位清晰，自主作出分类编号，方便故障处理操作。推广也更加容易，无线局域网现在在学校、医院、餐厅等公共场所运用得非常广泛，无线局域网可以通过多种类的配置安装方式，从小到大树状结构地扩展网络。

无线局域网的标准正在不断完善过程中。1990 年成立的 IEEE 802.11 WLAN 工作组在 1997 年时通过了相关部门的审核，通过物理与媒体访问等限制规范对信息传输进行整理与调试。它是最早建立起来的无线局域网网标准，由于处在无线局域网络萌芽的阶段，其网络信息速率十分缓慢，只有 2MB/s，远远达不到现今大量图片、视频数据的获取标准。在 1999 年时 IEEE 802.11b 正式取代了 IEEE 802.11，采用补偿编码键控、点对点、基本模式对信息数据进行调制、运作。传输速率不仅得到了提高，并且可以根据情况转换速率，防止流量过度使用，目前许多公共合运用的就是这一套标准。为了完善 IEEE 502.11，1999 年 IEEE 802.11a 诞生了，信息数据传播速率大幅度提高，最快可达到 72Mp/s，传输范围也得到了规范，控制在 10～100m 内，在原始协议的基础上产生了标准物理层，使用 QFSK 调制模式，用户可以拥有多个终端，可以轻松地浏览图片、音频等数据信息。现在又产生了新型的协议 IEEE 802.11g，它在拥有 802.11a 的高速率的同时安全性能得到了提升，802.11a 在 CCK 技术的作用下，能够与 802.11b 兼容使用。之后产生的 IEEE 802.11i 与 IEEE 802.11e、802.11f、802.11h 都是在为了完善前者的前提下诞生的，较前者拥有更好的安全性能、信息身份识别功能。不同的需求领域，可以选择不同的协议标准，实现适合自身的无线局域网络覆盖及使用。

二、移动电子商务的系统框架

尽管不同厂商提供的移动电子商务系统解决方案有所不同，但它们在基本结构上是类似的，移动电子商务典型框架(见图 9-1)主要分为用户级、开发者和提供者平台。其中，用户级包括：无线网络基础设施、无线和移动中间件、应用基础设施和应用层。开发者和提供者平台包括：应用开发者、内容提供者和服务提供者。

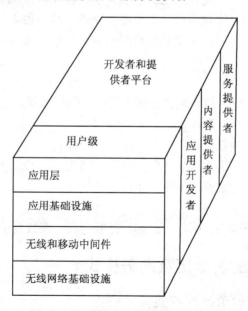

图 9-1 典型的移动电子商务系统框架

1. 无线网络基础设施

无线网络基础设施是支撑移动商务应用发展的技术支柱之一，它包括网络需求及无线网络。无线网络基础设施在移动电子商务中扮演着重要的角色，起着重要的作用，是移动商务技术的核心。它提供无线网络和网络标准，如全球移动通信系统、"蓝牙"无线局域网、第三代移动通信系统等。在移动商务中，服务质量主要依赖无线网络资源和能力。

2. 无线和移动中间件

移动中间件是连接电子商务与不同的移动网络和操作系统的软件实现层，例如ExpressQ、WAP 等。移动中间件对发展移动商务应用极其重要。ExpressQ 是一种移动消息接发中间件，可将非 IP 应用程序提供给移动用户，完成用户脱离服务区时的信息存储和用户处于服务区时的信息转发。移动电子商务普通协议包括无线应用协议和 i-Mode 协议。WAP是开展移动电子商务的核心技术之一。通过 WAP，手机可以随时随地、方便快捷地接入互联网，真正实现不受时间和地域约束的移动电子商务。

3. 应用基础设施

无线用户基础设施包含软件和硬件两部分内容。软件是指操作系统及其界面，而硬件是连接移动商务应用的移动设备。无线用户基础设施涉及两方面的问题。一是关于"移动界面"。在移动环境下，设计精美并且实用的界面比较难以实现，因为移动应用通常是在一个很小的、可移动的设备上实现的。但是，设计合理、实用的移动界面还是必需的。二是关于"移动手持设备"。移动电子商务应用的设计应考虑用户基础设施(移动设备)的接口能力。

4. 移动商务应用层

移动电子商务的应用范围很广，包括电子订票、自动售货机支付、移动金融应用、移动广告、移动存货管理、定位和购物、主动服务管理、移动拍卖或反拍卖、移动娱乐服务和游戏、移动办公、移动远程教育和无线数据中心。从信息流向的角度来看，移动电子商务提供的业务可分为以下三个方面。

1)　公共信息发布业务

公共信息发布业务主要应用领域包括时事新闻、天气预报、股票行情、彩票中奖公布、交通路况信息、招聘信息和广告等。

2)　信息的个人定制接收业务

信息的个人定制接收业务主要应用领域包括服务账单、电话号码、旅游信息、航班信息、影院节目安排、列车时刻表、行业产品信息等。

3)　交互式业务

交互式业务包括电子购物、博彩、游戏、证券交易、在线竞拍等。

三、移动电子商务的价值链及商务模式

(一)移动电子商务价值链的构成

商务模式是由价值链的某几个部分及其相关活动组成的业务运营和盈利模式。商务活

动中不同的参与者、服务内容和利润来源的组合就形成了不同的商务模式。价值链是指在产品或服务的创造、生产、传输、维护和价值实现的过程中所需的各种投资和运作活动，以及这些活动之间的相互作用关系所构成的链式结构。移动商务的价值链就是直接或间接地通过移动平台进行产品或服务的创造、提供、传递和维持，进而获得利润的过程中形成的价值传递的链式结构。移动商务可以被看成两个截然不同的行业的有机组合：移动通信承载服务和多媒体内容/应用软件服务。总体而言，可以把移动商务价值链的基本部分分成五个环节。

1．内容提供商

内容提供商为用户提供各种形式的内容和服务。目前提供从简单的天气预报到复杂的移动销售支持等服务。

2．门户和接入服务提供商

门户和接入服务提供商为内容提供商和无线网络运营商之间搭建了一个互通的桥梁。它为内容提供商提供了内容接入无线网络的接口，保证其顺利进入无线网络传输系统，最终到达移动用户。

3．无线网络运营商

无线网络运营商介于内容提供商和用户之间，为他们提供信息传输服务。它一般包括无线网络基础设施运营商和无线服务提供商两部分。无线网络基础设施运营商为无线信号提供传递通道，而无线服务提供商为信号传递过程提供相关的个性化服务。

4．支持性服务提供商

支持性服务提供商的职能是为无线网络运营商提供各种支持性服务，如基础设施制造、应用程序开发、付费支持、安全支付等。它们是保证无线网络运营商提供高效、可靠的信息传递服务不可缺少的部分。

5．终端平台和应用程序提供商

终端平台和应用程序提供商的作用是为用户提供功能更加完备、内容更加丰富、使用更加方便的终端设备。如提供操作系统、微型浏览器的微软、Symbian 公司，提供移动终端设备的诺基亚、摩托罗拉公司等。

(二)移动电子商务的商务模式

商务模式是企业运营业务、创造利润的模式，主要是指企业如何在与其他实体的合作过程中创造价值并实现利润。移动商务的商务模式就是指在移动技术条件下，相关的经济实体是如何通过一定的商务活动创造、实现价值，并获得利润的。

1．通信模式

移动通信是移动终端用户的基本需求，也是移动商务中最早出现、最普遍的服务。无线网络运营商为用户提供移动通信服务，用户交纳使用费，就形成了无线网络运营商通过语音或短信服务获取利润的商务模式。20 世纪末，随着小灵通的进入，中国移动通信市场的竞争更加激烈。各大移动通信服务提供商为了争取更多的移动用户，提供了各种优惠套餐，促进了移动通信服务费用的下降，也进一步扩大了移动通信服务市场。持有移动商务终端设备的用户越来越多，这在一定程度上促进了移动商务市场的培育。

2. 信息服务模式

信息服务作为移动电子商务一种比较常见的服务形式，主要包括实时信息服务(如新闻、天气、股票信息等)、各种基于位置的信息服务(如移动用户附近酒店信息、娱乐场所信息、加油站位置信息等)，以及各种紧急信息服务。在这种商务模式中，主要的参与者是内容提供商、无线网络运营商和用户；主要的服务是信息服务；主要的利润来源是用户交纳的服务预订费。用户交纳预订费的方式可以按照时间计费或按流量计费，无线网络运营商收取通信费用也可以按照信息流量和佣金两种方式收取。所以在这个模式中，移动用户是服务的享受者，也是利润的来源；无线网络运营商提供了服务实现的途径，获取信息服务费和佣金；而内容服务提供商提供各种服务信息，也是利润的重要获得者，一般占到总利润的80%～90%。

3. 广告模式

广告是电子商务的重要利润来源，它至今仍然是内容提供商赚取高额利润的有效途径。由于移动终端本身的特点，广告的内容就应该有更强的针对性。比如，消费者在找娱乐场所的时候，将其查询内容相关性最好的广告发给该用户，同时将其所在地附近的娱乐场所的优惠信息也发给该用户。在这种模式中，移动用户仍是利润的来源，移动用户通过购买产品和服务，将利润过渡给广告客户，而广告客户将获得利润的一部分以广告费的形式付给内容提供商，无线网络运营商通过为内容提供商提供无线传输服务获得通信费用或利润分成。

4. 销售模式

网上销售作为电子商务最主要的销售模式，同样在移动电子商务中也开始成为一种重要的收益模式。在这种模式中，移动客户是利润的主要来源；产品和服务提供商通过向移动用户销售产品获得利润；门户/接入服务提供商通过向产品/服务提供商提供无线网络接入服务获得信息服务费；无线网络运营商通过向门户/接入服务提供商提供信息服务获得服务费，同时还会获得移动用户支付的通信费；而第三方(信用卡公司、银行、无线网络运营商等)则是通过向产品/服务提供商提供服务支持来获得佣金。

5. 移动工作者支持服务模式

移动商务可以作为企业降低成本、提高顾客满意度的手段。无线网络的出现不仅能够帮助企业削减分支机构、呼叫中心、售票亭和柜台的人员数量，还可以帮助企业进行供应链管理、移动销售支持等，这些可以大大提高企业的工作效率。根据互联网数据中心的定义，移动工作者是指那些 20%或者更多时间不在办公室办公的人员。而这些人员在外办公的时候，也需要利用公司的资源，有时甚至随时随地都在客户那里工作，这就需要利用公司资源以及资深专家的意见为客户提供更好的服务。在这种模式中，无线网络运营商通过向企业的移动工作者提供移动服务获得服务费用；移动工作者则是移动服务支持的对象；

而企业则充当类似于内容服务提供商的角色。但不同的是，这里的内容服务提供商并不会直接从移动工作者那里获得产品和服务费用，而是借助移动工作者工作效率的提高以及提高客户满意度和忠诚度，进而提高经营效率的方式获得回报的。

第四节　移动电子商务的主要服务

互联网、移动通信技术和其他技术的组合创造了移动电子商务，但真正推动市场发展的却是多样的服务。我国移动电子商务的业务发展经历了两个阶段。第一阶段，主要为用户提供信息服务，如天气和路况的预测、股市行情、新闻等。这些服务的特点是用户在消费前必须和商家签订合同，属于预付费服务，支付以非在线方式进行，资金的流动形式比较简单。第二阶段，开始为用户提供具有在线支付能力的移动商务服务，如移动支付、移动购物、移动娱乐、移动旅游、移动教育等。以下章节将具体介绍主要的移动电子商务服务。

扩展阅读 1　移动电子商务市场将呈现三大趋势，见右侧二维码。

一、移动购物

【案例 9-3】

购物细分类 APP 数量众多

随着用户消费升级，淘宝和天猫等综合电商已无法完全满足用户的需求。在此背景下，垂直细分行业的电商平台应运而生。与综合电商平台的大而全不同，垂直电商平台更加专注与专业，这带给了消费者完全不同的消费体验。而且，成功的垂直电商必定在某一领域足够独特，能给用户带来更细致、更舒适的购物体验。所以在移动互联网时代，对具有特定消费习惯的剁手党来说，常用的垂直电商 APP 如同老友一般亲切与不可或缺，各类垂直细分类购物 APP 也款款爆红，如雨后春笋般冒出来。根据 360 手机助手统计，目前移动应用市场上，除了传统的天猫、淘宝等综合电商 APP 外，购物细分类 APP 竟有千款之多，涉及美妆、海淘、母婴等多个细分领域。用户对垂直细分类购物 APP 的偏爱不仅促使了垂直细分类购物 APP 的暴增，更带动了整个移动应用分发行业的变革。

(资料来源：新浪财经 http://finance.sina.com.cn)

移动购物是指利用手机、PDA 等移动便携终端上网实现购物的过程，其中手机是最常用的终端，所以通常也将移动购物称为手机购物。伴随着智能手机的快速推广和普及，移动电商应运而生，凭借着便捷和碎片化的购物时间，移动电商持续火热，用户逐渐从 PC 端向移动端倾斜，数据显示，2013—2017 年中国移动电商用户规模快速增长，从 2.15 亿人增长至 4.73 亿人，五年间增长了 2.58 亿人，年均复合增长率为 21.8%。随着智能终端和移动互联网的快速发展，移动购物的便利性越来越突出。在主流电商平台的大力推动下，消费者对于通过移动端购物的接受程度亦大大增加，用户移动购物习惯已经养成。

近年来，中国移动购物市场交易额稳定增长，占整体网络零售市场交易额的比例不断上升。在移动购物市场规模方面，2013 年以来中国移动购物市场规模快速发展，从 2681.7 亿元增长至 2017 年的 46416.4 亿元，五年间增长了 43734.7 亿元，年均复合增长率为 104%，伴随着电商商务行业的逐步完善，消费者消费习惯的逐渐养成，推动着中国电子商务的发展。2018 年中国移动购物市场规模达到 57427.4 亿元。安全和隐私是阻碍消费者在移动端进行购物消费的最主要原因。在使用过移动购物(服务)应用的用户中，超过半数已使用移动购物(服务)应用三年或更久，且使用频率多为每月或每季度一次。随着使用年限的增加，使用频率会相应增加，在使用三年或更久的用户中，平均每周使用移动购物(服务)应用一次以上比例达 22.2%。不同性别的移动购物用户在移动端关注的商品类型存在较大差异，女性关注类型前三位的是服装鞋帽、手机数码和个护化妆，而男性关注类型前三位分别是服装鞋帽、手机数码和运动户外。女性用户移动购物类型比较集中。

随着智能硬件的发展，移动端的消费行为将与 PC 端存在较大差异，如何将移动端特点与 O2O、农村电商和跨境电商等发展热点相结合，是移动电商发展的关键。在大数据营销方面，主流电商平台积极利用大数据开展精准营销，让每个用户都能拥有自己的"独特"首页，实现个性化、精准推荐，提升营销效率。移动端可通过社交优势发展出基于共同爱好与兴趣的社群经济，微信作为重要的引流渠道，与企业后台管理、前端店面销售相结合，将碰撞出更多的商业模式。

二、移动娱乐

(一)移动端泛娱乐直播

泛娱乐直播平台是指主要业务为通过传播泛娱乐直播内容，并提供用户与主播进行实时互动功能的平台。泛娱乐直播行业发展迅速，2019 年第一季度移动直播用户规模达到 3.3 亿。用户在看直播时最为核心的六个需求分别是：寻求陪伴、放松消遣、消磨时间、电竞游戏、追星以及追逐潮流。其中，放松消遣型用户占比最高。之后是消磨时间与电竞游戏型用户，是泛娱乐直播用户的主要组成部分。每一类用户都拥有独特的需求与不同的直播行为模式。以电竞游戏用户为例，他们在直播平台上主要观看游戏电竞的相关内容，以电竞赛事以及游戏大神直播为主。并且由于各个直播平台对赛事版权的买断以及大神们遍布各个直播平台，他们往往同时使用多个直播平台，在所有类型的用户中同时使用直播平台的数量是最高的。另外，他们倾向于使用弹幕互动以及打赏免费道具，且付费意愿并不高。目前泛娱乐直播行业整体竞争白热化，用户整体付费比例较低，且大多数用户的打赏主播数小于三人，意味着不仅仅是平台之间，主播之间的竞争也同样相当激烈。如何培养核心粉丝群体成为主播乃至直播平台的重要问题。与用户偏好相同，各个类型用户的付费意愿同样存在巨大的差异。尽管寻求陪伴用户整体规模相对较小，但是在用户黏性以及付费意愿上遥遥领先。同样地，数量规模最大的放松消遣型用户仍拥有不错的付费用户占比。泛娱乐直播平台在制定用户策略时应考量这几类用户，以提升平台整体营收表现。泛娱乐直播行业的竞争将会更加激烈，之后平台运作将会逐渐向精细化发展，针对各个细分用户群体将会用不同的运营方式。艾瑞咨询认为，无论是主播还是平台都需要详细了解他们的用户群体，针对他们的差异采用不同的策略来吸引他们，提升营收能力。

(二)手机游戏

2007 年，随着第一代 iPhone 的发售，智能手机开始蓬勃发展，移动互联网顺势兴起，手机游戏于 2010 年以后开始崛起，伴随着智能手机的普及，以及移动互联网时代的来临，手机游戏真正迎来了其黄金时代。2013 年端游向手游转化和微信游戏的上线带来手游用户数的爆发式增长，同比增速达到了 248.4%，移动游戏用户规模达 3.1 亿。近几年来，受移动互联网用户红利耗尽影响，移动游戏用户增速明显回落，2017 年和 2018 年用户规模分别为 5.54 亿人、6.05 亿人，但同比增速仅为 4.9%、9.2%。随着用户的成长，用户的游戏习惯和付费习惯的逐渐成熟，用户付费的意愿和付费额度还会有一定程度的上升，整体市场相对稳定。预计未来 3~5 年，移动游戏会进入一个平稳上升的发展期。腾讯《王者荣耀》、网易《阴阳师》等现象级移动游戏成为网民热议的话题，持续引爆市场，并和长尾内容一起，使中国移动游戏在整体网游中的占比首次超过 PC 客户端游戏。移动游戏的崛起、壮大已经成为不可逆转的时代潮流，并将持续深入地发展下去。

三、旅游移动电子商务

(一)旅游移动电子商务概述

移动电子商务在旅游中的广泛应用，产生了旅游移动电子商务。旅游移动电子商务是指旅游服务产品消费者利用移动终端设备，通过无线有线相结合的网络，采用某种支付手段来完成和移动旅游提供者的交易活动。旅游产品是一种特殊的商品，它具有季节性、无形性、生产与消费的异地性等特点，因而也就决定了旅游产品生产与旅游消费需求之间不可避免地存在着时间和空间上的差异。传统的旅游电子商务无法解决游客在旅游区域、在旅行途中临时产生的一些需求，如订餐、租车、购票、订房、更改旅游路线等。而移动电子商务则能随着移动的游客，提供无处不在的个性化、实时的贴心服务，解决以上诸多问题。旅游移动电子商务系统的总体构架如图 9-2 所示。

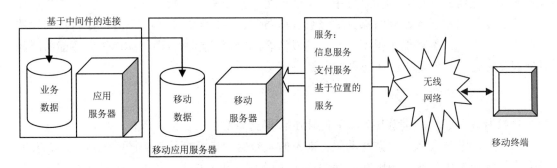

图 9-2　旅游移动电子商务系统构架

其中，移动应用服务器基于数据连接池技术，通过中间件与应用服务器交换数据，手机或 PDA 等移动设备可选择 WAP 等无线接入方式，获取基于位置的服务、移动信息服务和移动支付服务等。

(二)移动电子商务在旅游中的服务创新

在传统旅游电子商务方式下，通常只能为旅游者提供信息内容和交易等售前服务，而旅途中及旅游后缺乏相应的服务支持。如在旅游过程中，游客难免出现不满意的状况，而问题如得不到及时解决，势必影响旅游活动的质量，严重破坏旅游企业的社会声誉。移动电子商务能提供基于现场的投诉手段和解决办法，通过移动设备与相关机构、人员进行协调，取得客户的理解与支持，使得后续旅游活动不受或少受影响。可见，旅游移动电子商务能提供全程 24 小时的创新服务，具体创新服务可分为以下三个阶段。

1．旅游前的创新服务

在旅游前，旅游者搜索、计划和预订旅程的每一部分，需要详尽的信息和交易服务。此时传统的旅游电子商务由于大屏幕连接高速的互联网，在预览旅游地景色、预订机票和酒店、设计行程等方面更胜一筹。然而，移动旅游电子商务却能提供更好的机会。如果旅游者在行前计划阶段对他所感兴趣的目的地信息做标注，那么在途中就可以通过移动设备随时查询这些内容。另外，旅游企业也可以通过桌面互联网接入设备捕捉和整合某一个性化线路所需的旅行内容，并将这些信息同步传递给旅游者的移动设备，扩展旅游代理商和旅游信息供应商对整个旅游行程的影响。

2．旅途中的创新服务

首先，在旅途中，旅游者会发现传统旅游电子商务所提供的所有内容和便利全部消失了，而这阶段旅游者才真正需要了解飞机检票、离港起飞的时间以及始发和终点港口的情况。同时，旅游过程的每一个环节都可能导致旅游行程被中断或改变，如由于天气原因飞机延误或取消、由于管理原因行李被误递、交通事故以及旅游者主动改变行程等。旅游移动电子商务提供商能够帮助用户既节约时间又节省费用地处理这些旅途中的突发事件。

其次，旅游者在旅游活动过程中还需要各种与当前所处地理位置直接相关的服务内容，具体可概括为：安全救援服务、交通和导航服务、移动导游服务、移动广告服务、基于位置的信息查询服务等。

最后，旅游者在旅游活动过程中，可能产生一些事先未设想到的消费欲望，如更改旅游线路，增加旅游景点，获得额外的信息、服务等。传统的旅游电子商务无法解决这些费用的支付问题，游客可能不得不放弃，造成游客的抱怨或遗憾。而移动电子商务能随时随地完成支付过程，使得旅游活动更加完美。

3．旅游完成后的创新服务

当旅游者返回时，旅游移动服务能让游客重温旅游中的美景，放松心情，减轻疲劳。一方面，在旅游结束后，旅游移动服务能及时进行客户满意度调查，同时表达关切、友好之情，打消旅客由于各种原因在旅途中产生的疑虑；另一方面，通过对不满意的客户进行一定的补偿服务，可重新得到这部分客户的认可。

四、企业移动电子商务应用

【案例9-4】

品牌企业应将移动电子商务提至战略高度

随着移动互联网的日益强大,随之而来的各种需求增加,APP Store 的下载即将突破 250 亿次,Android Market 凭借系统的开放,应用数量增加到 40 万个。从全球来看,谷歌、苹果等巨头正勾勒一张移动商务网络,建立移动操作系统和广告平台。移动电子商务应用及其构建的新经济模式正日趋浮现,企业如何借助信息化时代带来的改变突破企业现代营销瓶颈,已是当务之急,品牌企业应将移动电子商务提至战略高度。

移动互联网的发展趋势已经势不可当,"拇指时代"已经到来,看看我们周边的朋友,越来越多的人手上拿着智能手机或者 iPad。他们上网的载体已经发生了很大的变化,由原来的电脑转变为现在的手持智能设备。他们是巨大的消费群体,抓住这些消费者就是抓住了未来。

移动客户端可将公司介绍、产品信息、地图位置、电话拨打、促销信息等内容植入,企业可以通过移动互联网进行资源整合、引导消费、决胜千里、运筹帷幄。现在很多企业已经在淘宝商城和 QQ 商城上建立了自己的品牌旗舰店、官方商城、微博等,都在进行网络营销和电子商务,唯一缺少的就是移动电子商务。那么对传统企业来讲,尽快推出自己的移动互联网入口将显得越来越迫切,各行各业的品牌企业从现在开始,必须搭建属于自己的移动电子商务平台!

(资料来源: it168 网站 http://www.it168.com)

企业应用移动电子商务,简单地说就是借助以无线通信为主的连接方式,使员工可以使用移动终端随时随地接入到企业的信息系统之中,移动电子商务为企业提供了一个在任何时间和任何地点进行交易的机会。移动电子商务可以为企业提供用户业务与管理移动化服务,对外部分,可以通过企业供应链管理及客户关系管理的移动化提供在外人员实时信息,提升交易业务的效率与整体服务品质;对内部分,在经营管理与知识管理方面,可利用移动化的实时信息实施管理,不仅加快管理效益,也使企业的反应与速度更具竞争力。

(一)企业移动电子商务的主要功能

移动电子商务可以为企业提供网上交易和管理等全过程的服务,因此,它具有移动广告宣传、咨询洽谈、网上订购和签约、移动支付、移动物流调配、移动客户服务、业务管理等各项功能。

1. 移动广告宣传

移动电子商务可凭借企业的 WAP 服务器,在互联网上发布各类商业信息,利用 WAP 网站和电子邮件在全球范围内做广告宣传。客户找到所需商品信息;同时也可定时或自选时间、内容向客户发送定向广告信息。移动广告成本低廉,广告信息自主性、针对性却很强。

2．咨询洽谈

移动电子商务可借助电子邮件、新闻组和讨论组来了解市场和商品信息，洽谈交易事务；可以用白板会议来互动交流有关图形信息；还能提供多种方便的异地交谈形式。网上的咨询和洽谈能降低交易成本，突破人们面对面洽谈的局限性。

3．网上订购和签约

企业可以在产品介绍的页面上提供友好的订购提示信息和订购交互格式框；移动电子商务用户可用手机或带 WAP 功能的笔记本电脑等借助 WAP 中的邮件或表单交互传送实现网上订购。

4．移动支付

网上支付必须要有电子金融中介的支持，如网上银行、信用卡公司等提供网上操作的金融服务。客户和商家之间可采用多种支付方式，保证交易的可靠性，节省费用，加快资金周转。

5．移动物流调配

利用电子邮件和其他电子工具可以在网络中进行物流的调配，将货物尽快传递到已付款客户的手中。而适合在网上直接传递的信息产品，如软件、电子读物、信息服务等，则可以直接从电子仓库发到用户端。

6．移动客户服务

移动电子商务能方便地采用定制的格式文件来收集用户对产品或服务的反馈意见，使企业的市场运营能形成一个快速有效的信息回路。客户的反馈意见不仅能提高售后服务的水平，更能使企业获得改进产品的宝贵信息，发现新的商机。

7．业务管理

企业的业务管理包括人、财、物等多个方面，涉及与相关部门和单位、个人的复杂关系，如企业和企业、企业和消费者及企业内部等各方面的协调和管理。移动电子商务技术为提高各项业务管理的效率创造了重要的基础条件。

(二)企业移动电子商务解决方案

企业员工可以通过无线访问安全便捷地接入企业数据库，进行数据采集和查询，如汇总销量、价格信息，处理订单，查询当前库存，快速、低成本地实现高效移动商务管理；员工在外出时也能办理事务，如回复电子邮件、安排会议以及改善客户关系等。企业移动电子商务解决方案方便了企业数据库资料管理、订单输入、电子邮件管理、日程更新以及营销工具运用等。企业移动电子商务解决方案如图 9-3 所示。

企业移动电子商务的工作过程如下。

1．数据采集

企业员工在现场对产品信息进行收集整理，使用移动设备登录企业服务器，将收集到的产品信息发送到企业服务器。

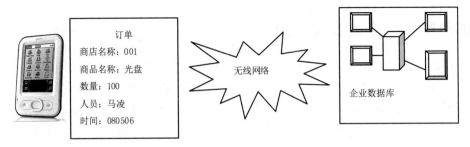

图 9-3 企业移动电子商务解决方案

2．数据处理

企业服务器接收通过无线网络传送过来的数据，将产品信息转换为数字信息存储到企业数据库中。在此基础上，企业可以结合其他业务进行数据分析和处理，并以此作为管理和决策的依据。

3．信息反馈

企业员工无论在何地，都可随时获取分析、处理而获得的管理决策，依据管理信息进行相应调整实现最优配置组合；也可以通过企业服务器提供信息，使分布在不同地点的业务人员对整体情况有全局了解。

可见，企业移动电子商务不仅是技术的创新，也是一种企业管理模式的创新。移动通信设备与企业后台连接，通过无线通信技术进行网上商务活动，使移动通信网和互联网有机结合，突破了互联网的局限，更加高效、直接地进行信息互动，节省了人力成本，使企业及时把握市场动态和动向。

第五节 移动电子商务安全

一、移动电子商务的安全体系结构

移动电子商务的安全体系结构是保证移动电子商务中数据安全的一个完整的逻辑结构。它由五个部分组成：移动承载层、加密技术层、安全认证层、安全协议层和应用系统层，如图 9-4 所示。下层是上层的基础，为上层提供技术支持；上层是下层的扩展与递进。各层次之间相互依赖、相互关联，构成统一整体，实现移动电子商务系统的安全。

应用系统层
安全协议层
安全认证层
加密技术层
移动承载层

图 9-4 移动电子商务安全体系结构

二、移动电子商务的安全威胁

由于移动电子商务是基于无线通信技术的网络层应用，在安全性方面还存在一些特殊的威胁，在安全保护方面也存在特殊的困难。例如，无线网络更容易被外部窃听；无线信道带宽有限，认证信息不能太多，否则会影响系统的吞吐量；移动电子商务中通信单元具有移动性，更增加了安全机制的不确定性。移动电子商务的安全威胁主要来源于如下几个方面。

(一)假冒

假冒是指攻击者装扮成另一合法用户非法访问受害者的资源以获取某种利益或达到破坏的目的。要进行假冒攻击需要一些特殊的工具来处理协议数据单元(PDU)，并且可能需要一些特定的访问权限。网络中的节点必须具有非法用户无法模仿的特征，并且能够正确处理合法用户的这些特征，保证系统安全。

(二)窃听

窃听是指攻击者通过对传输媒介的监听非法获取传输的信息，是对通信网络最常见的攻击方法。这种威胁完全来源于无线链路的开放性，但是由于无线网络传输距离受到功率与信噪比的限制，窃听节点必须与源节点距离较近，所以与以太网、FDDI等典型有线网络相比，更容易发现外部窃听节点。

(三)非授权访问

非授权访问是攻击者违反安全策略，利用安全系统的缺陷非法占有系统资源或访问本应受保护的信息。所以，必须对网络中的通信单元增加认证机制，以防止非法用户使用网络资源。有中心无线网络(Infrastructure Wireless Network)由于具有核心节点(如移动 IP 中的基站)，实现认证功能相对容易；而无中心网络没有固定基站，节点的移动不确定，加之其特有的多跳(Multi-hop)特点，认证机制比较复杂。

(四)服务拒绝

服务拒绝是指入侵者通过某些手段使合法的网络实体无法获得其应有的网络服务。在移动电子商务中，这种威胁包括阻止合法用户连接的建立，或者通过向网络或指定网络单元发送大量数据来破坏合法用户的正常通信。对于这种威胁，通常可采用认证机制和流量控制机制来防止。

(五)其他风险

1. 新病毒的风险

无线设备、操作系统、应用、网络技术的多样性和不成熟性及客户群规模等因素加剧了病毒和恶意代码攻击的威胁。

2．丢失数据

移动设备的存储能力日益增加。当设备发生故障或丢失时，或者其数据被意外删除且不存在与恢复功能相结合的当前数据备份时，将导致数据永远丢失。

3．设备的丢失或被盗

当移动设备被带到办公室外时，由于其体积小，所以很容易出现设备丢失或者被放错地方的情况。由于移动设备通常具备非常有限的内置安全特性，所以如果丢失它们就意味着泄露敏感的企业或个人数据。

4．基于位置的服务

移动电子商务提供基于位置的服务，这样便能够跟踪用户。这同时为用户带来了新的私密性和保密性问题。

5．机会窗口

"一直在线"连接增加了非法用户接入用户系统的机会窗口，由于移动设备即使在未被真正使用时也允许接入，所以用户很可能不知道他们是否已经成为被攻击的牺牲品。

三、移动电子商务的安全控制

目前，有许多安全技术可以降低移动电子商务的风险及易受攻击性。无线电子商务解决方案要求的安全控制，与用来保护有线电子商务环境中使用的企业网络外围设备以及Web应用的安全控制基本相同。这些控制方法通常有以下几种。

1．加密技术

现在有许多加密解决方案可降低数据在无线传输时遭到拦截的风险。由于 GSM 和GPRS 网络采用的加密技术存在许多弱点，所以这一点是有必要的。这些解决方案运行在网络运营商提供的现有系统之上，但可以由公司控制并使用经过验证的标准化协议。目前加密解决方案中提供的安全选项包括 IPSec、WTLS 等。

2．防火墙

与"一直在线"网络相连接的设备需要更高安全性来防止非法接入，可以在掌上电脑上安装个人防火墙以保护本地的企业数据和个人数据。这项技术目前尚不能用于电话等低功率设备。

3．严格的用户鉴权

出于某些目的，尤其是金融交易，通常要求有严格的用户鉴权。为了确保移动环境中的安全性，强烈要求应用双钥鉴权(基于你所拥有的和你所知道的事物的鉴权)。TAN(交易序号)码等传统的双钥技术也可用在无线环境中，可替代方案包括手持设备一次性密码生成器(基于时间)或智能卡(挑战/反应)。

4. 单一登入

鉴权支持可实现单一登入功能，因此用户可以使用该环境中的所有服务和应用，无须进行进一步的用户可视鉴权。这要求将用户证明从门户网站安全地传输到提供内容服务和应用的其他系统中。

5. 无线 PKI 技术

可通过部署无线公共密钥基础设施(WPKI)技术来实现数据传输路径真正的端到端安全性、安全的用户鉴权及可信交易。WPKI 使用公共密钥加密及开放标准技术来构建安全性架构，该架构可促使公共无线网络上的交易和安全通信鉴权。可信的 PKI 不仅能够安全鉴权用户、保护数据在传输中的完整性和保密性，而且能够帮助企业实施非复制功能，使得交易参与各方无法抵赖。

6. 授权

授权解决方案用来管理和集成用户接入控制及授权信息，并在必要时对用户接入加以限制。授权包括两种方式：基于功能的授权(根据能使用订购信息接入的资源对每位用户进行授权)和基于 ACL(接入控制表)的授权(定义用户可以接入的资源)。简单的授权检查可在无线环境的各种位置完成。

7. 安全流程管理

了解风险、构建正确的结构以及部署适当的安全控制非常重要，且必须通过结构化流程加以管理。安全性不仅是技术问题，也是一个明显的事实。健全的端到端安全性还要求适当的策略、流程和组织。此类流程通常包括风险管理流程、意外事故管理流程、安全性验证/保证流程、安全性监控流程、变化管理流程、企业安全性策略、安全性结构、技术标准和策略、专用策略、用户规则、企业安全部门、意外事件响应小组等部分。

四、移动电子商务安全标准

(一)WAP

WAP 规范定义了一个开放的、标准的体系结构和一套无线装置访问互联网的协议。WAP 规范包括的规范有：无线标记语言，WML 和 WMLScript 为无线装置提供了一套小体积的标记标签集，在互联网上使用 HTTP 请求可以访问 WML 内容；微浏览器规范，定义手机如何解释 WML 和 WMLScript，并且把信息正确显示给用户；轻量级协议栈，将无线手机接入互联网的带宽需求降到最低，保证了各种无线网络都可以使用 WAP 规范，WAP 协议栈如图 9-5 所示；商家能够开发各种电话应用并且将其集成到 WML/WMLScript 服务中。

扩展阅读2 WAP 的安全特性见右侧二维码。

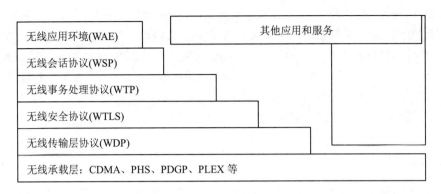

图 9-5　WAP 协议栈

(二)WPKI

WPKI 即"无线公开密钥体系"，它将互联网电子商务中的 PKI 安全机制引入到无线网络环境中，是一套遵循既定标准的密钥及证书管理平台体系，用它来管理移动网络环境中使用的公开密钥和数字证书，有效建立安全和值得信赖的无线网络环境。与 PKI 系统相似，一个完整的 WPKI 系统必须具有以下部分：PKI 客户端、注册中心(RA)、认证中心(CA)和证书库以及应用接口等基本构成部分。其构建也将围绕这五大部分进行，如图 9-6 所示。

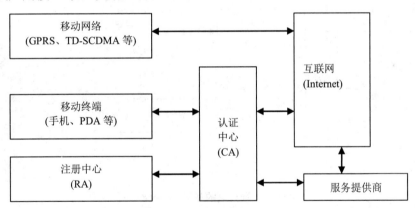

图 9-6　WPKI 体系结构

通常来说，CA 作为数字证书的签发机关，是 WPKI 系统的核心。RA 提供用户和 CA 之间的一个接口，作为认证机构的校验者，在数字证书分发给请求者之前对证书进行验证，它捕获并认证用户的身份,向 CA 提出证书请求认证的处理质量决定了证书中被设定的信任级别。一个完整的 WPKI 必须提供良好的应用接口系统，使各种各样的应用能够以安全、一致、可信的方式与 WPKI 交互，确保安全网络环境的完整性和易用性。

PKI 和 WPKI 最主要的区别在于证书的验证和加密算法。WPKI 采用了优化的 ECC 椭圆曲线加密和压缩的 X.509 数字证书。比如一个 1024 位加密算法，手机需要半分钟才能完成，所以传统的 PKI X.509 就不适合移动计算。WPKI 采用的椭圆曲线密码体制，密码长度可以为 165 位，实际应用和传统 PKI 的 1024 位或 2048 位安全强度一样，但运算量要小，复杂度也随之降低。

小资料：WPKI 证书格式规范为服务器端证书定义一种新的证书格式(即 WTLS 证书格式)。与标准的 X.509 证书相比，该证书大大减少了所占用的存储空间。WPKI 证书上的另一个非常重要的精简就是使用了椭圆曲线加密(ECC)算法。ECC 算法使用的密钥比 RSA 算法的密钥要短，通过使用 ECC 算法，可使证书的存储空间比使用其他算法的证书少 100 字节左右。WPKI 还限制了 IETF PKIX 证书格式中某些数据域的大小，由于 WPKI 证书格式是 PKIX 证书格式的一个子集，因而可保持与标准 PKI 之间的互操作性。

(三)WVPN

WVPN(Wireless Virtual Private Network)即"无线虚拟专用网"，它在移动环境下接入企业的内联网，提供鉴权、保密性和完整性等方面的服务。VPN 和 IPSec 最早都是针对固定网络的安全问题而提出的，目前也在向适应用户移动性需求的方向发展。WVPN 能够实现端到端的连接，从用户的角度来看，端到端的 WVPN 连接提供了最佳的安全性能。数据在 WVPN 客户端进行加密，在 WVPN 服务器端进行解密，业务在整个连接中都进行了密码处理，鉴权同样也在用户的控制之中。端到端的 WVPN 网络结构如图 9-7 所示，其中 IPSec 隧道连接网关服务器和用户终端。

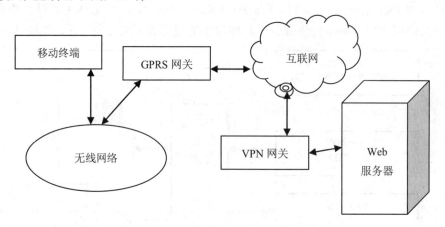

图 9-7　端到端的 WVPN 网络结构

利用 GPRS 建立 WVPN 的过程如下。

(1) 移动终端首先激活 PDP(Packet Data Protocol)连接，该连接提供了 WVPN 隧道传输的无线链路。

(2) GPRS 网关的 GGSN 接受移动终端的请求，在 GGSN 和移动终端之间建立了一个 PDP 连接。一个源 IP 地址动态地分配给了移动终端。这个 IP 地址将会用于 IKE(Internet Key Exchange)的交换和识别 VPN 隧道。

(3) 移动终端打开一个 UDP500 端口的 Socket 来执行 IKE 第一阶段的协商(主动模式或野蛮模式)。移动终端作为发起者，VPN 网关作为应答者，两者之间进行消息的交换。IKE 的第一阶段结束后，产生了一个双向的 ISAKMP SA 来保护 IKE 第二阶段的协商。

(4) 移动终端使用 UDP Socket 来执行 ISAKMP 配置交换协议。移动终端使用这个协议来从企业网络中租用企业的私有 IP 地址，使得移动终端可以和企业网络里的主机之间进行通信；获得企业网络里的 DNS Server 的 IP 地址；进行扩展鉴别。租用的 IP 地址和 DNS Server

的 IP 地址由移动终端提出请求，而扩展鉴别是 VPN 网关先发起的。

（5）移动终端作为发起者，VPN 网关作为应答者，移动终端使用 UDP Socket 来使用 IKE 第二阶段的协商(快速模式)。IKE 第二阶段使用第一阶段产生的密钥进行加密，IKE 第二阶段完成之后产生两个单向的 SA 来保护通过 IPSec 隧道的数据通信。至此，WVPN 隧道已经建立。

WVPN 是 VPN 中的高效简便和安全性与无线通信技术结合的产物，在移动电子商务上具有广泛的应用前景。它提供鉴权、保密性、完整性等方面的服务，提供了端到端的最高安全性的连接。WVPN 隧道建立后，移动终端可以使用 VPN 隧道和企业网络内部的主机进行安全的通信。数据在 WVPN 的客户端进行加密，在企业的服务器端进行解密，数据传输的整个连接过程中都进行了加密处理。另外，IPSec SA 可以阶段性地进行刷新，这可以通过 IKE 第二阶段的协商来实现。

思 考 题

1. 简述移动电子商务的定义及优势。
2. 我国移动电子商务主要的应用领域有哪些？试举一个应用实例。
3. 思考影响我国移动电子商务发展的主要因素有哪些。
4. 简述移动电子商务系统的基本框架。
5. 支撑移动电子商务发展的主要技术有哪些？
6. 找一家提供移动购物的网站，体验购物流程并分析存在的问题。
7. 移动电子商务面临的主要安全问题有哪些？分别阐述主要的安全标准实现原理。

扩展练习　案例分析见右侧二维码。

第十章　智能电子商务与数据挖掘

【学习目标】

- 掌握商务智能、数据挖掘的概念和相关技术。
- 掌握 Web 数据挖掘的主要技术及其应用。
- 了解商务智能的主要应用领域和发展趋势。

【案例 10-1】

某中国 500 强企业 BI 系统成功应用案例

随着某集团二十多年的不断发展，现已成为中国 500 强、中国大企业集团竞争力前 25 强、中国信息化标杆企业和国家重点火炬高新技术企业，拥有总资产数十亿元、员工数万名，涉足电力、家电、能源等多个行业，并拥有房产、医疗、物流多项投资项目。该集团在全国拥有六大生产基地，总面积达数平方公里，并拟向全球建立生产基地。目前产品已经进入了全球 100 多个国家，并且累计销量接近 1 亿台。

这样一个涉及多领域产业的企业，从研发、技术、制造、销售、供应链到售后服务，其间的数据量是十分庞大的。通过使用 FineBI，采用其多年的行业经验，集团建立了商务智能系统，主要基于以下几个方面。

建立销售数据集市、采购数据集市、生产数据集市、存货数据集市、质量数据集市、研发数据集市、财务数据集市。

建立企业景气指数，针对 KPI 和企业景气指数进行预警、预测，实现对销售、采购、生产、存货、质量(包括仓储和发货)、研发以及财务七部分的过程监控。

FineBI 采用智能处理的方式，通过品牌价格权衡技术结合价格敏感度分析，提供消费者实际消费的环境直接测量价格对品牌的影响及对竞争品牌的影响，从而实现市场动态模拟。所获丰富的信息，为完成定价策略提供了强有力的指导与支持。

数据处理方面，通过建立数据仓库，集团将所有的数据经过 ETL 转换，数据清洗后放到数据仓库中，给管理者一个关于企业业务的全面的视图。分析者和决策者也可以基于此很轻松地进行即时商业智能分析，彻底摆脱数据孤岛的烦恼。

根据使用流程，我们可以将功能分为以下三大模块。

数据处理模块：准备数据，以建立数据业务包，即连接数据源并对某些数据进行 ETL 处理，该过程由系统管理员完成。

可视分析模块：分析数据，业务人员通过拖曳操作对数据进行分析，创建需要的报表，实现自己的分析诉求。

分享共用模块：分享见解，符合权限的人员都可以阅读其他人分享的报表，并进行即席分析。

FineBI 的使用使得集团轻松实现：

(1) 数据整合。对 ERP、CRM、OA 等这些独立系统进行统一的数据分析。

(2) 敏捷 BI。自动建模，分析时可创建维度，查看时可切换维度。

(3) OLAP 多维分析。多维度综合分析数据，多角度审视业务衡量指标。

(4) 大数据量。采用位图索引技术处理各类型字段；NIO 内存映射文件，快速读取处理数字类型；动态的内存数据立方体技术进行数据并行计算；智能避免重复计算的缓存机制。

(5) 决策支持。管理驾驶舱(Dashboard)组合多表格、图表和控件，通过联动钻取实现直观展示。

(6) 权限配置。省去审批流程，整体权限认证和多元控制力度实现完善的权限配置。

(7) 移动 BI 解决方案。完美支持各种移动端，随时随地查看报表并分析。

(数据来源：https://www.douban.com/note/542245637/)

第一节　商务智能概述

一、商务智能的产生

当今企业处在信息爆炸、经济全球化的背景下，面对瞬息万变、竞争激烈的业务环境。这种环境下，企业管理人员必须能够对企业的运营状况洞察秋毫，迅速地、敏捷地、准确地应对各种变化，作出科学的决策。明智正确的决策不是仅凭直觉就能作出的。传统信息系统可以帮助企业高效地开展日常业务，在提供决策支持方面却无能为力。然而受信息技术的影响，尤其是电子商务技术的发展，企业可以通过内部业务信息系统获得大量业务数据，如企业竞争者的信息、客户的信息，通过互联网获得客户社交习惯、客户点击信息、行业发展信息等浩如烟海的信息。根据 IBM 的统计，在电子商务时代，互联网上的数据量正以每年 1.3 倍的速度迅速扩增，真正被利用来分析与运用的部分却不到一成。因此如何从海量数据中快速挖掘出有价值的知识并辅助管理人员进行决策，是每个企业亟待解决的问题，商务智能正在这样的背景下产生。

到目前为止，商务智能分析以及大数据分析不仅是学术研究的两大热门领域，也受到众多企业的重视。来自麦肯锡全球研究所的一份报告显示：到 2018 年仅美国深度数据分析人才就缺口 14 万~19 万人。LinkedIn(领英)发布的《中国经济的数字化转型：人才与就业》报告显示，目前中国 85%以上的数字人才分布在产品研发类，而深度分析、先进制造、数字营销等职能的人才加起来只有不到 5%，虽然当前网络上关于大数据和人工智能的新闻和信息铺天盖地，但从数字人才的分析来看，大数据分析、先进制造、数字营销等新兴技术相关职能的数字人才存在较大缺口。

商务智能作为目前国内外商业企业界和软件开发界共同关注的一个研究方向，它把先进的信息技术应用到整个企业，不仅为其提供信息获取能力，而且通过对信息的开发，将其转变为企业的竞争优势。

二、商务智能的发展

"智能"一词虽然早在20世纪50年代被学者应用于人工智能中,而商务智能(Business Intelligence,BI)则在20世纪90年代才在商业和IT领域中流行起来。21世纪初,商业分析(Business Analysis,BA)被视为商务智能的关键分析部件。因此本书将商务智能和商务分析作为统一的概念——商务智能(BI)来研究。近年来,随着大数据和大数据分析技术的发展,不少学者将大数据分析视为商务智能与分析的新研究和应用方向。作为以数据为中心的方法,根据数据源和处理技术的不同,将BI的发展归纳为三个阶段,三个阶段关键特征如表10-1所示。

(一)基于结构化数据的BI 1.0

BI起源于数据库管理领域,BI 1.0的数据源以基于DBMS的结构化数据为主。大部分企业应用的商务智能和分析技术都是第一代商务智能分析。数据管理和数据仓库是第一代商务智能分析技术的基础,数据集市和数据抽取(Extract)、转换(Transform)和装载(Load)工具的设计是企业数据的转换和集成的必要手段。商务智能分析1.0的技术大多已经集成在商用企业IT系统中。

(二)基于网络非结构化数据的BI 2.0

进入21世纪,网络和网站技术的发展为独特的数据收集和分析技术研究和发展提供了机会。大量企业、产业、产品以及客户信息可以从网络获取,并通过文本和网络数据挖掘技术进行可视化。通过分析客户点击日志,网页分析工具(如Google Analytics)可以提供用户在线行为的轨迹,并揭示用户浏览和购买行为模式。网站的设计、产品位置优化、客户交易分析、市场结构分析以及智能商品推荐均可以通过网络数据分析完成。尤其是大量采用Web 2.0技术应用程序,如论坛、博客、社交网络、社交多媒体网,以及虚拟世界和游戏中存储了大量用户生成数据,不仅可以从这些数据中获得日常活动聊天信息、社会政治倾向,还可以实时收集大量用户意见。许多市场营销学者认为社交媒体分析为企业发展提供了独特的机会,因为可以将市场视为商家和客户之间"交谈"的渠道,而不是商家向客户营销的单向过程。不同于BI 1.0,BI 2.0系统会在BI 1.0的基础上,集成许多成熟、可扩展的文本挖掘、网络数据挖掘、社交网络分析以及时空分析技术。

(三)基于手机和传感器数据的BI 3.0

移动设备提供的高移动性、位置感知、以人为中心和基于语境的操作和交易信息,为2010年以后的BI的研究与发展提供了重要机会。尽管基于移动数据分析的BI 3.0时代的到来似乎是确定的,但是对大量、移动流数据和感应器数据的收集、处理、分析和可视化技术尚待研究和突破。虽然大部分关于BI 3.0的研究仍处于萌芽阶段,但是伴随大数据技术的发展和突破,商用移动BI 3.0系统将很快面世。Gartner公司的BI Hype Cycle系统已经包含了Mobile BI技术,各大商务智能供应商,如IBM、SAS、SAP、Oracle等都推出了针对移动商务终端的商务智能产品。由于移动终端设备的屏幕大小限制,移动商务智能软件有别于传统商务智能软件，在输出界面、用户的交互以及功能的快速响应方面都有更高的要求。

表 10-1　商业智能发展阶段及关键特征

发展阶段	关键特征
BI 1.0	基于 DBMS 的结构化数据 RDBMS 和数据仓库技术 ETL 和 OLAP 仪表盘(Dash board)和计分卡(Score cards) 数据挖掘(Data Mining)和统计分析
BI 2.0	基于网络非结构数据 信息获取 意见挖掘(Opinion mining) 自动回答 网络分析和网络智能 社交媒体分析 社交网络分析 时空分析
BI 3.0	基于移动设备和传感器内容 基于位置的分析 基于用户的分析 语境相关分析 移动可视化和人机交互界面

三、商务智能的概念与功能

(一)商务智能的概念

"商务智能"不是一个新名词。多年来，企业一直在寻找对商务智能的理解和实现的方式，以增强企业的竞争力。早在 20 世纪 80 年代，"商务智能"的标准是能容易地获得想要的数据和信息，90 年代是商务智能真正起步的阶段。到目前为止，关于商务智能还没有统一的定义，不同的人只是从不同的方面表达了对商务智能的理解。

早在 20 世纪 90 年代初，高德纳组织(Garter Group)的霍华德·德莱斯纳(Howard Dresner)把 EUQR(终端查询和报表)、DSS、OLAP 称为商务智能。企业使用这些工具使企业获得的优势也被称为商务智能。后来，出现了数据仓库、数据集市技术，以及与之相关的 ETL(抽取、转换、上载)、数据清洗、数据挖掘、商业建模等，人们也将这些技术统归为商务智能的领域。目前，存在将商务智能与数据仓库和基于数据仓库的分析方法等同起来的认识趋势。

商务智能的定义不说多如牛毛，也是众说纷纭。有人认为它是高级管理人员信息系统(EIS)，有人认为它是管理信息系统(MIS)，有人认为它是决策支持系统(DSS)；有人说它是数据库技术，有人说它是数据仓库，有人说它是数据集市，有人说它是数据整合与清洗工具，有人说它是查询和报告工具，有人说它是在线分析处理工具，有人说它是数据挖掘，有人说它是统计分析；有人把它当作分析性 ERP，有人把它当作分析性 CRM，有人把它当作分析性 SCM，有人把它当作企业绩效管理，有人把它当作平衡计分卡……

商务智能又称商业智慧或商业智能，是指用现代数据仓库技术、线上分析处理技术、数据挖掘和数据展现技术进行数据分析以实现商业价值。商务智能的概念经由 Howard Dresner(1989)的通俗化而被人们广泛了解。当时将商务智能定义为一类由数据仓库(或数据集市)、查询报表、数据分析、数据挖掘、数据备份和恢复等部分组成的，以帮助企业决策为目的的技术及其应用。简言之，商务智能是能够帮助用户对自身业务经营做出正确明智决定的工具。

(二)商务智能的功能

商务智能的目标是将企业所掌握的信息转换成竞争优势，提高企业决策能力、决策效率和决策准确性。为完成这一目标，商务智能必须具有实现数据分析到知识发现的算法、模型和过程，决策的主题具有广泛的普遍性。

从商务智能的定义可以看出，商务智能具有以下功能。

1. 数据管理功能

从多个数据源 ETL(抽取、转换、转储)数据、清洗数据和数据集成能力；大量数据高效存储与维护能力。

2. 数据分析功能

具备 OLAP、Legacy 等多种数据分析功能；终端信息查询和报表生成能力；数据可视化能力。

3. 知识发现功能

从大型数据库中的数据中提取人们感兴趣的知识的能力。这些知识是隐含的、事先未知的、潜在有用的信息，提取的知识表示为概念(Concepts)、规则(Rules)、规律(Regulations)、模式(Patterns)等形式。

4. 企业优化功能

辅助企业建模的能力。

四、商务智能的研究内容

商务智能是利用当今计算机前沿技术作支撑，运用现代管理技术进行指导的应用系统，它的研究热点集中在三个方面：支撑技术的研究、体系结构的研究和应用系统的研究。

1. 支撑技术的研究

商务智能作为一个在 20 世纪 90 年代末期出现的跨学科新兴领域，必须借鉴两方面的先进成果：一是计算机技术的前沿技术，二是企业管理方面的新理论、新观点。企业管理方面的新理论、新观点为战略制定和决策提供先进的管理模式，帮助企业更好地运营；先进的计算机技术是提高系统性能的有力手段。

商务智能的支撑技术包括以下几项：一是计算机技术，包括数据仓库、数据集市技术；数据挖掘技术；OLTP、OLAP、Legacy 等分析技术；数据可视化技术；计算机网络与 Web 技术。二是企业管理，包括统计、预测等运筹学方法；客户管理、供应链管理、企业资源计划等管理理论和方法；企业建模方法。

支撑技术的研究主要围绕两部分展开：决策支持工具研究和企业建模方法研究。企业建模是为解决如何建立特定企业模式的辅助工具。IDEF 等研究方法是较程式化的企业建模方法，比较新的建模方法包括基于 UML 的企业建模等方法。数据挖掘算法的研究是目前计算机界研究的热点之一，它逐渐成为一个跨越人工智能、数据统计等多学科的研究领域。决策分析工具的研究还包括各种分析方法的研究。

2．体系结构的研究

在一个典型的商务智能体系结构中(见第三节图 10-3)，面向特定应用会有相应改进的体系结构，使商业具有良好的性能。例如：建立何种数据存储和数据模型能很好地支持主题和数据分析和知识发现的需要；选择何种决策分析工具，包括选择实现何种任务、选择实现这种任务的何种工具；将分析和发现的信息和知识通过何种接口达到需要的用户等。

3．应用系统的研究

对应用系统的研究的重点在于对各个应用领域所面临的决策问题的分析。根据对各类问题的解决方式和解决方案来决定商务智能系统应该提供的功能以及具体实现方法。目前，商务智能被广泛应用于与企业运营过程相关的各个领域，并且在很多领域已经形成其特有的体系。具有代表性的应用领域包括：企业资源计划(ERP)、客户关系管理(CRM)、企业性能管理(BPM)、人力资源管理(HRM)、供应链管理(SCM)和电子商务(E-Business)。

第二节　数据挖掘概述

近年来，数据挖掘引起了信息产业界的极大关注，其主要原因是存在大量数据，可以广泛使用，并且迫切需要将这些数据转换成有用的信息和知识。获取的信息和知识可以广泛用于各种应用，包括商务管理、生产控制、市场分析、工程设计和科学探索等。

数据挖掘利用了来自如下一些领域的思想：①来自统计学的抽样、估计和假设检验；②人工智能、模式识别和机器学习的搜索算法、建模技术和学习理论。数据挖掘也迅速地接纳了来自其他领域的思想，这些领域包括最优化、进化计算、信息论、信号处理、可视化和信息检索。一些其他领域的思想也起到了支撑作用。特别地，需要数据库系统提供有效的存储、索引和查询处理支持。源于高性能(并行)计算的技术在处理海量数据集方面亦很重要。分布式技术也能帮助处理海量数据，并且当数据不能集中到一起处理时更是至关重要。

一、数据挖掘的定义

数据挖掘(Data Mining)是近年来数据库应用领域中相当热门的话题。数据挖掘一般是指在数据库或数据仓库中，利用各种分析方法与技术，对过去积累的大量繁杂数据进行分析、归纳与整合等工作，提取出有用的信息，例如趋势(Trend)、模式(Pattern)及相关性(Relationship)等，并将其中有价值的信息作为决策参考提供给决策者。通俗地说，数据挖掘就是从数据中发掘出信息或知识，有人将其称为知识发现(Knowledge Discovery in Database，KDD)，也有人称为数据考古学(Data Archaeology)、数据模式分析(Data Pattern Analysis)，或功能相依分析(Functional Dependency Analysis)。目前，数据挖掘已经成为数据库系统、机器学习、统计方法等多个学科相互交叉的重要领域。而在实务界，越来越多的企业开始认识到，使用数据挖掘可以为企业带来更多潜在的商业机会。

数据挖掘是通过分析每个数据，从大量数据中寻找其规律的技术，主要有数据准备、规律寻找和规律表示三个步骤。数据挖掘的任务有关联分析、聚类分析、分类分析、异常分析、特异群组分析和演变分析等。简单地说，数据挖掘是从大量的、不完全的、有噪声的、模糊的、随机的数据中提取隐含在其中的、人们事先不知道的，但又是潜在有用的信息和知识的过程。我们对数据挖掘应有一个正确的认识：数据挖掘不是一个无所不能的魔法。数据挖掘的种种工具都是从数据中发掘出各种可能成立的"预言"，并对其潜在的价值加以"估计"，但数据挖掘本身并不能在实际中查证和确认这些假设，也不能判断这些假设的实际价值。

二、数据挖掘的任务

数据挖掘的任务主要有关联分析、聚类分析、分类、预测、时序模式和偏差分析等。

1. 关联分析

关联规则挖掘是由拉克什·艾沃(Rakesh Apwal)等人首先提出的。两个或两个以上变量的取值之间存在某种规律性，就称为关联。数据关联是数据库中存在的一类重要的、可被发现的知识。关联分为简单关联、时序关联和因果关联。关联分析(Association Analysis)的目的是找出数据库中隐藏的关联网。一般用支持度和可信度两个阈值来度量关联规则的相关性，还可引入兴趣度、相关性等参数，使得所挖掘的规则更符合需求。

2. 聚类分析

聚类是把数据按照相似性归纳成若干类别，同一类中的数据彼此相似，不同类中的数据相异。聚类分析(Clustering Analysis)可以建立宏观的概念，发现数据的分布模式，以及可能的数据属性之间的相互关系。

3. 分类

分类(Classification)就是找出一个类别的概念描述，它代表了这类数据的整体信息，即该类的内涵描述，并用这种描述来构造模型，一般用规则或决策树模式表示。分类是利用训练数据集通过一定的算法而求得分类规则。分类可被用于规则描述和预测。

4. 预测

预测(Predication)是利用历史数据找出变化规律，建立模型，并由此模型对未来数据的种类及特征进行预测。预测关心的是精度和不确定性，通常用预测方差来度量。

5. 时序模式

时序模式(Time-series Pattern)是指通过时间序列搜索出的重复发生概率较高的模式。与回归一样，它也是用已知的数据预测未来的值，但这些数据的区别是变量所处时间的不同。

6. 偏差分析

在偏差中包括很多有用的知识，数据库中的数据存在很多异常情况，发现数据库中数据存在的异常情况是非常重要的。偏差检验的基本方法就是寻找观察结果与参照之间的差别。

三、数据挖掘的基本步骤

数据挖掘的步骤会随不同领域的应用而有所变化，每一种数据挖掘技术也会有各自的特性和使用步骤，针对不同问题和需求所制定的数据挖掘过程也会存在差异。此外，数据的完整程度、专业人员支持的程度等都会对建立数据挖掘过程有所影响。这些因素造成了数据挖掘在各不同领域中的运用、规划，以及流程的差异性，即使同一产业，也会因为分析技术和专业知识的涉入程度不同而不同，因此对于数据挖掘过程的系统化、标准化就显得格外重要。如此一来，不仅可以较容易地跨领域应用，也可以结合不同的专业知识，发挥数据挖掘的真正精神。

数据挖掘完整的步骤如下。

(1) 理解数据和数据的来源(Understanding)。

(2) 获取相关知识与技术(Acquisition)。

(3) 整合与检查数据(Integration and Checking)。

(4) 去除错误或不一致的数据(Data Cleaning)。

(5) 建立模型和假设(Model and Hypothesis Development)。

(6) 实际数据挖掘工作(Data Mining)。

(7) 测试和验证挖掘结果(Testing and Verification)。

(8) 解释和应用(Interpretation and Use)。

由上述步骤可以看出，数据挖掘牵涉了大量的准备工作与规划工作，事实上许多专家都认为整套数据挖掘的过程中，有 80%的时间和精力是花费在数据预处理阶段，其中包括数据的净化、数据格式转换、变量整合以及数据表的链接。可见，在进行数据挖掘技术的分析之前，还有许多准备工作要完成。

扩展阅读 1　数据挖掘的发展演化见右侧二维码。

【案例 10-2】

以"上大学分析"为例体验什么是数据挖掘

某社会机构，收集了大量的学生考大学的数据。该机构希望找出一些规律，以推动更多的学生考大学。该机构委托你来做这个分析工作，给出具体的可以推动更多学生考大学的建议。

收集到的数据如表 10-2 所示。

表 10-2　学生相关数据

姓名	性别	IQ	家庭年收入/元	兄弟姐妹数/人	有无上大学计划
张三	男	110	100000	0	无
李四	男	100	89000	1	有
刘五	女	89	151000	3	无
马六	男	121	183000	2	有
赵七	男	72	56000	1	有
王八	女	135	163000	0	无
牛九	男	103	36000	1	有
……					

你可能会考虑用 SQL 语句进行查询分析。但问题是:

(1) 用什么语句查询呢?要组合什么条件呢?

(2) 你想查到怎样的结果呢?这个结果对决策有帮助吗?

那么数据挖掘一下吧!但如何挖掘呢?

不了解数据挖掘的人,往往会认为只需要让计算机去挖掘一下,计算机就能帮我们找出想要的东西。计算机哪会这样神奇,在数据挖掘之前,我们必须先自己好好分析一下。

1. 明确挖掘的目标

我们看看原始需求是这样的:该机构希望找出一些规律,以推动更多的学生考大学。

你可能会说:该目标也太大了一点吧!现在该机构委托你做这个事情,人家不是专业人士,你还指望人家什么都帮你做好吗?那要你干吗!

我们仔细分析一下,原始数据有姓名、性别、IQ、家庭年收入、兄弟姐妹数量、有无上大学计划字段,要推动更多学生考大学,我们无非就是要分析出:

(1) 有上大学计划的人主要原因是什么呢?

(2) 无上大学计划的人主要原因是什么呢?

分析出这些原因,就可以提出针对性的建议了。

2. 明确因果关系

看图 10-1 所示。

图 10-1　因果关系

对原始数据表进行分析,我们可以推断出:家庭收入、性别、兄弟姐妹数量、IQ 这些因素,很可能会影响有无上大学计划。至于姓名会不会影响,我们可以用常识判断应该不会，故可以排除。

这样我们就可以确定输入列有：家庭收入、性别、兄弟姐妹数量、IQ，可预测列为"有无上大学计划"。

数据挖掘的目标就是找出输入列与可预测列的关系，只要找到这个规律，就可以提出针对性的建议，也可以利用这个规律做预测。

以上工作准备就绪后，我们就可以选择合适的分析方法来挖掘数据了。我们选择"决策树"的方法，图 10-2 是决策树的部分分析结果。

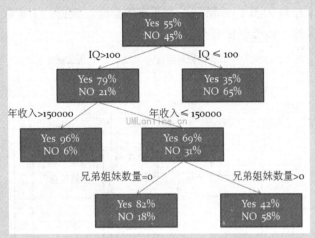

图 10-2　决策树的部分分析结果

说明：

(1) 最上面的一个节点表示有 55% 的人有计划上大学，45% 的人没有计划。

(2) 第二层节点，以 IQ 为条件进行划分，IQ 大于 100 的人中，有上大学计划的人有 79% 之多，而 IQ 小于等于 100 的人，有上大学计划的人只有 35%，这说明 IQ 是很重要的影响因素。

(3) 第三层节点是年收入，第四层是兄弟姐妹数量。

(4) 决策树算法会分析原始数据，将影响程度最大的因素排在上面，次之的因素排在下面。

由上面的分析，我们可以得到以下一些信息。

(1) 越是 IQ 高的人越有上大学的计划。

(2) 家庭收入越高，越有上大学的计划。

(3) 兄弟姐妹越多，上大学计划就越微。

(4) 性别没有在决策树中出现，说明性别对有无上大学计划没有明显影响。

接下来我们就可以提出针对性的建议，以推动更多人考大学。

(1) 大学学位有限，目前重点应该是鼓励更多的聪明的学生考大学。

(2) 聪明的学生不计划上大学，主要原因是家庭收入低、兄弟姐妹多，针对这样的情况，政府可考虑降低大学学费，或对低收入、多子女的家庭进行资助。

（资料来源：http://www.woshipm.com/it/49094.html）

第三节　商务智能的基本结构和技术工具

一、商务智能的基本结构

商务智能通常被理解为将企业中现有的数据转化为有价值的信息/知识，从而帮助企业作出明智的业务经营决策的工具。

商务智能的基本结构如图 10-3 所示，主要有数据源、数据仓库和数据集市、数据分析工具、数据展现工具四个核心组成部分。

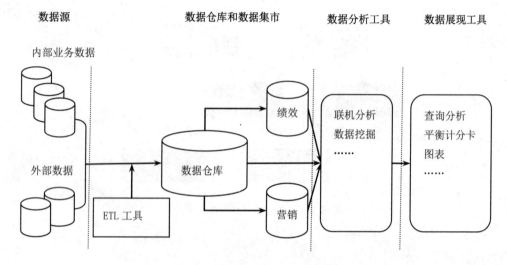

图 10-3　商务智能的基本结构

(一)数据源

商务智能作为以数据驱动的技术，需要收集和整合企业内部各系统中的形式和来源不同的数据，这些数据既包含来源于企业业务运作系统的结构化数据，如财务、订单、商品信息，也包含非结构化数据，如内部邮件系统、外部论坛、社交网络信息等。

(二)数据仓库和数据集市

ETL，是英文 Extract-Transform-Load 的缩写，用来描述将数据从来源端经过抽取(Extract)、转换(Transform)、加载(Load)至目的端的过程。常用的 ETL 工具软件有 Informatica、Datastage、微软 DTS 等。ETL 转化可以实现规范数据源的格式、捕获源数据中的空值字段，并进行加载或者替换，拆分数据(如对电话号码区域码和电话号码进行分解)、验证数据正确性等功能。通过 ETL 工具，不同数据源中的数据可以高质量地转化并存储到支持商务智能分析的新数据库中，通常新数据库指代数据仓库和数据集市，以进行信息和知识提取，支持商务决策。

(三)数据分析工具

数据分析工具提取数据仓库或者数据集市中的数据，并采用相应的数学模型和分析算法进行处理，以达到决策支持的目的。常见的决策支持模型包含：多维立方体分析、探索性数据分析、数据挖掘、优化模型等。

(四)数据展现工具

数据展现工具是通过数据分析的结果进行展示和解释的工具，以方便用户理解。比较简单的数据展现技术有查询、报表和多维数据集。查询和报表是最早的商业智能手段，用户可以利用查询和定制报表工具生成一些简单的分析和报告，并在屏幕上显示和打印出来。多维数据集(见图 10-4)可以帮助用户灵活、随意地组合维度，对数据进行横切竖割，从而达到多角度分析数据的目的。数据挖掘等深度分析的结果往往要通过数、表、图、规则、曲线等表示知识。随着大数据技术的发现，近年来涌现了大量可视化工具(如国外 leaflet、tableau，以及国内大数据魔镜等)供数据分析人员和 BI 程序开发人员使用。

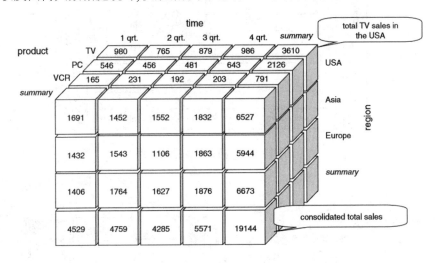

图 10-4 三维数据集举例

(数据来源：Business Intelligence：Data Mining and Optimization for Decision Making)

IBM 曾提出过一个 BI 的体系架构图(见图 10-5)，其结构体系与商务智能的基本结构(见图 10-3)一致。此外从这个体系架构里，我们可以看到数据挖掘是 BI 的一个重要的过程。而数据挖掘也是当今计算机领域发展最快的一个分支。

数据挖掘与传统的数据分析(如查询、报表、联机应用分析 OLAP)的本质区别是数据挖掘是在没有明确假设的前提下去挖掘信息、发现知识。数据挖掘所得到的信息应具有先前未知、有效和可实用三个特征。

数据挖掘的环境框图如图 10-6 所示。

从图 10-6 中可以看出数据仓库并不是数据挖掘的先决条件，因为有很多数据挖掘可直接从操作数据源中挖掘信息。

数据挖掘在横向上可以分为直销、争取客户、保留客户、交叉销售和趋势分析、欺诈甄别等；在纵向上可以分为以下几个领域的应用。

(1) 在天文学中的应用。数据挖掘在天文学上有一个非常著名的应用系统——SKICAT (Sky Image Cataloging and Analysis Tool)。它是美国加州理工学院喷气推进实验室(即设计火

电子商务概论(第3版)

星探测器漫游者号的实验室)与天文科学家合作开发的用于帮助天文学家发现遥远的类星体的一个工具。SKICAT 既是第一个获得相当成功的数据挖掘应用，也是人工智能技术在天文学和空间科学上第一批成功应用之一。利用 SKICAT，天文学家已发现了 16 个新的极其遥远的类星体，该项发现能帮助天文工作者更好地研究类星体的形成以及早期宇宙的结构。

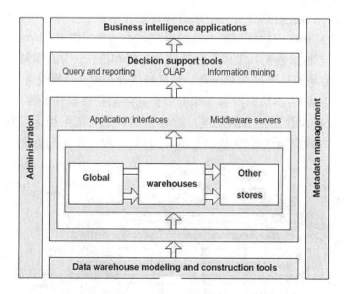

图 10-5　商务智能的架构体系

(来源：IBM 商务智能软件解决方案)

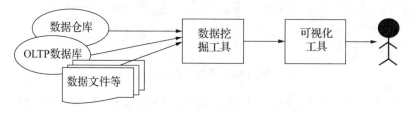

图 10-6　数据挖掘的环境

(2) 在生物学中的应用。数据挖掘在生物学上的应用主要集中于分子生物学特别是基因工程的研究上。在基因研究中，有一个著名的国际性研究课题——人类基因组计划。据报道，1997 年 3 月，科学家宣布已完成第一步计划——绘制人类染色体基因图。然而这仅仅是第一步，更重要的是对基因图进行解释，从而发现各种蛋白质(有 10000 多种不同功能的蛋白质)和 RNA 分子的结构和功能。近几年，通过用计算生物分子系列分析方法，尤其是基因数据库搜索技术已在基因研究上做出了很多重大发现。

(3) 在零售业的应用。利用数据挖掘技术通过对用户数据的分析，可以得到关于顾客购买取向和兴趣的信息，从而为商业决策提供了可靠的依据。

(4) 欺诈甄别。电信业、保险业和银行信用卡部门会经常发生诈骗行为，如恶性透支等，这些给银行和商业单位带来了巨大的损失。对这类诈骗行为进行预测，哪怕是正确率很低的预测，都会减少发生诈骗的机会，从而减少损失。进行诈骗甄别主要是通过总结正常行为和诈骗行为之间的关系，得到诈骗行为的一些特性，这样当某项业务符合这些特征时，可以向决策人员提出警告。这方面应用非常成功的系统有：FALCON 系统和 FAIS 系统。FALCON 是 HNC 公司开发的信用卡欺诈估测系统，它已被相当数量的零售银行用于探测可疑的信用卡交易。FALCON 的数据格式主要针对一些流行的信用卡公司，如 VISA、MASTER 等，因此它的应用面很广。FAIS 则是一个用于识别与洗钱有关的金融交易系统，它使用的是一般的政府数据表单。

(5) 金融投资预测。典型的金融分析领域有投资评估和股票交易市场预测，分析方法一般采用模型预测法(如神经网络或统计回归技术)。金融投资的风险很大，在进行投资决策时需要通过对各种投资方向的有关数据进行分析，以选择最佳的投资方向。目前国内有很多进行股票分析的软件，并且定期有专家进行股票交易预测，这些人工的预测一般是根据自己的经验再通过对已有的股票数据的分析而得到的，由于是人工处理，很难对更大量的股市数据进行分析。无论是投资评估还是股票市场预测，都是对事物发展的一种预测，而且是建立在对数据的分析基础之上的。数据挖掘可以通过对已有数据的处理，找到数据对象之间的关系，然后利用学习得到的模式进行合理的预测。这方面的系统有 Fidelity Stock Selector、LBS Capital Management。前者的任务是使用神经网络模型选择投资；后者则使用了专家系统、神经网络和基因算法技术来辅助管理多达 6 亿美元的有价证券。

二、商务智能的关键技术

商务智能的支撑技术主要包括 ETL(数据的提取、转换与加载)技术和数据仓库技术与数据集市技术、联机分析处理技术、数据挖掘技术与商务智能的表示和发布技术。

(一)数据仓库技术与数据集市技术

实施商务智能首先要从企业内部和企业外部不同的数据源，如客户关系管理(CRM)、供应链管理(SCM)、企业资源规划(ERP)系统以及其他应用系统等搜集有用的数据，进行转换和合并，因此需要数据仓库和数据集市技术的支持。

数据仓库(Data Warehouse)是指从多个数据源收集的信息，以一种一致的存储方式保存所得到的数据集合。数据仓库创始人之一英蒙(W. H. Inmon)的定义为："数据仓库是一个面向主题的、集成的、稳定的、包含历史数据的数据集合，它用于支持管理中的决策制定过程。"在构造数据仓库时，要经过数据的清洗、数据的抽取转换、数据集成和数据加载等过程。面向不同的需求，对数据进行清洗以保证数据的正确性，然后对数据进行抽取，转换成数据仓库所需形式，并实现加载到数据仓库。

数据仓库是一种语义上一致的数据存储，充当决策支持数据模型的物理实现，并存放企业战略决策所需信息。数据仓库的数据模型有星型模式、雪花模式。星型模式最为常见，有一个包含大批数据并且不含冗余的中心表，每维一组小的附属表。雪花模式中某些维表是规范化的，因而把数据进一步分解到附加的表中，模式图形成了类似雪花的形状。对数据仓库的研究集中在数据集成中数据模式的设计、数据清洗和数据转换、导入和更新方法等。

数据仓库通常是企业级应用，因此涉及的范围和投入的成本非常巨大，使一些企业无力承担。因而，它们希望在最需要的关键部门建立一种适合自身应用的、自行定制的部门数据仓库子集。正是这种需求使数据集市应运而生。数据集市(Data Mart)是聚焦在选定的主题上的，是部门范围的。根据数据的来源不同，数据集市分为独立的和依赖的两类。在独立的数据集市中，数据来自一个或多个操作的系统或外部信息提供者，或者来自在一个特定的部门或地域局部产生的数据。依赖的数据集市中的数据直接来自企业数据仓库。

普通业务操作数据库是为存储企业的日常实务处理工作，因此存储细节的、实时更新的操作业务数据，但数据仓库中的数据是为了适应数据分析要求而设立的，具有以下特点。

(1) 面向主题：以支持管理人员决策为目的而设立的数据仓库，所收集的数据必须围绕着具体分析主题。数据仓库的设计者必须明确数据仓库所支持的决策内容，并将其归纳为若干具体的、易于通过数据组织加以分析的主题。

(2) 数据的集成性：数据仓库在构建过程中，需要按照相关主题，集成多个类型不同、定义各异的数据源。

(3) 数据的时变性：数据仓库中的内容不会随业务的发生实时地更新数据，但是为了数据分析的需要，根据固定周期或者阈值更新数据，以保证数据分析的正确性是必要的。

(4) 数据的非易失性：数据的非易失性，即数据的稳定性。一是说明数据仓库的内容更新是不频繁的；二是数据在导入数据仓库后，发生删除、更新的情况非常罕见。因此数据仓库中存储了大量历史业务数据，对于决策分析提供了宝贵的资源。

(二)联机分析处理技术

联机分析处理(Online Analytical Processing，OLAP)又称多维分析，由科德(E. F. Codd)于1994年提出，它对数据仓库中的数据进行多维分析和展现，是使分析人员、管理人员或执行人员能够从多种角度对从原始数据中转化出来的、能够真正为用户所理解的并真实反映企业维特性的信息进行快速、一致、交互地存取，从而获得对数据更深入了解的一类软件技术。它的技术核心是"维"这个概念，因此，OLAP 也可以说是多维数据分析工具的集合。

进行 OLAP 分析的前提是已有建好的数据仓库，之后即可利用 OLAP 复杂的查询能力、数据对比、数据抽取和报表来进行探测式数据分析了。称其为探测式数据分析，是因为用户在选择相关数据后，通过切片(按二维选择数据)、切块(按三维选择数据)、上钻(选择更高一级的数据详细信息以及数据视图)、下钻(展开同一级数据的详细信息)、旋转(获得不同视图的数据)等操作，可以在不同的粒度上对数据进行分析尝试，得到不同形式的知识和结果。联机分析处理研究主要集中在 ROLAP(基于关系数据库的 OLAP) 的查询优化技术和 MOLAP(基于多维数据组织的 OLAP) 中减少存储空间和提高系统性能的方法等。

(三)数据挖掘技术

数据挖掘技术是人们长期对数据库技术进行研究和开发的结果。起初各种商业数据是存储在计算机的数据库中的，然后发展到可对数据库进行查询和访问，进而发展到对数据库的即时遍历。数据挖掘使数据库技术进入了一个更高级的阶段，它不仅能对过去的数据进行查询和遍历，并且能够找出过去数据之间的潜在联系，从而促进信息的传递。现在数据挖掘技术在商业应用中已经可以马上投入使用，因为对这种技术进行支持的三种基础技术已经发展成熟，它们是海量数据搜集、强大的多处理器计算机、数据挖掘算法。

弗里德曼(Friedman，1997)列举了四个激发数据挖掘的开发、应用和研究的兴趣的主要技术：

(1) 超大规模数据库的出现，例如商业数据仓库和计算机自动收集的数据记录。

(2) 先进的计算机技术，例如更快和更大的计算能力和并行体系结构。

(3) 对巨大量数据的快速访问。

(4) 对这些数据应用精深的统计方法计算的能力。

商业数据库现在正在以一个空前的速度增长，并且数据仓库正在广泛地应用于各个行业；对计算机硬件性能越来越高的要求，也可以用现在已经成熟的并行多处理机技术来满足；数据挖掘算法经过了十多年的发展，已经成为一种成熟、稳定且易于理解和操作的技术。

数据挖掘的核心模块技术历经了数十年的发展，其中包括数理统计、人工智能、机器学习。今天，这些成熟的技术，加上高性能的关系数据库引擎以及广泛的数据集成，让数据挖掘技术在当前的数据仓库环境中进入了实用的阶段。

与 OLAP 的探测式数据分析不同，数据挖掘是按照预定的规则对数据库和数据仓库中已有的数据进行信息开采、挖掘和分析，从中识别和抽取隐含的模式和有趣的知识，为决策者提供决策依据。数据挖掘的任务是从数据中发现模式。模式有很多种，按功能可分为两大类：预测型(Predictive)模式和描述型(Descriptive)模式。

预测型模式是可以根据数据项的值精确确定某种结果的模式。挖掘预测型模式所使用的数据也都是可以明确知道结果的。描述型模式是对数据中存在的规则做一种描述，或者根据数据的相似性把数据分组。描述型模式不能直接用于预测。在实际应用中，根据模式的实际作用，描述型模式可以细分为分类模式、回归模式、时间序列模式、聚类模式、关联模式和序列模式六种。其中包含的具体算法有货篮分析(Market Analysis)、聚类检测(Clustering Detection)、神经网络(Neural Networks)、决策树方法(Decision Trees)、遗传算法(Genetic Analysis)、链接分析(Link Analysis)、基于范例的推理(Case Based Reasoning)和粗集(Rough Set)以及各种统计模型。

OLAP 与数据挖掘的区别和联系是：OLAP 侧重于与用户的交互、快速的响应速度及提供数据的多维视图，而数据挖掘则注重自动发现隐藏在数据中的模式和有用信息，尽管允许用户指导这一过程。OLAP 的分析结果可以给数据挖掘提供分析信息作为挖掘的依据，数据挖掘可以拓展 OLAP 分析的深度，可以发现 OLAP 所不能发现的更为复杂、细致的信息。数据挖掘的研究重点偏向数据挖掘算法以及数据挖掘技术在新的数据类型、应用环境中使用时所出现新问题的解决上，如对各种非结构化数据的挖掘、数据挖掘语言的标准化以及可视化数据挖掘等。

(四)商务智能的表示和发布技术

为了使分析后的数据直观、简练地呈现在用户面前，需要采用一定的形式表示和发布出来，通常采用的是一些查询和报表工具。不过，目前越来越多的分析结果是以可视化的形式表现出来的，这就需要采用信息可视化技术。

所谓信息可视化，是指以图形、图像、虚拟现实等易为人们所辨识的方式展现原始数据间的复杂关系、潜在信息以及发展趋势，以便我们能够更好地利用所掌握的信息资源。随着 Web 应用的普及，商务智能的解决方案能够提供基于 Web 的应用服务，这样就扩展了商务智能的信息发布范围。作为基于 Web 的商务智能解决方案，需要一些基本的组成要素，包括基于 Web 的商务智能服务器、会话管理服务、文件管理服务、调度、分配和通知服务、负载平衡服务和应用服务等。

三、智能商务中数据挖掘的方法

利用数据挖掘进行数据分析常用的方法主要有分类、回归分析、聚类、关联规则、特征、变化和偏差分析、Web 页挖掘等，它们分别从不同的角度对数据进行挖掘。

(1) 分类。分类分析方法是找出数据库中一组数据对象的共同特点并按照分类模式将其划分为不同的类，其目的是通过分类模型，将数据库中的数据项映射到某个给定的类别。它可以应用到客户的分类、客户的属性和特征分析、客户满意度分析、客户的购买趋势预测等。如一个汽车零售商将客户按照对汽车的喜好划分成不同的类，这样营销人员就可以将新型汽车的广告手册直接邮寄到有这种喜好的客户手中，从而大大增加了商业机会。

(2) 回归分析。回归分析方法反映的是事务数据库中属性值在时间上的特征，产生一个将数据项映射到一个实值预测变量的函数，发现变量或属性间的依赖关系，其主要研究问题包括数据序列的趋势特征、数据序列的预测以及数据间的相关关系等。它可以应用到市场营销的各个方面，如客户寻求、保持和预防客户流失活动、产品生命周期分析、销售趋势预测及有针对性的促销活动等。

(3) 聚类。聚类分析方法是把一组数据按照相似性和差异性分为几个类别，其目的是使得属于同一类别的数据间的相似性尽可能大，不同类别的数据间的相似性尽可能小。它可以应用到客户群体的分类、客户背景分析、客户购买趋势预测、市场的细分等。

(4) 关联规则。关联规则分析方法是描述数据库中数据项之间所存在的关系的规则，即根据一个事务中某些项的出现可导出另一些项在同一事务中也出现，即隐藏在数据间的关联或相互关系。在客户关系管理中，通过对企业的客户数据库里的大量数据进行挖掘，可以从大量的记录中发现有趣的关联关系，找出影响市场营销效果的关键因素，为产品定位、定价与定制客户群，客户寻求、细分与保持，市场营销与推销，营销风险评估和诈骗预测等决策支持提供参考依据。

(5) 特征。特征分析方法是从数据库中的一组数据中提取出关于这些数据的特征式，这些特征式表达了该数据集的总体特征。如营销人员通过对客户流失因素的特征提取，可以得到导致客户流失的一系列原因和主要特征，利用这些特征可以有效地预防客户的流失。

(6) 变化和偏差分析。偏差包括很大一类潜在有趣的知识，如分类中的反常实例、模式的例外、观察结果对期望的偏差等，其目的是寻找观察结果与参照量之间有意义的差别。在企业危机管理及其预警中，管理者更感兴趣的是那些意外规则。意外规则的挖掘可以应用到各种异常信息的发现、分析、识别、评价和预警等方面。

(7) Web 页挖掘。随着 Internet 的迅速发展及 Web 的全球普及，Web 上的信息量变得无比丰富。通过对 Web 的挖掘，可以利用 Web 的海量数据进行分析，收集政治、经济、政策、科技、金融、各种市场、竞争对手、供求信息、客户等有关的信息，集中精力分析和处理那些对企业有重大或潜在重大影响的外部环境信息和内部经营信息，并根据分析结果找出企业管理过程中出现的各种问题和可能引起危机的先兆，对这些信息进行分析和处理，以便识别、分析、评价和管理危机。

第四节 Web 数据挖掘

随着电子商务的发展，很多企业都已经建立了自己的电子商务网站。每天不同的顾客或相同的顾客频繁地浏览这些电子商务网站，产生大量的 Web 数据，同时这些电子商务网站上每天都可能产生成千上万的交易，生成大量的记录文件和登记表等。对于企业而言，会被淹没在这大量的信息中；对于顾客而言，要花大量的时间来搜寻和浏览自己感兴趣的信息。对于电子商务企业来说，最重要的是吸引顾客、留住顾客。而将 Web 数据挖掘技术应用在电子商务中，可以帮助企业更加有效地掌握有价值的信息，更好地服务于顾客。

Web 数据挖掘(Web Data Mining)是以从 Web 上挖掘有用知识为目标，将传统的数据挖掘技术与 Web 结合起来，利用数据挖掘技术从 Web 页面和 Web 日志中发现有效的、新颖的、潜在的、有用的信息。它是一门交叉性学科，涉及数据挖掘、人工智能、机器学习、数据仓库、统计学、信息学、计算机网络技术、计算机语言学等多个领域。将 Web 数据挖掘应用在电子商务中，可以帮助企业在大量的 Web 数据中发现有价值的信息，了解顾客，分析顾客，为顾客提供更好的服务。通过 Web 数据挖掘，就可以根据用户的访问兴趣、访问频度、访问时间动态地调整页面结构，改进服务，开展有针对性的电子商务活动，以更好地满足客户的需求。通过 Web 数据挖掘，企业通过分析和预测顾客将来的行为，改进站点结构，可以大大降低运营成本。

一、Web 数据挖掘简介

当今 Web 上存在着大量的数据，获取有用信息成为人们关注的焦点。但 Web 是无结构的、动态的，Web 页面极其复杂。这样就使得人们从成千上万的 Web 站点中找到有用的数据变得比较困难。于是，人们就越来越关注如何开发和利用 Web 上的数据资源。

Web 数据挖掘就是解决上述问题的一个途径。当数据挖掘技术应用于网络环境下的 Web 中，就成为 Web 数据挖掘。Web 数据挖掘的对象是 Web 文档以及 Web 访问记录。Web 数据挖掘就是从 Web 文档和 Web 访问记录中抽取感兴趣的、潜在的有用模式和隐藏的信息。Web 挖掘内容可以分为三类。

1. Web 结构挖掘

Web 结构挖掘属于信息结构(IA)方面的研究内容。对于站点而言，按结构层次高低可以分出三种结构：站点结构、页面(框架)结构、页内结构。

2. Web 内容挖掘

Web 内容挖掘就是 Web 页面上文本内容的挖掘，是普通文本挖掘结合 Web 信息特征的一种特殊应用。目前应用较多的一方面是页面内容特征提取，即提取页面上重要的名词、数字等；另一方面是对页面进行聚类，即将大量 Web 页面进行各种方式的分类组合，如按站点的主题类别进行聚类、按页面的内容进行聚类等，可以发现其中可能存在的隐含模式等。

电子商务概论(第3版)

3. Web 日志挖掘

Web 日志挖掘就是在服务端对用户访问网络的活动记录进行挖掘，目前这方面的实际应用最为广泛，大部分集中在银行业、证券业、电子商务等方面。Web 日志挖掘的主要目的包括网络广告分析、流量分析、用户分类、预防网络欺骗等。

二、Web 挖掘的常见应用

(1) 获取竞争对手和客户信息。Web 不仅由页面组成，而且还包含了从一个页面指向另一个页面的超链接。一个 Web 页面的作者建立指向另一个页面的指针，就可以看作是作者对另一页面的认可。把另一个页面的来自不同作者的注解收集起来，就可以用来反映该页面的重要性，并可以很自然地用于权威页面的发现。另外一种重要的 Web 页面是一个或多个 Web 页面，类似一个社交网络结构，它提供了指向权威页面的链接集合，称为 Hub。Hub 页面本身可能并不突出，或者说可能没有几个链接指向它们，但是 Hub 页面却提供了指向就某个话题而言最为突出的站点的链接。通过分析这类信息，企业可以获得零售商、中间商、合作商以及竞争对手的信息。

(2) 发现用户访问模式。分析和探究 Web 日志记录中的规律可以识别电子商务的潜在客户，提高对最终用户的服务质量，改进 Web 服务器的系统性能。Web 日志记录数据库提供了有关 Web 动态的，基于 URL、时间、IP 地址和 Web 页面的丰富信息，通过分析，有助于发现潜在客户、用户和市场，聚类用户并将用户分门别类，以实现个性化的市场服务。

(3) 反竞争情报活动。反竞争情报是企业竞争情报活动的重要组成部分。忽视竞争对手的竞争情报活动、低估竞争对手搜集竞争情报的能力，势必导致企业失去已有的竞争优势。Web 站点是企业与外界进行交流的窗口，也是竞争对手获取竞争情报的一个重要信息源。在竞争情报计算机系统中，可以利用 Web 挖掘技术，运用分析访问者的 IP 地址、客户端所属域、信息访问路径，统计敏感信息访问率等方法识别竞争对手，保护企业敏感性信息。

三、Web 数据挖掘的概念及来源

基于 Web 数据挖掘的确切定义到目前为止还没有很明确而权威的说法。国外有人认为，基于 Web 数据挖掘就是利用数据挖掘技术自动地从网络文档以及服务中发现和抽取信息的过程。国内则认为是在大量已知数据样本的基础上得到数据对象间的内在特性并以此为依据在 Web 中进行有目的的信息提取过程。

电子商务中 Web 数据挖掘的来源主要有服务器的数据、客户登记信息以及来源于代理服务器端数据(见图 10-7)。

1. 服务器数据

所谓服务器数据，就是指客户浏览网页以后所留下的日志文件。这些日志文件中存储着有关客户连接的物理信息。比如，客户的来源，通过这一点，我们就可以知道某种商品在哪个地域更受欢迎，从而更加有针对性地销售。另外，通过这些日志文件，我们还可以得到查询数据。查询数据是电子商务站点在服务器上产生的一种典型数据，它是在线客户在查询所需信息时生成的。如在线存储的客户也许会查询某些产品或广告信息，这些查询信息通过 Cookie 或登记信息连接至服务器的访问日志上。通常将查询数据和 Cookie 存入单独的日志中。但是，目前还没有一个标准的查询数据格式。

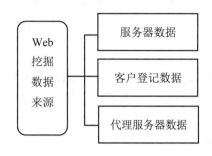

图 10-7　Web 挖掘数据来源

2. 客户登记信息

Web 数据挖掘的另一个来源就是客户登记的信息。当客户进行浏览时，可能会在 Web 网页上输入并提交信息。例如，在注册一个新用户时，客户可能需要输入如用户名、性别、年龄、身份证号等信息；当客户在站点购买某商品时，则要提交商品的名称、数量、价格等信息。这些信息和服务器的日志结合起来，就变成了很有价值的 Web 数据挖掘的来源。通过这些数据，可以分析出许多潜在的关联。例如，被人们广泛讨论的"啤酒与尿布"的案例。某超市通过对顾客购买留下的信息进行分析，得到买啤酒的客人很大程度上都买了尿布，从而超市改变了商品的摆放位置，方便了顾客购物。这一看似毫无关联的现象却通过"数据挖掘"这一强有力的手段得到了展现。所以，当数据挖掘应用于 Web 电子商务，它势必也能起到相同的作用，甚至更大的功效。

3. 代理服务器数据

Web 数据挖掘还存在一个重要来源，那就是代理服务器端数据。代理服务器相当于在客户浏览器和 Web 服务器之间提供了缓存功能的中介服务器。它的缓存功能减少了 Web 服务器的网络流量，加快了网页的运行速度，同时将大量的用户访问信息通过代理日志的形式保存起来。

四、Web 数据挖掘的过程、技术与方法

(一)Web 数据挖掘的过程

对在线访问客户数据的挖掘主要有两部分：一部分是客户访问信息的挖掘，另一部分是客户登记信息的挖掘。面对大量网站内容和访问日志，首先要做的就是对数据进行清洗，即预处理，把无关的数据、不重要的数据等处理掉，接着对数据进行事务识别，通过对事务进行划分后，就可以根据具体的分析需求选择模式发现的技术，如路径分析、兴趣关联规则、聚类等。通过模式分析，找到有用的信息，再通过联机分析(OLAP)的验证，结合客户登记信息，找出有价值的市场信息，或发现潜在的市场。

(二)Web 数据挖掘的技术

从电子商务的角度出发,进行 Web 上的数据挖掘,主要就是进行客户访问信息的挖掘,得到客户端浏览行为和访问模式,从而找到有用的市场信息。在 Web 数据挖掘的模式发现中,常用以下几种数据挖掘技术。

1. 路径分析

路径分析是一种找寻频繁访问路径的方法,它通过对 Web 服务器的日志文件中客户访问站点的访问次数分析,挖掘出频繁访问路径。例如,某客户从某一站点访问到某一感兴趣的页面后就会经常访问该页面,通过路径分析确定频繁访问路径,可以了解客户对哪些页面感兴趣,从而更好地改进设计,为客户服务。使用路径分析技术进行 Web 使用模式挖掘,最常用的就是网站结构图。因为一张图代表了定义在网站上的页面之间的联系。图最直接的来源是网站结构图,网站上的页面定义成节点,页面之间的超链接定义成图中的边。其他各式各样的图也都是建立在页面和页面之间联系或者是一定数量的学习者浏览页面顺序基础之上的。基于 Web 的数据挖掘,就是从图中确定最频繁的路径访问模式或大的参引访问序列。它可以被用于判定在一个 Web 站点中最频繁访问的路径,还有一些其他有关路径的信息通过路径分析也可以得出,比如:70%的用户端在访问/class/book2 时,是从/class 开始,经过/class/new、/class/book、/class/book1,最后才到/class/book2。这条规则说明在/class/book2 页面上有有用的信息,但因为客户对站点进行的是迂回绕行的访问,所以这个有用的信息并不明显。如果这个页面对网站来说比较重要,可以通过此路径分析改进页面及网站结构的设计,从而使客户更容易地访问/class/book2。

2. 关联规则

关联规则主要关注事物内在的关系,目的是挖掘出隐藏在数据间的相互关系。在 Web 使用挖掘中,关联规则挖掘就是挖掘出用户在一个访问期间从服务器上访问的页面/文件之间的关系,找出在某一次服务器会话中最经常一起出现的相关画面。关联规则的发现也就是找到客户对网站上各种文件之间访问的相互联系。例如,40%的客户在购买了 CD 之后又购买了 CD 清洁剂。利用挖掘出来的这些相关性,我们可以更好地组织站点,实施有效的市场策略。例如,如果客户在一次访问行为中,访问了页面/page1 时,一般也会访问页面/page2。进行 Web 上的数据挖掘,构建关联模型,我们可以更好地组织站点,减少用户过滤信息的负担,实施有效的市场策略,增加交叉销售量。

3. 序列模式

序列模式挖掘就是挖掘出交易集之间有时间序列关系的模式,目的是挖掘出数据间的前后或因果关系,就是在时间戳有序的事务集中,找到那些"一些项跟随另一个项"的内部事务模式。发现序列模式能够便于进行电子商务的组织预测客户的访问模式,对客户开展有针对性的广告服务。通过序列模式的发现,能够在服务器方选取有针对性的页面,以满足访问者的特定要求;网站的管理员可将访问者按浏览模式分类,在页面上只展示具有该浏览模式的访问者经常访问的链接,而用一个"更多内容"指向其他未被展示的内容。当访问者浏览到某页面时,检查他的浏览所符合的序列模式,并在显眼的位置提示"访问该页面的人通常接着访问"的若干页面。

4．分类规则

分类要解决的问题是为一个事件或对象归类。设有一个数据库和一组具有不同特征的类别(标记)，该数据库中的每一个记录都赋予一个类别的标记，这样的数据库称为示例数据库或训练集。分类分析就是通过分析示例数据库中的数据，为每个类别做出准确的描述或建立分析模型或挖掘出分类规则，然后用这个分类规则对其他数据库中的记录进行分类。在 Web 数据挖掘中，分类规则的发现就是给出识别一个特殊群体的公共属性的描述，这个描述可以用来分类新的项。例如，在/class/book2 进行过在线订购的顾客中有 55%是 20～30 岁生活在南方的年轻人。得到这一分类后，就可以进行适合这一类客户的商务活动，提供有针对性的个性化的信息服务。用于分类分析的方法有统计方法的贝叶斯分类、机器学习的判定树归纳分类、神经网络的后向传播分类、K-最临近分类、遗传法、粗糙集和模糊集等。

5．聚类分析

聚类分析是对符合某一访问规律特征的用户进行用户特征挖掘。不同于分类规则，其输入集是一组未标定的记录，也就是说，此时输入的记录还没有进行任何分类。其目的是根据一定的规则，合理地划分记录集合，并用显式或隐式的方法描述不同的类别。聚类分析可以从 Web 访问信息数据中聚集出具有相似特性的那些客户。在 Web 事务日志中，聚类顾客信息或数据项能够便于开发和执行未来的市场战略，包括自动给一个特定的顾客聚类发送销售邮件，为一个顾客聚类动态地改变一个特殊的站点等。在电子商务中，通过聚类具有相似浏览行为的客户，可使经营者更多地了解客户，为客户提供更好的服务。例如，一些客户在一个时间段内经常浏览"wedding celebration"，经过分析可将这些客户聚类为一组，并可进一步得知这是一组即将结婚的客户，对他们的服务就应该有别于其他聚类客户，如"经理人员阶层组""学生阶层组"。这样，Web 可自动给特定顾客聚类发送新产品信息邮件，为顾客聚类动态地改变一个特殊的站点。

6．统计分析

统计分析是从 Web 站点中抽取知识最常用的方法，对会话文件中的各个维度，例如浏览时间、路径长度，都可以进行频度、平均值的统计分析。许多 Web 浏览分析工具会定时提交统计分析报告，这些报告的内容通常包括最频繁被访问的页面、页面的平均浏览时间和平均路径长度，有些统计报告还提供了简单的错误分析功能，例如探测非法访问的次数、出错最多的 URL。尽管这种分析缺少深度，但仍有助于改进系统性能，增强系统安全性，便于站点修改，并能提供决策支持。

(三)Web 数据挖掘的方法

(1) 协同过滤。协同过滤技术采用最近邻技术，利用客户历史、喜好信息计算用户之间的距离，目标客户对特点商品的喜好程度由最近邻居对商品评价的加权平均值来计算。

(2) 关联规则。关联规则是寻找在同一个事件中出现的不同项的相关性，用数学模型来描述关联规则发现的问题：$x \Rightarrow y$ 的蕴含式，其中 x、y 为属性-值对集(或称为项目集)，且 $X \cap Y$ 空集。在数据库中若 $S\%$ 的包含属性-值对集 X 的事务也包含属性-值集 Y，则关联规则 $X \Rightarrow Y$ 的置信度为 $C\%$。

(3) Web 日志的聚类算法。聚类分析是把具有相似特征的用户或数据项归类，在网站管理中实现对具有相似浏览行为的用户聚类。基于模糊理论的 Web 页面聚类算法与客户群体聚类算法的模糊聚类定义相同，客户访问情况可用 URL(U_j)表示。有 $S_{uj} = \{(C_i, fS_{uj}(C_i)) | C_i \in C\}$，其中 $fS_{uj}(C_i) \to [0, 1]$ 是客户 C_i 和 URL(U_j)间的关联度：hits(C_i)表示客户 C_i 访问 URL(U_j)的次数。利用 S_{uj} 和模糊理论中的相似度度量 Sf_{ij} 定义建立模糊相似矩阵，再根据相似类 $[X_i]R$ 的定义构造相似类，合并相似类中的公共元素得到的等价类即为相关 Web 页面。

(4) 序列分析。与关联分析类似，序列分析的目的也是挖掘数据之间的联系，但序列模式分析的侧重点在于分析数据间的前后序关系。它能发现数据库中如"在某一段时间内，客户购买商品 A，接着会购买商品 B，而后又购买商品 C，即序列 A→B→C 出现的频率高"之类的信息。序列模式描述的问题是：在给定的交易序列数据库中，每个序列按照交易的时间排列成一组交易集，挖掘序列函数作用是返回该数据库中高频率出现有序列。

扩展阅读 2 Web 数据挖掘的未来方向见右侧二维码。

资料卡：什么是关联规则？

在描述有关关联规则的一些细节之前，我们先来看一个有趣的故事："尿布与啤酒"的故事。

在一家超市里，有一个有趣的现象：尿布和啤酒赫然摆在一起出售。但是这个奇怪的举措却使尿布和啤酒的销量双双增加了。这不是一个笑话，而是发生在美国沃尔玛连锁店超市的真实案例，并一直为商家所津津乐道。沃尔玛拥有世界上最大的数据仓库系统，为了能够准确了解顾客在其门店的购买习惯，沃尔玛对其顾客的购物行为进行购物篮分析，想知道顾客经常一起购买的商品有哪些。沃尔玛数据仓库里集中了其各门店的详细原始交易数据。在这些原始交易数据的基础上，沃尔玛利用数据挖掘方法对这些数据进行了分析和挖掘。一个意外的发现是：跟尿布一起购买最多的商品竟是啤酒！经过大量实际调查和分析，揭示了一个隐藏在"尿布与啤酒"背后的美国人的一种行为模式：在美国，一些年轻的父亲下班后经常要到超市去买婴儿尿布，而他们中有 30%～40% 的人同时也为自己买一些啤酒。产生这一现象的原因是：美国的太太们常叮嘱她们的丈夫下班后为小孩买尿布，而丈夫们在买尿布后又随手带回了他们自己喜欢的啤酒。

按常规思维，尿布与啤酒风马牛不相及，若不是借助数据挖掘技术对大量交易数据进行挖掘分析，沃尔玛是不可能发现数据内在的这一有价值规律的。

数据关联是数据库中存在的一类重要的可被发现的知识。若两个或多个变量的取值之间存在某种规律性，就称为关联。关联可分为简单关联、时序关联、因果关联。关联分析的目的是找出数据库中隐藏的关联网。有时并不知道数据库中数据的关联函数，即使知道也是不确定的，因此关联分析生成的规则带有可信度。关联规则挖掘可以发现大量数据中项集之间有趣的关联或相关联系。卡修拉荷(Agrawal, 1993)首先提出了挖掘顾客交易数据库中项集间的关联规则问题，以后诸多的研究人员对关联规则的挖掘问题进行了大量的研究。他们的工作包括对原有的算法进行优化，如引入随机采样、并行的思想等，以提高算法挖掘规则的效率，对关联规则的应用进行推广。关联规则挖掘在数据挖掘中是一个重要的课题，最近几年已被业界广泛研究。

第五节　商务智能的企业实践

一、在企业管理中的应用

以生产制造企业为例，一般需要管理的领域包括库存管理、采购管理、销售管理、财务报表、财务管理、应收账管理、应付账管理、工资核算、质量管理和成本管理等。

商务智能系统应用于这些企业主要完成以下功能。

(1) 销售分析。在企业管理日趋科学化的今天，准确及时地进行生产经营决策，要求决策者准确及时地捕捉到销售信息，分析销售情况，随时根据历史的销售情况，对下一步的生产经营科学地进行决策。销售分析需要的基础数据涉及的模块有销售、库存、财务和人事，能够围绕销售合同，从人员绩效、应收款、财务和库存等多角度进行分析，并给出销售趋势和产品需求趋势等辅助决策信息。商务智能系统根据企业需要解决的问题，帮助企业建立相应的分析主题和分析指标，从业务系统的基础数据库中抽取需要的数据，按预先建立的业务模型进行分析决策。分析结果显示直观形象，决策者只需要简单地点击操作，便可以从商务智能强大的销售分析工具中获取所需的决策信息。

(2) 库存分析。基于商务智能系统构建的库存分析，既可以满足一般用户对库存物品数量、库存成本和资金占用进行级别、类别、货位、批次和单件等不同角度的查询，又能辅助决策解决企业深层次的相关问题，如呆滞品的分析和处理，根据盘点结果及时进行库存调整及优化等。库存分析的基础数据取自于采购、销售、生产和财务等业务模块。

(3) 采购分析。生产原材料采购是企业生产的基础，采购物品的价格及质量问题直接影响到产品的质量与成本。基于数据仓库技术的商务智能系统可实现供应商信用评价和业务员业绩考核等决策分析，帮助企业顺利生产打下坚实的基础，为最终产品在质量和成本上的定位提供科学的依据。供应商信用分析是采购分析很重要的一部分，往往作为采购分析的主题之一。采购分析的基础数据来自财务部门、生产部门和库存部门。

(4) 财务分析。商务智能基于数据仓库技术的财务分析能够满足企业领导对各业务部门费用支出情况查询的要求，并实现了对应收款、应付款的决策分析。企业决策层通过使用这一功能，进一步提高从现金流量、资产负债和资金回收率等角度决策企业运营的科学化水平。商务智能可以进行账务分析、应收款分析和应付款分析等各种财务方面的分析。

(5) 成本分析。商务智能的产品成本分析突出成本与库存生产和账务等 ERP 功能模块的集成，从成本 BOM 的分析出发，对库存管理和生产过程的发生费用进行监控。并且，与销售过程发生费用和销售收入一起进行量本利分析，得出诸如保本成本、保本价格、目标成本和目标价格等决策信息，指导以后的成本控制和定价。

(6) 人力资源规划分析。基于数据仓库技术的商务智能系统解决方案提供的劳动规划应用，应在企业翔实的人力资源数据基础之上，完成决策者多视角的人力资源统计分析，并通过对现有的人力资源的使用状况，预测劳动满员和紧缺，分析超时和工作量，鉴别无效的工作和优秀的雇员，计算出某段时间内劳动的收益率，使劳动资源得到最大的利用。商务智能的人力资源规划分析也可以实现不同角度员工工资查询和分析，结合完成的工作量，提高员工利益分配的科学性。

二、在零售业中的应用

在零售业应用领域，利用数据挖掘技术在很多方面都有卓越表现。

(1) 了解销售全局。通过分类信息，按商品种类、销售数量、商店地点、价格和日期等了解每天的运营和财政情况，对销售的每一点增长、库存的变化以及通过促销而提高的销售额都可了如指掌。

(2) 商品分组布局。分析顾客的购买习惯，考虑购买者在商店里所穿行的路线、购买时间和地点、掌握不同商品一起购买的概率；通过对商品销售品种的活跃性分析和关联性分析，建立商品设置的最佳结构和商品的最佳布局。

(3) 降低库存成本。通过数据挖掘系统，将销售数据和库存数据集中起来，通过挖掘分析，以决定对哪些商品货物进行增减，确保正确的库存。

(4) 市场和趋势分析。利用数据挖掘工具和统计模型对零售数据仓库的数据仔细研究，以分析顾客的购买习惯、广告成功率和其他战略性信息。

(5) 有效的商品促销。通过对一种厂家商品在各连锁店的市场共享分析、客户统计以及历史状况的分析，来确定销售和广告业务的有效性。通过对顾客购买偏好的分析，确定商品促销的目标客户，以此来设计各种商品促销的方案，并通过商品购买关联分析的结果，采用交叉销售和向上销售的方法，挖掘客户的购买力，实现准确的商品促销。

(6) 最优店址选择。利用数据挖掘技术可分辨出成功的商店或分店的特性，并协助新开张的商店选择恰当的地理位置。

(7) 客户群体分类。通过数据挖掘技术把大量的客户分成不同的类，每个类里的客户具有相似的属性，而不同类里的客户的属性尽量不相同。例如，把所有客户分成 VIP、一般客户和最差客户。企业可以针对不同类的客户提供针对性的产品和服务来提高客户的满意度。

(8) 客户的获得与保持。现在各个零售企业的竞争都越来越激烈，企业获得新客户的成本正在不断上升，通常吸收一个新客户的成本是留住一个老客户成本的 6～7 倍，因此保持原有客户就显得越来越重要。通过数据挖掘技术可以帮助发现打算离开的客户，以使企业采取适当的措施挽留这些客户。

(9) 交叉销售。交叉销售是建立在双赢原则上的，对客户来讲，要得到更多更好满足其需求的服务且从中受益；对企业来讲，也会因销售额的增长而获益。数据挖掘可以帮助分析出最优的销售匹配。

(10) 客户诚信度分析。数据挖掘中的差异性分析可用于发现客户的欺诈行为，分析客户的诚信度，从而获得诚信较好的客户。

三、在客户服务中的应用

现代商业竞争越来越激烈，客户群体越来越庞大，客户对服务的要求也越来越高，因此，客户关系管理仅靠手工是难以完成的。由于不同企业的客户群各不相同，客户管理的内容也千差万别。商务智能应用在客户服务中可以进行七个方面的分析，即 Sybase 提出的"7P"，具体内容如下。

(1) 客户概括分析：包括客户的层次、风险、爱好和习惯等。

(2) 客户忠诚度分析：是指客户对某个产品或商业机构的忠实程度、持久性和变动情况等。

(3) 客户利润分析：是指不同客户所消费的产品的边缘利润、总利润和净利润等。

(4) 客户性能分析：是指不同客户所消费产品按种类、渠道和销售地点等指标划分的销售额。

(5) 客户未来分析：包括客户数量及类别等情况的未来发展趋势和争取客户的手段等。

(6) 客户产品分析：包括产品设计、关联性和供应链等。

(7) 客户促销分析：包括广告和宣传等促销活动的管理等。

以上是商务智能在实践中的一些广泛应用。其实，不同的行业中，商务智能的应用都有很重要的价值。例如，在保险中，可以使用 BI 进行关键业务指标分析、业绩分析、财务分析、市场分析、重要险种分析、重大事件分析、即席分析、风险评估、业务预测、风险告警和风险预测等；在证券业可以进行客户分析、账户分析、证券交易数据分析和非资金交易分析等。

扩展阅读 3　商务智能应用成功案例：上海天马与时间赛跑，见右侧二维码。

思 考 题

1. 简述 OLAP 的基本操作。

2. 简述 OLAP 与数据挖掘的区别和联系。

3. 何谓数据挖掘？它有哪些方面的功能？

4. 在数据挖掘之前为什么要对原始数据进行预处理？

5. 简述数据预处理的方法和内容。

6. 数据挖掘中的数据需要采用哪些格式？

7. 关联规则挖掘能发现什么知识？简述其挖掘的基本步骤。

8. 什么是决策树？如何用决策树进行分类？

9. 何谓数据仓库？为什么要建立数据仓库？

第十一章 电子商务法

【学习目标】

- 掌握电子商务法的概念和特征、立法概况。
- 理解电子商务法产生的必然性。
- 理解电子商务法律主体的法律地位以及所延伸的法律义务和责任。
- 掌握电子合同、电子签名、电子认证面临的法律问题和解决途径。
- 掌握电子支付、网络知识产权、电子商务税收的法律障碍和解决模式。
- 了解电子商务法的立法原则和体系构想。

【案例 11-1】

北京互联网法院首案　短视频是否受著作权法保护成焦点

2018 年 10 月 30 日上午，抖音短视频以侵权为由起诉"伙拍小视频"索赔 100 万元一案在北京互联网法院开庭审理，该案系互联网法院 9 月 9 日成立后受理的首个案件。庭审中，短视频是否应该受到著作权法保护，成为交锋观点之一。专家表示，目前国内短视频产业发展迅速，但短视频在法律规定方面，尚有模糊地带。原告北京微播视界科技有限公司诉称，"抖音短视频"是由原告合法拥有并运营的原创短视频分享平台。原告对于签订独家协议的创作者创作的短视频，获得了独家排他的信息网络传播权以及独家维权的权利。"抖音短视频"平台上此前发布的"5·12，我想对你说"短视频(以下简称涉案短视频)，由涉案短视频创作者独立创作完成，应作为作品受到我国著作权法的保护。原告诉称，被告一百度在线网络技术(北京)有限公司和被告二北京百度网讯科技有限公司共同向用户提供"伙拍小视频"的下载、安装、运营和相关功能的更新、维护，并对"伙拍小视频"进行宣传和推广。原告发现，涉案短视频在抖音平台发布后，二被告未经原告许可，擅自将涉案视频在其拥有并运营的"伙拍小视频"上传播并提供下载服务。抖音方面主张，百度旗下的该小视频产品未经许可擅自传播的行为给原告造成了极大的经济损失，要求对方停止侵权，并赔偿原告经济损失 100 万元，及诉讼合理支出 5 万元。被告方面答辩认为，首先被告一百度在线不是适格的被告；其次，短视频不属于影视作品，不受著作权法保护，同时，在接到原告方的要求后，被告已经删除了相关作品，因此不该承担侵权责任。互联网法院公布在案件受理后曾发布信息表示，目前，国内外对短视频行业的法律保护均处于探索期。本案作为两大平台之间就短视频版权进行的首次诉讼，其中涉及的短视频是否构成作品，短视频平台之间、短视频平台与用户之间的权利边界，区块链取证存证技术在司法中的应用等问题值得关注。中闻律师事务所赵虎律师认为，根据目前的法律规定，在现实情况中很难对所有短视频进行一个明确的概念界定：比如什么样的视频属于短视频；短视频本身存在很多类型，每种类型怎么划分；哪些类型属于有著作权的短视频，哪些属于没有著作权的短视频等均需要根据具体情况进行界定。

(资料来源：新京报，2018 年 10 月 30 日)

第一节　电子商务法概述

一、电子商务法的概念与特征

法律是调整特定社会关系或社会行为的行为规范。电子商务的发展和自身的规范要求导致电子商务法的产生。由此可知，电子商务法是调整电子商务活动或行为的法律规范总和。电子商务法，可在狭义与广义上予以解释。狭义的电子商务法，是商法在计算机通信环境下的发展，是商事法新的表现形式，是指调整以数据电讯(Data Message)为交易手段而形成的因交易形式所引起的商事关系的规范体系。而广义的电子商务法更加强调电子商务中交易行为本身及其由此引出的其他问题，既注重形式方面的规范，又注重电子交易内容规范，将电子商务法视为调整电子商务形式和内容两个方面行为的规范总和。前者如联合国的《电子商务示范法》(亦称狭义的电子商务法)，后者的内容更是不胜枚举，诸如联合国贸法会的《电子资金传输法》、美国的《统一计算机信息交易法》等，均属此类。

电子商务法作为商事法律的一个新兴领域，与其他商事法律制度相比较，还存在一些具体的特点，主要表现为国际性、技术性、开放性、复合性。

二、电子商务的立法概况

(一)国际电子商务立法概况

电子商务的国际立法是随着信息技术的发展而展开的。早期的国际电子商务立法主要是围绕着电子数据交换(EDI)规则的制定展开的。电子商务发展早期由于受到网络技术发展的限制，国际电子商务立法只能局限于 EDI 标准和规则的制定。

20 世纪 90 年代初，由于因特网商业化和社会化的发展，国际组织和一些国家也积极地探索规范这种经济运行的法律体制，以便为新经济运行提供安全有序的法律环境。联合国国际贸易法委员会主持制定了一系列调整国际电子商务活动的法律文件，主要包括：《计算机记录法律价值的报告》《电子资金传输示范法》《电子商务示范法》《电子商务示范法实施指南》《统一电子签名规则》等。它们是世界各国电子商务立法经验的总结，同时又反过来指导着各国的电子商务法律实践。国际商会于 1997 年 11 月通过了《国际数字保证商务通则》(GUIDEC)，制定了《电子贸易与计算规则》等交易规则。经济合作与发展组织(OECD)也公布了《OECD 电子商务行动计划》《有关国际组织和地区组织的报告：电子商务活动和计划》《工商界全球商务行动计划》，作为 OECD 发展电子商务的指导性文件。世界贸易组织(WTO)也达成《全球基础电信协议》《信息技术协议》《开放全球金融市场协议》三大协议，为电子商务和信息技术的稳步有序发展奠定了基础。

世界主要的经济发达国家也纷纷加强了电子商务的国内立法。美国的犹他州于 1995 年颁布的《数字签名法》(*Utah Digital Signature Act*)，是美国乃至全世界范围的第一部全面确立电子商务运行规范的法律文件。德国于 1997 年制定了《信息与通信服务法》。意大利于 1997 年制定了《意大利数字签名法》。马来西亚早在 20 世纪 90 年代中期就提出了建设"信息走廊"的计划，并于 1997 年制定了《数字签名法》。同年，韩国也制定了内容较全面的

《电子商务基本法》。紧接着，新加坡于 1998 年正式制定、颁布了《新加坡电子交易法》。印度于 1998 年颁布了《电子商务支持法》。菲律宾也在 2000 年制定了《电子商务法》。

(二)国内电子商务立法概况

我国电子商务立法伴随着电子商务的开展而逐渐推进并完善，体现出"地方先行、行业先行"的特点，即立法首先以地方法规的形式出现，或者在行业中通过对相对成熟的规则进行总结，最后上升为国家层次的立法。

1999 年第九届全国人大第二次会议通过的《中华人民共和国合同法》，在合同形式条款中加进了"数据电文"这一新的电子交易形式。2004 年 8 月 28 日，经第十届人大第十一次会议讨论通过并已于 2005 年 4 月 1 日实施《中华人民共和国电子签名法》对我国电子商务的发展起了极大的推动作用，为电子商务中信息流、金融流和物流的发展提供了法律依据和法律环境。它标志着我国首部"真正意义上的信息化法律"正式诞生。为了配套《电子签名法》的实施，原信息产业部(现为工业和信息化部)于 2005 年 2 月 8 日发布了《电子认证服务管理办法》，对电子认证机构的设立、电子认证服务行为的规范、电子认证服务提供者实施监督管理等内容作出明确的规定。2009 年第十一届全国人大第十二次会议通过了《侵权责任法》，对电子商务经营者的侵权责任作了规定，明确了电子商务经营者承担侵权责任的通知规则和知道规则。2000 年国务院发布实施的《互联网信息服务管理办法》将互联网信息服务区分为"经营性"和"非经营性"两类，并分别实施"许可"和"备案"制度。2006 年国务院发布实施了《信息网络传播权保护条例》，对包括网络著作权的合理使用、法定许可、避风港原则、版权管理技术等在内的一系列内容作了相应规定。2004 年，国家食品监督管理局公布了《互联网药品信息服务管理办法》；2005 年，中国人民银行发布了《电子支付指引(第一号)》，同年原信息产业部发布了《互联网电子邮件服务管理办法》；2006 年，中国银行业监督委员会发布了《电子银行业务管理办法》；2010 年，中国人民银行颁布了《非金融机构支付服务管理办法》。其后 2015 年发布《非银行支付机构网络支付业务管理办法》来防范支付风险并保护当事人的合法权益。2018 年 8 月 31 日，第十三届全国人大常委会第五次会议表决通过《电子商务法》，自 2019 年 1 月 1 日起施行。这是我国电商领域首部综合性法律，今后，保障电子商务各方主体的合法权益、规范电子商务行为有了一部专门法，可以更好地调整消费者与电商经营者、平台内经营者之间的关系。在全国性的法律、法规之外，包括北京、上海、天津、湖北、湖南等我国绝大部分省、自治区、直辖市都相继通过了信息化方面的地方法规，如 2002 年的《广东省电子交易条例》和 2007 年的《北京市信息化促进条例》。此外，一些行业规范也对规范和引导电子商务企业走上健康有序的竞争之路起到了重要的补充作用。总的看来，中国电子商务立法一直在跟时代齐头并进。

第二节　电子商务涉及的法律问题

一、电子商务主体法律制度

电子商务法律主体是指电子商务法律关系的参加者，即在电子商务法律关系中享有权利和承担义务的个人或者组织。

电子商务主体以主体的法律属性为标准，可以将其分为自然人、法人和非法人企业。以是否直接参与电子商务交易为标准，可以将电子商务法律主体分为直接主体和间接主体。直接主体是指直接进行电子商务交易的双方当事人；间接主体是指不直接进行交易，但是交易的进行和完成有赖于其提供服务的参与者。间接主体可分为三类：一是网络服务提供商；二是电子认证服务提供商；三是在线金融服务提供商。

(一)在线自然人用户

【案例 11-2】

网购合同是否有效

小学二年级的男童，在某购物网站用他父亲李某的身份证号码注册了客户信息，并且订购了一台价值 1000 元的小型打印机。但是当该网站将货物送到李某家中时，曾经学过一些法律知识的李某却以"其子未满 10 周岁，是无民事行为能力人"为由，拒绝接收打印机并拒付货款。由此交易双方产生了纠纷。李某主张，电子商务合同订立在虚拟的世界，但却是在现实社会中得以履行，应该也能够受现行法律的调控。而依我国现行《民法通则》第十二条第二款和第五十五条的规定，一个不满 10 周岁的未成年人是无民事行为能力人，不能独立进行民事活动，应该由他的法定代理人代理民事活动。其子刚刚上小学二年级，未满 10 周岁，不能独立订立货物买卖合同，所以该打印机的网上购销合同无效；其父母作为其法定代理人有权拒付货款。对此，网站主张：由于该男童是使用其父亲李某的身份证登录注册客户信息的，从网站所掌握的信息来看，与其达成打印机网络购销合同的当事人是一个有完全民事行为能力的正常人，而并不是此男童。由于网站是不可能审查身份证来源的，也就是说网站已经尽到了自己的注意义务，不应当就合同的无效承担民事责任。

问题：当事人是否具有行为能力？　电子合同是否有效？

(资料来源：法易网 http://www.laweach.com)

在线自然人用户是指借助电子化手段参与电子商务法律关系的成立、变更或者消灭的自然人。在线自然人用户的能力制度主要包括民事权利能力、民事行为能力、民事责任能力。民事权利能力是指民事主体作为法律关系主体的能力，即作为权利享有者和义务承担者的能力。在线自然人用户的民事责任能力是以意思表示为基础，其民事责任能力状况以行为时是否具有识别能力为一般标准，但在例外情况下也适用公平原则。

在线自然人在参与电子商务、订立合同的过程中所享有的权利及承担的义务依据传统的法律规则确定。本节主要探讨在线自然人的网络隐私权和虚拟财产权。

1. 网络隐私权

【案例 11-3】

网上散播他人隐私构成侵权

本案原告王菲与姜岩系夫妻关系，姜岩跳楼自杀死亡。姜岩生前在网络上注册了名为"北飞的候鸟"的个人博客，并进行写作。张乐奕系姜岩的大学同学。姜岩死后，张乐奕注册非经营性网站，名称为"北飞的候鸟"。张乐奕介绍该网站是"祭奠姜岩和为姜岩讨回公道的地方"。张乐奕、姜岩的亲属及朋友先后在该网站上发表纪念姜岩的文章。张乐奕还将该网站与天涯网、新浪网进行了链接，由其他网站转载。最后因人肉搜索将原告的个人信息暴露无遗，导致一些网民在网络上对王菲指名道姓地谩骂；更有部分网民到王菲和其父母住处进行骚扰，在王家门口墙壁上刷写、张贴"无良王家""逼死贤妻""血债血偿"等标语。法院认为：我国婚姻法规定，夫妻应当相互忠实。根据王菲的当庭自认及王菲与姜岩父母的协议内容，可以证实王菲与案外人东某确有不正当男女关系，王菲的行为违背了我国的法律规定。依据《中华人民共和国民法通则》(以下简称《民法通则》)第一百零一条、第一百三十四条第一款第(一)、(七)项之规定，判决如下：①被告张乐奕于本判决生效后七日内停止对原告王菲的侵害行为；②被告张乐奕于本判决生效后七日内在"北飞的候鸟"网站首页上刊登向原告王菲的道歉函；③被告张乐奕于本判决生效后七日内赔偿原告王菲精神损害抚慰金 5000 元。

（资料来源：110 法律咨询网 http://www.110.com）

所谓隐私，一般是指不愿意为别人所知晓的有关自己的私生活和个人事务，譬如个人的资料信息、交友范围、生理状况等。网络隐私权并非一种完全新型的隐私权，这一概念是伴随着网络的出现而产生的。虽然网络隐私权具有自己的特点，但它与传统隐私权仍有重叠的部分，因此可以说它是隐私权在网络环境下的体现。网络隐私权是指自然人在网上享有的与公共利益无关的个人活动领域与个人信息秘密依法受到保护，不被他人非法侵扰、知悉、收集、利用和公开的一种人格权；也包括第三人不得随意转载、下载、传播所知晓他人的隐私，恶意诽谤他人等。

目前，侵犯网络隐私权主要表现在以下几个方面：一是通过网络宣扬、公开或转让他人隐私，即未经授权在网络上宣扬、公开或转让他人或自己和他人之间的隐私。二是未经授权收集、截获、复制、修改他人信息。如黑客攻击，是指用技术手段攻击他人计算机系统，窃取和窜改网络用户的私人信息，而被侵权者很少能发现黑客身份，从而引发了个人数据隐私权保护的法律问题。又如网络公司为获取广告和经济效益，通过各种途径得到用户个人信息，然后将用户资料大量泄露给广告商，而后者则通过跟踪程序或发放电子邮件广告的形式来"关注"用户行踪。

从目前我国隐私权保护的立法来看，隐私权并未成为我国法律体系中一项独立的人格权。我国法律对隐私权的保护也没有形成一个完整的体系，其依据仅是《宪法》所确立的保护公民人身权的基本原则和《民法通则》中所规定的个别条款。2000 年 10 月 8 日信息产业部第四次部务会议通过的《互联网电子公告服务管理办法》第十二条规定："电子公告服务提供者应当对上网用户的个人信息保密，未经上网用户同意不得向他人泄露，但法律另有规定的除外。"2001 年，最高人民法院在颁布的《关于确定民事侵权精神损害赔偿责任若干问题的解释》中隐含关于隐私权保护的内容，这不失为一种立法的进步，但仍未从法律上明确隐私权作为一项独立民事权利的地位，这又不能不说是一种遗憾。尽管国内现有立法，包括《刑法》《刑事诉讼法》《民事诉讼法》等法律都涉及了对隐私权的保护，但作为根本大法的《宪法》以及作为基本法的《民法》均未将隐私权列为独立的人格权，这就使得中国公民隐私权的法律保护力度遭遇极大的削弱。尤其是国内现行法律以"间接方式"

来保护公民的隐私权，具有很大的缺陷，这就要求立法机关通过立法明确隐私权的内涵、外延以及侵权的责任形式。可以说，明确隐私权为一项独立的人格权，有利于完善对公民人身权利的保护，对于进一步完善中国的民事法律制度，保护公民的合法权益具有极其深远的影响。

2. 虚拟财产权

【案例 11-4】

妈妈的网店能继承吗　佛山市出具首例虚拟财产公证

关小姐的母亲生前在淘宝网开了一家建材类店铺，经营了将近五年，生意一直不错。由于长期经营积累的良好口碑，该店铺已经达到了三个皇冠的级别。2017 年年底，关小姐的母亲去世，根据淘宝网相关规定，淘宝店铺需要定期验证店主的身份信息。由于作为店主的关母已经去世，"视频人脸识别"无法进行，如果在 2018 年 3 月 25 日前无法进行视频验证，店铺就会被淘宝网限期关闭。一旦淘宝店被关闭，母亲多年来的心血就会付之一炬。因此，尽快继承母亲的淘宝店铺，对关小姐一家而言迫在眉睫。在淘宝客服的建议下，关小姐到南海公证处进行咨询，希望得到专业的指引和服务。由于淘宝店铺继承司法实践中分歧较多，为了不影响关小姐的生意，南海公证处经过研究后，最终提出了一条可行性高的办法：建议通过出具放弃权利声明和最近亲属关系公证的方式来处理。首先办理关小姐母亲的最近亲属公证，锁定关母的继承人情况。然后，关小姐需要出具声明表示愿意接受该淘宝店铺注册到本人名下，关母的其他所有合法继承人则以声明的形式放弃淘宝店铺的相关权益。南海公证处在核实确认相关情况后，本着便民利民的原则，将原本需要 15 个工作日的公证流程缩短到 3 天。拿到公证书后，关小姐可向淘宝平台申请办理更名手续，待一个月的淘宝网的公示期满后如无异议，关小姐就顺利成为这家淘宝店铺的注册人。

(资料来源：新浪看点平台 http://k.sina.cn，2018 年 3 月 23 日)

"虚拟财产"是随着互联网尤其是网络游戏的发展而出现的一个新词，随着网络游戏虚拟财产纠纷的增多，这个词也频繁地出现在各大媒体上。广义上的虚拟财产指的是包括电子邮件、网络账号等能为人所拥有和支配的具有财产价值的网络虚拟物。能够为人所拥有和支配并且具有一定价值的网络虚拟物和其他财产性权利都可以看作广义上的虚拟财产；狭义的虚拟财产一般是指网络游戏中存在的财物，包括游戏账号的等级，游戏货币、游戏人物、技能等。

我国《宪法》明确规定："公民的合法的私有财产不受侵犯。"《民法通则》第四十五条规定："公民的个人财产，包括公民的合法收入、房屋、储蓄、生活用品、文物、图书资料、林木、牲畜和法律允许公民所有的生产资料及其他合法财产。"这里所说的合法财产包括有形财产，也包括无形财产。《物权法》第二条规定："因物的归属和利用而产生的民事法律关系，适用本法。本法所称的物，包括不动产和动产。法律规定权利作为物权客体的，依照其规定。"《中华人民共和国民法总则》第一百二十七条规定："法律对数据、网络虚拟财产的保护有规定的，依照其规定。"这也是我国法律为网络虚拟财产的立法保护打开的第一扇大门。《民法总则》提纲挈领地表述为人们依法享有对网络虚拟财产的民事权利奠定了法律基础，也为网络虚拟财产的交易、分割、继承等问题提供了法律指引，网络虚拟财产的法律保护由此迈向新的征程。因此，虚拟财产可以成为《民法》和《物权法》保护的标的。虚拟财产存在于网络空间，始终处于网络运营商的保管之下。网络玩家虚拟财产所有权被侵害的形式有两种：一是使虚拟财产的所有权人丧失对虚拟财产的所有权，如窃取网络游戏装备、游戏玩家的游戏装备被游戏运营商无故删除等；二是妨碍所有权人对其虚拟财产的占有使用，如向所有权人的电子信箱发送垃圾邮件等。对于这两种情况的侵权，网络玩家都可以要求侵权者返还虚拟财产，恢复权利状态。如果因第三人的原因导致网络玩家对虚拟财产所有权行使的妨害，虚拟财产所有权人除了可以直接要求该第三人排除妨害、停止侵害外，还可以直接向网络运营商请求排除妨害并防止再受侵害。

(二)电子商务企业

电子商务企业属于参与电子商务法律关系的重要主体，在电子商务过程中直观地表现为网站与在线自然人用户之间的关系。有关网站设立及信息服务分类管制的基本法规是《互联网信息服务管理办法》(以下简称《办法》)。《办法》第四条规定："国家对经营性互联网信息服务实行许可制度；对非经营性互联网信息服务实行备案制度。未取得许可或者未履行备案手续的，不得从事互联网信息服务。"第五条规定："从事新闻、出版、教育、医疗保健、药品和医疗器械等互联网信息服务，依照法律、行政法规以及国家有关规定须经有关主管部门审核同意，在申请经营许可或者履行备案手续前，应当依法经有关主管部门审核同意。"第六条规定："从事经营性互联网信息服务，除应当符合《中华人民共和国电信条例》规定的要求外，还应当具备下列条件：(一)有业务发展计划及相关技术方案；(二)有健全的网络与信息安全保障措施，包括网站安全保障措施、信息安全保密管理制度、用户信息安全管理制度；(三)服务项目属于本办法第五条规定范围的，已取得有关主管部门同意的文件。"第八条规定："从事非经营性互联网信息服务，应当向省、自治区、直辖市电信管理机构或者国务院信息产业主管部门办理备案手续。办理备案时，应当提交下列材料：(一)主办单位和网站负责人的基本情况；(二)网站网址和服务项目；(三)服务项目属于本办法第五条规定范围的，已取得有关主管部门的同意文件。"

网络设立人即互联网信息服务提供者依法要履行下列义务和责任：一是按照经营许可范围提供服务的义务；二是提示身份的义务；三是保证信息内容合法的义务；四是记录所提供信息的义务；五是停止传输非法信息并报告的义务。

(三)网络服务提供商的侵权责任

【案例 11-5】

视频传媒公司 Viacom 及其四家附属公司起诉 YouTube 侵权

2007 年，视频传媒公司 Viacom 及其四家附属公司起诉 YouTube 侵权。原告在起诉书中指称：在 YouTube 上有 15 万部其享有版权的视频片段，已被观看了 15 亿次。 这些视频片段吸引了用户，使 YouTube 从中获得了直接的广告收入。原告认为：侵权内容即使对于随意浏览该网站的普通用户而言也是非常明显的，因此 YouTube 对此是明知的。同时，网站中也充斥着足以使 YouTube 从中意识到侵权内容的"红旗"，因为上传者描述视频的语句和为视频制作的"标签"中都含有原告的知名商标和其他指示作品名称的词汇。但 YouTube 却故意不采取合理措施以实质性地减少或消除大量侵权，而是主要依靠"通知与移除"程序来定位和删除侵权内容，从而将监视侵权的责任和成本完全转嫁给了版权人。因此，原告起诉 YouTube 构成直接侵权、引诱侵权、帮助侵权和承担替代责任。法院认为：本案争议的焦点在于，YouTube 作为信息存储空间服务提供者，能否根据《千禧年数字版权法》(DMCA)第五百一十二条规定的"避风港"免责。而判断其能够免责的关键，又在于对第五百一十二条中有关过错规定的理解。法院在回顾了 DMCA 的立法过程后认为："明知或应知"的对象，应当是对特定作品的特定侵权行为。仅仅一般性地知道网站中普遍存在此类侵权行为是不足以认定"明知或应知"的。如果网站知道此类侵权行为已成常态，或者用户习惯于上传侵权内容，就可以认定其有义务查找用户上传的哪一个文件侵权，将会与 DMCA 的规定相冲突。因为 DMCA 并未将"网络服务提供者监视其服务或积极查找能够指明侵权行为的事实"作为其进入"避风港"的条件。在本案中，法院认定 YouTube 并不明知或应知那些侵犯原告版权的行为，因此驳回了原告的诉讼请求。

(资料来源：http://bjgy.chinacourt.gov.cn)

网络服务提供商分为网络内容提供商(ICP)和网络中介服务提供商(ISP)。ICP，是指通过自身组织信息，定期或不定期上载至互联网向公众传播的网络服务从业者。ICP 主要为公众提供各种信息服务，其通常对上载的信息进行选择、修改和编辑，供公众在域名(IP 地址)范围内进行浏览、阅读或下载。ICP 以网络内容建设为基础，其对所传播的内容有决定权，通常有能力实施技术上的监督、控制。ISP，是指根据网络用户指令，通过互联网提供自动完成信息的上载、存储、传输、搜索等功能的网络服务从业者。ISP 主要提供接入服务、主机服务、电子信箱、搜索引擎、数据库检索、电子公告或论坛系统等多种服务，其对网络用户上载、存储、传输、搜索的内容不进行选择、修改、编辑，对信息的作品内容不知情，对用户的行为不进行直接控制。网络作为一种新型的信息传播媒体，在其上可能发生多种侵权或者违法行为，具体包括：侵犯他人知识产权行为，如未经著作权人许可将其作品上传到网络；发布侵害他人人格权的信息，如在网络上散布不实信息，侮辱、诽谤他人，侵害他人名誉权，或将他人的个人资料、隐私上传，侵害他人网络隐私权；发布虚假广告、误导消费者的信息导致的侵权，如发布不实商品信息，侵害消费者权益；发布信息侵犯他人商业秘密，如擅自在网上披露他人的商业秘密。对于网络侵权行为而言，每一个行为均涉及直接实施侵权行为的网络内容服务提供商，也同时涉及为侵权信息的传播提供媒介服务的网络中介服务提供商。ICP 作为网络信息的提供者，其主要义务是保证所提供信息的真实、合法，不侵犯他人的合法权益。我国《民法通则》针对一般侵权行为规定了过错责任原则，在法律对 ICP 的侵权责任归责原则未作特殊规定的情形下，应适用《民法通则》的一般规定。而且，我国在审判实践中对 ICP 的归责原则也已经有了明确的意见，最高人民法院《关于审理涉及计算机网络著作权纠纷案件适用法律若干问题的解释》中第四条、第五条关于网络内容服务提供商的责任问题有如下规定：提供内容服务的网络服务提供者，明知网络用户通过网络实施侵犯他人著作权的行为，或者经著作权人提出确有证据的警告，但仍不采取移除侵权内容等措施以消除侵权后果的，人民法院应当根据《民法通则》第一百三十条的规定，追究其与该网络用户的共同侵权责任；提供内容服务的网络服务提供者，对著作权人要求其提供侵权行为人在其网络的注册资料以追究行为人的侵权责任，无正当理由拒绝提供的，人民法院应当根据《民法通则》第一百零六条的规定，追究其相应的侵权责任。据此可知，ICP是否承担侵权责任以"明知"这种主观意识状态为前提，其在"不知"或"应当不知"的情况下造成了侵权无须承担责任。

网络中介服务提供商承担的责任主要有直接侵权责任和共同侵权责任。直接侵权是指对于网络侵权行为直接认定其承担责任，而不问其主观过错。《侵权责任法》第三十六条第一款规定："网络用户、网络服务提供者利用网络侵害他人民事权益的，应当承担侵权责任。"对于网络中介服务商自身实施的侵权行为，网络中介服务商应当对自己的侵权行为造成的损害承担法律责任。《侵权责任法》第三十六条第二、三款规定："网络用户利用网络服务实施侵权行为的，被侵权人有权通知网络服务提供者采取删除、屏蔽、断开链接等必要措施。网络服务提供者接到通知后未及时采取必要措施的，对损害的扩大部分与该网络用户承担连带责任。网络服务提供者知道网络用户利用其网络服务侵害他人民事权益，未采取必要措施的，与该网络用户承担连带责任。"

二、电子合同的法律制度

(一)电子合同的概念

《中华人民共和国合同法》(以下简称《合同法》)第二条规定："合同是平等主体的自然人、法人、其他组织之间设立、变更、终止民事权利义务关系的协议。"第十条规定："当事人订立合同，有书面形式、口头形式和其他形式。"第十一条规定："书面形式是指合同书、信件和数据电文(包括电报、电传、传真、电子数据交换和电子邮件)等可以有形地表现所载内容的形式。"我国《合同法》虽然没有明确地对电子合同作出定义，但从法律条文上分析，我国《合同法》已经承认了电子合同的法律效力，并规定电子合同形式为书面形式。依照国际上通行的观念，电子合同可以理解为以互联网络为载体，当事人为实现一定目的，通过电子数据交换或电子邮件所达成的设立、变更、终止民事权利和民事义务的协议或者契约。

(二)电子合同的订立

【案例 11-6】

邮件越洋买房卖家反悔 E-mail 可作证据

国年路某弄 43 号 601 室建筑面积 66.98 平方米，是旅居国外的何先生和彭女士夫妻共有的私房。2005 年起，小黎开始租住该房。2007 年 7 月 5 日，小黎收到彭女士发来的电子邮件，内容为："小黎，我们经过多次讨论，我和我先生也经过慎重考虑，决定将 43 号 601 室以 75 万元的售价卖给你，如果你同意，请给我们发一电子邮件，就算成交……"收到上述邮件后，小黎在 7 月 6 日通过电子邮件回复称，同意以 75 万元购买这套房屋。可到了 2007 年 10 月 12 日，彭女士发来电子邮件称，何先生因身体健康问题，能否来上海尚存疑问，她在上海也只有 18 天时间，房屋交易手续也不能完成，且无法办加快手续。由于无法办理产权过户，完成房屋买卖已不可能完成。小黎则在次日回复邮件表示，双方的房屋买卖合同几个月前已经成立，房款 75 万元也已经准备好，希望能顺利办妥房屋过户手续。2007 年 12 月，小黎将何先生和彭女士告上法庭，要求确认双方的房屋买卖合同成立，并按 75 万元房价办理过户手续；并表示愿在办理过户手续前十日将房款 75 万元支付给对方。何先生和彭女士则表示，房屋是夫妻共同财产，彭女士单方面决定卖房，侵犯了何先生的权利。他们认为，现有证据不具备房屋买卖合同的主要条款。法院审理后认为，当事人订立合同，有书面形式、口头形式和其他形式。书面形式不仅包括合同书，还包括信件和数据电文(如电报、电话、传真、电子数据交换和电子邮件)等。彭女士 2007 年 7 月 5 日的电子邮件表达了希望与小黎就房屋买卖订立合同，并明确了房屋的售价及房内物品的处理方式，且以"如果你同意的话，请给我们发一电子邮件，就算成交"的词句表明经承诺即受此拘束。小黎次日回复邮件表示同意，也就表明合同成立。法院认为，电子邮件中具备了买卖的标的及价格，构成房屋买卖合同的主要条款。从电子信箱的地址来看，彭女士所发邮件的信箱地址为何先生姓名的拼音缩写，且邮件中有"我和我先生也经过慎重考虑"语句，使小黎有理由相信卖房是两被告的共同意思。

(资料来源：新闻晨报，2008.4.21)

电子合同是合同的一种特殊形式，因此，电子合同的订立依然要遵循合同订立的基本程序——要约和承诺。

1. 电子要约与要约的生效

我国《合同法》第十四条规定："要约是希望和他人订立合同的意思表示，该意思表示应当符合两个要件：一是内容具体明确；二是要标明经受要约人承诺，要约人即受该意思表示的约束。"电子要约是以电子形式出现的要约，作为要约的一种形式，上述要约的特征也适用于电子要约。

我国《合同法》第十六条第一款规定："要约到达受要约人时生效。"同时根据电子交易的特殊性，第十六条第二款规定："采用数据电文形式订立合同，收件人指定特定系统接收数据电文的，该数据电文进入该特定系统的时间，视为到达时间；未指定特定系统的，该数据电文进入收件人的任何系统的首次时间，视为到达时间。"

要约一经生效，对要约人和受要约人均具有约束力。要约生效之前可以撤回。我国《合同法》第十七条规定："要约可以撤回。撤回要约的通知应当在要约到达受要约人之前或者与要约同时到达受要约人。"要约生效后还可以撤销。《合同法》第十八条规定："要约可以撤销。撤回要约的通知应当在受要约人发出承诺之前到达受要约人。"第十九条规定："有下列情形之一的，要约不得撤销：(一)要约人确定了承诺期限或以其他形式明示要约不可撤销；(二)受要约人有理由认为要约不可撤销，并已经为履行合同作了准备工作。"在电子交易中，由于意思表示往往以电子数据的形式通过网络进行传输，速度极快，因此意思表示的撤回和撤销变成一个十分复杂的问题。目前已有的立法如联合国《电子商务示范法》等似乎都对这一问题采取了回避态度。在学术界，有学者主张撤回要约在电子商务环境中是不可能的。但另一种观点认为，电子要约的撤回虽然困难，但并非绝无可能，在网络拥挤或者服务器故障的情况下，数据电文都可能延迟到达，那撤回的通知就可能更早地到达受要约人。因此笔者主张从尊重契约的原则和维护法律的一致性上出发，法律应给予要约人撤回要约的权利。在电子交易中，要约能否撤销则取决于交易的具体形式。如果是通过电子邮件方式订立合同，在一般情形下，受要约人并不一定立即承诺，因而在发出要约与最终做出承诺之间会有一定的间隔，在此间隔期间内，要约人可以撤销要约。但如果受约人采用的是电子自动回应系统，则撤销要约的可能性就不大了。

2. 电子承诺与承诺的生效

《合同法》第二十一条规定："承诺是受要约人同意要约的意思表示。"承诺应具备以下条件：①承诺应由受要约人做出。②承诺必须在合理期限内做出。《合同法》第二十八条规定："受要约人超过承诺期限发出承诺的，除要约人及时通知受要约人该承诺有效的以外，为新要约。"第二十九条规定："受要约人在承诺期限内发出承诺，按照通常情形能够及时到达要约人，但因其他原因承诺到达要约人时超过承诺期限的，除要约人及时通知受要约人因承诺超过期限不接收承诺的以外，该承诺有效。"③承诺的内容应当与要约的内容一致。《合同法》第三十条规定："受要约人对要约的内容做出实质性变更的，为新要约。有关合同标的、数量、质量、价款或者报酬、履行期限、履行地点和方式、违约责任和解决争议的方法等的变更，是对要约内容实质性的变更。"电子承诺是以电子形式做出的承诺，基本要义与《合同法》界定的承诺是一致的。

关于承诺的撤回，我国《合同法》第二十七条规定："承诺可以撤回。撤回承诺的通知应当在承诺通知到达要约人之前或者与承诺通知同时到达要约人。"但电子承诺的撤回与上文所述的电子要约的撤回一样，存在着一定的困难，但理论上并非绝无可能。承诺没有撤销的问题，因为承诺根本不存在要求对方答复的问题。

我国《合同法》第二十六条规定："承诺通知到达要约人时生效。"对于承诺生效的方式，《合同法》规定有三种，分别是收到承诺通知、做出行为和签订确认书。

3. 电子合同的成立与生效

我国《合同法》第二十五条规定："承诺生效时合同成立。"可见承诺生效的时间直接决定着合同成立的时间。我国《电子签名法》第十条规定："法律、行政法规规定或者当事人约定数据电文需要确认收讫的，应当确认收讫。发件人收到收件人的确认收讫确认时，数据电文视为已经收到。"一般而言，合同承诺生效的地点就是合同成立的地点。但是在电子合同的成立地点方面，传统的合同的这些规定却不能完全适用。因为，电子合同的订立是在不同的计算机系统间完成，而计算机是可随时移动的，这就造成收件人收到承诺的地点存在很大的不确定性。我国的《电子签名法》在充分借鉴联合国的《电子商务示范法》基础上规定："当事人可以对数据电文的发送时间、接收时间进行约定，当事人没有约定时，发件人的主营业地为数据电文的发送地点，收件人的主营业地为数据电文的接收地点。没有主营业地的，其经常居住地为发送和接收地点。"我国的《合同法》第三十四条也明确规定："承诺生效的地点为合同成立的地点。采用数据电文形式订立合同的，收件人的主要营业地为合同成立的地点；没有主营业地的，其经常居住地为合同成立的地点。当事人另有约定的，按照其约定。"

合同的成立是合同生效的前提，但成立后的合同并不必然产生当事人所追求的法律效果，只有符合规定的生效要件的合同才会产生法律约束力。根据《民法通则》和《合同法》

的有关规定，合同的一般生效要件包括：①订立合同的当事人具有相应的民事行为能力；②意思表示真实；③合同不违反法律或者社会公共利益。电子合同的生效也应当符合上述的生效要件。但由于电子合同订立过程中运用了现代通信手段，产生了一些新的问题，其法律效果需要专门进行说明和明确。如运用电子代理人、出现电子错误或者电子格式合同时，电子合同的成立和生效问题都值得进一步探索。

(三)电子格式合同

电子格式合同就是以电子形式订立的格式合同。在电子合同的订立过程中，当事人就具体的交易条件原则上并不进行协商，往往借助于标准化合同条款，以减低交易的协商成本，简化交易程序和交易成本，提高交易安全及效率。电子商务中的格式合同，其特点是经营者拟订好所有条款，消费者只需点击"接受"或者"拒绝"按钮，就决定了该购买合同是否成立。

我国《合同法》在第三十九条、第四十条、第四十一条中分别对格式条款的定义、不予采用的情形以及解释原则作出了规定。这些规定一般也适用于电子合同。从我国《合同法》第三十九条"采用格式条款订立合同的，提供格式条款的一方应当遵循公平原则确定当事人之间的权利和义务，并采取合理的方式提请对方注意免责或者限制其责任的条款，按照对方的要求，对该条款予以说明"的规定中可以看出，经营者可以自由以格式条款订立合同，并且不需要经过任何特别程序，也不用和消费者商量，这就很难防止经营者利用其优势地位作出对消费者不公平的规定。这种情况在电子合同中更容易发生。因为数据电文信息传输极快，消费者可能会因一时疏忽而没有注意某些对其极为不利的规定，仓促之中根本无法对该条款进行审查而进行确认，致使自己受到那些不合理的条款的约束。我国《合同法》第三十九条和第四十条"格式条款的具有本法第五十二条和第五十三条规定情形的，或者提供格式条款一方免除其责任、加重对方责任、排除对方主要权利的，该条款无效"中主要规定了免责条款的效力，而对一般性格式条款的效力未作出具体规定。在格式条款中，除了免责条款，某些"显失公平"和"不合理"的条款也会侵犯消费者的权利。我国《消费者权益保护法》第二十四条"经营者不得以格式合同、通知、声明、店堂告示等方式作出对消费者不公平、不合理的规定，或者减轻、免除其损害消费者合法权益应当承担的民事责任。格式合同、通知、声明、店堂告示等含有前款所列内容的，其内容无效"的规定，也是主要规定格式条款的效力问题。

三、电子签名的法律制度

(一)电子签名的定义

电子签名是一个将交易者身份与其电子记录联系起来的技术性问题，同时又是一个全新的法律问题。我国《电子签名法》第二条界定的电子签名的概念为："本法所称电子签名，是指数据电文中以电子形式所含、所附用于识别签名人身份并表明签名人认可其中内容的数据。"我国的这一立法定义使用了"功能等同"的立法技术，从签名的形式和功能的角度进行规定，对实现技术不作任何规定。

(二)电子签名的效力范围

电子签名的法律功能可概括为三个方面：①鉴定签名者的身份；②表明签名者对电子数据内容的认可；③确保原始文件的完整性和真实性。但是由于某些交易的特殊性和复杂性以及技术的原因，各国的立法体制对电子签名的承认或接受的程度和范围都作了一定的限定。我国《电子签名法》以概括式的授权与列举式的排除相结合的方式对适用范围作了明确规定。首先，根据《电子签名法》第三条第三款的规定，电子签名、数据电文不适用于下列文书：①涉及婚姻、收养、继承等人身关系的；②涉及土地、房屋等不动产权益转让的；③涉及停止供水、供热、供气、供电等公用事业服务的；④法律、行政法规规定的不适用电子文书的其他情形。这些被排除的情形是法定的，不能由交易者任意更改。不过它并不是一成不变的，有权机关可根据情况的变化予以调整。随着科技和电子贸易方式的发展和普及，这种限制会逐渐缩小，但这将是一个循序渐进的过程。其次，当事人意思自治。《电子签名法》第三条第二款规定："民事活动中的合同或者其他文件等文书，当事人可以约定使用或者不使用电子签名、数据电文。"第三款接着规定："当事人约定使用电子签名、数据电文的文书，不得仅因为其采用电子签名、数据电文的形式而否定其法律效力。"由此可见，当事人有选择使用电子签名的权利，也可以选择拒绝使用电子签名；当事人选择使用电子签名的，该选择和电子签名均具有法律效力。同时考虑到经济、社会等方面的行政管理活动中使用数据电文、电子签名的特殊情况，《电子签名法》第三十五条规定："国务院或者国务院规定的部门可以依据本法制定政务活动和其他社会活动中使用电子签名、数据电文的具体办法。"这就是说，除了民商事领域外，电子签名完全可以适用于电子政务和电子医务等其他领域，只是有关具体的电子签名法规则，有待国务院或者有关部门进一步制定和明确。这就为今后电子签名的应用留下了广阔空间。

> **小资料：** 从 2005 年 4 月 1 日开始，第十届人民代表大会通过的《电子签名法》正式开始施行。这部法律规定，可靠的电子签名与手写签名或者盖章具有同等的法律效力，消费者可用手写签名、公章的"电子版"、秘密代号、密码或指纹、声音、视网膜结构等安全地在网上"付钱""交易"及"转账"。《电子签名法》填补了我国电子信息化中的一项空白，堪称信息化的一个里程碑。

四、电子认证的法律制度

(一)电子认证的概念

电子认证指的是一个国家承认的第三方的数字签名认证机构通过给从事交易活动的各方主体颁发数字证书、提供证书验证服务等手段来保证交易过程中各方主体电子签名的真实性和可靠性。电子认证是一种信用服务。

(二)电子认证机构的设立与管理

电子认证机构的主要功能是接受注册请求、处理和批准请求以及颁发和管理数字证书；保管公共密钥，应有关当事人的申请进行身份认证。我国的《电子认证服务管理办法》规定："电子认证服务机构应当保证提供下列服务：(一)制作、签发、管理电子签名认证证书；(二)确认签发的电子签名认证证书的真实性；(三)提供电子签名认证证书目录信息查询服务；(四)提供电子签名认证证书状态信息查询服务。"

关于电子认证机构的设立条件，各国都有关于资金、技术设备、专业人员等的具体要求。我国的《电子签名法》第十七条规定："提供电子认证服务，应当具备下列条件：(一)具有与提供电子认证服务相适应的专业技术人员和管理人员；(二)具有与提供电子认证服务相适应的资金和经营场所；(三)具有符合国家安全标准的技术和设备；(四)具有国家密码管理机构同意使用密码的证明文件；(五)法律、行政法规规定的其他条件。"由于《电子签名法》的上述规定过于笼统，实践中缺乏可操作性，于是我国的《电子认证服务管理办法》在电子认证服务机构的设立条件上作了更具体的规定。其第五条规定："电子认证服务机构，应当具备下列条件：(一)具有独立的企业法人资格；(二)从事电子认证服务的专业技术人员、运营管理人员、安全管理人员和客户服务人员不少于三十名；(三)注册资金不低于人民币三千万元；(四)具有固定的经营场所和满足电子认证服务要求的物理环境；(五)具有符合国家有关安全标准的技术和设备；(六)具有国家密码管理机构同意使用密码的证明文件；(七)法律、行政法规规定的其他条件。"

在电子认证机构的管理方面，各国各有其模式，总体来说，可分为以下几种类别。第一种是行业自律型，第二种是政府监管和市场培育相结合型，第三种是政府集中型管理。我国目前对于认证机构的管理就采用了第三种模式。这在相关的法规上都得到了体现，是符合我国目前的电子商务和信息化发展环境的。

(三)电子认证机构的权利与义务

电子认证服务机构具有以下权利。第一，要求证书用户提供真实信息的权利。证书用户在申请证书以及申请更新、撤销证书时，认证机构都有权利要求用户提供相关的真实信息。第二，撤销其签发的认证证书的权利。《电子认证服务管理办法》第二十九条规定："有下列情况之一的，电子认证服务机构可以撤销其签发的电子签名认证证书：(一)证书持有人申请撤销证书；(二)证书持有人提供的信息不真实；(三)证书持有人没有履行双方合同规定的义务；(四)证书的安全性不能得到保证；(五)法律、行政法规规定的其他情况。"第三，求偿权。即在由于证书持有人的过失给自己造成损失的情况下，认证机构有权要求其赔偿损失。《中华人民共和国电子签名法》第二十七条规定："电子签名人知悉电子签名制作数据已经失密或者可能已经失密未及时告知有关各方，并终止使用电子签名制作数据，未向电子认证服务提供者提供真实、完整和准确的信息，或者有其他过错，给电子签名依赖方、电子认证服务提供者造成损失的，承担赔偿责任。"

电子认证服务机构具有以下义务。第一，证书管理义务。认证机构的职责就是制作、颁发和管理认证证书，所以它就有相应的义务。《电子签名法》第二十二条规定："电子认证服务提供者应当保证电子签名认证证书内容在有效期内完整、准确，并保证电子签名依赖方能够证实或者了解电子签名认证证书所载内容及其他有关事项。"第二十四条规定："电子认证服务提供者应当妥善保存与认证相关的信息，信息保存期限至少为电子签名认证证书失效后五年。"《电子认证服务管理办法》第十八条也规定了电子认证服务机构应当履行下列义务：①保证电子签名认证证书内容在有效期内完整、准确；②保证电子签名依赖方能够证实或者了解电子签名认证证书所载内容及其他有关事项；③妥善保存与电子认证服务相关的信息。第二，保密义务。除国家检察机关、公安机关以及其他国家机关依照法律规定依法查询、扣押外，认证机构不得将认证业务中获得的认证申请人以及其他人的相关信息泄露给其他任何机关、团体和个人，包括证书申请人向认证机构披露的信用信息以及用户委托认证机构保管的密钥。《电子认证服务管理办法》第二十条规定："电子认证服务机构应当遵守国家的保密规定，建立完善的保密制度。电子认证服务机构对电子签名人和电子签名依赖方的资料，有保密的义务。" 第三，告知义务。认证机构负有善意告知义务，包括两种。一种是对证书申请人的告知义务，指在受理证书申请前，认证机构应向证书申请人告知相关信息。《电子认证服务管理办法》第二十一条规定："电子认证服务机构在受理电子签名认证证书申请前，应当向申请人告知下列事项：(一)电子签名认证证书和电子签名的使用条件；(二)服务收费的项目和标准；(三)保存和使用证书持有人信息的权限和责任；(四)电子认证服务机构的责任范围；(五)证书持有人的责任范围；(六)其他要事先告知的事项。"另一种是对证书信赖人的告知义务。认证机构要以适当方式向证书信赖人表明其身份，说明证书的有关信息。

(四)电子认证机构的法律责任

确认认证机构在认证服务关系中的责任，是有关电子商务立法的关键性问题，也是争论的焦点。认证机构的责任限度，实际上是交易风险的具体分配问题。总体来说，电子认证机构承担的法律责任主要表现为以下几种。

1. 民事责任

我国《电子签名法》第二十八条规定："电子签名人或者电子签名依赖方因依据电子认证服务提供者提供的电子签名认证服务从事民事活动遭受损失，电子认证服务提供者不能证明自己无过错的，承担赔偿责任。"这里规定了较为严格的过错推定责任认定制度，要求认证人"证明自己无过错"方可解脱责任，如果不能证明自己没过错就必须承担责任。法规规定电子认证机构的"过错推定责任"是因为电子认证机构就技术和过程掌控能力而言，在认证关系的三者中处于优势地位，严格责任的目的是要求认证服务机构能尽最大的注意义务，这对保护电子签名人和电子签名依赖方的利益有重大意义。

2. 行政责任

电子认证机构承担的行政责任主要体现在两个方面。一是未经许可提供电子认证服务的责任。《电子签名法》第二十九条规定："未经许可提供电子认证服务的，由国务院信息产业主管部门责令停止违法行为；有违法所得的，没收违法所得；违法所得三十万元以上的，处违法所得一倍以上三倍以下的罚款；没有违法所得或者违法所得不足三十万元的，处十万元以上三十万元以下的罚款。"二是电子认证服务提供者未在暂停或者终止服务前向国务院信息产业主管部门报告的责任。《电子签名法》第三十条规定："电子认证服务提供者暂停或者终止电子认证服务，未在暂停或者终止服务六十日前向国务院信息产业主管部门报告的，由国务院信息产业主管部门对其直接负责的主管人员处一万元以上五万元以下的罚款。"

3．刑事责任

《电子签名法》第三十一条规定："电子认证服务提供者不遵守认证业务规则、未妥善保存与认证相关的信息，或者有其他违法行为的，由国务院信息产业主管部门责令限期改正；逾期未改正的，吊销电子认证许可证书，其直接负责的主管人员和其他直接责任人员十年内不得从事电子认证服务。吊销电子认证许可证书的，应当予以公告并通知工商行政管理部门。"第三十二条规定："伪造、冒用、盗用他人的电子签名，构成犯罪的，依法追究刑事责任；给他人造成损失的，依法承担民事责任。"第三十三条规定："依照本法负责电子认证服务业监督管理工作的部门的工作人员，不依法履行行政许可、监督管理职责的，依法给予行政处分；构成犯罪的，依法追究刑事责任。"

> **小资料：** 过错推定是指在坚持过错责任原则的前提下，对于法律规定的一些特殊的侵权行为，从损害事实本身推定加害人具有主观过错，并由此确定由加害人承担民事责任的一种规则，又称过失推定。过错推定是过错责任原则的一种特殊表现形式。按照过错推定原则，如果加害人不能证明自己没有过错，法律就推定他有过错并确认他应承担民事责任。

五、电子支付的法律制度

(一)电子支付的法律关系

电子支付法律关系是电子支付法律所调整的电子支付当事人之间的权利义务关系。电子支付法律关系的当事人的关系结构如图 11-1 所示。

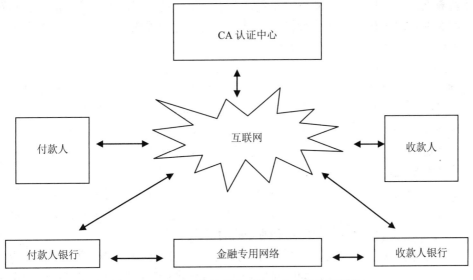

图 11-1　电子支付法律关系的当事人的关系结构

(二)电子支付现存的主要法律问题

【案例 11-7】

Coinbase 获英国电子货币许可证 顺利进入英国和欧盟市场

2018 年 3 月 14 日 Coinbase 宣布,已获得英国金融管理局(FCA)授予的电子货币许可证,可名正言顺地在英国和欧盟提供支付和发行数字代币等服务,后者可以用来进行信用卡、互联网或电话支付。Coinbase 公司的发言人澄清说,电子货币不同于加密货币,该公司必须严格遵守一系列消费者保护规定。为此,Coinbase 解释称:"我们一直致力于确保客户的资金安全,这次业务更新意味着我们对电子货币业务的保障措施和操作标准符合金融监管机构的要求。其中包括客户资金隔离,即所有客户的法定余额都将从 Coinbase 的资金中分离出来,单独存放在独立的银行账户。"发言人说,Coinbase 可以在欧盟成员国范围内进行交易,直到彻底实现英国脱欧。如果某些允许该公司在英国继续交易的规则不复存在,企业将暂停运营,直到在英国获得新的授予许可为止。除了获得新的电子货币许可外,Coinbase 宣布正在加入英国的更快支付体系(Faster Payments Scheme),旨在为当地居民提供高效的银行汇款服务。虽然 Coinbase 仅仅推出了一个试点项目,但在接下来的几周,每一位英国客户均可办理业务。进军英国和欧盟是 Coinbase 公司了解欧洲市场需求的部分举措。为此,该公司还计划将其在伦敦的团队人数扩充到目前的 8 倍。

(资料来源:新浪科技 https://tech.sina.com.cn,2018 年 3 月 14 日)

1. 电子货币的法律问题

伴随着网络经济以及电子支付的发展,电子货币应运而生。电子货币的产生和发展,给各个国家的金融机构和法律执行机构提出一系列问题和挑战,引起实业界和学术界的广泛研究和讨论。这些问题集中在以下几个方面。

首先是电子货币的法律性质问题。有观点认为,电子货币具备传统货币应有的基本职能,能够成为电子商务活动的价值尺度、交换媒介和储藏手段,它与传统货币没有本质的区别。但是,从电子货币目前的全球使用情况来看,电子货币虽然具有交易中介功能,但是其作用还不充分:电子货币与传统货币之间还不能进行完全自由的交换;而且电子货币本身不构成独立的记账单位,没有独立的信用,不是最终的清偿手段;同时电子货币也不是各国法律明确规定的法定货币。如我国《人民币管理条例》第三条规定:"中华人民共和国的法定货币是人民币,以人民币支付中华人民共和国境内的一切公共的和私人的债务,任何单位和私人不得拒收。"只有法定货币才是真正的货币,所以电子货币只是以既有货币为基础的电子化衍生物,不是一种完全独立的通货。

其次是电子货币的发行问题。在发行主体上,各国尚无统一的解决方案。欧盟将电子货币的发行权赋予了信用机构,同时对电子货币机构进行审慎监管,限定电子货币机构的业务范围只能涉及电子货币发行业务与发行以外的其他业务两大类。在美国和英国,对电子货币发行主体是否应加以严格监管和限制,存在两种不同的观点。比较主流的观点认为,对电子货币的发行主体加以严格监管和限制,会损伤民间机构的技术开发和创新精神。因此目前他们也没有将电子货币的发行主体限定于金融机构。而在我国,《中国人民银行法》

第十九条规定："任何单位和个人不得印刷、发售代币票券，以代替人民币在市场上流通。"这说明只有中国人民银行或者经中国人民银行批准的金融机构才有权发行电子货币。但是从技术上讲，具备一定技术条件的商家都可以发行电子货币。在发行管理上，由于电子商务是无国界的，所以电子货币还会存在税收、法律、外汇汇率、货币供应、金融危机等方面大量的潜在问题，因此严格发行管理是必需的。第一要向所有电子货币发行人提出储备要求和充足资本要求；第二要建立电子货币系统统计和信息披露制度、现场和非现场检查制度和信息安全审核制度等；第三要建立安全保证体系。

最后是电子货币的监管问题。目前欧美国家主要采用两种方式解决电子货币系统的监管问题。一种是在中央政府有关部门如央行或者财政部货币总署建立一个有关电子货币的专门工作小组；另一种是利用现有的监管机构，根据电子货币的发展状况，修改不适用于网络经济时代的旧规则，制定一些新的规则和标准。总的来看，第二种监管模式是主流。监管当局以原有的监管机构为主，适时地将监管重点转移到对电子货币发行主体资格的认定、电子货币流通过程中安全支付标准的审查和监督、电子货币流通规则的制定、电子货币系统风险的控制和消费者保护等方面上来，同时还要注意对利用电子货币进行洗钱的防范。

2. 网上银行的法律问题

网上银行是在互联网时代金融电子化与信息化建设的最新内容，是一个新生的事物，所以它也面临一系列新的法律问题。

首先是网上银行的市场准入问题。各国基本上都建立了网上银行的市场准入制度，一般是从现有银行从事网上银行业务和设立网上银行机构来对网上银行进行市场准入管理的。我国《中国人民银行法》规定，银行和非银行金融机构的设立、变更、终止以及业务范围都必须经过中国人民银行的审批。2006年3月1日中国银行业监督管理委员会颁布的《电子银行业务管理办法》正式实施，它对我国的网上银行的市场准入作了明确规定。该法第九条规定，"金融机构开办电子银行业务，应当具备下列条件：(一)金融机构的经营活动正常，建立了较为完善的风险管理体系和内部控制制度，在申请开办电子银行业务的前一年内，金融机构的主要信息管理系统和业务处理系统没有发生过重大事故；(二)制定了电子银行业务的总体发展战略、发展规划和电子银行安全策略，建立了电子银行业务风险管理的组织体系和制度体系；(三)按照电子银行业务发展规划和安全策略，建立了电子银行业务运营的基础设施和系统，并对相关设施和系统进行了必要的安全检测和业务测试；(四)对电子银行业务风险管理情况和业务运营设施与系统等，进行了符合监管要求的安全评估；(五)建立了明确的电子银行业务管理部门，配备了合格的管理人员和技术人员；(六)中国银监会要求的其他条件。"第十条规定："金融机构开办以互联网为媒介的网上银行业务、手机银行业务等电子银行业务，除应具备第九条所列条件外，还应具备以下条件：(一)电子银行基础设施设备能够保障电子银行的正常运行；(二)电子银行系统具备必要的业务处理能力，能够满足客户适时业务处理的需要；(三)建立了有效的外部攻击侦测机制；(四)中资银行业金融机构的电子银行业务运营系统和业务处理服务器设置在中华人民共和国境内；(五)外资金融机构的电子银行业务运营系统和业务处理服务器可以设置在中华人民共和国境内或境外。设置在境外时，应在中华人民共和国境内设置可以记录和保存业务交易数据的设施设备,能够满足金融监管部门现场检查的要求,在出现法律纠纷时,能够满足中国司法机构调查取证的要求。"第十一条规定:"外资金融机构开办电子银行业务,除应具备第九条、第十条所列条件外,还应当按照法律、行政法规的有关规定,在中华人民共和国境内设有营业性机构,其所在国家(地区)监管当局具备对电子银行业务进行监管的法律框架和监管能力。"

其次是网上银行的风险防范问题。网上银行的发展导致货币电子化、银行机构虚拟化、银行业务全球化、金融产品个性化,这决定了网上银行将面临着更大的风险。我国的《电子银行业务管理办法》第三十一条规定:"金融机构应当将电子银行业务风险管理纳入本机构风险管理的总体框架之中,并应根据电子银行业务的运营特点,建立健全电子银行风险管理体系和电子银行安全、稳健运营的内部控制体系。"第三十二条规定:"金融机构的电子银行风险管理体系和内部控制体系应当具有清晰的管理架构、完善的规章制度和严格的内部授权控制机制,能够对电子银行业务面临的战略风险、运营风险、法律风险、声誉风险、信用风险、市场风险等实施有效的识别、评估、监测和控制。"同时,依照该法,金融机构应定期对网上银行业务发展和管理情况进行自我评估,并每年编制《网上银行年度评估报告》。该法第三十四条规定:"金融机构的董事会和高级管理层应根据本机构的总体发展战略和实际经营情况,制定电子银行发展战略和可行的经营投资战略,对电子银行的经营进行持续性的综合效益分析,科学评估电子银行业务对金融机构总体风险的影响。"第三十六条规定:"金融机构应当针对电子银行不同系统、风险设施、信息和其他资源的重要性及其对电子银行安全的影响进行评估分类,制定适当的安全策略,建立健全风险控制程序和安全操作规程,采取相应的安全管理措施。对各类安全控制措施应定期检查、测试,并根据实际情况适时调整,保证安全措施的持续有效和及时更新。"我国《电子银行业务管理办法》第三章就专门针对系统和非系统的风险作了明确细致的防范措施和监管方式方面的规定,这对网上银行健康有序地发展起到了一定的推动作用。

六、网络知识产权的法律制度

电子商务是一种以网络科技为依托的商务形式,这种新型的商务形式在给人们带来各种便利的同时,也给原有的知识产权体系提出了严峻的挑战。在网络环境下知识产权主要包括网络商业秘密、网络著作权和网络域名权等方面。

【案例11-8】

北京首例互联网披露商业秘密案

2005年6月,沈某应聘到北京某分析仪器有限公司,从事某型号色谱质谱联用仪的研发工作。其间,沈掌握了该项目一定的技术秘密。2006年6月,该项目研发成功后,沈某因不满工资待遇辞职。离开时,沈某违反公司有关的保密协议规定,擅自将其掌握的相关技术资料带出公司。在其离职后的一年时间内,沈某在某专业网站的论坛上陆续发帖,将自己手中掌握的技术资料、电路图纸披露在互联网上。沈某的帖子被网络用户多次点击、下载,致使该公司核心商业秘密被泄露。被侵权公司系我国分析仪器业内知名厂商,由其研制的某型号色谱质谱联用仪为科技部"十一五"重点科研项目,该仪器是我国自发研制的首款色谱质谱联用仪，该仪器的诞生使我国进入世界上少数几个具有研发和生产该类仪器能力的国家之列。门头沟区人民检察院以侵犯商业秘密罪对沈某提起公诉。沈某被一审判处有期徒刑 3 年 6 个月，并处罚金人民币 4 万元。据检方称，该案是北京市首例由互联网披露商业秘密案。

（资料来源：法制网 http://www.legaldaily.com.cn-北京频道）

(一)网络商业秘密的保护

1. 商业秘密的定义

根据我国《反不正当竞争法》第十条的规定："商业秘密是指不为公众所知悉，能为权利人带来经济利益，具有实用性并经权利人采取保密措施的技术信息和经营信息。"商业秘密涉及范围十分广泛，就学理而言，商业秘密可以分为四种：技术秘密、交易秘密、经营秘密和管理秘密。当然其他方面信息符合商业秘密本质特征的，也应当受到法律的保护。在网络环境下，商业秘密主要包括：配方、客户名单、数据库、计算机文本文件、产品的设计图纸、生产流程、经营计划、核算方法等。

2. 网络商业秘密法律保护现状

我国于 1994 年颁布了《计算机信息系统安全保护条例》，1997 年颁布了《计算机信息网络国际联网安全保护管理办法》，1998 年发布了《金融机构计算机信息系统安全保护工作暂行规定》，使得我国在网络信息安全保护方面的力度越来越强，但整体还不够完善，互相衔接也不够紧密，主要表现在以下几方面。①在民事法律保护方面，《民法通则》是针对民事侵权的普遍性、概括性的规定，缺乏具体的侵犯商业秘密的行为标准，难以界定行为性质、侵权程度，可操作性差。②在刑事法律保护方面，我国在 1997 年新的《中华人民共和国刑法》中，增加了侵犯商业秘密罪，但是其对犯罪构成特征的规定只是加大了对经营者侵权行为的打击力度。这就造成在司法实践中在审理网络商业秘密案件时，出现法律的适用分歧进而造成量刑的差异。③在反不正当竞争保护方面，我国颁布了《反不正当竞争法》，第十条规定："经营者不得采用下列手段侵犯商业秘密：(一)以盗窃、利诱、胁迫或者其他不正当手段获取权利人的商业秘密；(二)披露、使用或者允许他人使用前项手段获取权利人的商业秘密；(三)违反约定或者违反权利人有关保守商业秘密的要求，披露、使用或者允许他人使用其所掌握的商业秘密。"第三人明知或者应知前款所列违法行为，获取、使用或者披露他人的商业秘密，视为侵犯商业秘密。这说明我国颁布了《反不正当竞争法》及配套法规，对于网络环境下侵犯商业秘密的行为的表现形式可以归入法律规定范围之内的网络不正当竞争行为，可以扩展使用，但它并未对民事赔偿责任的认定进行详细规范，也未对应以何种方式承担民事责任作出规定。同时《反不正当竞争法》主要是针对其他经营者行为，对企业内部员工的泄密、窃密行为则未加规范。

【案例 11-9】

公众号歪读"黑猫警长"侵犯著作权　被判赔上海美影厂 2 万元

"能不能留一个你的电话？""110。"以上对话来自《黑猫警长 2010 电影版》。2017

年5月30日，某微信公众号截取该电影的上述对话画面，发布了一篇文章，文章中所附图片五张，其中有四个"黑猫警长"形象，以《这下知道黑猫警长单身30年的原因了》予以发布，文章尾部还附有商业广告推广内容。上海美影厂诉称，该厂拥有动画片《黑猫警长》中"黑猫警长"角色形象美术作品的著作权。其认为，上述公众号未经同意使用了"黑猫警长"的形象。经查，该微信公众号由温州某科技有限公司备案运营。在对涉案证据进行证据保全后，2017年9月1日，美影厂向法院提起诉讼，要求该科技公司停止侵权、赔礼道歉，并赔偿经济损失10万元。2018年2月13日，鹿城区法院开庭审理此案，被告未出庭应诉。鹿城区法院经过审理后认为，我国著作权法所称的作品是指文学、艺术和科学领域具有独创性并能以某种有形形式复制的智力成果。"黑猫警长"造型设计者通过独特的五官、身体比例、色彩及线条，塑造出具有独特个性的"黑猫警长"角色造型，该作品具备独创性，同时也体现了一定的艺术美感，属于我国著作权法保护的影视作品。上海美影厂享有"黑猫警长"影视作品除署名权以外的其他著作权。温州某科技有限公司在其微信公众号中发布的《这下知道黑猫警长单身30年的原因了》一文中，所附五张图片中共有四个"黑猫警长"形象，与上海美影厂享有权利的"黑猫警长"美术作品在人物体貌和服饰造型等主要特征方面基本相同。该科技公司未经美影厂许可，在其发布的文章中使用了其享有著作权的"黑猫警长"美术作品，侵犯了其著作权，应当承担停止侵权、赔偿损失的民事责任。法院综合考虑涉案作品的性质、点击数量、侵权行为的情节及后果、涉案图片的使用位置及使用方式、被告公司的经营规模，以及上海美影厂为制止侵权行为所支付的合理开支等因素，酌情确定科技公司赔偿上海美影厂经济损失及维权合理开支共计2万元。关于美影厂要求科技公司赔礼道歉的诉讼请求，因其没有举证证明其名誉因此受损，且赔礼道歉属于侵犯著作权人人格权所应承担的责任，故对该项诉请法院不予支持。

（资料来源：搜狐财经 http://business.sohu.com，2018年4月13日）

(二)网络著作权的保护

1. 网络著作权的基本概念

《中华人民共和国著作权法》(以下简称《著作权法》)第十条规定："著作权主要包括下列人身权和财产权：(一)发表权，即决定作品是否公之于众的权利；(二)署名权，即表明作者身份，在作品上署名的权利；(三)修改权，即修改或者授权他人修改作品的权利；(四)保护作品完整权，即保护作品不受歪曲、窜改的权利；(五)复制权，即以印刷、复印、拓印、录音、录像、翻录、翻拍等方式将作品制作一份或者多份的权利；(六)发行权，即以出售或者赠予方式向公众提供作品的原件或者复制件的权利；(七)出租权，即有偿许可他人临时使用电影作品和以类似摄制电影的方法创作的作品、计算机软件的权利，计算机软件不是出租的主要标的的除外；(八)展览权，即公开陈列美术作品、摄影作品的原件或者复制件的权利；(九)表演权，即公开表演作品，以及用各种手段公开播放作品的表演的权利；(十)放映权，即通过放映机、幻灯机等技术设备公开再现美术、摄影、电影和以类似摄制电影的方法创作的作品等的权利；(十一)广播权，即以无线方式公开广播或者传播作品，以有线传播或者转播的方式向公众传播广播的作品，以及通过扩音器或者其他传送符号、声音、图像的类似工具向公众传播广播的作品的权利；(十二)信息网络传播权，即以有线或者无线方式向公众提供作品，使公众可以在其个人选定的时间和地点获得作品的权利；(十三)摄制权，即以摄制电影或者以类似摄制电影的方法将作品固定在载体上的权利；(十四)改编权，即改变作品，创作出具有独创性的新作品的权利；(十五)翻译权，即将作品从一种语言文字转换成另一种语言文字的权利；(十六)汇编权，即将作品或者作品的片段通过选择或者编排，汇集成新作品的权利；(十七)应当由著作权人享有的其他权利。"

总之，著作权是基于特定作品的人格权以及全面支配该作品并享受其利益的财产权的合称。网络著作权是指著作权人受著作权法保护的作品在网络环境下所享有的著作权的权利。

2．网络著作权的侵权行为类型

按照《著作权法》的规定，凡未经著作权人许可，又不符合法律规定的条件，擅自利用受《著作权法》保护的作品的行为，即为侵犯著作权的行为。一般来说，司法实践遇到的网络著作权的侵权行为主要有三种类型：一是传统媒体与网络站点间相互抄袭、未经许可使用、拒付报酬等行为；二是网络站点间相互发生抄袭、未经许可使用、拒付报酬等行为；三是网络使用者与著作权人之间发生抄袭、未经许可使用、拒付报酬等行为。

3．网络著作权的侵权行为的认定

侵权行为的认定标准即通常所说的构成要件，指构成具体侵权行为的各种作为必要条件的因素。行为人的某一行为只有具备了法律规定的相关要件，才构成侵权行为。反之，缺乏任何一个构成要件则不构成侵权行为。

网络著作权侵权的构成要件包括以下四个方面。

第一，须有侵犯网络著作权的不法行为。

第二，损害事实是侵权责任的必备构成条件。

第三，行为人须有主观上的过错。

第四，行为人的行为与损害事实有因果关系。

【案例 11-10】

恶意注册域名侵害驰名商标案

2008 年 1 月 17 日，原告浙江顺时针服饰有限公司收到一封电子邮件。发信人宋某称，他已在国际互联网上注册了"顺时针内衣.com"的中文域名，想以 2 万元向公司转让该域名。顺时针公司认为宋某的行为已构成对"顺时针"商标的侵权和不正当竞争，故诉至法院。在审理过程中，顺时针服饰有限公司为证明"顺时针"商标符合驰名商标条件，向法庭提交了包括商标驰名程度证明在内的六组证据。根据查明事实，法院依法认定"顺时针"商标为驰名商标。法院同时认定被告宋某注册的"顺时针内衣.com"域名构成对该驰名商标的复制、模仿，足以造成相关公众的误认，且也无注册、使用该域名的正当理由，其向原告要约高价出售该域名获取不正当利益，表明对该域名注册具有恶意，被告注册域名的行为构成了对原告驰名商标专用权的侵犯。综上，法院判决，被告停止对原告商标专用权的侵权行为；被告立即注销在网络上注册的"顺时针内衣.com"域名，被告赔偿顺时针公司经济损失人民币 5 万元。

(三)网络域名权的保护

1. 域名的概念及法律特征

域名(Domain Name)是互联网上识别和定位计算机的层次结构的字符标识，如 www.abcde.com.cn 等，与该计算机的互联网协议(IP)地址相对应。从法律角度来讲，域名是指域名所有人拥有的用于计算机定位和身份识别的网络地址。

域名主要具有以下法律特征。①唯一性。域名的唯一性是绝对的、全球性的，这是由网络全球性和网络 IP 地址分配的技术性特征所决定的。根据世界上达成的 TCP/IP 协议的规定，互联网上的每台计算机都有一个全球性唯一的统一格式的地址，即 IP 地址，每个 IP 地址对应的域名也是全球唯一的。②排他性。域名的排他性是唯一性的延伸，一个域名只能注册一次。"先申请先注册"的域名注册原则保证了域名全球范围内的排他性。③标识性。域名系统是为了标记和区分互联网上不同的用户计算机而建立的，具有明显的标识性特征。域名的标识性是由它的唯一性所保障的，是全球性的。

2. 域名权的法律保护现状

迄今为止，我国针对域名问题先后出台了《中国互联网络域名注册暂行管理办法》《中国互联网络域名注册实施细则》《关于审理因域名注册、使用而引起的知识产权民事纠纷案件的若干指导意见》(北京市高院)、《中国互联网络域名争议解决办法》《最高人民法院关于审理涉及计算机网络域名民事纠纷案件适用法律若干问题的解释》《中国互联网络信息中心域名争议解决办法》等规范性文件。其中 2001 年 6 月 26 日，最高人民法院颁布的《关于审理涉及计算机网络域名民事纠纷案件适用法律若干问题的解释》，对域名纠纷案件的案由、受理条件和管辖，域名注册、使用等行为构成侵权的条件，对行为人恶意以及对案件中商标驰名事实的认定等，都作出了规定。

在网络上，域名是商业竞争和网络营销中重要的策略性资源，也是一种有限的资源，域名是企业无形资产的一部分。域名的法律保护便是对域名所有人的法律保护，即对企业无形资产的保护。我国对域名的法律保护通过以下方式来实现。一是民法保护。我国《民法通则》第五条规定："公民、法人的合法的民事权利受法律保护，任何组织和个人不得侵犯。"即域名作为无形财产或智力成果，只要是合法取得且未侵犯他人的在先权利即受法律保护。具体地说，域名所有权人对其拥有的域名可依法进行持有、建立并经营相关网站或网页、获取经济利益、放弃、闲置、捐赠、转让、许可、合作等活动。任何非法干预都应承担相应的民事责任，权利人有权获得行政、司法救济。二是知识产权法的保护。首先，域名作为一类新兴的知识产权具有知识产权性，适用知识产权法的一般原则。域名是一种专有权，权利人垄断这种权利并受法律保护；权利人以外的第三人不得侵犯这种权利，未经权利人同意，不得享有或使用该项权利；权利人对这种权利可以自己行使，也可转让他人行使，并从中收取报酬；域名权在法定期限内发生效力，它以注册而产生，以续展(按期办理继续注册的手续，并缴纳相关费用)而延续，以不续展而消灭(任何其他个人或组织均可依"先到先有"原则享有之)。三是在先权利人的法律保护。在先权利人是指在某一个域名注册生效日前已对该域名中间的识别部分享有法定权利的自然人、法人或其他组织。其中，域名与商标因其共同的识别性而引发了大量的法律冲突，覆盖范围涉及众多著名厂商及其驰名商标。司法实践中，法官往往依据《中华人民共和国民法通则》《中华人民共和国商标法》《中华人民共和国反不正当竞争法》及相关专门法而将天平倾向在先权利人。并且规定了以相同或近似的他人注册商标名称做网域名称，并在网站促销与他人同一类或类似商品的，构成商标侵权；以相同或近似的他人注册商标做网域名称，并在网络促销，但商品与他人商标商品并非为同类的，不构成商标侵权；以相同或近似的他人注册网域名称作为商标名称，就网域名称的独创性、知名度、商品的关联程度等考虑，商标有误导公众之虞，网站所有人得以申请商标注册无效。同时，在先权利人往往具有强大的政经优势，对有关域名政策与法律的制定具有巨大的游说力量。从目前的司法与仲裁案例分析，驰名商标权基本获得了有效的保护。域名交易主要受我国《合同法》的调整，尽管《合同法》分则部分未具体规定域名交易，但其总则部分的内容仍适用。同时，还可参照《商标法》中有关商标转让和使用许可的内容。

扩展阅读 1 域名权的法律保护构想见右侧二维码。

七、电子商务市场规制

【案例 11-11】

网店偷税第一案：彤彤屋

几年前，上海人张黎和丈夫合开了一家黎依市场策划有限公司做礼品生意，张黎担任公司法人代表。2006 年 6 月，初为人母的张黎开始在网上购买婴儿用品，她惊讶地发现，婴儿用品在网上卖得很红火。于是她也开始在网上销售奶粉和尿片，并用该市场策划公司的名义在淘宝网上开了家商铺。后来，张黎的生意日渐兴旺，在累积了一定的客户群后，她又用公司的名义自建了一个销售婴儿用品的网站——"彤彤屋"。半年来，"彤彤屋"生意越做越大，销售了价值 280 多万元的商品。由于之前有网上购物经验，张黎了解到网上交易几乎都不开发票。在和其他卖家交流之中，她也掌握了一套逃税方法，比如不开具发票、不记账等。"网上所有的人都是这样交易。"张黎在庭审时说。但黎依市场策划有限公司的偷税行为在警方侦查一起诈骗案时被意外发现了。经上海市普陀区国家税务局税务核定：上海黎依市场策划有限公司于 2006 年 6 月至 12 月销售货物，含税金额为人民币289.5 万余元，不含税销售金额为人民币 278.4 万余元，应缴增值税人民币 11 万余元。上海市普陀区法院对张黎的公司——上海黎依市场策划有限公司以偷税罪判处罚金10 万元；同时以偷税罪判处张黎有期徒刑两年，缓刑两年，罚金 6 万元。

(资料来源：http://finance.qq.com)

(一)电子商务税收法律问题

电子商务的发展使得大量的商品和服务的贸易活动在网络上进行,对国家的税收制度、政策和跨国税收等都产生了深远的影响。电子商务技术的发展,既给各国税收体制和管理模式带来新的机遇,同时又提出新的挑战。

1.电子商务对税收实体法的影响

(1) 纳税主体。传统的商务活动一般以实际的物理存在为基础(如自然人住所地或居住地、法人注册成立地或管理控制中心所在地等),因此纳税人的身份比较容易确定。而在互联网上进行交易,双方可以隐匿自己的身份、地址,涉及商品交易的手续包括合同单证等,都是以虚拟的方式出现。这就造成税务机关无从判定纳税主体,传统的税源控制方法难以奏效。

(2) 征收客体。征收客体,是指对什么征税。征收客体是征税的依据,也是一种税区别于另一种税的主要标志。由于电子商务的数字化、无形化改变了产品的原有存在形式,使得课税对象的性质变得模糊不清,原来一些以有形货物方式提供的商品变成以数字方式提供,从而使得有形商品、服务和特许使用权的界限变得模糊,以致征收对象的性质难以确定。

(3) 纳税地点。纳税地点是纳税人依据税法规定向征税机关申报纳税的具体地点,明确纳税地点对于纳税人正确有效地履行纳税义务,确保国家有效地取得财政收入,实现宏观调控的经济政策及保障社会公平,都很重要。现行税法对纳税地点是以领土原则和有形原则为本,每个税种都有规定的纳税地点。而电子商务的虚拟化和无形化,无法确定货物或服务的提供地,也无法确定货物和服务的消费地,常设机构的概念变得模糊,从而无法正确实施税收管辖权,使得传统的纳税地点变得难以确定,势必导致偷漏税及重复征税行为的发生。

2.电子商务对税收程序法的影响

(1) 税务登记管理环节。依据我国《税收征管法》的规定,从事生产、经营的纳税人必须在法定期限内依法办理税务登记。税务登记是税收管理的首要环节,是征纳双方法律关系成立的依据和证明。由于网上交易的无纸化和虚拟性,交易双方的身份难以确定,因此税务部门对电子商务的监控等于一张白纸,为了追求利润最大化,纳税主体只从事经营而不进行税务登记的事情极易发生。由于无法了解纳税人的生产经营状况,税务机关极易造成漏管漏征,造成税源失控,税收收入大量流失。

(2) 账簿凭证管理环节。传统的税收征管是建立在各种票证和账簿基础上,税务机关通过对其有效性、真实性、合法性等的审核,达到管理和稽查目的。而电子商务交易只能用电子货币或电子票据来支付和结算,货币、票证与账簿的电子化、无形化,加大了税务机关对交易内容和性质的辨别难度,使得对电子商务的贸易征税因为税基难以确认而无法实现。另外,电子商务中的账簿和凭证是以数字信息存在的,具有随时被修改而不留痕迹的可能,再加上信息资料的多重密码保护,税务机关对其很难监控。

(3) 申报征收管理环节。电子商务的快捷性、直接性、隐匿性、保密性等使税务机关对税源扣缴的监控管理手段失灵,因此也造成纳税义务人不遵从税法产生随意性。在电子商务下，广大网民都是潜在的纳税人或扣缴义务人，因此纳税人和扣缴义务人的准确认定变得非常困难，纳税申报无疑会受到影响。

(4) 税收稽查管理环节。首先，电子商务的各种报表和凭证都是以电子凭证的形式出现和传递的，而且可以轻易修改、删除且不留痕迹和线索，无原始凭证可言，这使得传统的税收管理和稽查失去了直接的凭证和信息，变得很被动。随着计算机加密技术的发展，纳税人可以用超级密码和用户名双重保护来隐藏有关信息，使税务机关收集资料更加困难。其次，互联网贸易的发展刺激了电子支付系统的完善，联机银行与数字现金的出现，使跨国交易的成本降至与国内成本相当的水平，一些资深银行纷纷在网上开通"联机银行"业务，将其开设在国际避税地。税务机关不仅难以掌握交易双方的具体情况，而且无法通过对国内银行实施经常性检查来监控货币流量，从而丧失了货币监控能力和对逃税者的威慑力，国际避税问题更加复杂化。

扩展阅读 2　　国际上关于电子商务税收的研究见右侧二维码。

(二)我国电子商务税收问题的立法思路

在电子商务全球性的背景下，电子商务税收立法的方向必将是全球趋同性和构建全球电子商务税收法律框架。但是从目前的经济格局来看，构建全球电子商务框架会导致信息产业发达国家对滞后国家的"经济侵略"。因此，作为发展中国家，抓紧对电子商务税收问题的国内立法，一方面可以从税法的角度来刺激和鼓励电子商务的发展，缩小和信息产业发达国家的差距；另一方面，可以在未来制定全球电子商务税收框架时获得更大的主动权，这对于维护国家的主权和经济利益都具有十分重要的意义。

首先，确立我国电子商务税收立法的基本原则时，应当根据我国的实际情况并参照世界各国的共同做法来进行。具体而言，主要包括以下原则。

一是税法公平原则。电子商务作为一种新兴的贸易方式，虽然是一种数字化的商品或服务的贸易，但它并没有改变商品交易的本质，仍然具有商品交易的基本特征。因此，按照税法公平原则的要求，它和传统贸易应该适用相同的税法，担负相同的税收负担。确立税法公平原则的目的在于支持和鼓励商品经营者采取电子商务的方式开展贸易，但并不强制推行这种交易的媒介。同时，确立税法公平原则也就意味着没有必要对电子商务立法开征新的税种。它只是要求对现行的税法进行修改，扩大税法的适用范围和解释，将以数字交易的电子商务纳入到现行税法的内容中去，使之包括对数字交易的征税。

二是税法中性原则。与发达国家相比，我国的电子商务起步较晚，发展的速度和规模也有待于进一步提高。因此，保护和鼓励电子商务发展就成为我国目前的一项重要工作。在这种情况下，对电子商务进行税收立法就必须坚持税法的中性原则。按照这一原则的要求，税法的制定或实施不应对电子商务的发展起到延缓或阻碍作用。在制定电子商务税收法律时，应当以交易的本质内容为基础而不考虑交易的具体形式或媒介，以避免税收对经济的扭曲，使纳税人的经营决策取决于市场而不是取决于对税收因素的考虑。同时，按照这一原则的要求，对电子商务的税收立法要贯彻简洁、明确、可预见性、易于操作的原则，以降低税收管理机关的征税成本和从事电子商务的纳税人的纳税成本。

三是维护国家税收权利原则。税权是国家主权的重要组成部分，它不但包括国家的税收立法权、执法权和司法权，而且还包含由此权力的确定及行使所带来的税收利益和税收收入的分配权与使用权。在制定我国的电子商务税收法律时，要从维护我国税收主权和税收利益的立场出发，确定对电子商务征税实行"属地原则"和"属人原则"并重的做法，认真研究有关"常设机构"概念的内容和实质，明确认定和规范服务对象的身份及其作用，修订无形资产的范围，明确对无形资产使用权转让的税收制度。

其次要消除现行税法适用上的不确定性，保护合理的商业预期，保障交易安全。

一要重新明确增值税、营业税、所得税的征管范围。对于在线交易即数字化产品(如软件、图书、音像制品、图像、无形资产、远程服务)的提供不按货物处理，视同提供劳务和特许权转让征收营业税。所得税的征税对象应视提供软件的纳税人的身份而定。若提供者属于居民纳税人，征税对象为营业利得；提供者属非居民纳税人，则要征收预提税；对于离线交易仍然依照现行税制征收增值税。完善中国印花税法规，明确企业进行电子商务活动必须保留的电子交易记录，规定电子合同或虽未签订任何形式的合同但发生实质上的合同行为均应按相应税率缴纳印花税。

二是在营业税、所得税条例中，补充关于电子记录、保存和加密的相应条款，要求每一从事电子商务的纳税人应以可阅读的电子方式保存记录，并保存一定期限。当电子记录从一种格式转化为另一种格式时，纳税人有义务保证所转化的记录准确并可阅读。当不能转化或没有其他电子方式替代时，必须以书面形式保存记录。对于电子记录，征税的基本原则是：除非提供有效的证明，否则不能扣除相关的成本和费用，赋予网络征税以法律效力。

三要修订无形资产的范围，明确转让其使用权也应征收营业税。随着科学技术的不断进步，无形资产的范围和内容都在不断扩大和更新，现行税法只将土地使用权、商标权、专利权、非专利技术、著作权、商誉纳入了无形资产的范围。目前对于无形资产转让使用权而非所有权、增值税和营业税存在着相互交叉重复征税的现象，应将无形资产转让使用权重新明确纳入营业税的征税范围。

四是应对现行税收要素进行适当的补充和调整：扩大纳税义务人的适用范围，把因电子商务而增加的境外纳税人包括在内；明确对电子商务课税对象性质的认定，区分商品、劳务和特许权；对电子商务纳税环节的确定应与支付体系联系起来。

五要对偷税的概念进行重新界定。对隐匿电子商务的交易情况，不向税务机关提供交易合同备份，不通过电子商务结算中心进行核算，修改电子数据，不缴或少缴税款的，都应当认定为偷税。对利用计算机网络偷税的行为，要规定更为严厉的处罚，严重的可以取消其经营资格。

思 考 题

1. 简要说明电子商务法产生的必然性。
2. 电子合同的订立要经历哪些法定程序？
3. 电子签名法的立法模式有哪几种？我国属于哪一种模式？
4. 电子认证中包含哪几个方面的当事人，组成什么样的法律关系？

5.　电子认证机构的法律责任体现在哪些方面？

6.　电子支付现在面临的主要法律问题有哪些？

7.　网络知识产权由几方面构成？

8.　网络域名与商标冲突的根源是什么？

9.　如何解决电子商务背景下税收体制面临的障碍？

扩展练习　案例分析见右侧二维码。

附录 A　第三方支付的申请与许可

附录 B　我国主要的电子商务相关法规条例

参 考 文 献

[1] 李琪. 电子商务概论[M]. 北京：高等教育出版社，2009.

[2] 李文正，赵守香. 电子商务[M]. 北京：航空工业出版社，2007.

[3] 傅铅生. 电子商务教程[M]. 北京：国防工业出版社，2006.

[4] 戴建中. 电子商务概论[M]. 北京：清华大学出版社，2012.

[5] 李晓燕，等. 电子商务概论[M]. 西安：西安电子科技大学出版社，2011.

[6] 朱顺泉，等. 电子商务系统及其设计[M]. 西安：西安电子科技大学出版社，2003.

[7] 赵乃真. 电子商务网站建设实例[M]. 北京：清华大学出版社，2003.

[8] 梁玉芬，胡丽琴. 电子商务基础与实务[M]. 北京：清华大学出版社，2003.

[9] 吴振峰. 网站建设与管理[M]. 北京：高等教育出版社，2003.

[10] 陈雪飞. 网格与 Web 服务[M]. 北京：电子工业出版社，2004.

[11] 朱迪·斯特劳斯，等. 网络营销[M]. 北京：中国人民大学出版社，2007.

[12] 苏丹，陈萱. 电子商务概论[M]. 北京：电子工业出版社，2006.

[13] 俞立平. 网络营销[M]. 北京：中国时代经济出版社，2006.

[14] 李莆民. 网络营销教程[M]. 北京：机械工业出版社，2005.

[15] 贾帝许·N. 谢斯. 网络营销[M]. 北京：中国人民大学出版社，2005.

[16] 刘向晖. 网络营销导论[M]. 北京：清华大学出版社，2005.

[17] 瞿彭志. 网络营销[M]. 北京：高等教育出版社，2004.

[18] 孔伟成，陈水芬. 网络营销[M]. 北京：高等教育出版社，2003.

[19] 薛辛光. 网络营销学[M]. 北京：电子工业出版社，2003.

[20] 菲利普·科特勒. 营销管理[M]. 北京：中国人民大学出版社，2001.

[21] B.约瑟夫·派恩，詹姆斯·H.吉尔摩. 体验经济[M]. 北京：机械工业出版社，2002.

[22] 曾志耕，等. 网络金融风险及监管[M]. 成都：西南财经大学出版社，2006.

[23] 李晓燕，李福泉，代丽. 电子商务概论[M]. 第 2 版. 西安：西安电子科技大学出版社，2012.

[24] 于巧娥，王震. 电子商务概论[M]. 第 2 版. 北京：北京大学出版社，2012.

[25] 张敏敏. 电子支付与电子银行[M]. 北京：中国人民大学出版社，2012.

[26] 张传玲，甄小虎. 电子商务基础与实务[M]. 北京：人民邮电出版社，2012.

[27] 高功步. 电子商务概论[M]. 北京：机械工业出版社，2011.

[28] 白东蕊，岳云康，张莹. 电子商务概论[M]. 北京：人民邮电出版社，2010.

[29] 帅青红，夏军飞. 网上支付与电子银行[M]. 大连：东北财经大学出版社，2009.

[30] 张波，任新利. 网上支付与电子银行[M]. 第 2 版. 上海：华东理工大学出版社，2009.

[31] 石声波. 电子商务安全[M]. 北京：清华大学出版社，2011.

[32] 劳帼龄. 电子商务安全与管理[M]. 第 2 版. 北京：高等教育出版社，2007.

[33] 张新谊. 电子支付与信息安全实践教程[M]. 北京：清华大学出版社，2012.

[34] 肖德琴，周权. 电子商务安全[M]. 北京：高等教育出版社，2009.

[35] 易久. 电子商务安全[M]. 北京：北京邮电大学出版社，2010.

[36] 王丽芳，刘志强，邓磊，等. 电子商务安全[M]. 北京：电子工业出版社，2010.

[37] 王小宁. 电子商务物流管理[M]. 北京：北京大学出版社，2012.

[38] 杨路明，等. 电子商务物流管理[M]. 北京：机械工业出版社，2009.

[39] 吴健. 电子商务物流管理[M]. 北京：清华大学出版社，2009.

[40] 王卫国，闫国年，王爱萍，等. 电子政务系统[M]. 北京：科学出版社，2007.

[41] 张李义. 电子商务与电子政务[M]. 武汉：武汉大学出版社，2006.

[42] 吴应良. 电子商务概论[M]. 第2版. 广州：华南理工大学出版社，2007.

[43] 吴吉义. 电子政务实践、前沿与案例[M]. 北京：中国电力出版社，2007.

[44] 杨路明，等. 电子政务[M]. 北京：电子工业出版社，2007.

[45] 周贺来. 电子政务[M]. 北京：中国水利水电出版社，2007.

[46] 杨兴凯. 电子政务[M]. 大连：东北财经大学出版社，2007.

[47] 闫强，胡桃，吕廷杰. 电子商务安全管理[M]. 北京：机械工业出版社，2007.

[48] 祝凌曦. 电子商务安全[M]. 北京：北京交通大学出版社，2006.

[49] 黄海滨. 电子商务概论[M]. 上海：上海财经大学出版社，2006.

[50] 钟秀红. 电子商务应用[M]. 北京：清华大学出版社，2007.

[51] 曹淑艳，林政. 电子商务教程[M]. 北京：清华大学出版社，2007.

[52] 兰宜生. 电子商务基础教程[M]. 第2版. 北京：清华大学出版社，2007.

[53] 卢国志. 新编电子商务概论[M]. 北京：北京大学出版社，2005.

[54] 顾穗珊，毕新华. 电子商务与现代物流管理[M]. 北京：机械工业出版社，2007.

[55] 燕春蓉. 电子商务与物流. 上海：上海财经大学出版社，2006.

[56] 张宽海. 电子商务概论[M]. 北京：机械工业出版社，2008.

[57] 濮小金. 电子商务理论与实践[M]. 北京：机械工业出版社，2008.

[58] 李洪心. 电子商务概论[M]. 第2版. 大连：东北财经大学出版社，2008.

[59] 高富平. 电子合同与电子签名法研究报告[M]. 北京：北京大学出版社，2005.

[60] 欧阳勇，曾志耕. 网络金融概论[M]. 成都：西南财经大学出版社，2004.

[61] 欧阳勇. 网络金融理论分析与实践探索[M]. 成都：西南财经大学出版社，2005.

[62] 王华庆. 网上银行风险监管原理与实务[M]. 北京：中国金融出版社，2003.

[63] 李兴智，丁凌波. 网上银行理论与实务[M]. 北京：清华大学出版社，2003.

[64] 陈静，刘永春. 网上银行——技术风险及其管理[M]. 北京：人民出版社，2001.

[65] 黄宗捷，杨羽. 网络金融[M]. 北京：中国财政经济出版社，2001.

[66] 陈野华. 2002年度中国金融研究报告[M]. 成都：西南财经大学出版社，2003.

[67] 查凯莱巴蒂. Web数据挖掘——超文本数据的知识发现[M]. 北京：人民邮电出版社，2009.

[68] 韩家炜，堪博. 数据挖掘概念与技术[M]. 北京：机械工业出版社，2001.

[69] 威廉姆·A.吉尔维纳佐. 面向对象的数据仓库设计[M]. 北京：人民邮电出版社，2001.

[70] 谢邦昌，等. 商务智能与数据挖掘Microsoft SQL Server应用[M]. 北京：机械工业出版社，2008.

[71] 朱德利. SQL Server 2005数据挖掘与商业智能完全解决方案[M]. 北京：电子工业出版社，2007.

[72] 刘世平. 数据挖掘技术及应用[M]. 北京：高等教育出版社，2010.

[73] 陈封能，斯坦巴赫，库玛尔. 数据挖掘导论[M]. 北京：人民邮电出版社，2011.

[74] 李晓秋. 电子商务法案例评析[M]. 北京：对外经贸大学出版社，2011.

[75] 张楚. 电子商务法[M]. 第3版. 北京：中国人民大学出版社，2011.

[76] 张继东. 电子商务法[M]. 北京：机械工业出版社，2011.

[77] 秦成德，王汝林. 电子商务法高级教程[M]. 北京：对外经贸大学出版社，2011.

[78] 李国旗. 电子商务法[M]. 第2版. 杭州：浙江大学出版社，2009.

[79] 高富平. 电子合同与电子签名法研究报告[M]. 北京：北京大学出版社，2005.

[80] 杨欢. 小型电子商务网站规划[J]. 电脑知识与技术，2017，13(06)：274-276.

[81] 谈留芳. 电子商务网站与网店推广方法分析[J]. 电子商务，2017，(04)：38-39.

[82] 王思博. 我国物联网产业发展现状与国际竞争态势分析[J]. 电信网技术，2017，(05)：31-34.

[83] 游大磊，王倩. 我国物联网发展现状及趋势分析[J]. 无线互联科技，2017，(08)：95-96.

[84] 陆丹婷. 我国物联网的发展现状、问题及策略[J]. 经济研究导刊，2016，(32)：46-47.

[85] 杨君. 支持敏捷服务优化的绿色云计算关键技术研究[D]. 南京大学，2017.

[86] 石勇. 面向云计算的可信虚拟环境关键技术研究[D]. 北京交通大学，2017.

[87] 赵兴芝，臧丽，朱效ício，谭凤华. 云计算概念、技术发展与应用[J]. 电子世界，2017，(03)：193-194.

[88] 唐维维. 基于云计算的区域医疗信息数据共享平台的设计与实现[D].中国人民解放军医学院，2015.

[89] 王雪丽，胡波. 云计算的系统架构及技术分析[J/OL]. 阴山学刊(自然科学版)，2017，(04)：1-2(2017-06-28). http://kns.cnki.net/kcms/detail/15.1063.C.20170628.1116.072.html.DOI:10.13388/j.cnki.ysajs.20170628.036.

[90] 王黎明. 云计算的体系架构与关键技术[A]. 《建筑科技与管理》组委会. 2017年8月建筑科技与管理学术交流会论文集[C]. 《建筑科技与管理》组委会，2017：2.

[91] 章丽芳. 云计算环境下的电子商务数据管理模式研究[J]. 电脑知识与技术，2017，13(03)：258-260.

[92] 胡冬严. 云计算技术在现代电子商务中的应用研究[J]. 商场现代化，2016，(15)：54-55.

[93] 赵广智，杨辉. 云计算在电子商务领域的应用发展研究[J]. 电脑迷，2016，(08)：32.

[94] 常李艳. 我国大数据技术研究趋势[J]. 电脑知识与技术，2017，13(02)：2-4.

[95] 大数据概念与发展[J/OL]. 中国科技术语，:1-8(2017-08-21).http://kns.cnki.net/kcms/detail/11.5554.N.20170821.1928.006.html.

[96] 冯兴杰，王文超. Hadoop与Spark应用场景研究[J/OL]. 计算机应用研究，2018，(09)：1-8(2017-10-17). http://kns.cnki.net/kcms/detail/51.1196.TP.20171017.1558.020.html.

[97] 朱永滔. 大数据技术在电子商务中的应用[J]. 电脑知识与技术，2017，13(08)：280.

[98] 韦武杰. 浅析大数据技术在电子商务中的研究和应用[J]. 电子世界，2017，(12)：191.

[99] 刘罡，杨坚争. 我国电子支付领域发展现状及未来发展趋势研究[J]. 电子商务，2017，(02)：34-36.

[100] 文佳，韩志雄，邢诒俊，温慧. 我国移动支付发展现状、问题及对策[J]. 金融科技时代，2017，(03)：51-54.

[101] 张博文. 基于互联网的移动支付模式创新研究[D]. 贵州财经大学，2016.

[102] 方汝仪. 5G移动通信网络关键技术及分析[J]. 信息技术，2017，(01)：142-145.

[103] 徐勇. 5G将至，移动支付谁唱主角[N]. 人民邮电，2017-07-13(006).

[104] 曾之明. 网联出世，"收编"第三方支付[J]. 金融经济，2017，(17)：11-13.

[105] 袁双双. 我国第三方支付模式及发展对策分析[J]. 时代经贸，2017，(16)：64-65.

[106] 刘潇. 商业银行网上银行业务发展对策研究[D].浙江工业大学，2015.

[107] 林颖. 网上银行风险及其管理研究[J]. 长沙民政职业技术学院学报，2016，23(02)：77-79.

[108] 黄智. 关于我国银行卡支付方式创新的思考[J]. 时代金融，2016，(12)：42-43.

[109] 黄世荣. 我国银行卡支付方式的创新[J]. 中外企业家，2016，(33)：42.

[110] Chen, Hsinchun, Roger HL Chiang, and Veda C. Storey. Business intelligence and analytics: From big data to big impact [J].MIS quarterly, 2012-36.4: 1165-1188.

[111] 上海数据分析.我国大数据与人工智能领域人才缺口明显[EB/OL].[2017-11-23][2017-12-30].

[112] 姚家奕，马甜甜.商业智能与商业分析[M].首都经济贸易大学出版社，2012.

[113] Vercellis Carlo.Business Intelligence：Data Mining and Optimization for Decision Making[M]. A John Wiley and Sons，Ltd.，Publication，2009.

[114] 薛惠锋，张文宇，寇晓东．智能数据挖掘技术[M]．西安：西北工业大学出版社，2005.

[115] 韩家炜，孟小峰，王静，等．Web 挖掘研究[J]．计算机研究与发展，2001.

[116] 郝先臣，等．基于电子商务中的数据挖掘技术研究[J]．小型微型计算机系统，2001.22(7)：785-788.

[117] Web 数据挖掘在电子商务中的应用研究.http://www.interscm.com/plus/view.php? aid=16260

[118] Jiawei Han, Micheline Kamber. 数据挖掘概念与技术[M]．北京：机械工业出版社，2001.

[119] William A.Giovinazzo．面向对象的数据仓库设计[M]．北京：人民邮电出版社，2001.

[120] 谢炜，等．商务智能：新一代决策支持领域[J]．计算机科学，2001，9-16.

[121] 谢邦昌，等．商务智能与数据挖掘 Microsoft SQL Server 应用[M]．北京：机械工业出版社，2008.

[122] 朱德利．SQL Server 2005 数据挖掘与商业智能完全解决方案[M]．北京：电子工业出版社，2007.

[123] 刘世平．数据挖掘技术及应用[M]．北京：高等教育出版社，2010.

[124] Pang-Ning Tan，Michael Steinbach．范明，范宏建，等译．数据挖掘导论[M]．北京：人民邮电出版社，2011.

[125] Jiawei Han，Micheline Kamber．范明，孟小峰，译．数据挖掘概念与技术[M]．北京：机械工业出版社，2001.

[126] 凌传繁．Web 挖掘技术在电子商务中的应用[J]．情报杂志，2006，(1).